마을로 간 | 한국전쟁

마을로 간 한국전쟁
— 한국전쟁기 마을에서 벌어진 작은 전쟁들

박찬승 지음

2025년 6월 13일 수정증보판 1쇄 발행

2010년 6월 21일 초판 1쇄 발행

펴낸이 한철희 | 펴낸곳 돌베개 | 등록 1979년 8월 25일 제406-2003-000018호
주소 (10881) 경기도 파주시 회동길 77-20 (문발동)
전화 (031) 955-5020 | 팩스 (031) 955-5050
홈페이지 www.dolbegae.co.kr | 전자우편 book@dolbegae.co.kr
블로그 blog.naver.com/imdol79 | 트위터 @Dolbegae79 | 페이스북 /dolbegae

수정증보판 편집 김진구 | 초판 편집 김태권
표지디자인 이경민 | 본문디자인 이은정·이연경
마케팅 고운성·김영수·정지연 | 제작·관리 윤국중·이수민·한누리
인쇄·제본 한영문화사

ISBN 979-11-94442-27-1 (93910)

ⓒ 박찬승

• 이 책 내용의 전부 또는 일부를 재사용하려면 저작권자와 돌베개 출판사 양측의 허가를 받아야 합니다.
• 책값은 뒤표지에 있습니다.

마을로 간 한국전쟁

한국전쟁기 마을에서 벌어진 작은 전쟁들

박찬승 지음

수정증보판

돌베개

수정증보판 서문

이 책이 처음 세상에 나온 것은 한국전쟁 발발 60주년을 앞둔 2010년 6월이었다. 이후 이 책은 학계의 전문가들과 일반 독자들의 과분한 평가와 사랑을 받았다. 학계에서는 몇몇 전문가들께서 서평을 써주셨다. 또 전문적인 학술서적에 가까운 책임에도 불구하고 많은 독자들이 이 책을 읽어주셨다. 그리고 그해 겨울에는 한국일보사에서 주관하는 제51회 한국출판문화상 저술(학술) 부문을 수상했다. 이 책이 비교적 좋은 평가를 받은 이유는 한국전쟁을 '마을'이라는 작은 공간을 통해 미시적으로 바라보았다는 것, 그리고 구술과 문헌자료를 최대한 활용하면서 마을의 상황과 사건을 재구성했다는 점에 있었다. 그리고 각 마을에서 일어난 여러 사건들은 이념적이기보다는 사회, 경제, 문화적으로 매우 다양한 배경을 갖고 있음을 확인했다는 점도 좋은 평가를 받았다.

그러나 필자는 책을 낸 뒤 오히려 자괴감에 빠졌다. 출간 이후 쏟아져 나오기 시작한 진실·화해를 위한 과거사정리위원회(진화위)의 조사보고서를 읽어보니, 필자의 구술조사와 자료조사는 매우 제한적인 것이었음을 알게 되었기 때문이다. 개인 차원의 구술 및 자료조사는 역시 정부 차원의 조사와는 비교가 되지 않는 것이었다. 따라서 필자는 진화위의 보고서를 참고하여 책이 중쇄를 거듭할 때마다 조금씩 수정 보완을 거듭하였다. 그리고 진화위의 보고서를 기초로 하고 여기에 필자의 현지조사를 추가하여 완도군 소안면과 해남군의 사례를 정리한 두 편의 논문을 새로 작성해 학술지에 발표하였다. 더 많은 사례를 조사하고 싶은 생각은 있었지만, 여건이 이를 허락하지 않았다.

그래서 이 두 편의 논문이라도 추가하여 수정증보판을 만들어볼까 하는 생각을 몇 년 전부터 가져오다가, 이번에 발간 15주년을 맞이하여 용기를 내어 작업을 하게 된 것이다. 완도군 소안면의 사례는 앞서 실린 다른 사례들과 비슷하게 두 개의 마을을 중점적으로 조사하여 정리한 것이어서 이 책에 싣는 것이 문제는 없었다. 그러나 해남군의 경우는 마을의 사례 연구라기보다는 해남군 전체의 상황을 정리하며 그 안에서 각 마을에서 벌어진 일들을 설명하는 형식의 글이었기 때문에 책에 싣는 데 다소 망설임이 있었다. 그러나 군 전체의 상황 속에서 각 마을에서 일어난 일을 보여주는 것도 의미가 있다고 생각하여 책에 싣기로 최종적으로 결정했다. 완도와 해남군의 사례는 한국전쟁에 대한 독자의 이해를 더 깊고 넓게 해줄 것으로 생각한다. 아울러 초판에 실은 제1~5장의 글들에 대해서도 새로 밝혀진 사실들을 참고하여 수정하고 보완을 하였다.

초판의 서문에서도 언급했지만, 한국전쟁기에 가장 큰 인명 피해는 전선이 아닌 후방에서 발생하였다. 그리고 그 희생자들은 대부분 군인이나 경찰이 아닌 민간인들이었다. 전쟁기 후방의 민간인들은 왜 그와 같이 많이 희생되어야 했을까. 이 책의 초판은 이러한 물음에 답하기 위해 쓰인 것이었다. 물론 만족할 만한 답을 제시하지는 못했다. 수정증보판도 충분히 만족할 만한 답을 보여주지 못할 것 같다. 그러나 이 책을 통해 독자들은 당시 상황을 어느 정도는 파악할 수 있을 것이라고 생각한다.

    남·북한 관계는 초판을 냈을 때인 2010년보다 더 어려워졌다. 전쟁의 위협도 고조되고 있다. 한국전쟁이 우리에게 남긴 가장 큰 교훈은 어떻게든 전쟁을 피해야 한다는 것이었다. 남·북 간의 어떤 문제든 평화를 유지하는 가운데 지혜롭게 해결해나가야 한다는 것, 그것이 한국전쟁이 우리에게 남긴 가장 큰 교훈이다. 모두가 이 교훈을 잊지 않았으면 한다.

    끝으로 초판의 서평을 써주신 함한희, 김정인, 김영미 교수님께 감사를 드리고자 한다. 그리고 수정증보판을 출간하고 싶다는 필자의 제안을 흔쾌히 받아주시고, 수정증보판 발간 작업을 위해 애써주신 돌베개 출판사 측에 감사를 드리고자 한다. 또 주위에서 항상 필자를 응원해주는 가족과 선후배, 제자들에게도 감사를 드리고 싶다. 2025년 봄은 한국 현대사에서 또 한 차례의 커다란 격동기였다. 이 책이 나올 즈음엔 격동기를 무난히 잘 마무리하고 한국 사회가 새로운 역사를 시작할 수 있기를 바란다.

2025. 5. 23.
저자 박찬승

초판 서문

 금년은 한국전쟁이 발발한 지 60년이 되는 해이다. 당시 성인으로서 이 전쟁을 겪은 당사자들은 대부분 세상을 떴고, 생존한 분들도 80대 이상의 노인이 되었다. 이제 한국전쟁은 문자 그대로 '역사'의 장으로 넘어가고 있다. 하지만 한국전쟁은 '정전' 상태에 있을 뿐 아직 끝난 것은 아니다. 2010년 봄 남·북한 간의 긴장관계는 이를 잘 말해준다. 그런 가운데 아직도 남과 북에는 '전쟁 불사'를 외치는 사람들이 있다. 과연 '전쟁 불사'를 외치는 이들은 전쟁이 어떤 것인지 생각이나 해보고 말하는 것일까.

 한국전쟁이 끝난 뒤, 남한 정부는 전쟁 기간 동안의 인적 피해에 대해 남측 군인은 사망 14만 7,000명, 부상 70만 9,000명, 행방불명 13만 1,000명이고, 남측 민간인은 사망 24만 4,000여 명, 부상 22만 9,000여 명이라고 발표하였다. 북측의 경우는 『통일조선신문』에 따르면 북측 군인 사망 29만 4,000여 명, 부상 22만 5,000여 명, 행방불명 9만 1,000여 명, 북측 민간인 사망 40만 6,000명, 부상 159만 4,000명, 행방불명 68만 명이라고 한다. 여기서 우리가 주목해야 할 것은 남·북한의 군인 사망자의 합이 약 44만 명, 민간인 사망자의 합이 약 65만 명으로 민간인 사망자가 군인 사망자보다 훨씬 많았다는 점이다.

이는 곧 한국전쟁에서의 희생자 피해는 전선의 군인들보다 후방의 민간인들 쪽이 더 컸다는 것을 말해준다.

한국전쟁기 민간인의 희생, 특히 북한에서의 민간인 희생은 폭격으로 인한 경우가 많았다. 하지만 후방에서의 민간인들의 피해는 남과 북의 국가권력, 그리고 그들의 수족 역할을 했던 좌우익에 의한 학살에서 비롯된 사례가 더 많았다. 한국전쟁 당시 엄청난 규모의 민간인 학살이 알려지면서 전 세계 사람들은 경악했다. 1951년 피카소는 이를 주제로 〈한국에서의 학살〉Massacre in Korea이라는 그림을 그렸다. 1937년 그가 그린 〈게르니카〉Guernica는 스페인의 게르니카라는 마을에서 벌어진 나치의 학살극을 비판하기 위한 것이었다. 당시 게르니카에서의 희생자는 1,500명이었다. 그 희생의 규모는 한국에서 벌어진 숱한 학살 사례의 한두 건 정도에 불과했다. 그렇다면 이 땅에서는 왜 그와 같은 엄청난 민간인 학살, 그리고 한 마을에서 동고동락했던 친지와 주민을 죽이는 동족상잔의 비극까지 벌어졌을까.

10여 년 전 어느 여름날 밤, 나는 한 마을에서 노인 한 분과 마주앉아 있었다. 그는 처음에는 비교적 침착하게 전쟁 때 마을에서 있었던 일들을 들려주기 시작했다. 그가 전해준 내용들은 놀라운 것들이었다. 전쟁 이전에 마을에서 벌어진 좌우익 간의 충돌, 인민군이 들어온 이후 시작된 학살, 인민군 철수 시 벌어진 엄청난 학살과 수복 후 벌어진 보복, 그리고 입산한 이들의 최후, 전쟁 이후 좌익 가족들이 겪은 수난 등등. 나는 최대한 주의를 집중하면서 그의 말을 들었다. 두 시간 가까이 말을 계속하던 그는 자신과 가까운 친인척들에 대해 말하기 시작하면서 끝내 눈물을 보이고 말았다. 나는 더 이상 그에게 자세한 내용을 물어볼 수 없었다. 그날 밤 그의 집을 나설 때, 그는 이렇게 말했다. "이런 이야기는 당신한테 처음 하는 것이오."

몇 년 뒤, 다른 마을에서 만난 한 농민은 자신의 마을사와 가족사에 대한 이야기를 차분히 들려주었다. 그는 자기 마을에는 가난한 소작인들과 전쟁 때 인민군에 부역한 이들이 많았다면서, 마을에 거주하던 지주 집안 사람들이 어떻게 처형되었는지를 설명했다. 그리고 경찰이 다시 들어왔을 때, 지주 집안 사람들의 시퍼런 서슬 아래서 자신의 부친은 치안대장을 맡아 부역자 색출에 앞장서게 되었다고 했다. 부역자들은 체포되어 일부는 처형되고 일부는 옥살이를 하게 되었는데, 이후 마을은 두 동강이 났고, 아직까지도 서로 간의 관계는 서먹서먹하다고 전했다.

또 다른 마을에서는 그 마을 이장의 안내를 받아 이웃 마을과의 경계에 있는 한 서당에 가보았다. 그 서당은 이웃 마을 사람들이 지은 것이었다. 그는 말했다. "이 서당에 와본 것은 어렸을 때 이후 처음이오. 한 40년 된 것 같소." 두 마을은 각각 양반마을과 평민마을로서, 전쟁 전부터 갈등관계에 있었으며, 전쟁 기간 동안에는 여러 명의 희생자가 났다. 전쟁 이후 두 마을은 강한 경쟁의식을 갖게 되었고, 이후 이를 해소하기 위해 친목계도 만들었지만, 서로 간의 거리감은 아직까지도 완전히 해소되지 않은 듯 보였다.

또 다른 마을에서 만난 노인은 "전쟁 때 이야기라면 꺼내지도 마소. 나는 그때 끌려가서 맞은 곳이 지금도 아프다오"라고 말했다. 그에게는 더 이상 말을 붙여볼 수 없었다. 이웃 마을의 한 노인은 다른 이야기를 하다가 전쟁 때 있었던 일에 대해 묻자, 표정이 험악해지면서 대뜸 "당신 어디에서 나왔소?", "당장 내 집에서 나가시오"라고 말했다. 결국 나는 그 집에서 쫓겨나고 말았다.

한 마을의 노인은 자신이 중학생 때 겪은 전쟁 경험을 들려주면서, 경찰이 들어온 이후 부역자들을 잡아다가 가두었던 창고 자리와 그들이 처형되어 묻힌 곳을 가르쳐주었다. 그가 안내한 곳에는 개인 묘보다는 다소 큰 봉분이 하나 있었다. 그는 그곳에 수십 명의 부역자들이 묻혀 있을 것이라고 말했다. 인민군과 지방 좌익 세력에 의해 희생된 이들은 9·28서울수복 이후 가족들이 시신을 모두 찾아가 다른 곳에 묻었지만, 인민군에 부역한 이들의 시신은 경찰의 눈이 무서워 아무도 찾아가지 못했다고 한다.

나는 여러 마을에서 부역자 가족들에 대한 '마을로부터의 추방' 이야기를 들었다. 부역자 가족의 처리 문제는 마을로서는 매우 골치 아픈 일이었을 것이다. 그리고 이를 해결하는 방법으로 '추방'을 선택했을 것이다. 이러한 추방은 주로 각성마을에서 있었고, 일부 동족마을에서도 있었다. 그런데 추방당한 이들 가운데에는 조상들의 뼈가 묻혀 있는 마을로 돌아오고자 하는 이들도 많았다고 한다. 하지만 마을에서는 이들을 절대 받아주지 않았다. 심지어 그 후손들의 성묘조차 허락하지 않은 경우도 많았다. 마을 주민들의 강경한 태도는 최근 들어 다소 누그러지는 경향을 보이고 있지만, '접근금지령'이 계속되고 있는 마을도 많았다.

내가 마을에서 만나본 한국전쟁은 이런 것이었다. 전쟁은 끝났지만, 전쟁의 어두운 그림자는 아직도 마을에 짙게 드리워져 있었다. 마을에서 벌어진 좌우익 간의 학살은 불과 두세 달 동안 벌어진 일이었다. 하지만 그때 있었던 일은 60년이 다 되도록 마을을 붙잡아두고 있다. 이들 마을은 전쟁의 그림자로부터 언제쯤 벗어날 수 있을까. 전쟁을 겪은 당사자들이 세상을 뜨면 그 그림자로부터 벗어날 수 있을까. 혹시 그 그림자가 대물림되지는 않을까.

내가 마을에서 벌어진 한국전쟁에 관심을 갖게 된 것은 사소한 일 때문이었다. 나는 이 책에 실린 진도의 한 마을에서 있었던 식민지시기의 농민운동에 대해 조사하다가 한국전쟁기에 마을에서 엄청난 희생이 있었다는 말을 듣게 되었다. 그리고 마을에서 구한 족보를 보니 100명이 넘는 이들이 1950년 여름과 가을에 사망한 것으로 기록되어 있었다. 충격을 받은 나는 '왜 이러한 일이 일어났을까' 하는 의문을 가지고 마을 사람들에게 이에 대해 묻기 시작했다. 그러나 마을 주민들은 좀체 입을 열지 않았다. 결국 마을 주민들의 단편적인 증언들을 짜 맞춘 결과 어느 정도 윤곽을 파악할 수 있었다. 그리고 최근에는 '진실·화해를 위한 과거사정리위원회'에서 이 마을에 대해 조사한 보고서가 나와 사실을 정리하는 데 큰 도움이 되었다. 이러한 작업의 결과가 이 책의 1장에 실린 글이다.

이어서 식민지시기 농민시위가 크게 일어났던 영암의 한 마을에서 농민시위사건을 조사하던 중 이 마을에서도 한국전쟁기에 여러 사건이 있었다는 것을 알게 되었다. 하지만 마을 주민들은 서로 입이나 맞춘 듯이 이 마을에서는 희생자가 별로 없었다고 말했다. 그런데 그것은 사실이 아니었다. 그 뒤에 발견한 대한민국 공보처에서 1952년에 펴낸 한국전쟁기 민간인 희생자 명단을 보니 이 마을에서 희생된 주민 100여 명의 이름이 올라와 있었다. 이 자료를 가지고 마을을 다시 찾아가 주민들에게 보여주니 그때서야 그들은 입을 열기 시작했다. 이 책 2장의 글은 그들의 증언을 토대로 작성한 것이다.

충남의 부여, 합덕, 금산 지역의 사례 연구는 여러 마을들을 다니면서 중요한 사건들이 있었던 곳을 물색한 결과 이루어졌다. 그리고 이때부터는 가능하면 한 마을 내부에서 있었던 사건보다는 두 마을 사이에서 있었던 사건, 혹은 읍·면 안의 여러 마을들 사이에서 있었던 사건에 주목하고자 했다. 수없이 많은 사람들을 만났는데, 모두가 전쟁 때 있었던 일을 조심스럽게 말해주었다. 그들의 구술 증언과 문헌자료들을 모두 모아 정리한 결과가 이 책의 3, 4, 5장이다.

　이 책의 총론에서도 말해두었지만, 한국전쟁기 마을에서 있었던 일들에 관한 문헌자료는 거의 없거나 아직 공개되지 않았다. 그러므로 이 책에 쓰인 글들의 대부분은 마을 주민들의 구술 증언을 바탕으로 한 것이다. 마을 주민들의 구술 증언은 부정확하거나 단편적이거나 편파적일 수 있다. 각자 체험의 범위에 한계가 있고, 또 입장이 다르기 때문이다. 그렇기 때문에 이 책이 당시에 있었던 일들의 '진실'을 기록하고 있다고 말하기는 어렵다. 하지만 나는 가능한 한 많은 사람들을 만나 '구술' 내용의 진위를 파악하기 위해 노력했고, 그 결과 어느 정도 신뢰성이 있다고 여겨지는 구술 증언들만을 채택하여 글을 썼다. 따라서 부족하기는 하지만 최선을 다했다고 스스로 위로를 하고 있다.

　여러 한계들이 있었음에도 이와 같은 연구를 진행하고, 그 결과를 책으로 묶어내기로 결정한 것은 한국전쟁을 이제는 거시적인 관점이 아닌, 미시적인 관점에서도 바라볼 필요가 있다는 생각에서였다. 그동안 한국전쟁에 관한 연구는 주로 전쟁의 발발 배경과 진행과정을 중심으로 이루어져왔다. 전쟁에 대한 이러한 거시적인 연구도 물론 중요하다. 그러한 연구의 결과 한국전쟁의 전체적인 성격은 어느 정도 드러났다. 즉, 이 전쟁은 내전의 성격을 지니면서 동시에 국제전의 성격을 지녔다는 것이다. 하지만 그 내전이란 주로 남한과 북한 정권 사이의 내전을 말하는 것이었다. 그러나 앞서 본 것처럼 사실은 후방에서 더 많은 민간인이 사망했고, 그 가운데에는 좌우익 간의 학살로 인해 사망한 경우도 대단히 많았다. 한마디로 전쟁은 후방에서도 진행 중이었던 것이다. 이 책에서 쓰고자 했던 것은 그러한 또 다른 내전인 '마을에서 벌어진 작은 전쟁들'에 관한 것, 다시 말해 '한국전쟁의 미시사'였다. 보통 사람들이 겪은 전쟁은 이러한 '마을의 작은 전쟁'들이었다. 그럼에도 이에 대한 연구는 그리 많지 않았다. 나는 그러한 작은 전쟁들이 어떻게 벌어졌는지, 그리고 그러한 전쟁이 벌어진 이유는 무엇이었는지에 대해 주로 관심을 가졌다. 마을에서 벌어진 충돌의 배경이 되었던 갈등 요인들이 무엇이었을까 하는 데 관심이 있었던 것이다.

내가 이 책을 쓰면서 내린 결론은 총론에 실려 있다. 하지만 총론에 쓰지 못한 또 하나의 결론이 있었다. 그것은 전쟁 이전 한국 사회는 갈등요소가 대단히 많은 사회였고(신분제, 지주제, 씨족 간 갈등, 마을 간 갈등 등), 한국인들은 이러한 갈등을 현명하게 해결하지 못했으며, 그 결과가 한국전쟁기에 격렬한 충돌과 반복적인 학살로 나타났다는 점이다. 어느 사회든 갈등이 없는 사회는 없다. 중요한 것은 그러한 갈등을 어떻게 현명하게 풀어나가느냐 하는 것이다. 한국인들은 그러한 점에서 미숙했으며, 그 결과가 그토록 엄청난 비극을 가져오지 않았을까 하는 것이 이 책을 쓰면서 내내 들었던 생각이다. 그리고 이러한 물음을 던져보았다. 오늘날 우리는 남북 간의 갈등, 남한 내 각 사회집단 간의 갈등을 과연 얼마나 현명하게 풀어가고 있을까, 한국 사회는 갈등을 대화와 타협으로 풀기보다는 여전히 힘으로써 상대를 굴복시키는 데 익숙한 것은 아닐까 등등.

이 책을 쓰기 위해 수많은 사람들을 만났다. 그중에는 비협조적인 분들도 있었지만, 협조적인 분들도 많았다. 그리고 너무나 큰 도움을 주신 분들도 있었다. 그분들의 도움이 없었다면 이 책을 쓸 엄두를 내지 못했을 것이다. 그럼에도 그분들의 이름을 이 책에서 충분히 밝히지 못해 아쉽고 죄송하기만 하다. 다만 최근에 타계하신 영암의 신희범, 합덕의 유재하 선생, 두 분의 이름은 이곳에 기록해두고 싶다. 그분들은 중립적인 입장에서 당시의 상황을 냉정하게 증언해주셨다. 두 분께 진심으로 감사드리면서, 두 분의 명복을 빈다. 그리고 금산의 송경섭 선생은 귀중한 사진과 자료들을 보여주셨다. 진심으로 감사드린다.

이 책에서 가능한 한 실명을 쓰지 않으려 했지만, 부득이하게 실명을 거론하지 않을 수 없었던 분들이 있었다. 혹시라도 그분들에게 조금이라도 누를 끼치지는 않을까 염려하면서, 당사자와 가족들의 넓은 이해를 부탁드린다. 이 책은 과거의 일을 다시 들추어내거나 상처를 헤집기 위해 쓴 것이 결코 아니다. 한국전쟁기 어느 쪽의 입장에 섰던 간에 그들은 모두 시대의 희생자들이었다고 볼 수 있다. 당시 어떠한 연유에서든지 서로 갈라서서 대립함으로써 아직까지도 서먹서먹한 관계를 유지하고 있는 여러 마을의 주민들이 이제는 서로를 용서하고 서로 화해함으로써 '전쟁의 유산'을 청산할 수 있기를 간절히 기원하는 마음으로 이 책을 썼다.

이 책에 실린 글을 쓰는 과정에서 동료 연구자들과 학생들의 도움을 정말 많이 받았다. 내가 속했던 목포대의 나승만, 전봉희 교수(현 서울대 교수)를 비롯한 도서문화연구소 연구팀, 충남대의 김필동 교수를 비롯한 충남지역 마을연구팀이 없었다면 이 작업은 불가능했을 것이다. 또 이 방면의 연구에 초석을 놓은 윤택림 선생을 비롯하여 함한희, 윤형숙, 정근식 교수님으로부터도 배운 바가 많았음을 기록해두고 싶다. 그리고 현지조사를 같이 가준 목포대, 충남대, 한양대 대학원 학생들에게도 진정으로 감사의 뜻을 표하고 싶다. 현지조사는 혼자만의 힘으로는 정말 어려운 일이기 때문이다. 아울러 이 책의 출판을 허락해주신 돌베개의 한철희 사장님과 거친 문장을 다듬어주신 소은주, 김태권 씨를 비롯한 편집부 여러분께도 감사의 말씀을 드린다.

또 이 책에 실린 연구들을 진행하는 동안 한국학술진흥재단의 지원이 큰 도움이 되었음을 밝혀두고자 한다. 도서문화연구소 연구팀과 충남지역 마을연구팀은 모두 한국학술진흥재단의 지원으로 연구를 진행할 수 있었기 때문이다.

    6년 전 타계하신 어머니는 살아계실 때 가끔 당신이 처녀 시절에 겪은 '인공 때 이야기'를 하셨다. 마을에서 있었던 인민재판에 외할아버지가 끌려갔다 살아오신 이야기, 부역했던 마을 청년들이 수복 후 뒷산으로 숨어들어갔다가 군인들에게 잡혀간 이야기, 밤이면 마을에 내려와 식량을 가져가고 심지어 밥을 해줄 처녀들까지 끌고 가는 바람에 서둘러 도시에 사는 청년(아버지)과 선도 안 보고 결혼하게 된 이야기 등등. 어머니의 말씀은 내가 당시의 분위기를 이해하는 데 큰 도움이 되었다. 전쟁 통에 서로 얼굴도 보지 못하고 혼례를 올려 우리 가족을 만드신 부모님을 생각하면서 이 글을 맺는다. 끝으로 한국전쟁 때 희생된 모든 분들의 명복을 빌면서, 그들의 유족에게 이 책을 바치고 싶다.

                                              2010. 6. 1.
                                              저자 삼가 씀

차례

수정증보판 서문		4
초판 서문		7

총론
마을에서 바라본 한국전쟁   21

1   프롤로그   21
2   전쟁과 마을 주민 간의 갈등구조   27
     신분·계급 간의 갈등 27 · 친족·마을 간의 갈등 33 · 종교와 이념 간의 갈등 38
3   마을 지도자·국가권력과 전쟁   42
     마을 지도자의 영향력 42 · 국가권력의 마을 개입 47
4   전쟁 이후의 마을   54
5   에필로그—복합적 갈등구조론   58

1
친족 간 학살의 비극, 진도 동족마을 X리   63

1   진도에서 X리는 어떤 마을인가   65
     진도의 주요 성씨와 X리 곽씨 문중의 위상 65 · 진도와 X리 주민들의 토지 소유 71
2   1930년대 X리 청년들의 민족·사회 운동 참여   80
     1933년 자각회의 결성과 해산 81 · 진도적색농민조합의 결성과 해체 87

3	해방 직후 X리 현풍 곽씨의 동향	98
	건국준비위원회와 인민위원회 참여 98 · 경찰 입문과 우익청년단 결성 104	
4	한국전쟁기 친족 내 갈등의 폭발과 학살의 반복	105
	전쟁의 내습과 거듭된 학살 105 · 계파별 희생자 112 · X리 비극의 특징 115 · 전쟁 이후 현풍 곽씨의 위상 변화 119	
5	맺음말: 친족 내 갈등과 배후의 국가권력	122

2
'영암의 모스크바', 한 양반마을의 시련   130

1	두 양반가 전주 최씨와 거창 신씨	133
2	한말·일제강점기 영보마을의 민족·사회 운동	138
	한말 영보마을의 의병전쟁 138 · 신간회 영암지회의 해산과 영암농민조합의 탄생 140 · 영암공산주의자협의회와 영보농민시위사건의 전모 145	
3	해방에서 한국전쟁기까지 격동의 영보리	158
	해방 직후 송석정 사건과 '반동 3인' 처단 사건 158 · 전쟁기 마을 주민들의 '총피란'과 '총자수' 162	
4	맺음말: 전쟁은 마을에 무엇을 남겼나	172

3
양반마을과 평민마을의 충돌, 부여군의 두 동족마을   177

1	부여군 두 동족마을의 역사와 흔들리는 신분제	178
	항일민족운동의 요람, 진주 강씨 민촌마을 178 · 400년 전통의 명문가 풍양 조씨 반촌마을 188 · 신분제의 해체와 두 동족마을의 대립 191	
2	한국전쟁기 두 동족마을의 충돌	195
	부여군 남로당과 대한청년단의 설립 195 · 금강 변 구드레나루 학살과 보복 인민재판 199 · 인공 치하 두 마을의 토지개혁 205	
3	전쟁의 상처와 강호동지회의 발족	207
4	맺음말: 신분 간 투쟁으로서의 마을 전쟁	215

4
땅과 종교를 둘러싼 충돌, 당진군 합덕면 사람들   220

1   전쟁 이전 지주·마름과 소작인 간의 갈등   222
     합덕면은 어떤 마을인가 222 • 합덕면의 토지 소유자 분포 225 •
     합덕리소작회의 결성과 마름-소작인 간의 갈등 231
2   한국전쟁기 마을 주민 간의 갈등   237
     인민군의 토지개혁과 박명렬가 습격 사건 242 • 인공 치하 합덕성당의
     수난 245 • 합덕면 남씨가와 오씨가의 충돌 252
3   맺음말: 계급·이념 간 대립으로서의 마을 전쟁   254

5
두 명문 양반가의 충돌, 금산군 부리면의 비극   258

1   금산군 부리면의 명문가 해평 길씨와 남원 양씨   259
2   두 가문의 좌우 분화   267
     금산청년동맹과 전북조선공산당재건 사건 267 • 해방 직후 부리면
     길씨와 양씨의 좌우 분화 270
3   한국전쟁기 두 가문의 동향과 11·2사건   272
4   끝나지 않은 이야기: 전쟁을 기억하는 사람들   279
5   맺음말: 좌우 이념 대립으로서의 마을 전쟁   285

6
분단과 전쟁, 그리고 완도군 소안면 사람들   288

1   머리말   288
2   분단과 전쟁에 의한 완도군의 민간인 희생   289
     해방~1946년 완도군의 정치사회적 동향 289 • 1947~1949년
     완도 경찰의 좌익 소탕작전 292

| 3 | 한국전쟁 발발 이후 완도군에서의 민간인 학살 | 294 |

국민보도연맹원 학살 사건 294 • 나주부대의 학살 사건 296 • 경찰·인민군 대치기 경찰의 좌익혐의자 학살 298 • 인민군의 완도 진주 이후 인민군과 좌익 측의 민간인 학살 299 • 인민군 철수 이후 경찰의 민간인 학살 301

| 4 | 소안면 A마을 주민들의 희생 | 303 |

A마을의 주요 인물 303 • 전쟁 이전 좌파 청년들의 희생 305 • 한국전쟁기 A마을 주민들의 희생 308

| 5 | 소안면 B마을 주민들의 희생 | 312 |

전쟁 발발 이전 B마을 두 집안의 갈등 312 • 전쟁 발발 이후 B마을 주민들의 희생 314

| 6 | 맺음말 | 316 |

7
한국전쟁 전후 해남군에서의 민간인 학살 319

| 1 | 머리말 | 319 |
| 2 | 한국전쟁 이전 해남군의 상황 | 321 |

일제하~해방 직후 해남군의 상황 321 • 1946년 11월 봉기와 가담자 학살 326

| 3 | 한국전쟁기 해남군에서의 민간인 학살 | 330 |

보도연맹 관련자의 학살 330 • 나주부대의 마을 주민 학살 332 • 인민군·좌익의 우익 세력 학살 336 • 경찰·청년단의 부역혐의자 학살 341

| 4 | 맺음말 | 351 |

미주	354
참고문헌	383
찾아보기	389

일러두기

1. 이 책 6장과 7장은 수정증보판에 새로 실린 글이다.
2. 1장~5장에서 '기간', '나이' 등 초판 출간의 시점(2010년)에 산정된 것은 수정증보판에서 바꾸지 않았다. 가령, 21쪽 "전쟁이 끝난 지 60년이 지난 오늘날까지도"는 초판 출간 시점인 2010년 기준으로 서술된 것이다.

총론

마을에서 바라본
한국전쟁

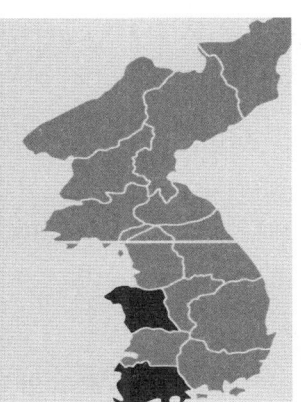

1. 프롤로그

한국전쟁은 20세기 한국사에서 가장 불행한 사건이었다. 전쟁 과정에서 수많은 인명이 살상되었고, 삶의 기반은 대부분 파괴되었다. 그리고 전쟁의 결과, 남과 북은 서로를 '공존할 수 없는 적'으로 규정하게 되었다. 전쟁이 끝난 지 60년이 지난 오늘날까지도 남과 북이 서로 화해와 공존의 길로 순탄하게 나아가지 못하는 가장 커다란 이유는 '전쟁'의 경험 때문일 것이다.

한국전쟁기에 벌어진 가장 불행한 일은 수많은 민간인이 학살되었다는 것이다. 남과 북을 막론하고, 그리고 전쟁이 휩쓸고 지나간 지역이나 그렇지 않은 후방 지역을 막론하고 한반도 곳곳에서 광적인 민간인 학살이 자행되었다. 전쟁 과정에서 희생된 민간인의 수가 얼마나 되는지 정확히 파악하기조차 어렵다. 다만 남한의 경우, 1952년

3월 대한민국의 공보처에서 발행한 『6·25사변 피살자명부』에는 5만 9,964명이 피살된 것으로 기록되어 있다. 당시 공보처는 『6·25사변 피납치자명부』도 함께 만들었는데, 여기에는 모두 8만 2,959명이 납치된 것으로 기록되어 있으며, 그 가운데에는 북으로 끌려간 경우 외에도 강제 연행되어 피살된 경우가 상당수 포함된 것으로 보인다. 물론 이 자료에 실린 이들은 대부분 우파에 속한 경우였고, 좌파로서 피살된 경우는 대부분 누락되어 있다. 따라서 한국전쟁기 남한에서 피살된 민간인은 최소 10만 명에서 최대 수십 만 명에 이르는 것으로 추정된다.

이와 같은 민간인 학살은 궁극적으로는 군이나 경찰 등 국가권력의 지시에 의해 자행된 것이었지만, 민간인들이 이에 직간접적으로 개입된 경우도 많았다. 지역사회 주민들은 전쟁기에 어쩔 수 없이 좌우로 갈리어 서로를 적대시하고, 심지어 학살에까지 개입해야만 했다. 하지만 전쟁이 끝난 이후에도 일단 좌우로 갈리었던 주민들은 서로 화해하기가 쉽지 않았다. 전쟁은 끝났지만, 그 앙금은 오랜 세월 동안 남아 있을 수밖에 없었다. 국가권력은 전쟁기에 지역사회를 분열시켰고, 전쟁이 끝난 후에도 분열을 이용하여 지역사회를 통치했다.

2005년 출범한 '진실·화해를 위한 과거사정리위원회'는 한국전쟁기에 벌어진 민간인 학살 문제를 조사·정리하고, 가해자와 피해자 사이의 화해를 돕기 위한 기구이다. 이 위원회의 주된 목표는 군경 및 우익 세력에 의한 민간인 학살에 대한 조사, 인민군 및 좌익 세력에 의한 민간인 학살에 대한 조사, 그리고 이에 대한 국가 및 지방자치단체의 후속조치 권고에 있었다. 이 위원회에 조사를 신청한 건수는 2009년 하반기까지 모두 1만 건에 가까웠다.[1] 1건당 대체로 1명 정도의 피해자가 관련되어 있다고 볼 때, 약 1만 여 명에 대한 피해 사실

조사가 신청된 셈이다. 하지만 이는 앞서 본 것처럼 최소한으로 잡은 피해자 10만 명의 10분의 1 정도밖에 되지 않는다. 따라서 대다수의 희생자에 대한 조사는 아직 신고조차 되지 않았다고 볼 수 있다. 그리고 사건과 관련된 증언을 해줄 만한 이들도 대부분 세상을 뜨고 있기 때문에, 그들의 죽음과 관련한 진실은 영원히 역사 속에 묻힐 것으로 보인다.

한국전쟁기의 민간인 학살은 앞서 말한 것처럼 궁극적으로는 배후에 있던 남·북한 국가권력에 책임이 있지만, 마을 주민들도 이에 직간접적으로 개입했다. 그리고 어떤 경우에는 마을 주민들이 주도적으로 참여하기도 했다. 그 결과 이웃한 마을 주민들이, 혹은 한 마을에서 살고 있던 주민들이, 심지어는 한 집안 사람들이 좌우로 갈려 서로 죽고 죽이는 상황이 벌어졌다. 처음에는 피해자였던 이들이 나중에는 가해자가 되었고, 처음에는 가해자였던 이들이 나중에는 피해자가 되었다. 아무리 국가권력이 뒤에서 이들을 조종했다 하더라도, 왜 마을 사람들은 서로 갈라서서 상대를 죽이는 행위를 해야만 했을까. 혹시 마을 주민들 내부에 이미 충돌을 가져올 수 있는 갈등요소들이 있었고, 이것이 전쟁을 계기로 폭발했던 것은 아닐까. 이 책은 이러한 물음에서부터 시작한다.

최근 한국전쟁에 대한 연구는 다양한 주제와 관점에서 진행되고 있다. 특히 1990년대 이후 러시아에서 옛 소련의 문서가 공개됨에 따라 한국전쟁의 국제전적 성격에 대한 연구가 활발하게 진행되었다. 그런가 하면 1990년대 이후 한국전쟁의 내전적 성격에 대한 연구도 역시 활발하게 진행되었다. 내전적 측면에서의 한국전쟁 연구는 특히 전쟁기에 농촌 마을에서 있었던 사건들을 미시적으로 살펴보는 방향으로 진행되었다. 이러한 연구에는 인류학자, 사회학자, 역사학자 등이

참여하고 있으며, 현재 마을과 관련된 사례 연구는 20여 편이 나왔다.[2]

이 '총론'에서 필자는 이 책에 실린 필자의 사례 연구와 다른 연구자들의 사례 연구들을 토대로 하여, 한국전쟁기 마을에서 진행된 학살의 배경이 되었던 마을 주민들 간의 갈등구조를 정리해보고자 한다. 한국전쟁기 마을에서 진행된 학살 가운데에서는 군의 작전(주로 빨치산 토벌)과 관련하여 진행된 학살 사건도 많았다. 하지만 이 글에서는 이러한 사례는 제외하고, 주로 마을 주민들 간의 좌우 대립으로 인해 벌어진 학살 사건의 사례들을 검토하고자 한다.[3] 앞서 말한 것처럼 마을 주민들 간의 좌우 대립과 그로 인한 학살 사건에는 남북의 국가권력이 개입되어 있는 경우가 대부분이었다. 하지만 그동안의 연구에 의하면 마을 자체 내에도 비극을 가져온 이유들이 있었다. 한국전쟁기 마을에서 벌어진 비극 가운데에는 오랜 세월 동안 쌓여온 갈등이 폭발한 경우가 많았다. 필자는 바로 이 점에 주목하여, 농촌 마을 주민들이 왜 좌우로 나뉘어 서로 갈등을 빚고 마침내 충돌하게 되었는지 그 역사적·사회적 배경을 정리해보고자 한다.

그동안 학계에서는 해방 이후부터 한국전쟁기까지의 좌우 대립과 충돌이 현상적으로는 좌우의 이념 갈등에서 말미암은 것이며, 더 근본적으로는 지주-소작인 간의 계급적 대립관계에 그 뿌리가 있다고 보는 경향이 많았다.[4] 하지만 과연 농촌 마을에서 벌어진 좌우 대립과 충돌이 이념과 계급의 차이에서 말미암은 것이라고 볼 수 있을까 하는 의문을 제기할 수 있다. 문맹률이 거의 90퍼센트에 가까웠던 당시 농촌 사회에서 자본주의와 사회주의를 제대로 이해할 수 있는 사람들이 과연 얼마나 되었을까. 그리고 농촌 사회에서 지주와 소작인 간의 계급관계가 농촌 사회를 구성하는 보편적인 사회관계였던 것은 사실이지만, 소작인들은 과연 얼마나 계급의식을 갖고 있었을까. 필자는 한국전쟁기 농촌 마을에서의 충돌이 이념과 계급의 차이에서 비롯되었다는 기존의 통념에 대해 재검토가 필요하다고 생각한다. 그리고 이 문제는 결국 당시 한국 농촌 사회에 대한 이해로부터 풀어나가야 한다고 생각한다.

한국의 농촌 마을은 크게 동성同姓마을과 각성各姓마을로 구분된다. 동성마을은 같은 성씨의 친족들이 오랜 세월 동안 거주해온 마을로서 내부 결속력이 그만큼 강했다. 반면에 각성마을은 여러 성씨들이 함께 모여 사는 마을로서 내부 결속력은 그리 강하지 않았다. 그리고 동성마을은 다시 양반 성씨 마을과 평민 성씨 마을로 나뉜다. 특히 양반 동성마을 가운데 비교적 세력이 크고 재산이 넉넉한 마을은 인근에 경쟁 대상이 없는 경우 일정한 지역 내에서 지배권을 행사하기도 했다. 하지만 비슷한 세력의 동성마을이 인근에 있는 경우, 이들 마을은 서로 협력과 경쟁관계에 서기 마련이었다.[5]

한편 각성마을은 대부분 평민들의 마을이었다. 이들 각성마을은 인근의 양반마을에 항상 눌려 살 수밖에 없는 처지였다. 그런가 하면 근대 이후 기독교가 들어오면서 일부 마을은 천주교 혹은 개신교 신도의 마을로 변하기도 했다. 평민마을의 경우에도 그 마을을 주도하는 몇몇 성씨들이 있게 마련이었다. 그럴 경우 이들 성씨 간의 주도권 경쟁이 치열하게 나타나기도 했다.

또 농촌 마을에서는 조선시대 이래 지주와 소작농민, 호외집(협호)이라 불리던 예속농민, 머슴, 노비 등 다양한 계층이 섞여 살았다. 특히 양반 동족마을의 경우 오히려 다양한 신분과 계층이 한마을에 살고 있었고, 이들 신분·계층 간에는 일정한 지배-피지배 관계가 성립되어 있었다.

이상과 같은 마을 내외의 협력과 경쟁, 지배와 피지배 관계는 어쩔 수 없이 숱한 갈등과 충돌을 낳았다. 물론 안정된 시대에는 협력과 경쟁, 지배와 피지배의 관계 그 자체가 하나의 사회운영기제로 작동하여, 마을 내외의 갈등구조가 은폐될 수 있었다. 그러나 격변의 시대에는 갈등이 폭발하게 되고, 결국은 '충돌'로 이어졌다. 한국전쟁기 각 마을 안팎에서 벌어진 충돌이 바로 그러한 경우라고 볼 수 있다. 하지만 '충돌'을 야기한 '갈등구조'를 도식적으로 설명하기는 어렵다. 각 마을 내부, 그리고 각 마을 간에 다양한 사정이 있었고, 그러한 각각의 사정들이 갈등구조에 녹아 있어, 전혀 다른 양상의 충돌을 만들어 냈기 때문이다. 그것은 신분·계층 간 갈등에서 비롯된 것이기도 했고, 집안·마을 간 갈등에서 비롯된 것이기도 했으며, 종교·이념 간 갈등에서 비롯된 것이기도 했다. 이제 이 글에서는 이와 같은 갈등의 구조를 정리해보고자 한다.

한편 한국전쟁기에 나타난 마을 간 혹은 마을 내 갈등에는 열쇠를 쥐고 있던 주요 인물들이 있었다. 그들은 친족의 지도자인 경우도 있었고, 마을의 지식인이거나 지주와 같은 부자들인 경우도 있었다. 이러한 지도적 인물들이 마을 주민들에게 행사한 영향력은 오늘날에는 상상하기 어려운 정도였다. 이 글에서는 그들이 마을 주민들에게 얼마나 큰 영향력을 미쳤는지 살펴보고, 어떻게 그와 같은 영향력을 행사할 수 있었는지 생각해보기로 한다.

또 한국전쟁기 마을 안팎에서 벌어진 학살에는 대부분 남북의 국가권력이 개입되어 있었다. 한국전쟁을 전후한 시기 남쪽의 국가권력은 경찰, 우익청년단 등으로, 북쪽의 국가권력은 인민위원회, 각종 연맹, 치안대 등으로 마을 내부에 권력을 침투시켰다. 이로 인해 마을 주민들은 좌우로 갈리어 서로를 적으로 지목했다. 마을 내부의 갈등이 '학살'로까지 이어진 데에는 이러한 조직을 통한 국가권력의 작용이 중요한 역할을 했다. 이 글에서는 국가권력이 구체적으로 마을에 어떻게 침투했고, 작용했는지 정리해보고자 한다.

인민군이 남한의 점령지역에서 철수한 뒤, 각 마을에는 아마도 유사 이래 처음이라 할 엄청난 변화가 있었다. 많은 이들이 마을을 떠나 산으로 들어갔고, 또 체포되어 감옥에 갔다. 그리고 일부 마을에서는 부역자나 그들의 가족들에게 추방령을 내렸다. 과거의 마을 공동체가 일시에 붕괴된 것이다. 하지만 전쟁 이후 마을에는 새로운 권력관계가 형성됐고 그들을 중심으로 새로운 질서가 만들어지기 시작했다. 그리고 인근 마을과의 권력관계에도 커다란 변화가 나타났다. 이 글에서는 그러한 마을의 변화 모습을 살펴보고자 한다.

2. 전쟁과 마을 주민 간의 갈등구조

신분·계급 간의 갈등

조선 왕조를 지배해온 가장 중요한 사회기제는 '신분제'였다. 양반·상민·천민으로 구성된 신분제는 '법제적 신분제'이면서 동시에 '사회적 신분제'였다. 따라서 신분제는 조선 사회를 규정해온 가장 강력한 틀이었다고 할 수 있다. 1894년 갑오개혁 당시 개화파 정부가 신분제의 법적인 폐지를 선언했지만, 관습적인 규범과 같은 '사회적 신분제'는 하루아침에 무너질 리가 만무했다.[6] 1894년 이후 노비의 매매, 상속 등은 사라졌지만, 노비의 해방은 서서히 진행되었다. 그리고 노비들은 주인으로부터 해방된다 해도 갈 곳이 없었기 때문에 여전히 주인 주변에 머무르면서 그의 가예(집종), 종속적 소작인, 머슴, 산직

(산지기) 등 주인과 다양한 관계를 맺고 있었다.[7] 또 일부 노비들은 주인으로부터 벗어나 '마을 머슴'이 되기도 했다. 그리고 일부 노비들은 다른 마을로 가서 머슴이 되기도 했다. 1910년대 일부 노비들은 성씨를 새로 만들어 호적에 올리기도 했지만, 마을 내 주민들은 모두 그들의 출자出自를 알고 있었다. 따라서 그들에 대한 차별 대우는 하루아침에 사라지지 않았다.

양반과 평민의 관계도 그러했다. 일제강점기 내내 농촌 사회에는 신분제의 유제가 남아 있었다. 신분제의 유제를 강력히 지탱한 것은 지주-소작제라는 토지 소유 관계였다. 대부분의 평민 소작인들은 경제적으로 양반 지주에 예속되어 있는 경우가 많았기 때문에 양반과 평민 간의 신분제는 그대로 유지될 수 있었던 것이다.[8] 하지만 농촌 사회에서도 신분제의 강고한 틀은 서서히 깨져나가고 있었다. 3·1운동 이후 보통학교가 3면面 1교, 더 나아가서는 1면 1교 식으로 서서히 증설되면서 농촌 마을의 평민들도 자식들을 학교에 보내기 시작했다. 그리고 학교에서 신교육을 받은 젊은 층은 점차 신분의식에서 벗어나기 시작했다. 하지만 그런 교육을 받을 수 있는 기회가 없었던 장년층 이상의 사람들은 여전히 신분의식에서 벗어나지 못했다.

신교육을 받은 세대들이 성년이 되고, 그들이 마을에서 상당한 역할을 하기 시작한 것은 1930년대 이후였다. 당시 신문들은 1920년대 말부터 1930년대 중반까지 평민층과 양반층이 신분 문제로 잦은 충돌을 벌였고, 양반들은 '의식 공황 상태'에 빠졌다고 보도했다. 일부 지역에서는 양반들이 '자위단'을 조직하여 평등한 대우를 주장하는 평민층에 대응하기도 했다.[9] 신분제의 균열이 시작되고 있었던 것이다. 그리고 그 주역은 1920~1930년대 신교육을 통해 신분의식으로부터 벗어난 이들이었다.

해방을 전후하여 신분의식은 좀더 큰 균열을 보이기 시작했고, 그런 가운데 한국전쟁이 발발했다. 인민군의 진주는 신분제하에서 억눌리며 갖은 핍박과 설움을 당해오던 이들에게는 신분제를 전복할 수 있는 결정적인 계기로 받아들여졌다. 평민층과 천민층 가운데 원한을 품고 있던 이들은 결정적인 기회가 왔다고 보고 양반층에 대한 공격에 나섰다.

이 책의 3장에서 다뤄질 부여의 반촌과 민촌의 충돌 사례는 이를 잘 보여준다. 그 내용을 잠시 살펴보면 다음과 같다. 부여의 한 평민 동족마을(A마을)은 오랜 세월 동안 이웃한 양반 동족마을(B마을)로부터 핍박과 설움을 당해왔다. 그리고 양반 동족마을은 해방 이후 우익 쪽으로 기울어져 있었던 반면, 평민 동족마을은 식민지시기부터 사회주의운동을 해왔고, 해방 이후에도 좌익 쪽으로 기울어져 있었다. 따라서 대한민국 정부 수립을 전후하여 평민 동족마을의 좌익 활동가들은 이웃한 양반 동족마을의 우익 활동가와 경찰에게 쫓기게 되었고, 결국 주요 인물들은 마을을 떠나 피신했다. 그리고 한국전쟁이 발발하자 A마을 가운데 보도연맹에 가입되어 있던 이들 22명이 금강변으로 끌려가 처형되었다. 그 뒤 인민군이 들어오자 이들의 유가족은 B마을의 이장과 우익청년단 관계자를 인민재판에 부쳐 처형했다. A마을의 사람들은 이 마을이 속한 면의 면당위원장, 치안대장 등을 맡았다. 하지만 그해 9월 말 인민군이 물러간 뒤 A마을의 성인들은 경찰과 B마을 주민들에 의해 모두 체포되어 경찰에 연행되었다. B마을 사람 둘을 처형한 사건과 관련하여 10여 명이 재판에 회부되었고, 결국 6명이 처형되거나 감옥에서 옥사했다. 또 면당위원장, 치안대장을 지낸 이들도 모두 체포되어 처형된 것으로 보인다. B마을 주민들은 A마을에 몰려와 값나갈 만한 물건들을 약탈해갔다. 이처럼 한국전쟁기

A마을과 B마을 간의 충돌은 과거의 이른바 민촌과 반촌 간의 오랜 신분 갈등이 전쟁을 계기로 폭발한 것이었다. 이는 '내전으로서의 한국전쟁'이 한편에서 옛 신분 간의 투쟁의 성격을 지니고 있었음을 말해 준다.

한국전쟁기에 민촌의 평민들이 반촌의 양반들에게 도전한 사례는 전남 영암의 G마을 사례 연구에서도 찾아볼 수 있다. 반촌이었던 G마을 옆에는 민촌들이 있었는데, 이들 민촌 사람들은 평소 자신들을 하대해오던 G마을의 양반들이 조직한 대동계의 상징인 회사정이라는 정자 건물을 불태웠다.[10]

하지만 이 책의 2장에서 다룰, 같은 영암의 Y마을과 같은 양반마을의 경우에는 그러한 일이 없었다. G마을은 좌파와 우파로 갈리었던 반면 Y마을은 전체가 좌파 쪽으로 기울었고, 이런 Y마을에서는 이웃한 민촌과 전혀 충돌이 없었다. 따라서 전쟁기 반촌과 민촌 간의 관계는 반촌의 동향, 그리고 반촌의 힘이 어떠했느냐에 따라서 달라졌던 것으로 보인다.

한편 한국전쟁기 신분 간의 갈등은 마을 내부에서 양반층과, 전에 천민 신분이었을 것으로 짐작되는 머슴·고직庫直·산직이나 백정·무당 간의 갈등으로 더 많이 표출되었다. 머슴들 가운데에는 평민뿐만 아니라 노비 출신들도 상당수 있었다. 주인으로부터 이미 독립하여 마을 머슴처럼 고농雇農으로 생활하고 있던 이들 가운데에는 과거 주인의 자신에 대한 멸시와 차별에 대해 보복하려 한 경우들이 있었다. 하지만 머슴들의 경우에도 마을 부자들에게 모두 반항하여 인민군에 협조한 것은 아니었다. 특히 노비 출신 머슴들 가운데에는 여전히 주인에게 충직한 경우도 많았다.[11]

무당도 인민군에게 적극적으로 협력한 계층 중 하나였다. 무당은 신분상으로 천민에 속하여 양반뿐만 아니라 평민층으로부터도 천대를 받아온 존재였다. 인민군은 이들 또한 적극적으로 활용했다. 예를 들어 이 책의 1장에서 다룰 진도의 한 동족마을에서는 무당이 인민군에 적극 협조했다가 경찰이 들어온 뒤 온 가족이 몰살되었다고 한다. 또한 기독교 마을에서는 교회가 들어오면서 무당의 일감이 줄어들자 기독교에 반감을 가진 무당과 그의 남편이 인민군에 적극 협력하기도 했다.[12]

한국전쟁기에 발생한 충돌에는 지주와 소작인 간, 또는 부농과 빈농 간의 계급 갈등 또한 중요하게 작용했다. 식민지하에서 소작인과 소작지의 비중은 크게 늘어났고, 이에 따라 지주와 소작인, 지주의 대리인인 마름과 소작인 사이에는 늘 갈등이 자리하고 있었다.

이 책의 4장에서 다룰 당진군 합덕면의 사례 연구는, 소작인들이 많았던 A마을의 주민들이 이웃한 B마을의 재지지주를 습격한 사건을 보여준다. A마을에는 지주의 대리인인 마름은 있었지만 지주는 없었다. 이곳에 토지를 소유한 지주는 대부분 서울에 살고 있었다. 따라서 A마을의 주민들은 지주로부터 통제를 덜 받았고, 대신 마을의 사회주의 계열 지식인의 영향을 크게 받았다. 반면에 B마을에는 재지지주가 있었다. 재지지주와 함께 살고 있던 소작인들은 여전히 지주의 영향하에 놓여 있었고, 이들은 지주를 보호하기 위해 A마을의 소작인·머슴들과 싸웠다. 결국 A마을 주민들의 습격은 실패로 돌아갔고, 인민군이 물러간 뒤 A마을의 소작인과 머슴들은 큰 곤욕을 치렀다.[13]

머슴들과 그들을 부린 지주·부농 간의 갈등도 무시할 수 없었다. 머슴 중에는 평민 신분으로서 경제적으로 몰락한 이들이 가장 많았지만, 양반 가운데 몰락하여 머슴이 된 경우도 있고, 노비 가운데 주인을 떠나 머슴이 된 경우도 있었다.[14] 인민군 치하에서 가장 적극적으로 협력한 이들은 머슴 계층이었다. 머슴들이 인민군에 적극적으로 협력한 것은 인민군이 토지개혁을 발표하면서 머슴들에게도 땅을 나누어 주겠다고 했기 때문이다. 1950년 봄 대한민국 정부가 발표한 농지개혁의 계획에는 소작농에게 땅을 분배한다는 조항은 있었지만, 머슴들에게 땅을 분배한다는 조항은 없었다. 따라서 머슴들은 인민군이 내려와 자신들에게도 땅을 분배하겠다고 했을 때, 적극적인 충성을 보이게 된 것이다. 인민군은 지주의 땅 대부분을 소작농들이 이미 차지하고 있었기 때문에 자작농의 토지 일부를 몰수하여 머슴들에게 나누어주었는데, 이 때문에 자작농들의 반발을 사기도 했다.[15] 인민군 치하에서 토지개혁의 실무를 담당한 것은 각 마을의 농촌위원회였는데, 여기에는 소작농과 머슴들이 적극 참여했다고 한다.[16]

구례 광의면 면소재지인 E리의 사례 연구를 보면, 한국전쟁기 좌익 쪽에 가담한 이들은 주로 소농, 빈농, 머슴, 백정, 목수 등 가난한 계층의 사람들이었다. 반면에 우익청년단에 참여한 이들은 상업이나 전문직 종사자, 그리고 부농층에 해당하는 이들이었다. 따라서 이런 마을에서는 계급 간의 갈등이 한국전쟁기에 표출되고 있었다고 할 수 있다.[17]

그런가 하면 합덕의 한 마을처럼 지주의 영향력하에 묶여 있던 소작인들의 경우에는 한국전쟁기에도 특별한 반발 움직임을 보이지 않았다. 특히 함평의 한 동족마을 사례 연구를 보면, 부자 친척의 땅을 부치고 있던 소작인들은 여전히 친척 지주의 영향력 아래 머물러 있었다.[18] 이처럼 전쟁 중에 소작인들의 행태는 다양했고, 이는 지주와 소작인 간의 평소 관계에 좌우되었던 것으로 보인다.

친족·마을 간의 갈등

한국전쟁기에는 친족 간, 친족 내부의 갈등이나 마을 간, 마을 내부의 갈등으로 인한 충돌 사례도 상당히 많았다. 친족 내부에서의 갈등과 충돌 사례는 이 책 1장에서 다룬 진도의 한 마을에 대한 사례 연구에서 잘 나타난다. 동족마을인 이 마을에서는 한국전쟁기 인민군과 좌익 측에 의해 희생된 이가 110명, 입산한 이들이 37명, 입산자 가족으로 경찰과 우익에 의해 희생된 이가 20명 등, 모두 167명이 사망했다. 그런데 당시 같은 친족 안에서 중파仲派에는 좌익으로 간 이들이 많았고, 계파季派에는 우익으로 간 이들이 많았다. 경제적으로는 중파가 더 부유했지만 중파의 핵심인물이 사회주의자로서 좌익으로 가는 바람에 중파의 젊은 청년들 가운데 좌익으로 기운 이들이 많았다. 반면에 계파는 그 핵심인물이 해방 후 경찰에 들어가는 바람에 우익으로 간 이들이 많았다. 그리고 1946년경부터 1950년까지 좌파 청년들은 중파의 핵심인물이 마을을 떠난 뒤에 중심을 잃고 우파 청년들에게 눌리어 갖은 고초를 겪지 않으면 안 되었다.

이러한 갈등관계는 한국전쟁 초기에 경찰이 이 마을의 보도연맹원 5명을 학살하고 떠난 뒤 폭발했다. 보도연맹원의 유가족들은 인민군들을 앞세워 우파 쪽에 보복을 시작했다. 인민군 점령기의 우파에 대한 보복은 그리 많지 않았지만, 인민군이 철수하던 9월 말부터 10월 초까지 우파에 대한 대대적인 보복이 자행되었다. 그리고 경찰이 들어온 뒤에 이번에는 좌파에 대한 우파의 보복이 일어났다. 이렇게 해서 한 마을에서, 그것도 같은 동족마을 안에서 167명이 사망하는 비극이 벌어진 것이다. 친족 내부의 이와 같은 충돌은 결코 흔한 사례는 아니었다. 하지만 '사촌이 땅을 사면 배가 아프다'는 말이 있듯이 한국의 농촌 사회에서 친족 내부의 경쟁과 갈등은 항상 있어왔다. 이 마을에는 이를 통제할 수 있는 '집안 어른'이 없는 상태에서 평소의 이런저런 갈등이 해방 이후 좌우익의 갈등으로 확대되고, 그것이 전쟁기에는 살육이라는 극단적인 형태로 나타난 것으로 보인다.

하지만 한 집안 내부에서의 갈등이 이처럼 커다란 충돌로 이어진 것은 오히려 드문 일이 아니었을까 여겨진다. 함평의 한 동족마을에서는 큰집과 작은집이 좌익과 우익으로 갈리었지만 서로를 해코지하거나 죽이는 일은 없었다고 한다. 이들은 수백 년간 자작일촌으로 살아오면서 한집안이라는 의식, 즉 일가―家의식이 강했던 것이다. 윤형숙은 이를 '일가주의'라고 칭했다. 남북에 각각 국가가 들어섰지만 국가관이나 국민의식이 아직 뚜렷하지 않은 상황에서 국가관이나 이념보다는 '일가주의'가 더 강하게 작용했다고 본 것이다.[19]

그렇다면 진도의 사례와 함평의 사례는 왜 이렇게 다르게 나타난 것일까. 양쪽 모두 오랜 세월 동안 자작일촌을 이루어온 양반 동족마을이었는데, 왜 한쪽은 서로 갈리어 그야말로 '골육상쟁'을 한 반면, 다른 쪽은 서로를 돌보게 되었던 것일까. 함평의 경우에는 좌우를 이끈 큰집과 작은집이 형제로서 모두 부자였다. 따라서 형제 사이에는 큰 갈등이 없었고, 좌우익 사이에도 큰 갈등이 없었다. 반면에 진도의 경우에는 좌우를 이끈 사람들이 중파와 계파로 상당히 먼 친척이었으며, 경제력에도 상당한 차이가 있었다. 또 종가는 가난하여 동족마을을 이끌 리더십을 갖지 못했다. 따라서 동족마을 구성원 사이에 공동체의식이 그만큼 부족했던 것으로 보인다. 오히려 경쟁의식과 갈등이 더 치열했던 것으로 보이며, 이것이 결국 전쟁 중에 큰 충돌로 이어진 것이 아닐까 여겨진다. 이 경우 동족마을 안에서의 '일가주의'는 제대로 작동하지 않았던 것이다. 굳이 말하자면 지파 내부에서의 일가주의만이 발동했다고 할 수 있다.

　진도나 함평과는 다른 사례도 있다. 동족마을 내부의 분열이 거의 없이 일사불란한 모습을 보인 영암 Y리의 경우이다. Y리에는 서로 사돈관계인 최씨와 신씨, 두 성씨가 한 마을을 이루고 오랫동안 살아왔다. 이 마을의 신교육을 받은 신세대들은 1930년대 혁명적 농민조합 사건으로 큰 곤욕을 치른 바 있었고, 이후 그들은 Y마을의 지도자로 성장했다. 해방 이후 그들은 영암군 건국준비위원회와 인민위원회에 참여했다. Y마을에는 잠시 우익청년단이 만들어졌지만 마을 주민들에 의해 사실상 축출되고 말았다. 한국전쟁이 일어나 인민군이 영암에 들어오자 Y마을의 지도자들은 영암군 인민위원장과 내무서장을 맡았다. Y마을은 전쟁기에 가장 중요한 좌파마을이 된 것이다.

　그러나 9·28서울수복 이후 경찰이 들어오자 지도자뿐만 아니라 마을 주민 전체가 마을 뒤의 금정면 산악지대로 피신했다. 주민들의 '총피란'은 1951년 봄까지 이어졌다. 결국 1951년 봄 마을 주민들은 내무서장을 지낸 인물의 주도하에 대부분 산에서 내려와 자수했다. 자수한 이들은 경찰에서 조사를 받고 대부분 방면되었다. 하지만 산에 남은 이들의 소식은 더는 알 수 없게 되고 말았다.[20] Y리의 사례는 최씨가와 신씨가 사이, 그리고 각 문중 내부에 이렇다 할 분열 없이 비교적 단합된 모습을 보여주고 있다. 오랜 세월 동안 동계 등으로 다져진 문중과 마을의 결속력이 그러한 결과를 가져왔을 것으로 여겨진다.

　한편 마을 내부에서의 갈등은 당진군 합덕면의 한 마을 사례에서 찾아볼 수 있다. 이 마을에는 오씨, 남씨, 김씨 등 세 성씨와 그 밖의 다른 성씨들이 살고 있었는데, 이 가운데 남씨와 김씨는 가까웠지만 오씨는 다소 소외되어 있었다. 일제강점기 말 남씨 가운데에서 구장과 면서기가 나와 이들이 징용과 징병의 모집책을 맡았다. 해방이 되자 마을 주민들은 구장을 '조리를 돌려' 징치했다. 이에 그는 아들과 함께 서울로 피신했다가 미군과 함께 돌아왔다. 구장의 아들은 우익 청년단의 단장을 맡았고, 곧 그의 아버지에게 모욕을 준 이들을 징치했다. 하지만 전쟁이 발발하자 사정은 다시 바뀌어 이번에는 오씨들 세상이 되었다. 오씨들은 인민군에 협조하면서 옛 구장을 체포했고, 그와 그의 가족과 가까운 친척들이 처형되었다. 인민군이 물러간 뒤, 이번에는 반대편의 보복이 시작되었다. 오씨의 집안과 그들에게 협력한 남씨 집안의 머슴 등 수십 명이 체포되어 처형되었다. 그리고 부역자 가족으로 지목된 이들 42가구는 마을로부터 추방되었다.[21] 이 마을의 사례는 한 마을 내에서 집안 간의 오랜 갈등이 해방 이후 좌우 갈등으로 확대되어 전쟁기에 치열한 보복 살육으로 나타난 경우라고 할 수 있다. 몇 개의 주요 성씨가 모여 살던 각성마을 내에서는 주요 성씨들 간에 크고 작은 갈등이 있을 수밖에 없었다. 이러한 갈등이 보복 학살로까지 이어진 사례는 적지 않았을 것으로 보인다.

다음에는 마을 간의 갈등과 충돌을 살펴보자. 이에 대해서는 이미 앞에서 살핀 바 있는 부여의 A마을과 B마을, 합덕의 A마을과 B마을의 사례에서 잘 나타난다. 부여의 경우에는 양반마을과 평민마을이 충돌한 경우였고, 합덕의 경우는 지주마을과 소작인 마을이 충돌한 경우였다. 그리고 부여의 경우가 동족마을 간의 충돌이었다고 한다면, 합덕의 경우에는 각성마을 간의 충돌이었다고 할 수 있다.

동족마을 간의 갈등 사례를 하나 더 들어본다면 금산군 부리면의 사례를 들 수 있다. 부리면은 28개 마을이 대부분 동족마을인 특이한 지역이다. 그 가운데 가장 세력이 큰 성씨는 길씨와 양씨였다. 이들은 모두 이 지역에서 가장 유력한 양반 성씨였다. 이들 두 성씨는 오랫동안 서로 경쟁과 협력의 관계를 유지해왔다. 그런 가운데 1920~1930

년대 길씨가의 청년들이 사회주의운동에 관계했고, 이는 해방 이후의 좌익운동으로 이어졌다. 반면 양씨들은 해방 이후에 우익으로 기울어졌다(물론 소수이지만 길씨 가운데 우익으로, 양씨 가운데 좌익으로 간 이들도 있었다). 두 마을 사이에 갈등은 있었지만 커다란 충돌은 없었다. 인민군 치하에서 권력을 잡은 길씨들도 양씨들에게 큰 보복은 하지 않았다. 인민군이 후퇴한 뒤 양씨들도 길씨들에게 큰 보복은 하지 않았다. 두 집안은 사돈관계 등으로 얽혀 있었기 때문이다. 그런데 11월 1일 우익들이 면민대회를 열어 주민들의 단합을 과시한 소식이 인근의 빨치산들에게 전해지자, 그날 밤 빨치산들은 부리면을 습격하여 78명을 살해했다. 특히 이 과정에서 면민대회를 주도한 양씨가의 사람들이 큰 희생을 치렀다. 그리고 우익 쪽의 길씨들도 피해를 입었다. 하지만 이 사건은 외지 사람들이 섞여 있던 빨치산에 의해 저질러진 일이었다. 이 마을 출신들로는 머슴과 산지기 등이 중요한 역할을 한 것으로 보인다. 이 사례에서 주목되는 것은 길씨와 양씨들이 특별한 피해를 입히지 않고 서로 감싸주었다는 사실이다. 두 마을, 두 집안은 사돈 등 인척관계로 얽혀 있었기 때문이었다.[22] 집안과 가문, 그리고 인척관계가 국가나 이념보다 더 중요했다는 것을 이 사례에서도 확인할 수 있다.

이상에서 몇 개의 사례를 중심으로 친족, 마을 내부 혹은 외부와의 갈등과 투쟁 관계를 살펴보았다. 몇몇 사례를 근거로 어떤 결론을 이끌어낸다는 것은 매우 위험한 일이다. 하지만 현재까지의 연구 결과를 토대로 가설을 세워본다면, 한국전쟁기까지도 농촌 마을 주민들의 행동에서 가장 중요한 기준은 친족관계가 아니었나 여겨진다.[23] 물론 그 기준이 어떤 경우에는 종중 전체가 될 수도 있었고, 어떤 경우에는 계파 혹은 작은 지파의 문중이 될 수도 있었고, 또 어떤 경우에는 아주 좁은 범위의 집안(堂內) 혹은 가족이 될 수도 있었다. 어떤 선택을 하느냐는 친족 내부의 결속도에 달려 있었다고 할 수 있다. 친족을 중시한 이 같은 상황을 윤형숙은 '일가주의'라 불렀다. 필자는 이를 '일가중심주의' 혹은 '친족중심주의' 정도로 부르는 것이 더 적절하지 않을까 생각한다.[24] 이와 같은 친족중심주의는 물론 한국전쟁기에만 나타난 것은 아닐 것이다. 오히려 그때까지의 한국 사회를 이끌어온 가장 중요한 가치, 행동 기준이 '친족'이었다고 보아야 할 것이다. 1960년대 산업화 과정에서 이농이 본격화되고 농촌 공동체가 점차 해체되기 시작할 때까지 이와 같은 친족중심주의는 한국 사회를 움직여온 가장 중요한 기준이었다고 보아야 할 것이다. 하지만 한국전쟁기에 큰 작용을 한 친족중심주의의 '친족'의 범위가 어느 정도 수준이었는지는 앞으로 더 많은 사례 연구를 통해 검증할 필요가 있다.

종교와 이념 간의 갈등

한국전쟁기 민간 사이에 커다란 충돌을 불러온 또 하나의 중요한 배경은 종교와 이념 간의 갈등이었다. 여기서 종교는 주로 기독교(개신교와 천주교)였고, 이념은 공산주의였다. 인민군과 토착공산주의자들은 종교는 아편이라는 관점, 그리고 기독교는 우익 편이라는 관점에서 기독교도들을 숙청의 대상으로 간주했고, 이것이 마을 주민들 간의 충돌을 불러온 또 하나의 요인이 되었다.

먼저 천주교와 공산주의자들 간의 충돌 사례를 살펴보자. 당진의 합덕면 H마을은 천주교 신자 마을이었다. 합덕천주교회는 한말에서 일제강점기에 걸쳐 서울의 천주교구로부터 위탁을 받아 합덕면 일대에 대규모 토지를 사들였다. 1950년 농지개혁 당시 천주교회의 소유 토지는 195정보町步에 달했다. 합덕성당은 성당 바로 앞의 H마을에 농민들을 모아 교회의 땅을 소작시키면서 집까지 제공했다. 대신 농민들은 천주교 신자가 되어야 했다. 기존의 천주교인 혹은 가난한 농민들이 이 마을에 모여들었고, 이 지역은 결국 천주교 신자들의 마을이 되었다. 이 마을 농민들은 비교적 안정적인 소작권, 그리고 각박하지 않은 소작료 수취 등으로 인해 자기 땅을 사들여 자소작농화하는 경향을 보이고 있었다. 또 지역사회에서 합덕성당의 외국인 신부의 위세는 대단하여 일본인 경찰들도 함부로 하지 못했다. 이러한 이유로 H마을은 점차 보수화되어갔다.

해방 이후에는 일부 농민들이 우익청년단에도 참여했다. 한국전쟁이 일어나 합덕에 진주한 인민군은 자신들의 말을 잘 듣지 않는 신부와 신도회 회장, 복사 등을 붙잡아갔다. H마을 주민들도 마을 안에 인민위원회 등 협조 단체를 만들어야만 했다. 하지만 인근의 X마을 주민들은 H마을을 우익마을로 간주하고 있었고, 결국 인민군 철수 시 H마을을 습격하여 주민 8명을 끌고 가 처형했다. 9·28서울수복 이후 경찰이 진주하자 이번에는 H마을에서 X마을을 포위하고 주민들 대부분을 끌어다 징치했고, 상당수가 경찰과 우익청년단에 넘겨져 다시는 마을로 돌아오지 못했다.[25] 두 마을의 충돌은 어디에서부터 시작된 것일까. X마을에는 해방 이후부터 좌익에서 활동해온 인물들이 있었고, 이들의 영향으로 주민들이 좌익 쪽으로 기울어진 것으로 보인다. 하지만 X마을과 H마을은 이웃한 마을로서 오랜 세월 동안 합덕 방죽의 농수 문제를 놓고 다툴 수밖에 없었고, X마을에 있는 천주교회 토지 혹은 다른 부재지주의 토지를 H마을 사람들이 소작하는 문제를 놓고도 갈등이 있을 수밖에 없었다.[26] 결국 H마을과 X마을 간의 충돌은 천주교와 공산주의자들 간의 갈등, 즉 종교와 이념의 갈등이라는 성격을 띠고 있었지만, 소작농민들 간의 이해관계의 충돌이라는 배경도 있었다고 여겨진다.

개신교 신도들의 피해는 천주교와는 비교가 되지 않을 정도로 컸다. 한국전쟁기 군 단위에서 가장 많은 학살 피해자가 난 곳은 전남 영광군이었다. 영광군의 당시 인구는 약 16만 명이었는데, 그 가운데 전쟁 중에 2만 5,000~3만 5,000명이 희생된 것으로 알려져 있다. 염산면에서는 약 3,300~5,000명에 이르는 사람들이 희생된 것으로 보인다. 염산면 내에는 염산교회와 야월교회가 있었다. 이들 교회의 교인들은 인민군 점령기에 이미 소수가 희생되었다. 그리고 9·28서울 수복 이후 이듬해 1월까지 염산면은 인민군과 빨치산들의 점령하에 있었는데, 두 교회 교인들은 1950년 10월과 11월에 집중적으로 학살당했다. 당시 민간인들을 학살한 것은 주로 각 면의 자위대와 각 리의 생산유격대였다고 한다. 생산유격대는 주로 하층민들로 구성되었던 것으로 보인다. 인민군과 빨치산들이 개신교 신자들을 학살한 것은 어떤 이유에서였을까. 염산면의 사례를 연구한 윤정란은 전쟁 전에 기독교인들은 대표적인 친이승만 세력이었으며, 또 조직과 정보망을 갖추고 있어 위험한 존재로 인식되었기 때문에 학살 대상이 되었을 것으로 추정했다.[27]

목포대 역사문화학부 학생들이 조사한 전남 무안군 청계면의 한 마을의 사례는 이와는 약간 차이가 있다. 이 마을은 일찍부터 기독교가 들어와 교회가 들어섰고, 대한민국 정부 수립 후 초대 전남 도지사를 지낸 이남규 목사를 배출한 유서 깊은 기독교 마을이다. 마을 주민 대부분은 교회 신자로서 공동체적 성격이 비교적 강한 마을이다. 하지만 이 마을에도 빈틈은 있었다. 머슴과 박수무당과 같은 계층이 바로 그러했다. 이들은 마을 내에서 오랜 세월 동안 차별 대우를 받아온 마을 안의 '타자'에 불과했다. 전쟁이 나고 인민군이 들어오자 이들은 인민군에 적극 협력했다. 인민군 점령기 교회의 장로이자 우익청년단 관련자였던 인물과 다른 몇몇 사람들이 체포되어 구금되었다. 그리고 인민군 퇴각기에 이들은 처형되었다. 그런데 이 시기에 더 큰 사건이 발생했다. 9월 29일경 인민군이 마을에서 물러나자 마을 주민 몇몇이 성급하게 교회에 걸린 인공기를 내리고 태극기를 올린 후 만세를 불렀다. 그런데 아직 마을에 머물러 있던 좌익 쪽 사람 가운데 누군가가 이를 발견하고 산악지대로 피신 중이던 지방 좌익들을 불러와 마을 주민들을 학살한 것이다. 이틀 동안 총살, 참살, 수장 등 갖가지 방법으로 학살당한 마을 주민들이 135명에 달했다. 그리고 경찰이 들어온 뒤 이번에는 마을 주민들이 청년단을 조직하여 청계면 일대에서 부역행위자들을 색출하여 학살했다.[28] 이 마을의 사례는 마을 주민들 가운데 소외되어 있던 이들이 전쟁기에 다른 주민들에 대해 보복을 감행했음을 말해준다. 물론 교인들의 성급함이 사태를 크게 만든 요인이기도 했다.

전남 영암의 G마을에서 벌어진 개신교인들에 대한 학살도 주목해야 할 사례이다. G마을에서는 1950년 10월 7일 경찰이 영암읍을 수복하자 철수하던 좌익 세력들이 우익청년단원, 교회 교인 등 28명을 G마을 민가에 가두어놓고 불을 질러 학살하는 사건이 일어났다. 당시 G마을에서는 18명의 신도들이 희생되었다고 한다. 2000년 G마을에 세워진 순교비를 보면 전쟁기에 영암에서 희생된 개신교인들은 영암읍교회 25명, 상월교회 26명, G교회 18명, 천해교회 7명, 삼호교회 2명, 서호교회와 매월교회 각 1명 등이었다고 한다.[29] 아마도 이와 같은 양상은 다른 지역에서도 마찬가지였을 것이라고 여겨진다. 그렇다면 왜 개신교인들은 이와 같은 피해를 입게 되었을까. 앞서 윤정란이 지적한 대로 기독교인들은 해방 이후 친이승만 노선을 걸어왔고, 일부는 실제 우익단체에 참여하기도 했다. 따라서 이미 종교를 아편이라고 생각했던 인민군과 지방 좌익들은 기독교 세력 전체를 위험한 집단으로 여겼을 것이다. 이것이 개신교인들이 특히 큰 피해를 입은 원인이라고 할 수 있을 것이다. 하지만 이 문제 역시 보다 많은 사례 연구를 통해 더 구체적인 원인을 밝혀야 할 것으로 보인다.

3. 마을 지도자·국가권력과 전쟁

마을 지도자의 영향력

그동안의 사례 연구들을 검토해보면, 한국전쟁기 커다란 사건이 일어난 마을들에는 반드시 중요한 인물들이 등장한다. 그 마을이 좌익마을이든, 우익마을이든, 혹은 좌우익으로 나뉜 마을이든, 그 마을이 그러한 성향을 띠게 된 데에는 결정적인 역할을 한 인물들이 있었다. 이들 인물은 대체로 지식인이거나 문중의 영향력 있는 인물이거나 지주처럼 경제권을 장악한 인물들이었다.

좌파 쪽 지도자의 영향력 좌익마을의 경우에는 대체로 사회주의 계열의 지식인들이 큰 영향력을 발휘했다. 이들 지식인은 대체로 식민지시기부터 사회주의운동을 해온 경우와, 해방 이후 좌익운동을 해온 경우로 나뉜다. 강진군 해남 윤씨 마을의 경우, 일제강점기부터 활동해오던 윤가현과 윤순달이라는 유명한 사회주의자들이 있었다. 윤가현은 1930년대 전남운동협의회 사건과 관련하여 징역 1년 6개월을 선고받고 복역했으며, 출옥 후 경성콤 그룹에 가담했다. 해방 이후 전남 도당 결성을 주도했으며, 도당 위원장을 지냈다. 윤순달은 윤가현의 조카로서 1935년 서울에서 권영태 그룹에 참여했다가 체포되어 징역 1년을 선고받고 복역했다. 출옥 후 경성콤 그룹과 연결을 갖고 활동했다. 해방 후 조선공산당 광주시당 조직부장을 지냈고, 1947년 남조선노동당 조직부에서 활동하다가 1949년에는 조직부장이 되었다. 그해 경찰에 체포되어 옥살이를 하다가 전쟁 때 석방되었다. 이처럼 윤가현과 윤순달은 일제강점기부터 사회주의운동 내부에서 상당한 위치를 차지하던 인물들이었다. 하지만 이 마을에 대한 사례 연구에서는 이들이 일제강점기나 해방 이후에 이 마을에 직접적으로 어떤 영향을 미쳤는지는 밝히지 못했다. 다만 전쟁이 발발하고 인민군이 내려온 이후 이 마을에는 인민위원회, 민청, 여성동맹 등이 만들어졌다고 한다.

인민군 치하에서 이 마을 청년들이 실제로 어떤 역할을 했는지는 잘 드러나 있지 않다. 다만 "그 사람들은 9·28 이후에 경찰이 진주한다고 하니까 산으로 도망갔고, 경찰이 이들을 잡다가 다 죽여버렸다. 당시 이름만 올라 있던 사람들도 그리고 인근 면에서 선생 하던 사람도 우리 마을에 사니까 공산당이라고 해서 잡아 죽였다"는 증언이 주목된다. 이 연구는 증언을 빌려 이 마을에서 청년들 50여 명이 경찰에 의해 학살당했다고 전한다. 그 이유는 이 마을이 '공산당의 못자리' 혹은 '공산부락'이라는 이유에서였다고 한다. 그리고 마을 사람들은 아직도 윤가현, 윤순달과 같은 사람들에 대해서 "그 사람이 살았으면 대통령감인디 죽었다"고 아쉬워한다. 그러면서도 "만약 그분이 안 계셨으면 마을 사람들이 그렇게 많이 안 죽었을란가도 몰라. 윤가현 그 사람 때문에 그랬어"라고 원망을 하기도 한다.[30] 이런 증언은 그들이 마을에 얼마나 큰 영향을 미쳤는지를 짐작케 한다.

진도의 X마을의 경우에도 그러했다. 이 마을에는 1930년대 혁명적 농민조합운동에 참여한 곽재술과 곽재필이 있었다. 곽재술은 보성전문학교 법과를 중퇴한 인물로 해방 이후 진도군 인민위원회에도 참여했다. 곽재필은 서울에서 중등학교를 다닌 경험이 있었다. 이들은 마을 내에서 가장 학력이 높은 유식한 인물들이었다. 이 때문에 마을 내에서 중망重望이 있었고 그들을 따르는 청년들이 많았던 것은 당연한 이치였다. 해방 이후 이 마을의 여러 청년들이 두 사람을 따라 인민위원회 쪽에서 활동했다. 하지만 1946년 들어 미군이 인민위원회를 사실상 해체시키고 좌파에 대한 탄압에 들어가자 두 사람은 진도를 떠나 월북한 것으로 보인다. 그런 가운데 진도읍을 중심으로 우익청년단이 들어섰고, X리에도 우익청년단에 가담한 인물들이 나왔다. 과거 곽재술과 곽재필을 따르던 청년들도 보신을 위하여 우익청년단에 들어가게 된다. 하지만 이들은 청년단 내부에서 항상 따돌림을 당하면서 곤욕을 치렀다고 한다.[31] 이처럼 이 마을의 경우에도 두 지식인의 역할은 결정적이었던 것으로 보인다.

영암 Y리의 경우에도 1930년대 농민시위사건에 관련되어 옥고를 치르고 나온 인물들의 영향력이 컸다. 그들의 면면을 보면 전기학교를 중퇴한 인물, 종손으로서 송정리 공업학교를 졸업한 인물, 광주농업학교를 졸업한 인물들이었다. 그들은 마을의 대표적인 지식인으로서 당연히 지역사회에서 큰 영향력을 갖고 있었다. 이들이 전쟁기에 영암군에서 중요한 직책들을 맡게 됨으로써 이 마을은 좌익마을이 되어버렸던 것이다.[32]

금산군 부리면 길씨 동족마을의 경우에도 1930년대 전북공산주의자협의회 사건과 관련하여 옥고를 치른 인물과 일제강점기하에서 10년간 면장을 지낸 그의 아버지, 그리고 전북조선공산당 사건과 관련하여 옥고를 치르고 나온 인물 등 3인의 영향력이 매우 컸던 것으로 보인다. 특히 면장을 지낸 이의 영향력은 매우 커서 당시 면사무소에 함께 근무했던 이들 가운데 그를 따라 해방 이후에 좌익 쪽으로 기운 인물이 많았다고 한다.[33]

이처럼 좌파 쪽 지식인들이 마을에서 상당한 영향력을 행사할 수 있었던 것은 대체로 두 가지 배경과 관련하여 설명할 수 있을 것이다. 하나는 당시 농촌 마을 주민들의 교육 수준이 낮았던 상황에서 '배운 사람'들이 갖는 권위가 대단히 클 수밖에 없었다는 것이다. 한 증언자는 "원래 좌익운동을 한다는 사람들은 내가 봐도 똑똑하더라고, 다 말도 잘하고 아는 것도 많고. 그렇게 훌륭하고 똑똑하니까, 그 사람들이 주장하는 게 옳은가 보다 이렇게 인정을 하는 거지"라고 말한다.[34] 이 증언은 당시 지식인들이 마을에서 갖고 있던 권위를 잘 설명해준다. 식민지시대 취학률이 극히 낮았던 상황에서 농촌 주민들은 제대로 교육을 받지 못했다.[35] 따라서 문맹률도 대단히 높을 수밖에 없었다. 이러한 상황에서 고등보통학교 혹은 전문학교를 나온 이들은 지식인으로서 마을에서 상당한 권위를 가질 수 있었다.

또 다른 하나의 배경은 당시의 농촌에 경제적으로 어려운 사람들이 많았고, 지주와 소작인 혹은 머슴 간의 봉건적인 관계가 여전히 남아 있었다는 점이다. 한 증언자는 이렇게 말한다. "농민들 입장에서야 좌익분자들 빨갱이 말이 맞지. '다 같이 공평하게 먹고살자' 그러니. 없는 사람들이 왜놈들 밑에서, 있는 사람들 밑에서 학대받고. 쌀 한 말 갖다 먹으면 일을 엿새씩 해주고. 이런 세상을 겪은 사람들은 다 공산주의가 옳다고 했지."[36] 농촌의 불평등한 현실은 '평등'을 주장하는 사회주의적 지식인들의 정당성을 확인해주고 있었던 것이다. 그리고 인민군 점령기에 이들은 북쪽 국가권력의 지원을 등에 업고 현실적인 힘까지 갖게 되었다.

하지만 이러한 사회주의적 지식인들이 특히 동족마을의 경우, 친족의 지도자들과 어떤 관계에 있었고, 어떻게 그들에 비해 더 강력한 영향력을 가질 수 있었는지, 그 이유에 대해서는 좀더 확인할 필요가 있다고 여겨진다.

우파 쪽 지도자의 영향력 마을의 우파 쪽 지도자로서는 지식인보다는 일제강점기하 혹은 해방 이후 면장을 지낸 인물, 경찰로 일하거나 우익청년단에서 활동한 인물, 그리고 재지지주나 마름(혹은 농장 관리인) 등을 들 수 있다.

일제강점기나 해방 이후 면장을 지낸 이들의 대부분은 우익 쪽 입장에 섰다(물론 예외는 있다). 인민군 점령기, 혹은 인민군 퇴각기에 면장의 경력을 갖고 있던 이들의 상당수가 처형되었다. 친일파 혹은 친이승만파로 지목되었기 때문이다. 마을에서 면장 출신과 함께 우익지도자로 가장 부각된 인물들은 역시 우익청년단 단장과 관련자이다. 우익청년단은 1946년 하반기부터 농촌 사회에서 가장 힘 있는 집단이 되었고, 이는 전쟁 발발 전까지 이어졌다. 우익청년단 주요 간부들은 전쟁이 일어나자 대부분 피란을 떠났지만, 그렇지 못한 이들은 인민군 치하에서 큰 곤욕을 치르거나 학살당했다. 인민군이 철수한 뒤 피신했다가 마을로 돌아온 우익청년단 간부와 단원들은 마을의 중심세력으로 복귀했다. 이들은 부역자와 그의 가족들에 대한 생사여탈권을 쥐고 있었기 때문에 당시에는 이들만큼 힘 있는 자들도 없었다. 전쟁 전, 그리고 서울 수복 후에 이들은 남쪽의 국가권력을 배경으로 막

강한 힘을 갖고 있었다. 따라서 이들은 주로 국가권력을 배경으로 하여 마을의 지도자로 부상했다고 볼 수 있다.

마을의 또 다른 우익 지도자로는 지주계층을 들 수 있다. 이들은 직접 우익단체에 참여한 경우도 있고, 아닌 경우도 있지만 계층적 특성상 우익 쪽으로 기울어 있었다. 이들 지주계층이 마을 내 소작인들에게 갖는 영향력은 상당할 수밖에 없었다. 재지지주들 가운데에는 소작인들에게 소작만 주는 것이 아니라, 집까지 빌려주는 경우가 상당히 많았다. 이런 경우 소작인들을 협호挾戶 또는 호지집(호외집)이라고 불렀는데, 오늘날 학계에서는 이들을 '종속적 소작인'으로 부른다. 이러한 소작인들은 해방 직후에도 상당수 있었고, 이들은 마을 내에서 지주의 가장 강력한 권력기반이었다고 할 수 있다. 물론 한국전쟁기에 이들 가운데 지주에 반기를 들고 나온 사람들도 있었지만, 오히려 지주를 보호하려 한 경우도 적지 않았다. 이렇게 본다면 지주층은 국가권력보다는 자신의 경제적인 힘을 기반으로 마을의 지도자로서 역할을 하고 있었다고 볼 수 있다. 합덕면 B마을의 박씨 가문이 마을 내 소작인들의 도움을 얻어 인근 마을 좌익 주민들의 습격을 막아낼 수 있었던 것도 그러한 사례가 아닐까 여겨진다.[37]

하지만 지주의 경우, 농지개혁이 이미 시작된 상황에서 어떻게 소작인들에게 여전히 강력한 영향력을 가질 수 있었는지, 그 힘은 어디에 있었는지, 이런 점에 대해서는 좀더 확인할 필요가 있다고 여겨진다.

국가권력의 마을 개입

한국의 농촌 마을은 오랜 세월 동안 작은 공동체를 이루고 살아왔다.

대부분의 마을이 최소한 수백 년의 역사를 지니고 있고, 특히 동족마을을 이루고 있는 경우가 많기 때문에 공동체적 성격은 그만큼 강할 수밖에 없었다. 물론 이러한 마을 공동체도 완전히 고립된 우주는 아니었다. 이웃한 마을들과의 관계가 있었고, 군현이라고 하는 국가기관과의 관계도 있었다. 각 마을 간에는 신분에 따라 일정한 위계질서가 있었고, 그러한 위계질서에 따라 마을 간의 관계가 설정되었다. 그리고 군현의 기관과는 주로 조세 수취를 매개로 관계가 설정되었다. 따라서 조선시대까지만 해도 국가권력의 마을에 대한 개입은 조세 수취의 공동납부를 강제하는 수준이었지 마을 내부의 문제까지 국가권력이 개입하는 일은 거의 없었다. 각 마을은 그 나름의 성격에 따라 각각 질서와 규율을 갖고 있었다. 물론 그것은 주로 신분제와 지주제, 그리고 친족관계 등에 기반을 둔 것이었다.

하지만 이러한 마을 공동체의 전통적인 질서와 규율은 20세기 들어 신분제의 이완과 함께 점차 동요하기 시작했다. 특히 1920~1930년대 들어 신교육이 농촌 사회까지 본격적으로 보급되기 시작하면서 신분의식은 서서히 무너지기 시작했고, 마을 내의 위계질서도 무너지기 시작했다. 그리고 1920~1930년대에 신교육을 받은 세대들은 서서히 마을의 전통적인 지도자들, 즉 종손, 한학자, 지주 등을 대신하여 새로운 지도자로 등장하기 시작했다.

한편 1910년대 면사무소의 설치와 면장, 면서기의 등장도 농촌 사회에서의 마을 공동체에 큰 영향을 미쳤다. 총독부는 마을(里)에 구장을 두어 각 마을을 면사무소 밑의 행정단위로 종속시켰다. 그리고 1930년대 들어서는 농촌의 중견 인물 양성 등을 통해 각 마을의 전통적인 리더를 총독부의 정책에 순응하는 리더들로 교체하는 작업을 시작했다. 비록 이와 같은 사업이 충분히 성공을 거두지는 못했지만, 농촌 마을의 기존 질서를 흔들어놓은 것은 사실이었다. 그리고 총독부는 일제강점기 말 전시총동원체제하에서 인적·물적 자원의 수탈을 위해 국민총력조선연맹 등의 말단조직인 부락연맹과 애국반을 마을에 만들었다. 이는 마을을 하나의 행정단위로서 국가권력에 확실히 포섭하기 위한 것이었다. 국가권력의 의지는 이제 마을 단위에서까지 강력히 관철될 수 있었다.[38]

1945년 해방이 찾아왔지만 마을 공동체의 질서를 다시 전처럼 복원하는 일은 어렵게 되었다. 특히 일제강점기 후반의 전쟁 과정에서 수많은 사람들이 국내외로 이동하면서 전통적인 신분의식의 해체가 가속화되었다. 사람들은 이제 마을 내에서의 신분에 기초한 위계질서에 더 이상 복종하지 않게 되었으며, 마을 내에서의 새로운 질서를 요구하고 있었다. 여기에 토지개혁이 곧 이루어질 것이라는 예상이 기정사실화되면서 지주층의 힘도 크게 약해졌다.

그런 가운데 중앙정치에서의 좌우의 분화는 마을에까지 영향을 미쳤다. 마을 내부, 마을 간에 좌익과 우익으로의 분화가 서서히 이루어졌다. 물론 이는 주로 마을의 지식인층을 중심으로 진행되었지만, 그들이 지닌 영향력으로 인해 마을 구성원들도 서서히 분화되어갔다. 좌우의 분화는 현실 속에서는 좌익단체와 우익단체의 조직 혹은 참여로 나타났다. 특히 좌우익 청년단체의 등장은 젊은 층을 갈라놓는 결정적인 역할을 했다. 중앙정치에서의 좌우 대립은 마을 내부에서의 좌우 대립으로 그대로 이어졌다. 그리고 1948년 남북에는 각각 우파와 좌파 정권이 들어섰다. 농촌 마을에서의 좌익 세력은 크게 약화되었고 우익 세력이 강력한 힘을 갖게 되었다. 국가권력은 다시 면사무소와 경찰지서를 통해 마을에 관철되기 시작했다. 그런 가운데 1950년 한국전쟁이 일어났다.

인민군이 점령한 지역의 마을들은 다시 요동치게 되었다. 좌익 세력이 다시 부활하고, 우익 세력은 큰 희생과 곤욕을 치르지 않으면 안 되었다. 인민군은 북에서 내려온 정치보위부를 중심으로 점령지를 통치했다. 그들은 면 단위에 내무서를 두고, 각 마을에는 인민위원회, 자위대, 농민위원회, 생산유격대 등을 만들게 했다. 또 민청, 부녀동맹 등도 만들게 했다. 여기에는 대부분 하층민들이 많이 참여했다. 한 증언자는 이렇게 말한다. "저 사람들 포섭하는 전술이 대개 무식하고 의지가 굳은 사람들, 이런 사람들을 포섭하더라고." 또 다른 증언자는 이렇게 말한다. "어려운 사람을 시켰지. 그래야 말을 잘 들으니. (……) 공작대라고 이북에서 파견되어 나온 사람이 있었지. 그 사람의 지시에 의해서 다 만들어지는 거야. 그 사람이 주권을 가지고서 여기 사람을 써먹는 거지."[39] 두 사람의 증언은 정곡을 찌르고 있는 것으로 보인다.

북한 정권도 남한 지역의 통치에서 마을 단위까지의 권력의 침투를 대단히 중시한 것으로 보인다. 물론 남한 정권도 전쟁 이전에 이장, 국민회, 청년단 등을 통해 마을 단위까지 권력을 침투시키고자 했지만, 북한 정권의 경우에는 더욱 철저히 마을을 장악하려 했다. 북한 정권은 각 마을의 기존 질서를 해체하고 새로운 질서를 만들고자 했고, 특히 토지개혁을 통해 마을 주민들의 경제기반을 완전히 새롭게 개편하려 했다. 인민재판도 마을의 기존 질서를 철저히 해체시키려는 또 하나의 장치였다. 9·28서울수복 이후 인민군은 퇴각하면서 각 마을의 주요 인물들을 처형했다. 그리고 이 과정에서 마을의 하층민들을 동원했다.[40]

인민군이 패퇴한 이후 들어온 국군과 경찰 또한 마을을 가만히 내버려두지 않았다. 그들은 각 마을에서 인민군에 협조한 세력들을 철저히 색출하여 처단하고자 했다. 각 마을에는 역시 치안대 혹은 청년단이 조직되어 부역자들을 색출하여 경찰에 넘기거나 경찰의 묵인하에 직접 처단했다. 이로써 각 마을에서는 좌든 우든 지도적인 역할, 혹은 적극적인 역할을 해오던 이들이 대부분 희생되었다. 결국 전쟁 이후 마을은 요행히 살아남은 우익 인물들에 의해 지도될 수밖에 없었다. 하지만 그들 대부분은 이제 더 이상 마을 주민들의 존경심에 기초한 지도자는 아니었다. 그것보다는 국가권력에 의지하여 마을을 지도하는 위치에 섰을 뿐이었다. 물론 동족마을이나 전쟁기에 서로를 감싸 희생이 크지 않았던 마을의 경우에는 사정이 달랐다. 이들 마을의 경우에는 과거의 공동체적 성격을 어느 정도 복원할 수 있었다. 마을의 지도자도 과거의 권위를 어느 정도 회복할 수 있었다. 하지만 이러한 경우에도 전쟁이 할퀴고 간 상처는 컸다. 그리고 전후 마을에 대한 국가권력의 개입 강도는 훨씬 더 강해졌다. 면사무소의 이장을 통한 개입, 경찰지서의 우익청년단을 통한 마을에 대한 감시는 훨씬 강화되었다.

이상에서 정리한 것처럼 한국전쟁은 남북의 국가권력이 각 마을 공동체에 깊숙이 개입해 들어와 공동체를 사실상 해체시키는 역할을 했다고 말할 수 있다. 그럼 남북의 국가권력은 왜 이와 같이 마을 공동체에 깊숙이 개입했던 것일까. 그것은 다음의 몇 가지로 설명할 수 있다.

첫째, 남북의 국가권력은 정부 수립 후 얼마 되지 않은 시점에서, 그리고 전쟁 상황에서 각각 자신들의 체제에 대한 충성서약을 최말단의 마을 주민들에게까지 요구함으로써 국가의 권력기반을 굳히려 했다는 점이다. 1948년 남과 북에는 각각 정부가 들어섰지만, 아직 국민들의 국가에 대한 충성도가 그리 높은 상황은 아니었다. 그것은 양쪽 모두 분단정부라는 한계를 안고 있었고, 남북 모두 국민들 사이에 좌우 대립이 있었기 때문이다. 따라서 남과 북의 국가권력은 전쟁 상황을 이용하여 마을 주민들에게 어느 한쪽을 분명히 선택하도록 함으로써 충성도를 높이고자 했다고 볼 수 있다. 남북의 국가권력이 마을 주민들을 동원하여 직접 학살에 나서도록 한 것은 주민들로 하여금 돌이킬 수 없는 선택을 하도록 하기 위한 것이었다. 어느 한쪽 편에 서서 다른 쪽 편을 학살한다고 하는 것은 곧 자신의 목숨을 어느 한쪽에 맡기는 것과 마찬가지였기 때문이다. 인민군이 인민재판과 철수 시의 학살에 주민들을 동원한 것은 동원된 주민들의 북쪽 정권에 대한 충성심을 확인하기 위한 것이었다고 볼 수 있다. 곧 남쪽 정권에 다시 충성할 수 있는 길을 차단하기 위한 것이었다. 남쪽 정권이 경찰 수복 후에 역시 청년단원 등을 동원하여 부역자와 그 가족들을 처형했던 것도 역시 남쪽 정권에 대한 충성을 확실히 해두려는 생각에서였을 것이다. 아울러 학살이라는 방법을 동원한 것은 이를 목격한 사람들이 감히 권력에 대항하지 못하도록 하는 효과를 노린 것이기도 했다. 곧 공포감과 무조건적인 복종심을 유발하기 위한 계산된 행동이라고 볼 수 있는 것이다.[41]

둘째, 남북 정권은 전쟁을 치르면서 최대한의 인적·물적 자원의 동원이 필요했다. 그러기 위해서는 행정의 말단인 마을과 그 주민들을 확실히 장악할 필요가 있었다. 특히 남쪽이나 북쪽 모두 전쟁을 수행하기 위해서는 인적 자원의 동원이 절실했다. 따라서 마을 주민들에 대한 확실한 파악이 절대적으로 필요했던 것이다.

셋째, 남북 정권은 전쟁 과정, 그리고 전쟁 이후를 대비하여 치안을 확실히 해둘 필요가 있었다. 당시의 상황에서 치안을 확실히 장악하기 위해서는 역시 행정의 말단인 마을에서 어떤 일이 벌어지고 있는지를 상세히 파악할 필요가 있었다. 따라서 남북의 국가권력 모두 마을 내부에 국가권력을 대신하여 마을 주민들을 감시하고 통제할 사람과 조직을 두고자 했던 것이다.

여기서 우리는 국가권력이 마을에 그처럼 깊숙이 개입하지 않았다면 과연 마을 안팎에서 그처럼 많은 사람들이 희생되었을까 하는 문제를 생각해볼 수 있다. 앞서 살핀 것처럼 전쟁 이전에 이미 오래전부터 마을 안팎에는 여러 갈등이 있었던 것이 사실이었다. 하지만 그러한 갈등이 인명 살상으로까지 연결된 경우는 거의 없었다. 호남지역에서 여수·순천사건(여순사건) 이후 민간인들의 희생이 있었지만, 그것은 국가권력 즉 군이나 경찰에 의한 체포와 처형이거나, 아니면 작전 중에 벌어진 일이었다. 민간인이 직접 나서서 사람들을 체포하고 구금하고, 재판을 하고 직접 처형한 것은 전쟁 중에 시작된 것이었다. 물론 그 불씨가 된 것은 보도연맹원에 대한 학살이었다. 그리고 인민군 치하에서 인민재판에 의한 처형이 시작되면서 민간인의 학살 개입이 시작되었다.[42] 인민군 철수 시에 빚어진 대량 학살은 북쪽의 국가권력이 지시한 것으로, 여기에는 민간인들이 대거 동원되었다. 그리고 다시 국군과 경찰이 들어오면서 이번에는 남쪽 국가권력의 묵인 하에 민간인들이 개입된 학살이 진행되었다. 이처럼 민간인들의 대량 학살에는 구체적인 지시든 아니면 묵인이든 국가권력의 개입이 결정적인 역할을 했다. 즉, 국가권력의 개입이 없었다면 그와 같은 대규모 민간인 학살은 없었을 것이라고 말할 수 있다. 민간인들끼리 죽고 죽이는 학살은 사실상 국가권력의 조장에 의한 것이었다. 남북의 국가권력은 자신의 권력을 보다 확고히 하기 위하여 민간인 학살을 서로 이용했다. 그리고 그 배후에는 보다 더 큰 힘, 즉 냉전의 두 축인 미국과 소련이 있다고 보아야 할 것이다. 해방 직후부터 미국과 소련은 각

각 남한과 북한에서 반대세력을 제거하는 작업을 계속해왔고, 그 작업은 한국전쟁기에 보다 본격적으로 진행되었다고 볼 수 있다.

4. 전쟁 이후의 마을

인민군이 철수한 뒤, 마을은 거대한 후폭풍을 만나게 된다. 우선 인민군에 협조했던 이른바 부역자들에 대한 색출과 처벌이 진행되었다. 이 과정은 마을에 따라 다양한 모습을 보일 수밖에 없었다.

가장 심각한 경우는 마을 주민들이 대거 희생된 경우이다. 진도의 X리처럼 인민군 치하에서 100명이 넘는 희생자가 났고 인민군에 협조한 주민들이 대거 입산한 경우, 부역자 가족들에 대한 색출과 처형, 입산자에 대한 추적이 끈질기게 이루어졌다. 그 결과 또 수많은 사람들이 희생될 수밖에 없었다.[43] 영암 G마을의 경우에는 경찰이 들어와 주민들을 모두 나오라고 한 뒤에 한꺼번에 78명을 사살했다. 하지만 경찰은 월출산의 빨치산이 두려워 G마을을 바로 장악하지는 못했다. 결국 경찰과 마을 대표 간에 협상이 이루어져 양측은 마을 주민의 '총자수'總自首와 조사 후 방면이라는 형태로 타협하게 된다.[44] 영암 Y마을의 경우, 인민군이 철수하면서 마을 주민 전체가 마을 뒤 산악지대인 금정면으로 피신했다가 반년이 다 된 뒤에야 비로소 한꺼번에 내려와 자수하게 된다. 역시 마을 주민 '총자수'의 형태로 경찰과 마을 주민이 타협한 것이다. 하지만 Y마을로 돌아오지 못한 이들은 100명이 넘었다.[45]

전쟁을 겪으면서 이와 같은 마을들은 불과 반년여 만에 그야말로 쑥대밭이 되었다고 해도 과언이 아니다. 마을 공동체는 완전히 무너졌고, 지역사회에서 마을의 위상은 철저하게 추락했다. 영암의 G마을이나 Y마을은 과거 영암의 대표적인 반촌으로서 영암을 이끌고 온 마을들이었다. 하지만 전쟁을 거치면서 두 마을은 읍내 향리가의 후손들이 중심이 된 우익 세력들과 대결했고, 결과는 읍내 세력들의 승리였다. 이후 두 마을은 반공 이데올로기가 지배하는 사회에서 '영암의 모스크바'로 낙인찍혀 오랜 세월 동안 숨죽이며 살 수밖에 없었다. Y마을의 경우, 1950년대 도의원 선거에서 단 한 명의 의원도 배출하지 못했다.[46] 이는 G마을도 비슷한 상황이었다.

　마을 주민들이 좌우로 갈리어 충돌한 경우에는 후유증이 심각했다. 합덕의 한 마을에서는 인민군 치하에서 이에 적극 협력한 오씨들과 마을 머슴 등이 모두 체포되어 처형되었다. 그리고 그들의 가족은 마을에서 추방되었다. 마을 주민들은 오씨와 대립관계에 있다가 인민군 치하에서 큰 희생을 치른 남씨가 사람들을 중심으로 회의를 열어 주요 부역자 가족과 경미한 부역자들을 마을에서 추방하기로 결정했다. 추방은 그날로 즉시 결행되어 부역자 가족들은 옷가지도 제대로 챙기지 못한 채 마을에서 쫓겨났다고 한다.[47]

　이와 같은 부역자 가족 추방은 여러 곳에서 확인된다. 진도의 X리에서도 역시 주요 부역자 가족이 마을에서 추방되었다. 서천군 한산면의 한 마을에서도 역시 부역자 가족들을 모두 추방했다고 한다. 그리고 추방된 이들은 오늘날까지도 마을에 다시 돌아가지 못하고 있다. 이 마을에서는 한 부역자의 아들이 선산에 성묘라도 할 수 있게 해달라는 것을 허락하지 않고 있다가 최근에야 허락했다고 한다.[48] 진도 X리의 경우에도 한 부역자가 나이가 들어 고향에 돌아가 죽을 수 있게 해달라고 간청했지만 역시 허락하지 않아 인근 마을에 들어와 살다가 세상을 떴다고 한다.

마을에 남아 살 수 있었던 이들의 경우에도 결코 평안한 삶을 살지는 못했다. 그들은 마을 내에서 '주홍글씨'를 달고 살 수밖에 없었다. 재산은 물론 땅을 강제로 빼앗긴 경우도 많았다. 또 남편이 입산하거나 죽은 경우에는 경찰이나 우익청년단들에 의해 성추행을 당하거나 심지어 그들의 첩이 되어버린 경우도 있었다. 남성들보다 여성들의 수난은 훨씬 컸던 것으로 보인다.

마을 간에 충돌이 있었던 경우에도 역시 후유증이 심각했다. 합덕의 X리 사람들은 인민군 치하에서 적극적으로 협조한 마을이었는데, 인민군 철수 직전에 인근 두 마을을 습격했다. 한 마을은 지주가 살던 마을이었고, 다른 한 마을은 천주교 마을이면서 동시에 우익청년단 단원이 있던 마을이었다. 지주가 살던 마을에 대한 습격은 지주가 총을 쏘는 바람에 실패했지만, 천주교 마을에 대한 습격은 결국 그 마을 주민 10여 명을 학살하는 사태로 이어졌다. 경찰이 들어온 뒤 천주교 마을 사람들은 이번에는 거꾸로 X마을을 포위하고 성인 남자들을 모두 잡아다가 창고에 가두고 집단 구타를 했으며 경찰과 우익청년단에 넘겨버렸다. 이후 상당수의 사람들이 마을로 돌아오지 못했다. 두 마을은 아직도 서먹서먹한 관계를 유지하고 있지만, 다행히 X마을 사람들이 상당수 천주교 신자가 되어 어느 정도 관계를 회복한 것으로 보인다.

반촌과 민촌의 대결이 있었던 부여의 두 마을의 경우에도 역시 후유증은 심각했다. 인민군 치하에서 민촌 마을 사람들이 반촌 마을 지도자 2명을 인민재판에 넘겨 처형했다. 경찰이 들어오자 이번에는 반촌 마을 사람들이 민촌을 포위하여 성인 남자들을 모두 붙잡아 경찰에 넘겨버렸다. 결국 17명이 재판에 회부되었고, 6명이 처형되거나 옥사했다. 구속되지 않고 마을로 돌아온 사람들도 이웃 반촌 사람들에게 곤욕을 당했다. 반촌 사람들은 민촌에 와서 가재도구 가운데 쓸 만한 것은 모두 가져갔다고 한다. 그리고 마을의 장로격이었던 인물은 반촌 사람들에 의해 금강 변에 끌려가 머리만 내놓고 파묻히는 곤욕을 치렀다. 이는 민촌 사람들에 의한 인민재판 때 반촌 지도자가 그렇게 해서 숨을 거둔 것에 대한 보복이었다. 두 마을 사람들은 전쟁 이후에도 관계가 험악하여 서로 왕래가 거의 없었다. 두 마을은 전쟁 이후 경쟁의식을 더욱 강하게 갖게 되었다. 정월 대보름날에는 거의 전쟁이나 다름없는 쥐불싸움을 했으며, 아이들의 학교 운동회에서도 두 마을 사이의 경쟁은 치열했다. 이와 같은 대립과 불화는 한동안 계속되었다. 하지만 금강 변에 둑을 쌓아 홍수를 막아야 하는 현실적인 문제 때문에 두 마을은 결국 화해를 하고, 친목 단체도 만들었다. 금강 둑을 쌓은 후 두 마을은 엄청난 농지를 새로 얻게 되어 경제적 형편이 모두 좋아졌다. 이에 따라 대립관계도 점차 해소되었다. 하지만 아직도 두 마을 사이에는 서먹서먹한 분위기가 남아 있다.[49]

　이상에서 기존의 연구 성과를 바탕으로 전쟁 이후의 마을에서 나타난 변화에 대해 정리해보았다. 하지만 아직도 많은 문제가 남아 있다. 마을의 공동체적 성격은 어느 정도 파괴되고, 또 어느 정도 복원되었을까, 마을 주민들 간의 관계는 어떻게 되었을까, 누가 새로운 마을 지도자가 되었을까, 농지개혁은 마을 안에 또 어떤 변화를 가져오게 되었을까, 마을에서 추방된 사람들은 어디로 가서 살게 되었을까, 마을 간의 관계는 구체적으로 어떻게 변했을까 등등 앞으로 풀어야 할 숙제는 많이 남아 있다.

5. 에필로그─복합적 갈등구조론

이상에서 한국전쟁기 마을에서 벌어진 여러 학살 사례와 그 배경에 있는 갈등구조에 대해 정리해보았다. 그 갈등구조는 앞서 살핀 바와 같이 매우 복합적인 것이었다. 이 글에서는 과거의 양반-평민 간의 신분 갈등, 지주-소작인(혹은 머슴) 간의 계급 갈등, 친족 내부의 갈등, 마을 간의 갈등, 기독교도와 사회주의자 간의 종교 혹은 이념 갈등 등이 '복합적 갈등구조'를 형성하고 있었던 것으로 파악했다. 이러한 '복합적 갈등구조' 가운데 어떤 갈등이 더 심각했는가는 마을에 따라 각기 달랐으며, 그 결과 한국전쟁기 마을 안팎의 충돌 양상도 각기 달랐을 것으로 여겨진다. 따라서 한국전쟁기의 민간 차원에서의 충돌을 주로 지주-소작인 간의 계급 갈등, 혹은 이념 충돌에서 빚어진 것으로 보는 것은 잘못된 것이라 할 수 있다. 더 많은 사례 연구가 진행되어야 하겠지만, 필자가 보기에는 친족, 마을, 신분 간의 갈등이 더 중요하지 않았나 여겨진다.

또 마을 주민들이 이러한 갈등과 충돌에 간여하게 되었던 배경에는 마을 지도자의 영향력, 그리고 국가권력의 개입과 강제 등이 있었다고 여겨진다. 특히 후자, 즉 남·북한 국가권력의 강제는 큰 영향을 미쳤다. 만약 그러한 영향력이 없었다면 마을 주민들 간의 갈등이 그렇게까지 심각한 충돌로 나타나지는 않았을 것이다. 마을 공동체의 힘이 비교적 강한 곳, 그리고 안팎으로 갈등 요인이 적었던 곳에서는 그러한 외부로부터의 힘을 최대한 막아내어 큰 충돌이 없었다. 하지만 안타깝게도 그러한 마을들은 그리 많지 않았다. 조선시대, 그리고 식민지시대를 거치면서 한국 사회는 수많은 갈등 요인을 안고 있었고, 이를 제대로 극복하지 못한 채 전쟁을 맞았으며, 그 결과 마을 주민들 간의 충돌은 그만큼 클 수밖에 없었다.

이제 이 총론을 마무리하면서 한국전쟁기 마을에 관한 연구의 방법론에 대해 잠시 생각해보고자 한다. 한국전쟁기 마을에서 있었던 일에 관한 문자로 된 기록은 거의 찾아보기 어렵다. 일부 연구에서 문헌자료들을 이용하고 있지만, 이는 대부분 보조 자료라고 할 수 있다. 따라서 이 문제에 대한 연구는 대부분 구술 증언에 의지할 수밖에 없다. 하지만 전쟁기에 마을에서 있었던 일들은 매우 민감한 문제여서 마을 주민들은 이에 대해 말하기를 꺼린다. 그 이유는 대체로 다음과 같이 짐작할 수 있다.

첫째, 남북이 분단되어 있는 상황에서 북에 협조한 사람들의 이야기를 한다는 것은 여전히 금기 사항이 될 수밖에 없다. 자칫 북쪽에 협조한 사람들의 이야기를 털어놓았다가는 그 후손들이 피해를 입을지도 모른다는 우려감이 있기 때문이다. 1980년대 초까지만 해도 한국 사회는 연좌제가 엄연히 살아 있었다. 제도적으로는 폐지되었지만 아직도 연좌제의 그늘이 완전히 사라졌다고 보기 어려운 한국 현실에서 주민들이 이 문제에 민감해하는 것은 당연한 일이다.

둘째, 전쟁기의 상황은 어느 한쪽이 일방적인 피해자이고, 어느 한쪽이 일방적인 가해자가 아닌 경우가 많았다. 주민들의 말대로 남북이 오르락내리락 하는 전쟁, 즉 '톱질전쟁'이 되었기 때문에,[50] 피해자가 가해자가 되고 다시 가해자가 피해자가 되는 상황, 또는 거꾸로 가해자가 피해자가 되고 다시 피해자가 가해자가 되는 상황이 전개되었다. 이러한 상황을 기억하고 있는 이들은 당시의 일을 떳떳하게 말하기 어려울 수밖에 없을 것이다.

셋째, 전쟁이 있은 지 60년이 된 오늘날에 와서 과거의 상처를 다시 헤집기 싫어하는 이들도 많다. 가족과 친척들을 잃은 사람들은 전쟁에 대해 자꾸 말하는 것을 아픈 상처를 다시 들쑤시는 것이라고 생각한다. 따라서 그들은 그때의 비극을 다시 떠올려 말하기를 꺼린다. 또 전쟁 중에 극단적 상황에 내몰려 '광기'어린 행동을 하거나 부득이한 행동을 한 경우도 있었다. 그러한 행위에 참여한 이들은 이를 부끄러운 기억으로 간직하고 가급적 잊고 싶어한다. 따라서 그들 또한 전쟁에 대해 말하고 싶어 하지 않는다.

최근 들어 일부 사람들이 전쟁 중에 마을에서 있었던 일을 조금씩 말하기 시작하고 있다. 하지만 그들은 대부분 우익 쪽에 섰던 사람들이다. 우익 쪽에 섰던 사람들조차도 전쟁에 대해서는 언급을 회피하다가 최근 들어 조금씩 입을 열기 시작한 것이다. 그것은 이제는 당사자들이 대부분 세상을 떠났고, 자손들도 마을을 떠난 상태이기 때문에 큰 문제가 되지 않으리라고 생각하기 때문인 것으로 보인다. 하지만 좌익 쪽에 섰던 사람들은 아직도 입을 떼려 하지 않는다. 2000년 남북정상회담 이후 분위기가 다소 호전되기는 했지만, 이들은 여전히 경계심을 늦추지 않으면서 가능한 한 말을 하지 않으려 한다.

이러한 상황에서 연구자들의 구술 증언 채록은 어려울 수밖에 없다. 이러한 어려움은 사례 연구에서 잘 나타난다. 대부분의 사례 연구는 주민들의 단편적인 증언들을 모아 조각 맞추기 식으로 당시의 상황을 재구성하는 시도를 하고 있다. 따라서 단편적인 증언이 얼마나 당시의 사실을 말해줄 수 있느냐 하는 데에 의문을 가질 수 있다. 또 단편적인 증언들조차 상당히 의도된 증언일 수 있다는 데에 더 큰 문제가 있다. 일부 증언자들은 가장 중요한 부분은 절대 말하지 않고 피상적인 이야기만 함으로써 사실을 호도하기도 한다. 필자가 조사한 어느 마을의 주민들은 입을 맞춘 듯 전쟁 중에 희생자가 거의 없었다고 말하다가, 1952년 공보부에서 만든 희생자 명부에 100명이 넘는 사람들이 기록되어 있는 것을 보여주자 비로소 사실을 말하기 시작했다.

그런데 더 근본적인 문제는 증언자들의 경험도 실제로는 대단히 단편적이라는 것이다. 주요 당사자들은 이미 당시에 마을을 떠날 수밖에 없었고, 또 당시 나이가 30세 이상이었던 사람들은 이미 대부분 세상을 떠났다. 당시 나이가 20세였던 사람도 이제는 80세가 되었다. 하지만 당시 20세였던 사람이 마을에서 중요한 역할을 할 수는 없었기 때문에 자신이 보고 들은 단편적인 것만을 이야기할 수밖에 없다. 결국 당시 마을에서 벌어진 상황을 어느 정도라도 재구성하려 한다면 가능한 한 많은 사람들을 만나 이야기를 들어보는 수밖에는 없다고 생각된다.

또 하나의 근본적인 문제는 구술 증언이라는 것 자체가 주관적일 수밖에 없다는 점이다. 이용기가 지적하듯이 구술 증언이 나오기까지는 '사실→경험→기억→구술'이라는 과정을 거치게 된다.[51] 그 과정에서 구술자의 기억은 부정확할 수도 있고, 또 왜곡된 기억일 수도 있다. 기억이라고 하는 것도 대부분 시간이 가면서 사실은 선택적으로만 뇌 속에 남는다. 그리고 그 선택 과정에는 기억하는 사람의 의도가 일정하게 관철된다고 한다. 즉 기억하고 싶은 것만 기억할 수도 있다는 것이다. 따라서 구술 증언이라고 하는 것 자체가 사실은 왜곡된 기억, 선택된 기억 가운데 일부를 선택적으로 풀어내는 것에 불과한 것일 수도 있다. 또 증언자들은 여기에 자신의 주관적인 해석을 덧붙여 말하는 경우가 많다. 하지만 이러한 점은 구술 증언, 구술사에서 불가피한 것으로 받아들여지고 있다. 인류학자나 사회학자들은 오히려 그들이 왜 그렇게 선택적으로 기억하고, 선택적으로 증언하고, 주관적으로 해석하는지 그 배경에 더 큰 관심을 갖는다. 물론 역사학자는 그들의 증언 가운데 담겨 있는 진실이 무엇인지에 더 많은 관심을 가질 수밖에 없지만, 인류학자나 사회학자처럼 기억의 문제에 대해서도 관심을 가져야 할 것으로 보인다.

이와 같은 구술 증언 외에도 한국전쟁과 마을의 관계에 대한 연구는 다양한 기록 자료들을 보완 자료로서 활용하고 있다. 신문기사 자료, 농지개혁 자료, 족보, 전쟁기 희생자 명부 등이 그것이다. 하지만 아직 결정적인 자료는 활용하지 못하고 있는데, 그것은 바로 재판기록이다. 전쟁기에 마을 내에서 있었던 사건과 관련된 이들 가운데에는 재판에 회부된 사람들이 있었다. 하지만 이들의 재판기록은 당사자들을 보호한다는 이유로 아직까지 학자들에게도 공개되지 않고 있다. 물론 이런 재판기록도 사실을 충실히 전달해줄 것이라고 보기는 어렵다. 하지만 일단은 검토해야 할 자료이며, 어떤 면에서는 단편적인 구술 증언보다 더 신뢰할 수 있는 자료일 수 있다. 한편 2005년에 출범한 '진실·화해를 위한 과거사정리위원회'는 매년 조사보고서를 내고 있다. 조사보고서는 각 지역사회에서 벌어진 민간인 학살과 관련하여 개인이 접근하기 어려운 자료와 구체적인 증언들을 소개하고 있다. 앞으로 연구자들은 이 자료를 적극 활용할 필요가 있다.

이제 한국전쟁 연구는 마을 차원으로까지 내려왔다. 하지만 구술 증언에 주로 의지해야 한다는 점 때문에 앞으로 이 연구가 얼마나 더 진행될 수 있을지는 의문이다. 증언을 해줄 수 있는 사람들이 대부분 80세 이상의 고령이기 때문이다. 필자는 한국전쟁은 비극적인 사건이었지만, 한국전쟁 연구는 당시의 한국 사회, 아니 더 거슬러 올라가 식민지시대, 조선시대의 사회까지도 들여다볼 수 있는 중요한 창이라고 생각한다. 특히 마을에서의 한국전쟁 연구는 더욱 그렇다고 생각한다. 더 많은 연구자들이 이 연구에 참여하기를 기대하면서 총론을 맺는다.

1
친족 간 학살의 비극, 진도 동족마을 X리

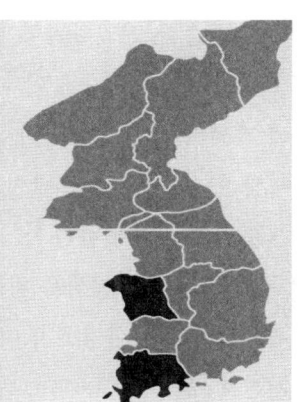

 전라남도 진도에는 현풍 곽씨 동족마을 X리가 있다. 이 마을에서는 한국전쟁기 수많은 사람들이 희생되는 커다란 비극이 있었다. 마을 주민들이 좌와 우로 갈리어 전쟁기 몇 달 동안 160명이 넘는 사람들이 희생된 것이다. 이 마을은 대부분 한 성씨로 이루어진 동족마을이었다. 이 마을 사람들은 식민지시기에는 민족운동과 사회운동에 참여했고, 해방 직후에는 건국준비위원회(건준)와 인민위원회에 적극적으로 참여했다. 이러한 마을에서 왜 이와 같은 엄청난 비극이 발생했을까. 이 글은 이러한 의문을 풀기 위한 것이다.

 이러한 의문을 풀기 위해 이 글에서는 사건의 배경으로서, 1) X리의 현풍 곽씨가 진도 사회에서 어떤 위상을 차지해왔는지, 2) 한말에서 일제강점기, 그리고 해방 이후 1950년대까지 X리의 인구 변동, 토지 소유의 변동 등은 어떠했는지, 3) 일제강점기에 이 마을 주민들이 민족운동과 사회운동에 어떻게 참여했는지, 4) 해방 직후 마을 주민들이 건준과 인민위원회에 어떻게 참여했는지 등을 살피고자 한다. 그리고 한국전쟁기에 이 마을 주민들이 겪게 되는 비극적 상황에 대해 자세히 살피고자 한다. 끝으로 전쟁이 끝난 뒤 진도라는 지역사회에서 이 마을과 현풍 곽씨가 차지했던 위상에 어떠한 변화가 있었는지를 살펴보고자 한다.

    이 글에서는 분석을 위해 다음과 같은 자료들을 검토했다. 먼저 일제강점기부터 현재까지 마을 주민들의 성씨별 호구 변동을 『진도통계연보』 등 각종 통계자료를 통해 검토했다. 다음에는 1910년대 만들어진 X리의 토지대장을 통해 X리의 토지 소유의 변동을 살펴보았다. 또 곽씨가의 『현풍곽씨 참봉공파세보』玄風郭氏參奉公派世譜, 『문계책』門契冊, 관련자 증언 등을 검토하여 문중 내부의 각 지파 간의 관계, 그리고 다른 동족마을과의 관계 등을 살펴보았다. 또 일제강점기 진도에서 전개된 민족·사회 운동, 특히 1930년대 X리를 중심으로 전개된 적색농민조합운동을 재판기록, 신문기사 등을 통해 살펴보았다. 이어서 해방 직후 진도의 좌우익에 참여한 이들을 살펴보고, 특히 곽씨와 조씨들이 진도군 인민위 등을 장악하게 되는 상황과 그것이 지니는 의미를 분석했다. 그리고 위의 족보와 최근 간행된 '진실·화해를 위한 과거사정리위원회'의 보고서를 통해 한국전쟁 시 160여 명에 달하는 많은 사람들이 X리에서 희생된 상황을 살피고, 좌우익으로 서로 갈려 희생된 X리 곽씨들의 각 파별 구성을 살펴 문중 내부의 갈등과 이 희생이 어떤 관련성을 갖고 있는지 검토했다. 끝으로 각종 선거 관련 자료들을 통해 한국전쟁 이후 X리 곽씨들이 진도 사회에서 차지하는 위상 변화를 살펴보았다.

    이 조사에는 X리와 인근 마을 주민들의 각별한 협조가 있었다. 이 자리를 빌려 깊은 감사의 말씀을 드린다.[1] 그리고 각종 사건 관련자들 가운데 일부는 익명으로 했으나, 이미 많이 알려진 분들, 그리고 논지의 전개상 꼭 필요하다고 여겨지는 경우에는 실명을 그대로 썼다. 이 점에 대해 관련이 있으신 분들의 넓은 이해를 바란다.

1. 진도에서 X리는 어떤 마을인가

진도의 주요 성씨와 X리 곽씨 문중의 위상

진도 내에서 동족마을을 이루고 살던 X리 곽씨들의 사회적 위상은 어떠했을까. 이를 알기 위해 먼저 1920년대와 1970년대 진도의 주요 동족마을 현황을 살펴보면 66쪽 표 1-1과 같다.

 이들 동족마을들은 진도 사회에서 대체로 반촌班村이라 불렸으며, 다른 민촌民村과 구별되었다. 이들 반촌 성씨 가운데 조曺·박朴·양梁씨들은 임진왜란 시 전쟁에 참여하여 공을 세우고 전사함으로써 전란 후 전망공신戰亡功臣으로 책봉되기도 했다. 이들 동족마을을 이루고 사는 성씨 가운데 조선시대에 가장 세력이 컸던 것은 오산리의 창녕 조씨, 칠전리와 포산리의 밀양 박씨, 동외리의 무안 박씨, 석현리의 김해 김씨 등 네 성씨였다.

 이 글에서 주로 다루게 되는 X리의 현풍 곽씨는 이름만 반가班家일 뿐 이들 세력가의 성씨에는 끼지 못했다. 여기서 현풍 곽씨 참봉공파의 동족마을 X리의 내력을 잠시 살펴보자(67쪽 표 1-2). 입도조 호례好禮가 해남에서 진도에 들어온 것은 선조대 전후였던 것으로 보인다. 그의 아들 경륜景崙이 X리에 들어와 살기 시작함으로써 X리는 곽씨들의 터전이 된 것으로 보인다. 경륜은 원형元亨·건형乾亨·곤형坤亨의 세

표 1-1 진도의 동족마을 현황   단위: ( )은 %

동족마을	마을 형성 시기	1920년대	1970년대
고군면 오산리	1400년경	창녕 조씨 133호(54) 679인(53), 기타 성씨 115호 593인	창녕 조씨 149호(58), 기타 성씨 106호
군내면 X리	1500년경	현풍 곽씨 76호(80) 240인(76), 기타 성씨 19호 78인	현풍 곽씨 110호(96), 기타 성씨 4호
의신면 칠전리	1550년경	밀양 박씨 150호(96) 751인(99), 기타 성씨 7호 34인	밀양 박씨 190호(87), 기타 성씨 29호
진도면 동외리	1430년경	무안 박씨 38호(47) 184인(48), 기타 성씨 43호 200인	무안 박씨 최다(호수 미상)
진도면 포산리	1492년경	밀양 박씨 76호(75) 240인(70), 기타 성씨 25호 105인	밀양 박씨 88호(75), 기타 성씨 34호
고군면 석현리	1300년경	김해 김씨 55호(47) 307인(51), 기타 성씨 62호 291인	김해 김씨 78호(67), 기타 성씨 38호
고군면 도론리	1300년경	경주 이씨 39호(98) 169인(98), 기타 성씨 1호 4인	경주 이씨 34호(89), 기타 성씨 4호
군내면 상가리	1500년경	미상	제주 양씨 65호(93), 기타 성씨 5호

출전: 조선총독부 편, 1934, 『朝鮮の姓』; 진도군지편찬위원회, 1975, 『珍島郡誌』, 825~855쪽.

아들을 두었는데, 이들의 후손들이 뒷날 장파長派·중파仲派·계파季派의 소문중을 형성했다. X리 마을이 형성된 것은 1600년경이지만, 동족마을의 형태를 갖추게 된 것은 18세기 중반경으로 보인다. 이후 장파는 고군면 신리와 군내면 송산리에, 중파는 군내면 X리에, 계파는 X리와 사동寺洞 등지에 거주했다. 그 외에도 중파 일부는 용장리에, 계파 일부는 용장리와 벽파리에 살고 있다. 소문중 가운데 X리 마을을 지켜온 주류는 중파였고, 여기에 계파의 후손들이 함께 어울려 살아왔다.

X리가 대표적인 곽씨 동족마을이고 각 마을 중 곽씨가 최대 성씨

표 1-2 진도 X리 현풍 곽씨의 계보도

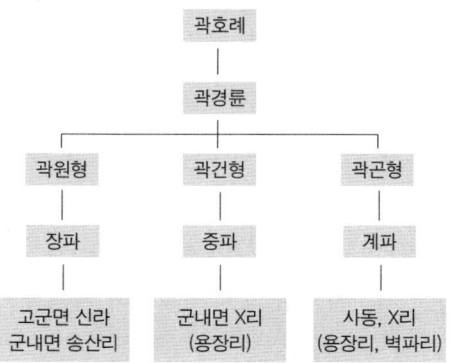

를 이루고 있는 마을들은 용장리와 고군면의 신리, 지산면의 거제리 등이다. 곽씨가 처음 거주한 씨족으로 되어 있는 마을은 X리 외에 군내면의 한의리, 안농리, 고군면의 신리, 평산리 등으로 군내면과 고군면에 집중되어 있다. 지산면에는 비록 큰 집단을 이루지는 못했지만 여러 곳에 널리 퍼져 있고, 임회면에는 그 세가 약해 세 개 마을에 소수만 살고 있다. 그런데 밀양 박씨의 주 거주지인 의신면에서는 현풍 곽씨가 거의 살지 않았다. 즉 의신면 일대는 밀양 박씨가 장악하고, 고군면 일대는 조씨, 군내면 일대는 곽씨가 장악하는 등, 지역별로 주요 성씨가 있고 성씨들 간의 상호관계에 따라 일부 성씨가 서로 때로는 연대하고 때로는 경쟁하는 관계를 이루었다고 볼 수 있다.[2]

X리의 곽씨가는 특히 오산리의 조씨가와 깊은 관계를 맺고 있었다. 오산리는 창녕 조씨 동족마을로서 반촌으로 일컬어지고 있었다. X리의 곽씨들과 오산리의 조씨들은 서로가 양반 성씨라고 자처하고 있었고, 자연스레 이들은 빈번하게 혼인관계를 맺었다. X리 곽씨가 혼인관계를 맺은 성씨 가운데 가장 많은 성씨가 창녕 조씨였고, 다음이

밀양 박씨였다.

진도의 동족마을을 이루고 사는 성씨 가운데 조선시대 진도에서 가장 세력이 있었던 것은 오산리의 창녕 조씨, 칠전리와 포산리의 밀양 박씨, 동외리의 무안 박씨, 석현리의 김해 김씨 등 네 성씨였다. 이들 네 성씨는 향교를 완전히 장악해왔다. 그러나 한말·일제강점기에 들어오면서 소수의 양반 성씨가 향교를 장악하는 데 대한 반대 여론이 일어 결국 삼익계三益契를 만들어 이로써 향교를 운영하도록 했으며,[3] 그 결과 향교 전교직에도 다른 성씨들이 참여할 수 있게 되었다고 한다.

근대 이후 지역사회에서 주요 동족마을의 위상을 보여주는 또 다른 지표의 하나는 '면장'직의 담당 여부였다. 조선시대에는 일종의 자치 공동체였던 각 면에 면집강이 있었다. 그러나 1910년대에 들어 조선면제가 실시되면서 공식적인 행정 말단기관으로서 면이 설치되고 면장이 임명되었다. 일제강점기 이후 진도에서는 각 면별로 유력 성씨들이 대개 면장을 맡게 되었는데, 이들 성씨들을 살펴보면 69쪽 표 1-3과 같다.

표 1-3에서 보면 진도면의 경우 김·박·허·소·이씨 등이, 군내면의 경우는 곽씨들이 독점하다가 박·김·양·이씨들이 맡게 되는 것을 볼 수 있다. 고군면은 조·박·곽씨들이 돌아가면서 맡았다. 의신면의 경우, 박·이·허·김씨들이 맡았고, 임회면의 경우 박·하·이씨들이 맡았으며, 지산면의 경우 조·박·허·소·설씨 등이 골고루 맡았고, 조도면의 경우 박·김·이·조씨 등이 골고루 맡았다. 진도면의 경우 과거의 향리가 성씨들이 주로 맡았고, 고군면·군내면·의신면 등의 경우 유력 성씨들이, 그리고 유력 성씨들이 없었던 임회면·지산면·조도면의 경우 여러 성씨들이 면장을 골고루 맡았음을 알 수 있다.

표 1-3   진도군 각 면의 역대 면장(일제강점기~해방 이후)

면(읍) 명	면장 성명
진도면(읍)	김영기, 박길배, 허찬(許粲), 이달성, 소진춘, 허환, 박옥재, 허순, 허찬, 박태수, 福島二郞, 이달성, 박희수, 허정돈, 허환, 박재철, 이방진, 박금준, 박후인
군내면	곽병무, 곽진권, 곽두인, 곽우춘, 곽병준, 허찬(許燦), 곽창노, 곽남극, 박종남, 김주환, 최재군, 양성안, 최재휴, 양흥림, 박효춘, 박월기, 곽기환, 곽순배, 박후인, 곽국환, 곽종무
고군면	조병채, 조병두, 박길배, 김창우, 곽우춘, 김태규, 조병찬, 박종관, 곽성두, 조영환, 곽성두, 조맹규, 박익준, 김룡우, 박한수, 조규용, 한병칠, 박영준, 박산수, 박석봉
의신면	박종원, 이운도, 이남수, 박종원, 박진원, 이남수, 박태수, 허윤술, 김봉훈, 박표배, 이계순, 박봉수, 박갑수, 이남원, 허중락, 양우렬, 박갑수, 박종학, 허남선, 임향, 허량무, 곽국환, 박후인, 박맹수
임회면	박형준, 이시방, 곽진언, 하승준, 하필수, 하석철, 조인환, 이승술, 박병화, 하삼홍, 김병정, 하권의, 박종성, 정종배, 장성천
지산면	조병정, 박윤יל, 김일현, 허박, 소진건, 김지봉, 박근배, 설유근, 설재의, 장완규, 이용선, 박은부, 박기채, 구성규, 김정선
조도면	강양길, 박덕협, 박영규, 김용주, 한낙현, 이길량, 박동주, 장왕규, 박종우, 박재림, 장왕규, 박성중, 이병연, 김만록, 조규용, 김종규, 장성천, 박종국

출전: 『진도군지』(1975)

일제강점기 군내면과 고군면에서 면장을 지낸 이들을 좀더 자세히 살펴보면 다음과 같다(괄호 안은 재임기간과 거주지).

군내면: 곽병무郭丙武(1914~1918, X리), 곽진권郭震權(1918~1919. 2, 송산리), 곽병무郭丙武(1919. 2~1932. 9, X리), 곽두인郭斗仁(1932. 10~1939. 1, 신리), 곽우춘郭宇春(1939. 1~1943. 4, 신리), 곽병준郭丙峻(1943. 5~1944. 6, X리), 허찬許燦(1944. 6~1945. 8, 교동리)

고군면: 조병채曺秉采(지막리), 조병두曺秉斗(오산리), 박길배朴吉培(진도

읍), 김창우金昌瑀(석현리), 곽우춘郭宇春(고성리), 김태규金泰圭(오산리), 조병찬曺秉贊(오산리), 박종관朴鍾寬(오산리)[4]

위에서 보는 바와 같이 식민지시기 군내면의 면장은 마지막 면장 허찬을 제외하고는 모두 곽씨들이 맡았다. 앞서 본 것처럼 X리는 반촌으로 자처했지만 조선시대에는 진도 사회에서 큰 세력을 갖지 못했다. 그러나 곽씨들은 근대에 들어오면서 신교육 등을 통해 두각을 드러내기 시작했다. 그리하여 곽씨들 가운데에는 민족운동에 참여한 이들도 있었고, 일제의 식민지 지배에 협조하여 면장을 맡는 이도 있었다.

면장을 지낸 곽씨 가운데 곽병무와 곽병준은 중파이며, 곽진권·곽두인·곽우춘은 모두 장파에 속했다. 곽병무는 중파의 중심인물로서 두 차례, 그리고 장기간에 걸쳐 면장을 역임했다. 곽병준은 적색농조에 참여한 곽재필의 숙부였다.

1945년 해방 이후부터 1950년 전쟁 발발까지의 시기에 면장을 지낸 이로는 곽창로·곽성두·곽남극 등이 있는데, 곽창로·곽성두는 장파에, 곽남극은 중파에 속한다. 한편 해방 전 면장을 지낸 곽우춘은 해방 이후 독립촉성회 고문을 맡아 진도 우익의 대표적인 인물이 된다.

한편 계파에서는 식민지시기 면장을 역임한 인물이 없었다. 그만큼 계파는 곽씨 문중에서 세력이 약했다고 할 수 있다. 하지만 계파에도 곽두환, 곽성환 등 일정한 경제적 기반을 가진 이들이 있었다. 이들의 자제들은 해방 이후 우익청년단이나 경찰 등에 투신하여 정치적 입지를 다지게 되고, 마침내 1950년대 이후에는 계파 집안에서도 곽종무·곽순배·곽기환·곽국환 등의 면장을 배출할 수 있었다. 반면에 장파와 중파에서는 1950년대 이후 1970년대까지 면장을 한 명도 배

표 1-4 1928년 현재 진도의 토지 현황   단위: 1만 평

구분	논	밭	대지	기타	산림	합계
면적	1,300	1,700	99	400	2.7	3,501.7

출전: 『매일신보』, 1928년 6월 29일, 「진도행(2)」

출하지 못했다. 그것은 한국전쟁으로 인한 피해가 이들 장파와 중파에게는 너무 컸기 때문이다. 뒤에 보듯이 일제강점기 면장을 지낸 곽두인·곽우춘·곽병무·곽병준, 그리고 해방 직후 면장을 지낸 곽성두·곽남극 등은 장파와 중파에 속했는데, 이들은 한국전쟁기에 그 자신이나 혹은 그의 가족들이 큰 화를 입었다.

진도와 X리 주민들의 토지 소유

X리의 인구는 어떠했을까. 1940년대 X리의 호수는 약 115호 정도였으며 인구는 약 600명이었다고 한다.[5] 그렇다면 이 글의 출발이 되는 시기인 1930년대에는 약 100호에 500명 정도가 살고 있었을 것으로 추정된다.

그러면 이 마을에서의 토지 소유는 어떠했을까. 일제강점기 진도의 주된 산업은 물론 농업이었고, 경제적으로 가장 중요한 것은 토지의 소유였다. 1928년 현재 진도의 토지 현황은 표 1-4와 같았다. 표에서 보듯이 논보다는 밭이 다소 많았다.

당시 한 신문의 보도에 의하면 진도에는 농업에 종사하는 자가 약 9,538호였고, 지주는 156호였으며, 나머지는 자작 혹은 자소작농, 소

표 1-5 1928년도 진도의 농가 계층 구성 비율   단위: 명, ( )은 %

구분	지주(갑)	지주(을)	자작농	자소작농	순소작농	계
진도	12 (0.1)	139 (1.5)	1,916 (20.7)	4,871 (52.6)	2,331 (25.1)	9,269 (100.0)
전남 (화전민 제외)	(0.2)	(1.7)	(18.3)	(37.2)	(42.6)	(100.0)

출전: 『전남사정지』 상권, 103~109쪽.

작농이었다고 한다. 그리고 큰 지주가 없었으며, 동시에 극빈자도 별로 없는 것이 진도의 모습이었다고 한다.[6] 『전남사정지』에 의하면, 1928년 진도의 농가 계층의 비율은 표 1-5와 같았다. 이 표에서 보는 바와 같이 진도의 경우 순지주인 지주(갑)은 12명, 지주 겸 자작인 지주(을)은 139명으로, 모두 합하여 전 농가의 1.6%로서 전남 전체의 1.9%보다 약간 적다. 그만큼 지주가 적었다는 것을 뜻한다. 반면 자작농은 20.7%로 전남 전체의 18.3%보다 많고, 자소작농은 52.6%로 전남 전체의 37.2%보다 상당히 많다. 순소작농은 25.1%로 전남 전체의 42.6%보다 많이 적다. 이는 당시 진도의 소작농이 타 지역보다 적었고, 자작농 혹은 자소작농이 상대적으로 많았음을 뜻한다.

　이러한 상황은 진도의 자소작지의 비율을 보여주는 표 1-6에서도 확인할 수 있다. 논의 경우 자작지가 57.7%, 소작지가 42.3%로서 전남 전체의 36.2%, 63.8%와 큰 차이가 있었다. 밭의 경우도 자작지가 60.1%, 소작지가 39.9%로서, 전남 전체의 50.8%, 49.2%와 역시 차이가 있었다.

　X리의 경우 일제강점기 자작농과 소작농의 비율이 얼마나 되었는지, 또 자작지와 소작지의 비율이 얼마나 되었는지를 알려주는 자

표 1-6   1928년도 진도 논·밭의 자소작지 구성 비율   단위: 정보, ( )은 %

구분	논					밭				
내용	자작지		소작지		계	자작지		소작지		계
계층	자작농	자소작농	자소작농	소작농		자작농	자소작농	소자작농	소작농	
진도	1,062.0 (30.6)	1,296.3 (27.1)	1,179.3 (24.7)	849.5 (17.6)	4,779.1 (100.0)	1,860.8 (32.0)	1635.2 (28.1)	1,403.2 (24.1)	924.5 (15.8)	5,823.7 (100.0)
전남 (제주 제외)	(15.0)	(21.2)	(26.2)	(37.6)	(100.0)	(21.6)	(29.2)	(21.4)	(27.8)	(100.0)

출전: 『전남사정지』 상권, 117~118쪽.

료는 없다. 따라서 X리의 농가 계층 구성을 면밀히 파악하기는 어렵다. 만약 진도의 전체적인 상황이 X리에서도 크게 차이가 없었을 것으로 본다면, X리의 경우에도 지주가 1~2%, 자작농이 약 20%, 자소작농이 약 50%, 순소작농이 그 나머지인 25~30%를 차지했을 것으로 볼 수 있다. 하지만 X리 노인들의 증언에 따르면 X리는 다른 곳에 비해 상대적으로 부촌이었으며, 소작농의 비율이 낮고 자작농의 비율이 더 높았다고 한다. 또 소작농도 조선인 지주의 소작보다는 뒤에서 보는 조선흥업주식회사 등 일본 농장의 토지를 경작하는 소작인이 주류였다고 한다. 진도 전체의 자작지와 소작지의 비율이 논밭을 막론하고 약 6대 4의 비율로 자작지가 더 많았다고 한다면 X리의 자작 비율은 그보다 더 높았다고 할 수 있다.

1930년경 진도의 대표적인 조선인 지주를 보면 74쪽 표 1-7과 같았다. 이들 조선인 지주 가운데 조병수曺秉洙는 임회면 용호리의 대지주로서 1920년대 용산수리조합龍山水利組合 조합장을 맡고 있었다. 그는 해운업에도 손을 대 목포-제주 간 여객선을 운영하기도 했으며, 강원도 횡성군에서 금광업에도 관여했다. 그는 도평의원을 지냈으며,

표 1-7　1930년 진도의 조선인 지주와 토지 소유 면적　　　　　　　　　　단위: 정보

이름	주소	논	밭	기타	계
조병수	임회면	138	55	29	222
손병익	진도면	120	63	27	210
한승리	진도면	69	35	45	149
허찬오	진도면	82	15	50	147
김성우	고군면	72	30	29	131
소진춘	진도면	52	12	29	93

출전: 한국농촌경제연구원, 1985, 『농지개혁 시 피분배지주 및 일제하 지주 명부』, 209쪽.

해방 후에는 진도 독촉국민회 위원장, 민주국민당 위원장 등으로 진도 우익의 대표적인 인물이 되었다.[7] 소진춘蘇鎭春(1901~?)은 진도 읍내 남동리의 향리 가문 출신으로 1918년 경성제일고보를 졸업한 뒤 제주도청, 곡성군 등에서 관리로 근무했고, 귀향하여 진도군 면협의회 회원과 면장을 지낸 인물이었다. 해방 후 그는 1950년대에 민주당 위원장을 지냈다.[8] 손병익孫炳翼도 역시 향리가 출신의 지주로서, 서예가이자 화가였으며 제4, 9대 국회의원(무소속, 민주공화당)을 지낸 손재형孫在馨의 조부였다.[9] 한승리·허찬오도 역시 향리가 지주였다.

이제 X리 주민들의 토지 소유를 살펴보자. 표 1-8은 현재 진도군청에 남아 있는 X리 토지대장(1910년대 처음 작성)에 나타난 토지 소유의 현황을 살핀 것이다(소유자를 조선인으로 한정).

표 1-8에서 보면 각 시기별 토지 소유자의 수는 139명, 157명, 228명으로 갈수록 늘어나고 있는 것을 볼 수 있다. 이는 X리의 인구증가로 토지 소유자가 늘어난 상황과 관련이 있는 것으로 보인다. 그

표 1-8 1916, 1931, 1946년 X리의 토지 소유자 수와 토지 면적

구분	1916년	1931년	1946년
토지 소유자 수	139명	157명	228명
토지 면적	27만 5,872평	28만 4,558평	34만 918평

리고 이 가운데에는 X리 주민이 아닌 다른 마을의 주민들도 약간 섞여 있었던 것으로 보인다. 또 일본인들이 소유한 토지도 적지 않았다. X리 토지대장에 나타난 일본인 지주들의 토지 소유 현황을 살펴보면, 진도에서 가장 많은 토지를 소유하고 있던 조선흥업주식회사가 X리에서도 역시 9,599평으로 가장 많은 토지를 소유하고 있었다. 이어서 동양척식주식회사가 6,934평, 목포의 미곡상 우치다니 만페이內谷万平가 5,128평, 우라토미 미츠사부로浦富密三郞가 3,546평을 소유했다. 그 밖에 22명의 일본인이 각각 100여 평에서 2,000평 사이의 토지를 소유했고, 그 합계는 1만 9,160평이었다. 결국 일본인 회사와 개인이 소유한 토지는 전체적으로 4만 4,367평이 된다.

하지만 이는 연면적으로서 이들 가운데에는 형제, 부자 등이 서로 증여 혹은 상속한 경우도 있어 이 부분의 면적은 중복 계산되어 있다. 따라서 동일 시점에서 일본인들이 소유한 토지의 총 합계는 이보다 적은 4만여 평 정도가 아니었을까 여겨진다. X리 토지의 총면적은 1916년에 27만 5,000여 평, 1931년경에 28만 4,000여 평이었다. 따라서 일본인들이 소유한 4만여 평은 X리 전체 토지의 7분의 1에 해당하는 것이었다. 일본인들의 토지 소유가 이처럼 많았기 때문에 X리 주민들의 일본인들에 대한 감정은 결코 좋을 리가 없었다. X리 주민들의 민족운동이 활발했던 것은 이러한 상황과도 관련이 있었던 것으로

표 1-9 X리 주민들의 각 시기별 토지 소유 분포 현황   단위: %

토지 소유 면적(평)	1916년		1931년		1946년	
	사람 수	토지 면적	사람 수	토지 면적	사람 수	토지 면적
0~3,000	78.4	39.7	84.7	54.5	89.9	58.6
3,000~6,000	15.8	33.6	11.5	26.2	7.9	21.7
6,000~9,000	3.6	13.8	3.2	13.6	0.9	4.6
9,000 이상	2.2	12.9	0.6	5.7	1.3	15.1
합계	100.0	100.0	100.0	100.0	100.0	100.0

보인다.

한편 X리 앞 들판의 전체 토지 면적을 보면 1916년 27만 5,872평, 1931년 28만 4,558평, 1946년 34만 918평으로 1946년에 약 6만 평이 늘어난 것을 볼 수 있다. 이는 인구가 늘어나면서 그동안 놀려두었던 마을 주변의 땅을 개간하여 늘어난 것이 아닌가 여겨진다.

다음 각 X리 주민들의 개인별 토지 소유 분포 현황을 시기별로 나누어 살펴보면 표 1-9와 같다. 표 1-9에서는 다음과 같은 특징을 발견할 수 있다.

첫째, 3,000평 이하의 토지 소유자가 전체에서 차지하는 비중은 78.4%→84.7%→89.9%로 지속적으로 증가하고 있다. 또 이들이 소유하고 있는 토지의 면적이 전체 면적 가운데 차지하는 비중도 39.7%→54.5%→58.6%로 지속적으로 늘어났다. 이는 영세농이 그만큼 지속적으로 늘어나고 있었음을 말해주는 것이다. 이는 인구 증가와 관련이 있는 것으로 보인다.

둘째, 반면에 3,000평에서 6,000평 사이를 소유하고 있는 농민은 그 비중이 날로 줄어들었다. 이는 중농 정도의 농민층이 갈수록 얇어져갔음을 말해주는 것이다. 이도 역시 인구의 증가와 관련이 있는 것으로 여겨진다.

셋째, 6,000평 이상의 토지 소유자의 수나 그들이 소유한 토지의 면적이 차지하는 비중은 1916년에 가장 높고 그 이후에는 다소 줄어들어 크게 변하지 않는 모습을 보여준다. 다만 6,000평에서 9,000평 사이의 소유자의 비중이 줄어들고 9,000평 이상의 소유자의 비중이 더 커진 것이 눈에 띈다.

이제 1916년, 1931년, 1946년 X리의 각 시기별 상위 토지 소유자를 파악해보자.

78쪽 표 1-10에서 보는 것처럼 X리에서 가장 많은 토지를 소유했던 것은 곽태호가였다. 곽태호는 1916년에 9,100평의 전답을 소유했다. 그의 아들은 넷이 있었는데, 장남 병문은 1916년 현재 이미 7,300평을 소유했고, 차남 병환도 1916년 현재 4,950평을 소유했다. 3남 병준과 4남 병휘는 1916년 당시 아직 어려서 소유 토지가 없었으나, 곽태호와 그의 아들들의 토지 소유는 모두 2만 1,350평에 달했다. 1946년에는 이미 세상을 뜬 곽태호 명의가 1,804평, 곽병문 명의가 4,766평, 곽병문의 아들인 곽재필 명의가 1만 3,306평, 합계 1만 9,876평으로 단일 가족으로는 가장 많은 토지를 소유하고 있었다. 마을 주민들의 증언에 의하면 곽재필은 다른 마을에도 땅을 가지고 있었으며, 천석꾼으로 불리고 있었다고 한다. 그는 X리의 땅은 소작을 주지 않고 직접 머슴들을 데리고 경영했으며, 다른 마을의 땅은 소작을 주었다고 한다. 이러한 부를 배경으로 곽재필가는 중파의 중심이 되었으며, 이를 상징하듯 그의 기와집은 마을 한복판에 있었다. 그런데 뒤에 보듯이 곽재필(1911년생)은 1930년대 적색농민조합에 참여했고, 해방

표 1-10 각 시기별 상위 토지(전답) 소유자

이름	토지 소유 면적(평)			비고
	1916년	1931년	1946년	
곽태호	9,100	7,588	1,804	곽병문, 곽병환, 곽병준, 곽병휘의 부, 곽재필의 조부(중파)
곽치흥	9,027	7,488	2,332	
곽도환(가명)	7,979	4,825	2,895	곽준영(가명)의 조부(계파)
곽치덕	7,885	5,942		곽병관의 부(중파)
곽병문	7,300	7,546	4,766	곽재필의 부(중파)
곽병찬	6,553	4,875		곽순기의 부(계파)
곽백	6,241	2,390		곽상환(가명)의 부(계파)
곽병무	5,586	3,613	2,706	곽재익의 부(중파)
곽병기	5,572	4,177	3,704	곽재화, 재술, 재헌의 부(중파)
곽종도	5,457	4,635		
곽봉원	5,386	3,696		
곽병환	4,950	4,954		곽태호의 차남, 재중의 부(중파)
곽치룡	4,674	3,794	2,561	
곽상우	4,426	3,704	3,169	곽홍기의 조부(계파)
곽경표	4,387	3,689	3,212	
곽재승		8,061		
곽상옥		4,618	2,599	곽병섭의 부(계파)
곽치길		4,304	2,839	곽재운의 조부(중파)
곽예후		4,194		곽유배, 용배의 부(계파)
곽재필		995	13,306	곽병문의 장남(중파)
곽상환(가명)			8,141	곽일배(가명)의 부(계파)
곽병관			5,843	곽치덕의 자(중파)
곽건정			5,649	
곽병휘			5,482	곽태호의 4남(중파)
곽홍기			5,268	곽상우의 손, 병양의 자(계파)
곽재중			5,256	곽병환의 장남(중파)

곽병준			4,248	곽태호의 3남(중파)
곽길성			3,932	
곽국배			3,164	곽인환(곽두환의 제)의 2남(계파)
곽병섭			3,115	곽상옥의 자(계파)
곽병태			3,115	
곽재철			2,095	곽병로의 자(중파)
곽재술			2,081	곽병기의 차남, 재화의 제(중파)

이후 진도의 인민위를 주도하는 인물 중의 하나가 되었다.

　곽병환(1892~1936)은 곽태호의 차남으로서 곽치문의 양자가 되었다. 곽병환은 곽태호의 재산 일부를 계승하여 4,950평의 전답을 소유한 것으로 보인다. 곽병환의 장남은 곽재중인데, 그는 1930년대 곽병관이 주도한 독서회에 참여했으며, 1950년 가을 사망했다. 1946년 곽태호의 3남 곽병준은 4,248평, 4남 곽병휘는 5,482평을 소유했다. 이들 형제도 한국전쟁 중에 모두 희생되었다.

　다음으로 주목되는 것은 계파의 곽상환(가명)가이다. 그의 아버지 곽백은 1916년 6,241평, 1931년 2,390평의 토지를 소유했으나 1946년 현재 곽상환은 8,141평으로 개인으로서는 곽재필에 이어 2위를 차지하고 있었다. 따라서 그는 자연스럽게 계파의 중심인물이 될 수 있었다. 그의 장남은 곽일배(가명, 1912년생)로서 그는 해방 이후 1947년경 경찰에 투신했다.

　중파의 중심인물인 곽재필과 계파의 중심인물인 곽일배(가명)는 마을의 중심부에서 바로 이웃하여 살고 있었다.[10] 그런데 두 사람은 각각 좌익과 우익으로 갈라섰고, 이것이 한국전쟁기 이 마을의 비극을 가져오는 씨앗이 되었다.

그 밖에 중파의 곽치덕-곽병관 부자가 5,000~7,000평, 곽병기-곽재화·곽재술가가 5,000여 평, 곽병무-곽재익가가 역시 5,000여 평의 전답을 소유하여 곽재필가의 뒤를 잇고 있었다. 계파에서는 곽도환(가명)-곽준영(가명)가가 한때 7,000여 평, 곽병찬-곽순기가가 6,000여 평, 곽홍기가 5,000여 평을 각각 소유하여 곽상환(가명)-곽일배(가명)가의 뒤를 잇고 있었다.[11] 해방 이후 이들 가운데 중파의 곽병관과 곽재화·곽재술은 좌익으로, 그리고 계파의 곽일배(가명)·곽준영(가명)은 우익으로 서로 대립하게 된다.

이처럼 X리의 곽씨들 가운데 비교적 토지를 많이 소유하고 있던 지주 혹은 부농가의 자손들은 해방 이후 좌익과 우익으로 갈라서서 대부분 희생되었는데, 중파의 중심인물들은 좌익으로, 계파의 중심인물들은 우익으로 갈라선 것이 주목된다.

2. 1930년대 X리 청년들의 민족·사회 운동 참여

X리 청년들이 진도의 항일 민족운동이나 사회운동에 참여한 것은 1930년대의 일이었다. 1920년대까지만 해도 진도의 민족운동이나 사회운동은 주로 읍내의 청년들이 주도했다. 하지만 1930년대 X리와 인근의 고군면 오산리의 청년들도 이러한 운동에 적극 참여하기 시작했다.

X리와 그리 멀리 떨어지지 않은 오산리는 창녕 조曺씨 동족마을이었다. 이 마을에는 조씨(75% 정도 차지) 외에도 밀양 박씨, 김해 김씨가 섞여서 살았다. X리의 곽씨들과 오산리의 조씨들은 서로가 양반 성씨라고 자처하고 있었고, 따라서 이들은 빈번하게 혼인관계를 맺었

다. X리 곽씨가 혼인관계를 맺은 성씨 가운데 가장 많은 성씨가 창녕 조씨이고, 다음이 밀양 박씨였다.

X리에서 사회운동에 참여한 청년들은 대부분 마을에서 보통학교를 나온 이들이었고, 외지에 나가 학교를 다닌 이들도 일부 있었다. 이처럼 사회운동 참여는 교육 문제와 밀접한 관련이 있었다. 그리고 이 마을에는 청운재靑雲齋라는 서당이 있었다. 이 마을 아동들은 보통학교에 가기 전에 이 서당을 다녔다. 이 서당은 200년 이상 된 서당으로, 곽의효郭義孝(영조대, 1769~1833), 하치도河致圖(정조대 인물), 곽윤표郭允杓(곽의효의 손, 1859~1898) 등이 서당의 기틀을 닦았다. 이들의 뜻에 따라 1841년에 학계學契가 만들어져 계속 운영되어왔다.[12] 일제강점기 청운재는 개량서당이 되어 일본어와 한글을 주로 가르쳤다. 20세기 초 곽진권(1863년생), 김복만(생년 미상), 곽병준(1901년생), 곽익배(1910년생) 등이 서당 교사로서 아동들을 가르쳤다고 한다. 청운재는 해방 이후 헐려서 없어졌다. 하지만 제각은 남아 있어 X리에서는 요즘도 위의 세 사람을 기리는 청운제를 지낸다.[13] X리의 곽씨들은 이 서당을 다닌 뒤에 보통학교에 진학했다. 그들이 다닌 보통학교는 1923년에 세워진 고성공립보통학교였다.

1933년 자각회의 결성과 해산

X리와 오산리 청년들이 본격적으로 민족운동과 사회운동에 참여하기 시작한 것은 1930년대의 일이었다.[14] 여기서 가장 중요한 역할을 한 인물이 오산 상리의 조규선曺圭先이었다. 조규선은 1910년 조계환의 아들로 태어나[15] 광주고보 3학년 재학 시인 1929년 6월 중퇴하고

일본으로 건너가 제강회사 직공으로 있다가 1930년 1월 귀향하여 진도청년동맹의 교육부장이 되었다. 그해 12월 그는 다시 일본에 건너가 히로시마의 관서자동차학교에 입학, 1931년 전협全協(일본노동조합전국협의회)계의 노동운동에 참여했고, 1932년 1월 귀향했다.

조규선은 귀향하여 X리의 곽재필과 협의, 1933년 1월 자각회라는 비밀결사를 조직하게 된다. 곽재필은 곽씨 중파의 인물로서, 곽병문의 아들이며, 앞서 본 것처럼 당시 500석가량의 지주였다. 토지대장을 보면 1931년 곽병문은 7,500여 평의 전답을 소유한 X리의 가장 큰 부농이었다. 그의 집은 마을의 중앙에 있었다. 재판기록에 의하면 곽재필은 1911년에 태어나 12세 때인 1923년 부친과 사별하고 2만 원의 재산을 물려받았다고 한다. 곽재필은 진도공립보통학교를 졸업한 뒤 1930년 4월 경성고등예비학교 중학과에 입학, 1년 수료한 뒤 퇴학했다고 한다. 또한 그는 이해 여름방학 때 귀향하여 진도청년동맹 간부인 박두재 등의 지도에 의해 좌익 서적을 읽기 시작했고, 학교를 퇴학한 뒤에 귀향하여 10여 권의 좌익 서적을 입수·탐독했다고 한다.

조규선과 곽재필은 1932년 9월 초순 X리 곽재필의 집 거실에서 비밀결사 과학연구 서클을 조직할 것을 협의하고 동지를 획득하는 작업에 나섰다. 그들은 광주학생사건 시 목포상업학교 학생으로 이에 참여했다가 퇴학당하고 옥고를 치른 송산리 출신 박종식朴鍾植과 접촉하게 된다. 그러나 박종식은 그와 같은 조직을 결성하는 데 반대했다. 이들은 다시 박종협과 박동인朴東仁, 임재옥, 이재석李在石과 접촉하여 그들의 동의를 얻게 된다. 박동인은 진도면 동외리의 중류 농가에서 태어나 진도공립보통학교를 졸업한 뒤 1928년 4월 광주농업학교에 입학하여 1930년 1월 광주학생사건 시 구속자 석방을 요구하는 시위에 연좌되어 1930년 10월 보안법 위반으로 금고 4개월, 집행유예 5년을 선고받은 경력이 있었다. 그는 귀향한 뒤 1931년 8월 진도청년동맹에 가입하여 운동부장을 맡았다. 그는 박두재와 조규선 등의 지도에 의해 민족의식 및 공산주의 의식을 갖게 되었다고 한다. 이재석은 고군면 도평리의 하류 농가에서 태어나 학교를 다니지 못했다고 한다. 그는 1930년 10월경 일본에 도항하여 오사카에서 노동생활을 하면서 노동운동에 대해 어느 정도 인식을 갖게 되었고, 1933년 4월 초순 귀향하여 자각회에 잠시 참여한 뒤 다시 6월에 일본으로 건너갔다.

조규선과 곽재필은 1932년 12월 22일 저녁 곽재필의 집에서 만나 비밀결사 조직에 대한 구체적인 협의를 한 끝에 결사의 명칭을 '자각회'로 하고, 박종협·박동인·곽병휘·이재석 등을 멤버로 하기로 결정했다. 이들은 1933년 1월 15일 곽재필의 집에 모여 비밀결사 자각회의 발회식을 가졌다. 이날 발회식에서는 조규선이 만든 규약, 자각회 선언 등을 검토했다. 규약은 가입, 제명, 책임부서, 대회, 월례회, 회계 등 12개조로 구성되어 있었다. 회비는 월 20전으로 결정했다. 선언은 국제관계의 위기로부터 소비에트 러시아를 구하고 사유재산 제도를 부인하고 용기있는 청년은 자각회에 모여 현 사회에 감연히 투쟁할 것 등의 내용으로 되어 있었다고 한다. 운동방침으로서는 『프로과학』, 『아등我等의 과학』, 『대중의 벗』, 『신계단』新階段 등 기타 코프KOPF(일본 프롤레타리아 문화연맹) 출판물을 교양부가 구입하여 이를 책임지고 윤독시키며, 이들 텍스트는 조규선의 집에 보관하고, 『조선일보』는 교양부장 집에 설치하며, 주요 기사는 월례회에서 설명할 것 등으로 결정했다. 각 부서의 책임자와 부원은 다음과 같이 정해졌다.

책임: 조규선
교양부장: 박동인, 부원: 조규선
조직·재정부장: 곽재필, 부원: 이재석
조사부장: 박종협, 부원: 곽병휘[16]

위와 같은 운동방침에 따라 그들은 1933년 2월 1일 곽재필의 집에 모여 제1회 정례회의를 갖고 회비를 징수하고, 동지 획득 및 텍스트 구입 등에 관해 협의했다. 2월 중순경에는 다시 진도면 교동리 박종영의 집에서 제2회 정례회를 열어 이재석의 제의로 동아통항조합(1930년 오사카의 조선인과 제주도민이 함께 설립한 선박회사)의 진도지부를 조직하자는 데에 의견을 같이했다. 3월 중순에는 조규선의 집에서 제3회 정례회를 열어 조규선이 소지한 『비판』批判과 회비로 구입한 『신계단』 1933년 2월호를 윤독했다. 이들 잡지는 당시 사회주의 계열에서 발간하던 잡지였다.[17] 곽재필은 추가 회원 모집을 위해 군내면 둔전리 이승창李承昌과 접촉했으나 가능성이 없어 포기했고, 4월 상순 같은 동리의 곽병관과 접촉했으나 그가 침착하지 않은 인물로서 비밀 누설의 우려가 있다고 생각하여 그에게 대신 독서회를 조직하도록 권유했다. 곽병관(1918년생)은 중류의 농가에서 태어나 9세에 부친과 사별하고 1932년 13세 때 고성공립보통학교를 졸업했다. 그는 이후 곽재필의 영향을 받아 『오늘의 세상』今日の世 등 8권의 좌익 서적을 받아 읽기 시작하여 공산주의적 의식을 갖게 되었다고 한다.

이와 같은 활동을 펴던 자각회는 1933년 4월 21일 갑작스럽게 해산되었다. 조규선은 이즈음 광주에 나가 강영석姜永錫을 만나[18] "현하의 실천운동에서 조직체를 유지하는 것은 단결로부터 파괴로 빠져 헛되이 희생자를 낼 우려가 있다. 각자가 잠행적 활동으로 기다리는 것만 같지 못하다"는 말을 듣게 된다. 조규선은 강영석의 말을 따르기로 결심하고, 4월 21일 곽재필의 집에서 그와 만나 자각회 회원들이 열의가 없으니 차제에 해산하고 각자 독자적인 활동을 하기로 협의·결정한 뒤 그 뜻을 회원들에게 통고했다. 자각회는 회원 전체가 모인 자리가 아닌 조규선과 곽재필의 뜻에 의해 해산되었던 것이다.

한편 그해 7월 상순 곽병관과 곽재헌郭在憲은 회합을 갖고 독서회 결성에 합의를 보았으며, 9월 중순 서당에서 곽재중郭在中·곽재인郭在仁·곽재의郭在儀·곽종언郭鍾彦·곽재환郭在煥 등 5명이 회합하여 독서회 조직을 결의하고, 『오늘의 세상』이라는 책자를 놓고 토론하던 중 다른 사람(곽유배)이 들어와 독서회 조직의 절차를 밟지 못하고 말았다고 한다. 곽재헌(1917년생)은 뒤에 보게 될 곽재술의 동생으로서 4세 때 실부와 사별하고 1932년 3월 15세 때 고성공립보통학교를 졸업한 뒤 농업에 종사하고 있었다. 곽재중郭在中은 곽재중郭在仲(1917년생)과 동일 인물로 보이며, 그는 X리 곽병환의 장남이었다. 곽병환의 생부는 X리 제일의 부자였던 곽태호이며, 따라서 곽병환은 곽병문의 동생이었다. 곽재의郭在儀는 곽재의郭在義(1920년생)와 동일 인물로 보이며, 그는 곽재필의 동생이었다. 결국 독서회의 주 멤버는 곽재필의 동생 곽재의, 사촌동생 곽재중, 그리고 같은 중파로서 뒤에 적색농민조합에 참여하는 곽재술의 동생 곽재헌 등이었다고 할 수 있다.

자각회와 독서회 참여자를 표로 정리한 것이 표 1-11이다. 여기서 보듯이 참여자는 대부분 X리, 동외리, 오산리의 청년 혹은 청소년들이었다. 그리고 X리 곽씨들 가운데 참여자는 주로 중파였으며, 계파의 청소년도 2명이 끼어 있었다. 중파의 청소년들은 대개 중심인물인 곽재필과 가까운 인척 간이었음을 알 수 있다. 또 이 표에서 보듯 참여자들 가운데에는 지주(부농)의 아들이나, 중농·빈농의 아들들이 섞

표 1-11 자각회와 독서회 참여자   시기: 1933년

성명	출생 연도 (당시 나이)	참여 내용	거주지	경제적 형편	학력	비고 (경력, 관계)
조규선	1910년생 (23세)	자각회 책임	고군면 오산리		광주고보 중퇴	일본에서 노동 운동
박동인		자각회 교양 부장	진도면 동외리	중농	광주농업 중퇴	광주학생사건 당시 구속
곽재필	1911년생 (22세)	자각회 조직·재정부장	X리	지주(부농)의 아들	경성고등예비학교 중학과 1년 수료	중파(곽병문의 아들)
박종협	1901년생 (32세)	자각회 조사부장	진도면 동외리		서당	보향단 만세운동 참여
이재석		자각회 조직·재정부원	고군면 도평리	빈농	무학	일본에서 노동
곽병휘	1904년생 (29세)	자각회 조사부원	X리	중농	진도보통학교 부설 육영학교 졸	중파(곽재필의 숙부)
곽병관	1918년생 (15세)	독서회	X리	중농	고성보통학교 졸	중파(곽치덕의 아들)
곽재헌	1917년생 (16세)	독서회	X리	중농	고성보통학교 졸	중파(곽재술의 동생)
곽재중	1917년생 (16세)	독서회	X리	중농	고성보통학교 졸	중파(곽재필의 사촌동생)
곽재인		독서회	X리			
곽재의	1920년생 (13세)	독서회	X리	부농		중파(곽재필의 친동생)
곽종언		독서회	X리			계파
곽재환		독서회	X리			계파

여 있었다. 그러나 그 가운데 가장 큰 비중을 차지한 것은 중농의 자제들이었다고 할 수 있다.[19] 그들 가운데에는 학력상으로 보통학교 졸업자, 또는 고등보통학교 중퇴자들이 많고, 기타 서당에서 공부한 이들이 포함되어 있었다.

이상에서 살핀 것처럼 자각회는 사상 학습에 주된 목적을 둔 일종의 독서회 조직이었다고 할 수 있다. 그리고 참여자는 주로 인텔리 청년들이었으며, 그들을 따르던 청소년들이 그 주변에 따로 독서회를 구성하려다가 미수에 그쳤다고 정리할 수 있다.

진도적색농민조합의 결성과 해체

자각회가 해산된 뒤 X리와 오산리를 중심으로 다시 결성된 조직이 진도적색농민조합이다. 이를 처음 발의한 것은 곽재술郭在述이었다. 곽재술은 1910년생으로 곽씨 문중의 중파에 속한다. 그는 1929년 3월 고성공립보통학교를 졸업하고 경성사립중동학교에 진학하여 1933년 3월 졸업한 뒤 그해 4월 보성전문학교 법과에 진학했다. 그러나 그해 10월 14일 곽재술은 보성전문을 중퇴하고 귀향하게 된다. 그는 중동학교 재학 중에 사회과학에 뜻을 두고 『오늘의 세상』, 『유물사관』, 『맬더스자본론』 등 공산주의 서적을 읽기 시작하여 이에 공명하기에 이르렀다고 한다. 그는 보성전문학교에 진학한 뒤, 그해 4월 동교생 조규영趙圭英과 함께 경성부京城府 원정元町에 있는 세창고무공장 여공 김수부金水夫·김유순金柔順 등에게 독서회를 결성하도록 했다. 그러던 중 4월 하순 이 고무공장에서 임금인하를 발표하자 김수부로 하여금 동맹파업을 감행하도록 하여, 그 선동·사주의 혐의로 경성 서대문경찰서에 체포되어 구류 25일의 처분을 받았다.

그는 귀향 직후인 10월 17일 곽재필·조규선과 함께 진도공립보통학교 운동회에서 돌아오는 도중 고성리의 노상에서 사회운동에 관한 의견을 교환하던 중 조규선으로부터 자각회 해산의 경위를 듣고 새로운 농민운동의 조직체를 결성할 것을 제의했다. 이에 조규선과 곽재 필도 찬성하여[20] 이들은 1934년 1월 17일과 2월 6일 두 차례에 걸쳐 모임을 갖고 진도군의 농민운동 지도기관의 결성을 준비했다. 2월 중 순의 모임에서 투쟁기관의 명칭을 놓고 조규선이 '진도전위동맹'으 로 할 것을 제안한 데 대해 곽재술은 실천적 의미의 '진도적색농민조 합'으로 하는 것이 가하다고 주장하여 곽재술의 의견대로 결정되었 다. 이후 이들은 동지의 획득, 선언과 행동강령의 준비 등에 착수했다.

이들 3인 외에 진도적색농민조합의 멤버로서는 박종협·박종춘 등 이 참가하기로 결정되었다. 박종춘은 오산리의 하류 농가에서 태어나 1930년 고성공립보통학교를 졸업하고 집에서 농사를 지었으며, 1932 년 7월에는 오사카로 건너가 노동자로 지냈고, 1933년 귀향하여 조규 선과 교유하면서 그로부터 사상적 지도를 받았다고 한다.

한편 3월에는 박종협이『중앙일보』진도지국장이 되어 지국을 개 설하고, 곽재술을 기자로 채용했다. 당시 이들은『중앙일보』진도지 국을 농민대중을 지도·계몽하기 위한 기관으로 삼는다는 구상을 가 졌다.

마침내 이들 5인은 1934년 4월 17일 고군면 고성리 남방의 첨찰 산 송림 중에서 모임을 갖고 진도군에서의 무산대중 혁명운동기관으 로서 '진도농민조합'이라는 비밀결사를 결성하기로 결정했다. 이 자 리에서는 규약(가입·제명·책임부서·대회·예회·세포조직·회계 등 23개 조의 내용)이 축조심의 끝에 가결되었고, 선언과 행동강령도 가결되 었다.

「진도적색농민조합선언」은 곽재술이 기초한 것으로, 그 내용을 요약하면 다음과 같다.

1. 객관적 정세

(국제 정세) 세계 자본주의 열강의 정치경제적 위기는 다음과 같은 사실로서 명확하다. 가) 군비 확장, 나) 경제 공황 심각화, 다) 관세 장벽 공고화, 라) 파시즘 정치 대두. 이상과 같이 자본주의 국가의 위기는 일층 첨예화되고 자본주의 자체의 모순은 의연 존속·확대되고 있다.

(각국 정세) 경제적으로 금본위제의 정지, 인플레이션 정책 등은 이미 금융 공황을 야기하고 도시와 농촌은 실업 문제, 농업 공황으로 실로 비참한 지경이 되었다. (하략)

(조선 정세) 전 인구의 8할이 농업을 주업으로 하는데, 소지주·자작농은 해마다 몰락하여 자소작농이 되고 나아가서는 소작농으로 전락하여 소작농이 해마다 증가하고 있는 데서 알 수 있듯이 그 생활 상태는 경제적 파탄에 직면해 있다.

(진도 상황) 조선의 한 지방으로 조선의 경제 상황과 동일하지만 특수적 지위에 있음도 적지 않은데, 이는 경제적으로 보면 일반 타 지방보다 여유가 있음은 명백하지만, 소수의 어업자를 제외하고 거의 전 군민이 농업을 주업으로 삼고 있고, 그 반수 이상이 소작농인 상태에서 전 수확의 7~8할을 소작료로 착취당하고 있는 실정이다.

2. 주관적 정세

(각국 정세) 노동계급과 농민계급은 불안한 생활에서 일탈하고자 맹렬히 투쟁하고 있으니 동맹파업·실업자 데모·소작쟁의의 건수가 날로 늘어가고 있다.

(조선 상황) 조선은 농업국으로 수개의 공업도시를 제외하고는 거의 농업지방이다. 공업도시 및 농업지방에서는 노농계급의 비애원성悲哀怨聲의 결정체인 동맹파업·소작쟁의가 폭발하고 있다. 양적으로 해마

다 증가를 보이고 있음은 명백하지만 그 요구가 관철되는 바 거의 없고, 비참하게도 패배와 타협으로 끝나고 있으며, 오히려 이전보다 더욱 참혹한 착취를 받게 되는 상황이다.

(진도 상황) 진도는 유사 이래 아직도 일찍이 소작쟁의다운 대중적 궐기는 볼 수 없었다. 다만 십수 년 전에 소작인회라는 타협적 단체가 있었지만 자멸하고 말았다.

3. 우리의 운동방침

이렇듯 살핀 대로 자본주의 사회에 있어 지주계급이 농민계급의 생활을 빈궁케 하며 나아가서 농민 생활 자체를 위협하고 있음을 알 수 있다. 우리는 이에 사유재산 제도 부인을 전제로 지주계급을 타파하고 농민 생활을 안정하게 보장하기 위해 진도에 적색농민조합을 조직할 것을 선언한다. 우리는 대중적 결의하에 일상 농민 생활에 직접 영향이 있는 제 문제를 본 조합의 행동강령으로 하고 활동할 것을 맹세한다.

- 잠정적 행동강령

1) 소작료 반감
2) 소작권 이동 무조건 반대
3) 소작계약에 따른 5인제 및 연대보증인제 폐지
4) 고용자 월급제도 실시
5) 소작쟁의단의 설립 자유
6) 전매제도(담배·술) 반대
7) 세금 반감
8) 입도차압立稻差押 반대

9) 농지령農地令 실시 철저화
10) 노동자와 농민이 제휴
11) 농민 교양을 위한 농민 야학 설립 자유
12) 농민조합과 노동조합의 제휴
13) 조합원 획득[21]

위의 강령 13개조를 보면 진도적색농민조합은 다른 적색농민조합(이하 적농)들과 같이 농민들의 현실 문제에 깊이 개입하려 하고 있었음을 알 수 있다. 여기서 주목되는 것은 당시 다른 지역에서 등장하던 정치적 성격의 강령들이 전혀 보이지 않는다는 점이다. 예를 들어 함경남도 정평지역 정평농조재건위원회는 1933년 8월에 채택한 강령에서 '제국주의 전쟁 반대' '제국주의 타도' '일선 프롤레타리아 제휴' '중국 혁명의 적극적 원조' '소비에트 사수' '조선공산당 재건 촉진' 등을 넣었다.[22] 그런데 진도 적농의 강령에는 이와 같은 정치적 강령은 전혀 포함되어 있지 않았다. 대신 소작농민들의 일상적인 이익을 옹호하기 위한 강령과 농민조합의 활동 방향을 제시하는 내용으로 주로 채워져 있다. 그들은 "일상농민생활에 직접 영향이 있는 제 문제를 본 조합의 행동강령으로 하고 활동할 것을 맹세한다"고 할 정도로 이에 대한 원칙을 확실히 하고 있었다. 하지만 진도 적농도 궁극적으로는 사유재산 제도의 폐지와 지주계급의 타파를 목적으로 한다는 것을 확인하고 있었다.

다음에는 진도 적농의 조직을 살펴보자. 농민조합의 책임자와 부서원은 다음과 같았다.

책임: 조규선

교양부장: 곽재술, 부원: 박종협

조직·재정부장: 곽재필, 부원: 박종춘

여기서 주목할 것은 부서로서 교양부와 조직·재정부만을 설정하고 있다는 것이다. 여기에는 다른 적농들이 갖추고 있던 선전부나 쟁의부 등이 보이지 않는다.[23] 이는 진도 적농이 아직은 실질적인 행동의 단계가 아니라고 판단하여 우선은 조직과 교양에 중점을 두는 데 그치고 있었음을 보여주는 것이다. 한편 진도 적농은 각 개인별 활동구역을 다음과 같이 정했다.

진도면 방면: 박종협·조규선

고군면 방면: 곽재술·박종춘

군내면 방면: 곽재필

여기서 주목할 것은 의신면과 임회면 등에 진출할 계획은 전혀 없었다는 점이다. 그들의 인맥이나 영향력은 위의 지역, 즉 진도면 이북 지역에 한정되어 있었던 것이다. 진도군 내에서는 진도면을 경계로 그 북쪽의 고군면·군내면을 북촌으로, 남쪽의 의신면·임회면·지산면을 남촌으로 부른다. 당시 의신면의 면소재지는 돈지리였고, 임회면의 면소재지는 십일시, 지산면의 면소재지는 인지리였다. 그리고 의신면 칠전리에는 밀양 박씨들의 동족마을이 있었고, 임회면 침계리에 창녕 조씨, 임회면 삼막리에 진주 하씨, 호구리에 창녕 조씨와 진주 하씨, 남동리에 김해 김씨의 동족마을이 있었다. 또 지산면에는 인천리에 순창 설씨, 상보리에 김해 김씨 등의 동족마을이 있었다. 농민조합은 이들 남촌에는 조직을 침투시킬 엄두를 못 내고 있었던 것이다. 아마도 이는 남촌과 북촌이 생활권이 분리되어 평소에 이렇다 할 교류가 없었던 것, 그리고 남촌 출신으로 이 운동에 참여할 만한 사람들이 없었다는 것 등이 이유가 되었을 것이다.

한편 이들은 운동방침으로서는 동지 획득에 전념할 것, 서기국 예회는 매월 2회(5, 20일 전후)에 책임자의 소집에 의해 열며, 텍스트는 각자 소지한 서적을 윤독하고 교양부에서 추가로 코프 출판물을 구입하여 윤독할 것, 회비는 30전으로 매월 20일까지 징수할 것 등을 결정했다. 이에 따라 그들은 고군면 오산리에서 조병하曺秉河·조규린曺圭麟과 접촉하여 이들을 조합에 가입시켰다.

조규린은 1914년 오산리의 중류 농가에서 조하섭曺夏燮의 아들로 태어나 1930년 고성공립보통학교를 졸업하고 집에서 농업에 종사하고 있었으며, 1934년 초부터 조규선으로부터 사상적 지도를 받았다. 조병하는 1912년 역시 오산리의 중류 농가에서 태어나 1929년 고성공립보통학교를 졸업하고 1931년 4월 일본으로 건너가 노동일을 하다가 그해 6월 다시 귀향하여 농업에 종사하고 있었다. 그는 1934년 4월경부터 조규린과 함께 조규선, 박종춘으로부터 사상적 지도를 받았다고 한다.

이후 이들은 5월 이후 7월까지 매월 두 차례의 월례회를 가졌다. 장소는 회원의 집 또는 사찰 등지였다. 하지만 5월 20일 회의는 회합자가 적어 유회되었고, 6월 5일 회합도 역시 참석자가 없어 유회되었다. 6월 20일 회의에는 조규선·곽재술·곽재필·조규린 등 4명이 참석하여 회의가 열렸으나, 조규선은 곽재술과 곽재필이 2회 연속 병을 이유로 불참한 데 대해 힐문했고, 두 사람은 이에 대해 사과했다. 이날 회의에서는 규약 10조에 따라 조병하·조규린을 멤버로 한 오산리지구위원회의 결성을 승인했다. 그러나 7월 5일의 모임에도 곽재술·곽재필은 참석하지 않았고, 조병하·조규린만 참석했다. 당시 박종협은 부친의 중병과 사망으로 인하여 참석하지 못했다. 여기서 진도 적농은 위기를 맞게 된 것으로 보인다.

8월 1일 오산리 조씨 문중의 제각에서 열린 제6회 서기국 정례회에는 박종협 외에 모든 이들이 참석했다. 그런데 이 자리에서 곽재술은 일신상의 이유를 들어 교양부장을 사임하겠다고 말했다. 그리고 이것이 받아들여지지 않으면 회를 탈퇴하겠다고 나왔다. 이에 조규선과 곽재술 사이에 쟁론이 벌어졌고, 결국 한 사람의 사임은 해체와 같다는 데 의견 일치를 보아 조합의 해체를 결정하기에 이르렀다. 이로써 진도 적농은 결성 4개월 만에 해체되고 말았다.

이같이 진도 적농이 창립 이후 이른 시일 내에 해체되어버린 까닭은 어디에 있었을까. 그것은 창립 당시 명칭 문제를 둘러싼 논쟁에서도 나타나듯이 조규선은 전위동맹과 같은 지역전위 정치조직의 노선을 선호했고, 곽재술은 농민조합과 같은 실천운동을 위주로 한 결사의 노선을 선호했던 것으로 보인다. 그러나 조규선의 노선은 당시 이미 낡은 노선으로 평가되고, 아래로부터 농민을 조직하는 적농 노선이 일반화되고 있었기 때문에 곽재술의 노선이 채택된 것으로 보인다. 하지만 곽재술은 진도에서 실천운동의 경험이 전혀 없었고, 또 진도의 객관적 여건은 적농의 조직을 확대시켜나갈 만한 운동 역량이 존재하지 않았다. 결국 적농 결성을 제의했던 곽재술은 객관적 조건이 자신의 생각과는 많은 차이가 있음을 발견할 수밖에 없었고, 여기서 소극적인 태도로 전환하여 결국 조합을 포기하기에 이른 것이 아닌가 여겨진다.

한편 비슷한 시기에 완도·해남·강진 등에서 결성된 전남운동협의회 산하의 각 군별 적농의 경우, 각 마을에 농민반과 청년반 등을 조

표 1-12 적색농민조합운동 참여자   시기: 1934년

성명	출생 연도 (당시 나이)	참여 내용	거주지	경제적 형편	학력	비고 (경력, 관계)
조규선	1910년생 (24세)	책임	오산리		광주고보 중퇴	자각회 참여
곽재술	1910년생 (24세)	교양부장	X리	중농의 아들	보성전문학교 중퇴	서울에서 노동운동
곽재필	1911년생 (23세)	조직·재정부장	X리	지주(부농) 의 아들	경성고등예비학교 중학과 1년 수료	자각회 참여
박종협	1901년생 (33세)	교양부원	진도면 동외리		서당	자각회 참여
박종춘	1914년생 (20세)	조직·재정부원	오산리	빈농의 아들	고성보통학교 졸	일본에서 노동
조병하	1914년생 (20세)	오산리지구위원	오산리	중농의 아들	고성보통학교 졸	일본에서 노동
조규린	1912년생 (22세)	오산리지구위원	오산리	중농의 아들	고성보통학교 졸	

직한 바 있었다. 그러나 진도 적농의 경우에는 반 조직 대신에 지구위원회 식의 세포조직을 결성하려 했다. 함경남도의 정평농조재건위원회의 경우, 각 마을에 반을 구성하고 면의 지부위원회와 마을의 반을 연결하는 조직으로서 지구위원회를 만들었다.[24] 하지만 진도 적농은 이와는 전혀 다른 의미로서 각 마을의 반 조직을 그렇게 부른 것에 지나지 않았다. 또 오산리에는 세포조직이 여럿 있는 것도 아니었다. 이러한 것들은 진도 적농의 조직 사업이 그만큼 미약했다는 것을 보여주는 것이다. 결국 진도의 적농 운동은 타 지역에 비해 매우 미숙한 수준에 있었음을 알 수 있다.

　이제 진도 적농에 참여한 이들의 성격을 분석해보자. 표 1-12에서 보는 바와 같이 이들의 다수는 자각회에 참여한 이들이었거나 외지에

서 노동운동에 참여하거나 노동운동을 경험한 이들이었다. 그들의 거주지는 대부분 오산리와 X리였고 지주(부농)의 아들부터 중농·빈농의 아들까지 계급 구성이 다양했으며 대체로 중농이 더 우세한 경향을 보였다. 학력은 보통학교 졸업 수준이 가장 많았고, 곽재술처럼 전문학교를 중퇴한 이도 있었다. 당시 보통학교에 진학하기 위해서는 중농 이상은 되어야 했다. 결국 진도 적농은 곽재술이라는 노동운동을 경험한 인텔리가 귀향하여 기존의 자각회 회원과 외지의 노동운동 경험자들과 함께 조직한 것이었다. 그러나 적농을 지향하던 곽재술과, 일종의 전위조직을 지향하던 조규선 간에 지향점의 차이가 있었던 것으로 보인다. 또 진도는 사회운동 역량이 매우 취약하여 곽재술이 지향하는 적농의 구성은 현실적으로 매우 어려웠다. 이 때문에 진도 적농은 조기에 해산되고 만 것이다.

하지만 진도 적농은 그것이 존속했던 기간, 그리고 해산 이후에도 특히 X리의 청소년들에게 큰 영향을 미쳤던 것으로 보인다. 앞서 본 것처럼 1933년 9월 곽병관을 중심으로 한 독서회 결성 움직임이 있다가 실패로 돌아간 일이 있었다. 이듬해 1934년 3월 서당 교사로 있던 곽병관은 곽정배郭正培로부터 X리에서 한때 조직되었다가 유명무실해진 유년구락부를 다시 부활시키고 서당에 야학을 개설해줄 것을 부탁받게 된다.[25] 곽정배는 X리의 가난한 농가에서 태어나 어려서 서당에서 한문을 배웠고, 이후 농업에 종사했다. 그는 1933년 곽병관으로부터 『오늘의 세상』을 받아 읽고 그로부터 사상적 지도를 받았다. 곽정배의 부탁을 받은 곽병관은 4월 중순경 서당에서 유년구락부원 12~13명을 불러 유년구락부를 부활시켰다. 또 곽병관은 낮에 아동들을 가르치는 일 외에도 야학을 개설하여 남학생 12명, 여학생 5명을 모아 『노동독본』을 교재로 토론식 수업을 진행했다.

1934년 8월 15일 곽병관은 곽재술에게 소인극素人劇(아마추어 연극)을 하나 지어줄 것을 부탁했다. 이에 곽재술은 「지도원의 강연」이라는 연극 대본을 만들고 직접 서당의 아동들인 곽정배·곽병운郭丙雲·곽재근郭在根·곽재림郭在林·곽종언郭鍾彦 등을 지도하여 8월 23일 밤 곽병환의 집에서 마을 주민 200여 명이 모인 가운데 연극을 공연했다.[26] 이 연극은 24일 밤 둔전리 김남원의 집에서도 주민 150여 명이 모인 가운데 공연되었다.

연극의 내용은 농촌이 몰락하고 있음에도 불구하고 농민 부담은 늘어나고, 농사개량이라는 것도 사실은 세금을 걷기 위한 수단, 자본주의의 착취 수단의 하나에 지나지 않는다는 것, 그리고 농사지도원이 부르짖는 농사개량이나 근검저축이라는 것도 실은 기아선상에서 헤매고 있는 조선 민중을 더욱 기아 상태로 몰아넣는 기만 정책에 불과하다는 것 등이었다. 그리하여 지도원의 강연 중 군중 가운데에서 누군가가 강연을 중지하라고 요구하며 다음과 같이 강연의 허구성을 폭로한다는 것이었다.

> 당신을 출장 보낸 농회는 마땅히 농민을 지도하지 않고 기만적 책동을 드러내고 있다. (……) 농사개량이라고는 하지만 농민 생활에서 하등의 이익도 되지 않고 단순히 납부 독려에 편리하게 하고자 할 뿐이니 힘써 일해도 7~8할은 소작료·비료대 등으로 가져가버려 죽 끓일 양식도 없다.

이러한 내용은 당시 일제의 조선농촌진흥운동을 비판하는 것이라 볼 수 있다. 위와 같은 야학과 소인극은 당시 다른 지역의 적농들이 흔히 하고 있던 프로(프롤레타리아)문화운동의 하나였다. 비록 진도 적농은 해산되었지만, 이후에 그 영향으로 이같은 프로문화운동이 진행되었다고 할 것이다.

그런데 소인극 공연이 있은 지 얼마 되지 않아 당시 군내면 면장이던 곽두인郭斗仁이 농촌진흥실행조합에 저축맥貯蓄麥의 납부를 미루던 곽재술의 어머니를 구타한 사건이 일어났다. 이에 격분한 곽재술은 곽두인을 구타했고, 『중앙일보』는 이를 기사화했다. 경찰은 이때부터 야학을 조사하고, 곽재술을 구금한 가운데 진도 적농의 조직을 밝혀내, 관련자들을 모두 검거·조사했다. 결국 조규선·박종협·곽재술·곽재필 등 4명은 치안유지법 위반으로 기소되어 각각 2년 6개월의 형을 선고받았다.

곽두인은 신리에 거주하던 장파의 중심 인물이었고, 곽재술은 X리에 거주하던 중파의 중심인물 중의 하나였다. 곽두인과 곽재술의 싸움은 두 집안의 갈등을 불러오게 되는 하나의 사건이 되었을 것이다. 그리고 곽두인은 1942년에 세상을 떴지만 해방 이후 그의 아들 곽채문과 앞의 곽재술은 각각 우익과 좌익으로 나뉘어 대립하게 된다.

3. 해방 직후 X리 현풍 곽씨의 동향

건국준비위원회와 인민위원회 참여

진도에는 해방의 소식이 하루 정도 늦게 전해졌다. 섬인 관계로 16일 오후에야 목포에서 들어온 구전으로 해방의 소식이 전해진 것이다. 해방이 되자 진도에서도 다른 지역과 마찬가지로 건국준비위원회 진도지부가 만들어졌다.[27] 전남의 다른 군에서는 소수의 명망가들이 미리 모여 조직을 결성한 뒤에 군민대회 등의 군중대회에서 추인을 받는 식이었지만, 진도에서는 직접 군민대회에서 건준 군지부가 결성되었다. 건준 지부는 8월 18일 오후에 열린 해방 환영 진도군민대회에서 결성되었다. 건준의 조직은 다음과 같았다.

위원장: 김중현金仲炫
총무부장: 이병영李炳英
학술부장: 박윤규朴胤奎
문교부장: 허백련許百鍊
산업부장: 허혁
치안대장: 허행보
평위원: 정승한, 박종식, 곽재술, 허정돈, 조규선, 문치언, 조욱환, 곽재필, 곽병관, 김요한, 이길성

위원장 김중현은 당시 56세로 식량영단 이사장을 지냈으며, 얼마 후 목포로 나가서 활동했다. 이병영은 대구사범을 졸업한 후 영광에서 보통학교 훈도를 지냈고, 3·1운동 시기 학생들을 지도하여 영광 읍내에서 만세시위운동을 전개했으며, 이 사건으로 징역 2년을 언도받고 복역했다.[28] 박윤규는 경성고보를 졸업한 후 보통학교 교사와 지산면 면장을 역임한 경력이 있었다.[29] 허백련은 진도 동외리 출신으로 중앙고보를 졸업한 뒤 일본에서 동양화를 공부하고 귀국하여 광주에서 활동 중이었다. 여기서 일제강점기 진도 적농에 관계했던 곽재술·조규선·곽재필·곽병관 등과, 1919년 광주학생독립운동 때 목포상업학교에서 시위를 주도하다가 구속된 박종식이 평위원으로 참여했음을 볼 수 있다.

9월 20일 전남 건준이 인민위원회로 개편되자 진도 건준 지부도 곧 인민위원회로 개편되었다. 개편을 위한 회의는 진도경찰서에서 열렸는데, 모두 33명의 건준 간부와 유지들이 참석하여 오전 9시부터 오후 5시까지 장시간 토의가 계속되었다고 한다. 참석자들은 건준을 계속 고수하자는 측과 인민위원회로 개편하자는 측으로 나뉘었다. 건준 고수를 주장한 측은 "현 단계에는 아직 전 인민이 지지하는 밑으로부터의 정부가 들어서지 않았을 뿐만 아니라 서울의 인민공화국 역시 너무 급히 만들어져 국가라고 하기에는 시기가 빠르다"고 주장했고, 개편을 주장한 측은 "정부는 우리 스스로 만들어가는 것이며, 새로운 국가를 세우는 일은 한시도 지체할 수 없다"고 주장했다고 한다. 타협에 실패하자 결국 표결로 결정하기로 했고, 무기명 비밀투표의 결과 30대 3으로 다수가 인민위로의 개편에 찬성했다. 결국 진도 건준은 인민위로 개편되었다. 위원장은 김중현이 그대로 맡았고, 다른 부서 간부들도 변경없이 그대로 계승되었다. 다만 반대 입장을 고수한 이길성은 청년부 활동을 그만두고 교육사업에 전념했다고 한다.[30]

진도군 인민위원회는 박윤규 등 온건파들이 주도함에 따라 1945년 말까지 진도 군내에서는 이렇다 할 정치적 갈등은 없었다고 한다.[31] 그리고 그해 11월 20일부터 서울의 천도교 강당에서 열린 전국인민위원회 대표자대회에 진도군 인민위 대표로서 박종식·조성환趙聲煥·곽재술 등이 참여한 사실이 확인된다.[32] 또 그해 12월 8일부터 사흘간 같은 장소에서 열린 전국농민조합총연맹 결성대회에 진도군 대표로 곽재필·이철호李喆鎬가 참석한 사실도 확인된다.[33]

미군 군정중대 제45중대의 일부가 진도에 진주한 것은 그해 11월 하순이었으며, 얼마 후 정승한鄭承漢이 미군정에 의해 군수로 임명되었다. 그러나 군수 정승한보다는 인민위 측이 여전히 세력을 갖고 있었고, 정승한도 이를 묵인하는 태도를 보였다. 진도군 인민위원회는 1946년 2월경까지도 여전히 세력을 갖고 실질적인 행정권을 행사하고 있었다.[34] 이러한 상황은 광주를 제외한 전남 지방의 다른 군도 대체로 마찬가지였다. 이에 미군정은 1946년 2월 들어 각 군의 인민위원회와 치안대의 해산 작전에 나서게 된다. 미군정은 진도군의 새 군수로 김치주를 임명하고, 새 경찰서장으로 백영부를 임명했다. 미군은 광주 경찰을 진도에 파견하여 치안을 장악하게 하고 인민위와 치안대 관련자들을 잡아들이게 했다. 새 경찰은 인민위 간부들을 검거하여 포고령 위반으로 목포에 송청했고, 고군면 등지에서 청년동맹 간부들을 검거했다고 한다. 이때 인민위의 주도자들은 지하로 들어가거나 섬 밖으로 도피하기 시작한 것으로 보인다.[35] 1946년 3월 전남 민전이 결성되고 각 군별로 민전 지부가 결성되었는데, 진도군에서도 민전 지부가 결성되었는지는 확실하지 않다. 본래 진도군의 인민위 내에는 본래부터 온건파들이 많았고, 급진적인 세력은 타 군에 비해서는 취약했다. 따라서 1946년 11월 전남 지방 각지에서 봉기가 일어났을 때, 진도에서는 전혀 움직임이 없었던 것으로 여겨진다.[36]

한편 1946년 들어 독립촉성국민회(이하 독촉국민회) 진도지부 등 우익단체도 점차 만들어졌는데, 독촉국민회의 간부진은 다음과 같다.

고문: 조병수曺秉洙, 곽우춘郭宇春
지부장: 김요환金曉煥
진도면: 지부장 허담許湛, 박희수朴熺洙, 박병완朴餠浣, 박동석朴銅錫
군내면: 지부장 양성안梁聖安, 박길준朴吉俊, 김북동金北東
고군면: 지부장 박종관朴鍾寬, 한병일韓炳日, 곽채문郭埰文, 조형환曺馨煥, 조맹규曺孟奎, 박종일朴鍾逸

의신면: 지부장 김봉훈金鳳勳, 이남원李南元, 박종학朴鍾學

임회면: 지부장 하석철河錫喆, 이근진李根珍

지산면: 지부장 설재의薛在義, 설치광薛治廣, 김왈현金曰炫, 설지봉薛智峰

조도면: 지부장 한낙현韓絡鉉, 장왕규張旺奎, 이병연李炳連

기타 위원: 제민호諸民濠, 김주환金周煥, 박병지朴秉祉, 한병일韓炳一, 이남률李南律, 조태운趙泰云, 이귀덕李貴德, 김지봉金智峰

상임총무부장: 곽충노郭忠魯[37]

    고문을 맡은 조병수는 일제강점기 도평의원을 역임한 인물로서 대지주였다. 역시 고문을 맡은 곽우춘은 고군면 신리 출신으로 보통문관시험에 합격하여 진도군 행정계장, 고군면장 등을 역임한 인물이었다.

    지부장 김요환은 군내면 분토리 출신으로 읍내에서 구세약방을 경영했으며, 뒤에 진도장로교회 장로직을 역임하기도 했다. 박종관은 고군면 오산리 출신으로 고군면장 등을 역임했다. 박희수는 진도면 송현리 출신으로 의사 시험에 합격하여 진도읍에서 병원을 개업하고 있었다. 뒤에 국회의원에 당선되었다(자유당). 박병완은 진도면 북상리 출신으로 목포상업학교를 나온 뒤 해운업계에 진출, 진도운수주식회사를 운영했다. 곽충노는 군내면 용장리 출신으로 일본흥국상업학교를 다녔다. 곽우춘, 박종관, 하석철, 김일현 등이 일제강점기 면장을 역임한 인물이었다.

    한편 고문을 맡은 곽우춘(1898~1950)은 신리에 거주하던 장파의 인물이었으며, 고군면 지부에 참여한 곽채문(1918~1950)은 역시 장파로서 앞서 본 곽두인 면장의 둘째 아들이었다. 곽씨 내부의 장파의 주요 인물이 우익으로 나서고 있음을 알 수 있다. 이는 앞서 본 것처럼 중파의 주요 인물이 주로 좌익으로 나선 것과 대비되고 있었다. 일제강점기의 곽두인-곽재술의 대립은 해방 이후에 우익의 독촉국민회에 참여한 곽채문(곽두인의 자)과 인민위에 참여한 곽재술 간의 대립으로 이어지고 있었다. 한편 조씨들 가운데에서도 일제강점기 도평의원을 지낸 조병수는 우익으로, 농민조합운동을 지도한 조규선은 좌익으로 나서고 있다.

독촉국민회에 이어 한국민주당 진도지구당이 만들어졌다. 1948년 10월 한민당 진도지구당은 조병수·곽우춘·김요환·제민호·박병완·박희수 등이 발기인이 되어 출발하게 된다.[38]

우익청년단으로는 대동청년단과 대한청년단 등이 있었다. 대동청년단 진도지부는 1947년 결성되었으며, 단장은 허훈許勳이었다. 1949년 대동청년단이 해체되고 대한청년단으로 개편되었으며, 단장은 박병완, 부단장은 허휘許暉였으며 조병선·김명수·한병석·주병의·김기선·박동석 등이 주요 단원이었다.[39] X리 지부의 단장은 곽준영(가명)으로, 그는 계파의 중심인물의 하나인 곽도환(가명)의 손자였다.

1948년 5·10선거에서는 김병회金秉會(무소속, 의신 출신, 보통문과 합격), 곽우춘郭宇春(독촉국민회), 허훈許燻, 박두재朴斗在(무소속, 진도면 북상리, 한민당)[40] 등이 출마, 김병회가 당선되었다. 김병회는 이후 국회에서 소장파의 일원으로 활동하다가 국회프락치 사건으로 구속되고 말았다. 1950년 제2대 국회의원 선거에서는 정당 출신은 한 명도 없이 모두 무소속으로 출마하여 진도면 남동 출신의 조병문曺秉雯이 당선되었다.[41]

1945년에서 1950년에 이르는 시기에, 앞서 건준과 인민위에 참여했던 X리의 곽재필과 곽재술은 결국 진도를 떠나 월북한 것으로 보인다. 그들이 언제 진도를 떠났는지는 기록이 없어 확실하지 않다. 다만

1946년 전남의 11월 봉기 때 진도에서는 아무 일도 없었던 점으로 미루어보아 이미 이 시기에는 인민위 세력이 거의 뿌리 뽑힌 것으로 보인다.

경찰 입문과 우익청년단 결성

진도에서 좌익 세력이 크게 약화된 1947년 이후 X리는 우익 세력이 장악하게 되었다. 그 계기가 된 것은 곽일배(가명)가 경찰에 들어간 일이었던 것으로 보인다. 곽일배가 경찰에 들어간 것은 1946년 12월 이었으며, 이후 그는 진도경찰서 사찰과에 근무했다.[42] 그가 경찰에 들어간 이후, 같은 마을의 곽종천(가명), 곽일환(가명)도 경찰에 들어갔다. 이들은 모두 계파의 청년들이었다.

당시 진도경찰서 사찰과는 X리에 인민위원회에 참여했던 주요 인물들이 있었다는 사실에 주목하여 X리에 별도의 사무실을 설치해 좌익 청년들을 조사했다고 한다. 이 조사 과정에는 X리의 대한청년단 단원들도 참여했다. X리에 언제부터 우익청년단이 만들어진 것인지 정확히는 알 수 없으나 아마도 1947년경이 아닌가 여겨진다. 당시 X리 한청 단장은 곽준영(가명)이었으며, 단원은 곽재일(가명), 곽재천(가명), 곽오배(가명), 곽성배(가명), 김종구(가명) 등이었다.[43] 이들 가운데 곽준영·곽오배·곽성배(모두 가명)는 계파, 곽재일과 곽재천은 중파였다. 이전에 곽재술·곽재필 등을 따라다니던 청년들(주로 중파)은 대부분 대한청년단 단원들에게 끌려가 조사를 받았다. 그 과정에서 구타와 고문이 있었고, 이것이 마을 청년들 간에 원한을 만들어냈다고 한다.[44] 이렇게 볼 때, 한국전쟁기 이 마을에서 벌어진 비극은 경찰로 상징되는 국가권력이 좌익 세력을 발본색원하기 위해 마을에 우익청년단을 조직하여 마을 청년들을 이용하려 한 데에서 비롯되었다고 볼 수 있다.

4. 한국전쟁기 친족 내 갈등의 폭발과 학살의 반복

전쟁의 내습과 거듭된 학살

한국전쟁이 발발한 이후 진도는 격랑에 휩싸이게 된다. 이를 일지로 살펴보면 다음과 같다.

> 1950년 7월 24일 군수와 경찰서장 등 관리·경찰 철수. 7월 중순 경찰서에 구금해두었던 보도연맹 관계자 10여 명을 경비정과 진도환에 싣고 서해상으로 나가 처형함. 이후 며칠간 치안 공백 상태.
> 1950년 7월 27일 낙오 경찰관 허휴許休가 이끄는 함평 경찰 등 132명이 진도에 입도.
> 1950년 8월 24일 허휴가 부산에 가서 무기와 탄약의 공급을 호소함.
> 1950년 8월 30일 부산에서 지급한 무기가 진도에 들어오고, 진도군수 양승언도 돌아와 진도 사수 태세를 갖춤.
> 1950년 8월 31일(음력 7월 18일) 새벽 무렵 인민군 1개 소대 병력이 해남의 우수영에서 나와 진도의 녹진을 공격하고, 주력부대 30여 명은 군내면 덕병리에 상륙. 정자리와 월가리를 거쳐 진도읍에 입성. 경찰은 금갑리와 해창을 통해 후퇴.
> 1950년 9월 인민위원회 구성(위원장은 고군면 마산리 윤모).

1950년 9월 30일(음력 8월 19일) 인민군 철수.

1950년 10월 2일(음력 8월 21일) 인민군 재진입, 우익 측에 대한 학살이 벌어짐.

1950년 10월 5일(음력 8월 24일) 경찰 진도 탈환. 부역자 일부가 섬 밖으로 도주. 경찰의 '폭도' 토벌과 부역자 처형이 이루어짐.[45]

한국전쟁 당시 진도민 가운데 가장 큰 피해를 입은 것은 X리와 인근 S리, T리의 주민들이었다. 특히 X리와 주변 마을의 곽씨들은 한국전쟁 과정에서 엄청난 희생을 치렀다. X리 곽씨들의 비극은 보도연맹 관련자의 처형으로부터 시작되었다고 한다. 진도에서 좌익 활동에 관계했던 이들은 1946년 이후 계속 추적 대상이 되었고, 1948년 여순사건 시에는 주요 좌익 관련자들이 처형되기 시작했다. 1949년 6월 보도연맹이 만들어지면서 진도의 좌익 관련자들은 보도연맹에 들어가야만 했다. X리 곽씨들 가운데에서도 보도연맹원으로서 한국전쟁기 인민군 입도 전에 처형된 이가 여러 명 있었다고 한다. 7월 중순경 진도 경찰은 10여 명의 보도연맹원을 데리고 서쪽 바다로 나가 총살했다고 한다.[46] 마을 주민의 증언에 의하면 이때 X리에서 보도연맹원으로서 희생된 이는 적어도 5명 이상이었던 것으로 보인다.[47] 그리고 진도 경찰은 7월 24일 진도에서 철수했다. 보도연맹원의 처형과 경찰의 철수는 이후 X리에 피바람을 가져오는 원인이 되었다.

1980년대에 만들어진 것으로 보이는 『현풍곽씨참봉공파세보』에는 1950년 한국전쟁기에 희생된 이들의 사망 날짜를 기록하고 있다.[48] 이 기록을 통해 한국전쟁기 X리에서 희생자가 얼마나 났는지 어느 정도 파악할 수 있다. 하지만 증언들을 들어본 결과, 상당수의 희생자가 족보에 기록되어 있지 않았다. 특히 어린이나 청년들로서 미혼으로 희생된 이들과 상당수의 여성들이 제대로 기록되지 않았음을 확인할 수 있었다. 따라서 희생자의 수가 정확히 얼마나 되는지는 알 수 없다. 이제 이 족보와 증언을 통해 대체적인 상황을 파악해보기로 한다.

희생은 주로 인민군이 진도에 들어온 직후와 후퇴할 때, 그리고 경찰이 진도에 다시 들어온 직후에 발생했다. 날짜별로 희생자를 살펴보면 다음과 같다.

인민군이 진도에 들어온 것은 1950년 음력 7월 18일(양력 8월 31일)이었다. 이날 X리에서 가장 먼저 희생된 이는 경찰로 일하던 곽일배(가명)의 모친(64세)이었다. 인민군이 X리에 들어왔을 때, 누군가가 챙재에 있는 그녀를 가리키면서 경찰 곽일배의 어머니라고 소리쳤고, 이에 인민군이 그녀와 손자(5세)를 총살했다고 한다. 그리고 이튿날 저녁 곽일배의 부친 곽상환(가명, 63세)과 곽일배의 딸(9세)이 자택에 있다가 끌려가 희생당했다. 그리고 음력 7월 24일(양력 9월 6일)에는 곽상환의 둘째 아들(32세)과 그의 부인(30세) 및 아들(10세), 두 딸(7세, 4세)이 용수골로 끌려가 희생되었다. 이로써 며칠 사이에 곽일배의 가족 9명이 희생되고 말았다.[49] 또 경찰 곽종천(가명)의 경우에도 부친과 모친, 그리고 조모 등 3명이 음력 8월 23일 함께 희생되었다.[50] 역시 경찰이었던 곽일환(가명)의 경우에도 부친(58세)과 모친(58세), 처와 아들, 동생 등 모두 5명이 음력 8월 24일 희생되었다.[51] 이로써 경찰 가족 17명이 희생된 것이 확인된다.

다음으로 희생의 대상이 된 것은 대한청년단 단원과 그들의 가족이었다. 대한청년단 단장 곽준영, 곽재일, 곽오배, 곽성배, 곽재천, 김종구(이상 모두 가명) 등은 경찰을 따라 철수하지 못하여, 결국 희생되고 말았다. 이들은 인민군이 진도에 들어온 다음 날인 음력 7월 19일(양력 9월 1일) 지방 좌익들에 의해 체포되어 마을 공회당 앞에서 몽둥이로 두들겨 맞고 희생되었다.⁵² 그리고 이어서 이들의 가족도 차례로 희생되기 시작했다.

청년단원들이 희생된 날 곽준영(가명)의 모친은 아들이 죽었다는 소식을 듣고 정신없이 돌아다니다가 희생되었다고 한다. 그리고 이어서 곽준영의 부친 곽영배(가명, 55세), 곽준영의 처(30세)와 동생(15세), 그의 딸 둘, 그리고 곽영배의 동생(49세)과 처(52세), 두 아들과 며느리, 딸 등 모두 13명이 희생되었다. 이들이 희생된 날짜는 대체로 양력 9월 1일부터 9월 6일 사이였다. 이들 가족들은 대부분 마을 공회당으로 잡혀 와 용수골로 끌려가서 희생되었다고 한다.⁵³

청년단원 가운데 곽재일(가명)의 가족도 큰 희생을 치렀다. 곽재일은 음력 7월 19일(양력 9월 1일) 희생되었고, 동생도 같은 날 희생된 것으로 족보에 기록되어 있다. 그리고 두 사람의 처도 모두 같은 날 희생된 것으로 족보는 기록했다. 또 아버지와 어머니도 음력 8월 19일에, 큰형도 음력 8월 17일에 희생된 것으로 기록했다. 이외에도 곽재일의 아이들과 형의 아이들 등 어린이 넷이 모두 희생되었다고 한다. 곽재일 일가는 모두 12명이 희생된 것이다.⁵⁴

또 다른 청년단원 곽오배(가명)의 가족도 5명이 희생되었다. 곽오배는 음력 7월 20일(양력 9월 2일) 끌려나가 희생되었으며, 처와 어머니도 음력 8월 24일과 8월 20일에 각각 끌려가 희생되었다. 역시 같은 청년단원 곽성배(가명)의 가족도 큰 희생을 치렀다. 그의 모친, 처와 아들, 동생 3명 등 모두 7명이 음력 8월 21일 희생되었다.

이처럼 우익청년단 가족은 최소한 37명 이상이 희생되었다. 곽준영은 당시 대한청년단의 X리 단장, 그리고 곽재일은 감찰부장을 맡고 있었기 때문에 가족들의 희생이 특히 컸던 것으로 보인다.⁵⁵ 다른 단원이었던 곽재천은 본인만 희생되었을 뿐 가족들의 희생은 없었던 것으로 족보에 기록되어 있다.

경찰과 우익청년단 단원 가운데 곽일배, 곽종천, 곽일환, 곽준영, 곽오배는 계파였고, 곽재일과 곽재천은 중파였다. 인민군 치하에서는 계파의 희생이 특히 많았다. 예를 들어 곽승배-곽종우 부자 가족도 4명이 희생되었으며 곽익배-곽종음 가족 3명, 곽동환-곽산배 부자, 그리고 청년으로서 곽시배, 곽준배, 곽유배-곽용배 형제 등이 이 시기에 희생되었다. 이들 청년들도 대부분 우익청년단과 관련이 있지 않았을까 여겨진다. 계파 가운데에서도 특히 28대 곽건郭鍵의 후손들 가운데 희생자가 많았다(모두 26명 희생). 그것은 곽일배(9명), 곽준영(13명), 곽종천(3명) 등이 모두 그의 후손이었기 때문이다.

한편 중파에서도 위에서 본 우익청년단 단원 곽재일의 가족 14명과 곽재천 본인이 희생되었다. 그 밖에도 중파로서 인근의 Y리에 거주하고 해방 이후 군내면 면장을 지낸 곽남극郭南極과 그의 동생 남문南文은 음력 7월 22일 희생되었다. 그리고 곽남극의 모친(창녕 조씨)과 아들 준환俊煥 부부가 음력 8월 21일 희생되었다.

X리 인근의 S리, T리 등에 거주하던 장파의 경우에도 우익 측의 피해가 컸다. 해방 이후 고군면 면장을 지내고 S리에 거주하던 곽성두郭聖斗의 가족이 가장 피해가 컸다. 곽성두 자신은 무사했으나 그의 처와 두 아들 채원垜元과 채석垜石이 희생되었다. 또 그의 형 곽성조郭聖祚 부부와 아들 채봉垜鳳 부부 역시 희생되었다. 이들은 모두 인민군이 후퇴하던 음력 8월 19일부터 24일 사이에 희생되었다. 또 면장을 지낸 곽우준郭宇俊도 음력 7월 17일 희생되었고, 이미 고인이 된 전 일제강점기 면장 곽진권郭震權의 경우 그의 손자 재환在煥과 유환有煥이 음력 7월 20일 희생되었다. S리에 거주하던 일제강점기 면장 곽두인郭斗仁은 앞서 본 것처럼 X리의 곽재술가와 갈등을 빚는 사건이 이미 있었

다. 곽두인은 1944년 고인이 되었지만, 그의 차남 채문埰文은 앞서 본 것처럼 독촉국민회 회원이었다. 채문과 그의 처는 음력 8월 24일 함께 희생되었다. 일제강점기 면장을 지내고 해방 이후 진도 독촉국민회 고문으로 거물급 우익 인사였던 곽우춘郭宇春도 음력 8월 16일경 처형되었다. 이날 Y리에 거주하고 독촉국민회 총무부장을 지낸 곽충노郭忠魯는 처형장에 끌려가던 도중 탈출하여 살아나왔지만, 그의 형 예노禮魯·철노哲魯 부부, 그리고 그 자신의 처가 대신 끌려가 음력 8월 22일 희생되었다.[56]

X리 주민들에 의하면 인민군이 철수하면서 X리 주변의 우익 가족 73명을 용수골로 끌고가 한꺼번에 학살했다고 한다. X리 사람들은 이후 이곳을 '칠삼골'이라 부른다고 한다. 아마도 학살 날짜는 음력 8월 21일(양력 10월 2일) 즈음이 아닌가 여겨진다. 마을 주민들에 의하면 이 학살보다 며칠 앞서 X리의 좌익 부역자들은 섬을 떠나 육지로 들어가 입산하기 시작했다고 한다.

이상에서 살펴본 것처럼 인민군 입도 이후 X리에서 희생된 곽씨들은 대부분 경찰 가족, 대한청년단 단원 가족, 독촉국민회 관련자 가족, 그리고 일제강점기 면장을 지낸 이들의 가족 등이었음을 알 수 있다. 그리고 처형 대상은 당사자만이 아니라 부모, 형제, 처자에까지 미치고 있었다. 인민군들은 특히 철수 시기에 우익 관련자 가족들을 집단적으로 처형했다. 심지어 국민학교 학생, 서너살의 유아들도 포함되어 있었다. 인민군과 지방 좌익은 왜 이 같은 '가족 학살'을 자행했을까. 여기에는 인민군 지휘부의 우익 인사에 대한 대량 학살 지시가 있었기 때문으로 보인다. 당시 인민군이 점령했던 모든 지역에서 우익 인사에 대한 대량 학살이 진행되었다. 그리고 인민군은 직접 학살에 참여하지 않고, 대부분 이를 현지의 좌익 세력들에게 맡겼다. 이는 결과적으로 X리에 남은 '부역자' 가족에 대한 대량 보복으로 이어졌다.

인민군이 입도해 있던 동안 그들에 협조했던 이른바 '부역자'들은 인민군의 철수와 함께 진도를 떠나 영암의 월출산, 장흥의 유치면 등으로 입산했다. 그리고 그들은 대부분 그곳에서 사살되었거나 아니면 투항하여 진도경찰서로 압송된 뒤 조사를 받고 재판을 거쳐 징역형을 선고받았다. 하지만 진도를 떠나지 않았던 이들 가운데에서도 부역자로서 혹은 부역자의 가족으로서 경찰에 의해 처형된 이가 많았던 것으로 보인다. 이들은 대개 위의 족보에 1950년 9월 이후 사망한 것으로 기록되어 있다.

인민군 철수 뒤에 희생된 이들 가운데에는 중파의 인물들이 많았다. 그리고 중파의 희생자는 대부분 곽재술과 곽재필가의 사람들이었다. 곽재술의 형과 동생이 이때 모두 희생되었으며, 형은 부부와 아들이 모두 희생되었다. 한편 곽재필의 직계가족들은 전쟁 전 1948년경에 이미 진도를 떠났었다. 하지만 곽재필의 사촌들은 큰 희생을 치러야만 했다. 곽재필의 조부 곽태호의 아들로는 병문丙文·병환丙環·병준丙峻·병휘丙輝 등 사형제가 있었다. 이 가운데 일제강점기 군내면 면장을 지낸 곽병준과 그의 아들 재인在寅은 음력 9월 9일과 9월 15일에 각각 희생되었다. 곽재필의 동생 재의在義도 1954년에 사망한 것으로 족보에 기록되어 있다. 또 곽병환의 아들 재중在仲을 비롯한 삼형제는 그해 9월부터 11월 사이에 사망한 것으로 되어 있다. 또 일제강점기 자각회에 참여했던 곽병휘와 그의 아들도 모두 입산하여 훗날 군경에 체포되어 곽병휘는 1953년 감옥에서 사망했으며, 아들은 복역 후 출소했다고 한다. 이로써 그의 집안에서는 5명이 희생된 것으로 기록되어 있다. 이들 가운데 곽병휘, 곽재인, 곽재의, 곽재중 등은 1933년 독서회에 참여한 이력이 있는 인물들이었다. 또 식민지시기 같은 형제로서 면장을 지낸 셋째와 민족운동에 참여했던 넷째가 전쟁기에는 모두 같은 운명에 처해졌던 것이 주목된다. 그 밖에 중파에서 희생된 인물로는 곽○용과 그의 조카 두 명이 있었고, 족보에 기록되지 않은 인물들도 더러 있었던 것으로 보인다.

계파별 희생자

족보상에서 한국전쟁기(1950년 7월부터 1953년 7월까지) 곽씨들 가운데 희생자로 기록된 주민 수는 136명에 달한다. 이는 X리만이 아니라 S리, T리, D리 등 인근 마을까지 포함한 숫자이다. 희생자들을 각 계파별, 시기별로 살펴보면 다음과 같다. 여기서 제1기는 인민군 입도기이고, 제2기는 인민군 철수 이후를 가리킨다. 그리고 아래 숫자에는 진도 내에서 사망한 이 외에도 9월 이후 입산하여 사망한 이들도 포함되어 있다.

장파의 경우, 제1기 희생자는 23명, 제2기 희생자는 10명(총 33명)
중파의 경우, 제1기 희생자는 21명, 제2기 희생자는 34명(총 55명)
계파의 경우, 제1기 희생자는 39명, 제2기 희생자는 9명(총 48명)

1, 2기 희생자의 수는 모두 136명이다. 이 가운데 장파 33명은 X리에 이웃한 S리·T리 등 다른 마을에 살았다. 또 중파와 계파 희생자 가운데에도 Y리와 D리에 살던 이들 14명이 있었다. 136명 가운데 장파 33명과 다른 마을 14명 등 모두 47명을 제외하면 89명이 된다. 하

지만 이 숫자는 정확한 것이 아니다. X리 주민들의 증언에 의하면 인민군 측에 의해 희생된 X리 주민은 모두 110명이며, 인민군이 철수한 뒤 섬을 떠나 입산한 이들은 37명이었고, 섬에 남아 있던 가족들로 경찰에 의해 희생된 이가 20명이었다고 한다. 이들을 모두 합하면 167명이 된다. X리에서 곽씨가 아닌 타성으로 살고 있다가 희생된 이들도 있었다. 당시 X리에는 당골(무당)이었던 박씨와 김씨 네 집이 있었고, 이들은 모두 부역자가 되어 입산하거나 경찰에 의해 희생되었다. 이들이 20명가량 된다면 X리 곽씨들은 약 150명 정도 희생되었다고 볼 수 있다. 따라서 곽씨 족보에서 누락된 이들은 60명 정도 된다. 그러면 족보에 오르지 못한 이들은 어떤 이들일까. 미혼으로 죽은 경우, 어린아이로서 희생된 경우, 그리고 여자로서 희생된 경우 등은 족보상에 제대로 기록되지 않은 것으로 보인다.[57]

이제 각 지파별로 희생자의 경향성을 살펴보자. 장파의 경우, 제1기 희생자는 대체로 볼 때 21대 곽여태郭汝泰의 후손들, 특히 참봉공파 28대 곽안직郭安稷의 후손들로서 대부분 참봉공파 30~32대 해당자들이며, 제2기 희생자는 대체로 21대 곽인태郭鄰泰의 손 가운데에서도 특히 곽민효郭閔孝의 후손으로 30~31대 해당자들이었다. 결국 장파는 큰집이 우익으로, 작은집이 좌익으로 갈라선 형국이었다.

중파의 경우는 대체로 볼 때 제1기 희생자 가운데 21대 곽후태郭後泰·곽정태郭禎泰의 손이 많았고, 제2기 희생자 가운데에는 21대 곽준태郭俊泰의 손이 많았다. 역시 큰집이 우익으로, 작은집이 좌익으로 갈라선 형국이었다. 물론 예외도 있었다. 하지만 대체적인 경향은 그러했다. 우익으로서 가족이 몰살당한 곽봉문郭鳳文은 곽후태의 손이었고, 해방 이후 면장을 지내고 5명의 가족이 희생된 곽남극은 곽정태의 손이었다. 반면 곽재술·곽재필·곽재중 등은 넷째 곽준태의 손이었

진도 X리 인근 오산리에 있는 추도비
X리에는 아직 추모비가 없다.

다. 그리고 1기 희생자보다는 2기 희생자, 즉 곽준태의 후손 가운데 희생자가 더 많았다. 그것은 일제강점기부터 사회주의적 민족운동에 참여한 곽재필·곽재술(곽준태의 후손, 참봉공파 30대손) 등을 따르던 청년들이 많았기 때문이었다.

다음 계파의 경우, 20대 곽곤형郭坤亨의 장남 곽종태郭宗泰의 후손들 가운데 제2기 희생자가 약간 있었고, 차남 곽우태郭友泰의 후손들은 제1기에 희생자가 대단히 많았다. 큰집은 좌익으로, 작은집은 우익으로 갈라선 셈이었다. 그리고 후자의 피해가 더 컸다. 곽우태의 후손 가운데 희생자가 많았던 것은 경찰과 대한청년단 단원들이 많았기 때문이다.

이상에서 본 것처럼 한국전쟁기 X리 곽씨들의 인명 피해는 엄청났다. 이것은 어떤 이유에서였을까. 한국전쟁기 민간인의 인명 피해는 기본적으로 전쟁에 그 책임이 있다. 그리고 전쟁의 궁극적인 기원은 남북 분단에 있었다. 그리고 남한 정부의 보도연맹원 학살, 북한 정부의 우익 인사 학살 지시가 비극을 불러온 중요한 원인이었다. 하지만 다른 마을에 비해 X리에서 유독 이와 같이 큰 피해가 난 이유는 무엇일까. 여기에는 곽씨 집안 내부의 경쟁의식과 그에 따른 갈등이 상당 부분 작용한 것으로 보인다. 마을 내에서 중파와 계파 간의 세력

차이는 상당히 컸다. 식민지시기 중파는 민족운동가뿐만 아니라 면장도 여러 명 배출했다. 하지만 계파는 전혀 그러한 인물을 배출하지 못했다. 중파의 중심인 곽재필가는 인근에서는 상당한 지주가였다. 하지만 계파의 중심인물인 곽상환(가명)은 부농 정도에 그쳤다.

식민지시기까지 이러한 경쟁의식과 갈등은 겉으로 드러나지는 않고 잠복해 있었다. 하지만 해방 이후 갈등은 중파의 곽재필·곽재술이 좌익 활동을 하고 마을을 떠난 뒤, 계파의 곽일배(가명) 등이 경찰에 들어가면서 본격적으로 표출되기 시작했다. 곽일배는 계파의 중심인물의 하나인 곽상환의 아들로 1946년 말 경찰에 들어가게 되었고, 경찰이 이 마을 좌익 세력에 대해 조사하기 위해 사무소를 설치하고 우익청년단을 만들어 이들을 이용하면서 문제가 심각하게 된 것이다. 곽재필과 곽재술을 따랐던 청년들은 곤욕을 치러야만 했고, 이것이 마을 내 갈등을 증폭시키는 원인이 되었다. 결국 이러한 갈등은 한국전쟁기 보도연맹 관련자 처형을 계기로 폭발하고야 말았다.

X리 비극의 특징

이상에서 X리 곽씨들이 한국전쟁 과정에서 겪은 비극에 대해 살펴보았다. 여기서 이 비극의 몇 가지 특징을 정리해보기로 한다.

첫째, X리에서 있었던 민간인들의 희생은 이른바 '처형으로서의 학살'과 '보복으로서의 학살'에 해당하는 것이었지만, '처형으로서의 학살'에도 보복의 성격이 다분히 포함되어 있었다.[58] 처형으로서의 학살은 남한 정부의 지시를 받은 경찰과 우익청년단, 북한 정부의 지시를 받은 인민군과 좌익 세력에 의해 이루어졌다. 경찰은 먼저 보도연맹 관련자를 처형했다. 그리고 인민군은 경찰과 우익청년단 단원들의 가족, 일제강점하 면장의 가족, 그리고 기타 우익 인사들을 처형했다. 그리고 수복 후 경찰은 부역자들을 처형했다. 인민군과 지방 좌익이 경찰과 우익청년단, 면장 역임자의 가족들을 처형한 것에는 '보복으로서의 학살'의 성격도 부분적으로 포함되어 있었다. 보복으로서의 학살의 경우에 인민군이나 경찰은 모두 당사자가 아닌 가족들까지도 학살 대상으로 삼는 것을 주저하지 않았다. 이에는 좌우익에 참여한 당사자와 그 가족을 동일시하는 한국의 강한 가족주의 문화가 깔려 있었다. 가족 내의 개인은 독립적인 인격체로 간주되지 않았다. 아버지의 일은 아들의 일이고, 아들의 일은 아버지의 일이며, 남편의 일은 아내의 일이었다. 따라서 이른바 '대살'代殺과 '가족 몰살'이 당연시되었다.[59]

둘째, 장파·중파·계파의 소문중은 모두 그 내부에서 좌우익으로 분화되는 양상을 보였으며, 분화의 기준은 대체로 참봉공파 21대 선조가 되고 있었다. 참봉공파 20대 원형元亨·건형乾亨·곤형坤亨의 삼형제의 후손들이 각각 장파·중파·계파로 나뉘었는데, 후손들이 늘어나면서 다시 장파는 원형의 아들인 21대 여태汝泰·인태鄰泰·항태恒泰·시태時泰의 후손들로 분화하고, 중파는 건형의 아들인 21대 후태後泰·정태禎泰·지태之泰·준태俊泰의 후손으로, 계파는 곤형의 아들인 21대 종태宗泰·우태友泰·유태惟泰·화태華泰의 후손들로 분화하고 있었다. 한국전쟁기 이들 가운데 장파 21대 여태의 후손들은 대체로 우익으로, 인태의 후손들은 좌익으로 나뉘었다. 중파 21대 준태의 후손들도 대체로 좌익으로 갔다. 계파 종태의 후손들 역시 대체로 좌익으로 간 반면, 우태의 후손들은 대체로 우익으로 갔다. 그리고 중파 후태의 후손과 정태의 후손들 가운데에는 우익이 우세한 가운데 좌익도 혼재했다. 이 같은 현상이 나타난 것은 각 지파의 중심인물의 정치적 성향에 따라 가까운 친족들이 행동을 함께했기 때문으로 보인다. 물론 지파 내부에 좌우가 혼재한 경우도 있어 지파의 구분이 좌우 구분의 절대적인 기준이 된 것은 아니었다. 하지만 혼재하는 경우보다는 어느 한쪽이 우세했던 것이 당시 현실이었다. 각 지파의 사람들은 중심인물을 따라 행동한 경우도 있었을 것이고, 그렇지 않은 경우도 있었을 것이다. 하지만 그들이 선택되거나 스스로 선택해야 할 기로에 섰을 때, 지파는 우선적인 기준이 되었던 것이다.[60] 이는 당시 X리 곽씨들이 이들 지파를 실질적인 친족의 기준으로 인식하고 있었다는 것을 의미한다.[61] 한국전쟁기에 희생된 이들은 대체로 29대에서 32대에 해당하는데 21대에서 갈라진 이들은 당시 대체로 16촌에서 22촌 정도의 사이였다. 이 촌수 내의 지파가 사실상의 친족으로 인식되는 이들이었고, 그 범위 이상에 걸친 친족들은 사실상 남이었으며, 전쟁 상황에서는 잠재적인 적이 되었다.

셋째, X리에서 해방 이후부터 한국전쟁기 좌우익에 참여한 이들의 경제적 기반을 살펴보면 좌우익 참여와 경제적 기반의 관계는 그리 밀접한 것으로 나타나지 않는다. 중파에서 좌익 측에 참여한 인물과 계파에서 우익 측에 참여한 주요 인물들의 1946년 현재 토지 소유를 보면 표 1-13과 같다.

표 1-13에서 주요 좌우익으로 분류되는 이들의 토지 소유 현황을 보면, 좌익으로 간주되는 이들의 토지가 우익으로 간주되는 이들보다 다소 많은 것으로 나타난다. 물론 이들 외에도 토지 소유를 확인할 수 없는 이들도 있어 쉽게 결론을 내리기는 어렵다. 좌익 참여자 가운데 곽재필가는 대체로 지주 혹은 부농에 속한다고 볼 수 있지만 곽재술가는 소농 정도에 지나지 않았다. 또 증언에 의하면 특히 전쟁기에는

표 1-13 중파·계파의 주요 좌우익 참여자와 희생자들의 토지 소유 현황(1946년)

중파 인물(좌익)	전답 소유 면적(평)	계파 인물(우익)	전답 소유 면적(평)
곽재필	13,306	곽일배	2,895
곽재술	2,081	곽△△(곽일배의 자)	1,068
곽병관	5,843	곽익배	603
곽재중	5,256	곽상환(곽일배의 부)	8,141
곽병휘	5,482	곽원배	1,761
곽재화(곽재술의 형)	1,767		
곽재헌(곽재술의 제)	1,799		
평균	4,325	평균	2,894

출전: 진도군 토지대장.

빈농들이 인민군에 더 협력했다고 한다. 곽씨들 외에 마을에 살던 김씨들과 무당 박씨 등 타성받이들은 모두 좌익에 참여했는데, 그들은 모두 가난한 이들이었다. 우익으로 분류되는 집안은 부농에 해당하는 곽상환 이외에는 대체로 중농 이하라고 볼 수 있다. X리의 사례는 지주 출신의 사회주의자와 빈농이 좌익에 참여하고, 중농 혹은 빈농이 우익에 참여하는 모습을 보여준다. 하지만 장파로서 우익으로 분류되는 이들 가운데에는 면장을 지낸 이들이 있어 경제적으로 여유가 있는 이들이 있었을 것으로 보인다. 결국 좌우익에의 참여는 경제적인 측면이 가장 중요한 동기였다고 말하기는 어렵다는 것을 X리의 사례는 보여준다.

한국전쟁의 참화는 곽씨 집안과 X리의 몰락을 가져왔다. 20~30대의 젊은 청년들이 다수 희생되거나 행방불명되었고, 대가 끊길 정도로 몰살당한 가족도 많았다. 그리고 입산한 이들은 체포되어 징역을 마치고도 고향에 돌아올 수 없었다.[62] 또 X리에 남은 이들은 더 많은 고통을 겪어야 했다. X리에 남았던 가족들 가운데 20명이 부역자로 간주되어 처단되었다. 그 가운데에는 부역자라기보다는 부역자 가족으로 처형된 이들도 포함되어 있었다. 그리고 그들의 집에는 부역자 가족 집안임을 표시하는 붉은 깃발이 내걸렸다. 그리고 그들의 토지는 몰수되거나 빼앗겼다. 우익 측 희생자 가족들도 커다란 심적 고통을 겪어야만 했다. 가족들이 떼죽음을 당한 경우, 살아남은 이들은 엄청난 피해의식과 복수심 속에서 고통을 겪어야 했다. 일부 사람들은 그러한 감정들을 간간이 드러내기도 했으며, 그럴수록 상처는 더욱 덧날 수밖에 없었다. 그런 가운데 X리 내의 역학관계는 자연스럽게 역전되었다. 우익의 주류를 이루었던 계파가 마을에서 우세를 점하게 된 것이다. 반면 좌익의 주류를 이루었던 중파는 숫자는 많았지만 세력상으로 열세에 놓였고, 주도권을 상실했다. 그런 가운데 중파의 가족들은 하나둘 마을을 떠나기 시작하여 그 수도 줄어갔다.

전쟁 이후 현풍 곽씨의 위상 변화

한국전쟁 이후 진도의 정치사회적 지형에는 커다란 변화가 있었다. 이를 먼저 1952년 이후 면장을 역임한 인물들을 통해 살펴보면 다음과 같다.

군내면: 최재군崔在君(월가), 양성안梁聖安(상가), 최재휴崔在烋(월가), 양흥림梁興林(상가), 박효춘朴孝春(녹진), 박월기朴月起(외동산), 곽기환郭奇

煥(X리), 곽순배郭淳培(X리), 박후인朴厚仁(진도면), 곽국환郭國煥(둔전), 곽종무郭宗武(X리)

고군면: 조맹규曺孟圭(하율), 박익준朴益浚(오산), 김용우金龍瑀(석현), 박한수朴漢守(오산), 조규용曺圭容(오산), 한병칠韓炳七(평산), 박영준朴永俊(벽파), 박산수朴山洙(오산), 박석봉朴錫峯(오하)[63](괄호 안은 출신 마을)

주로 식민지시기 이후 군내면과 고군면에서 면장을 맡아오던 곽씨들은 1950년대에는 면장을 거의 맡지 못했다. 1960년대 이후에야 X리 출신으로 면장을 지낸 곽씨들이 4명 나왔지만, 이들은 모두 계파였고, 중파는 한 사람도 없었다. 이들 가운데에는 한국전쟁기 경찰 출신으로서, 대부분의 가족을 잃어버린 이들이 포함되어 있었다.

같은 경향은 1950년대 두 차례 있었던 면의원 선거에서도 거의 비슷하게 나타났다. 1952년의 면의원 선거에서 곽씨들은 군내면에서 13명 가운데 1명을 당선시켰고, 고군면에서는 10명 가운데 1명도 당선시키지 못했다. 1956년에는 군내면에서 10명 가운데 1명을 당선시켰고, 고군면에서는 9명 가운데 1명도 당선시키지 못했다.[64] 결국 곽씨들의 힘이 크게 꺾였음을 알 수 있다. 다만 도의원 선거에서 1956년 임회면 백동리 출신으로 면장을 지낸 곽진언郭鎭彦이 당선된 일이 있었다.[65] 하지만 그는 X리의 곽씨들과는 먼 관계였다. 그리고 곽씨들은 해방 이후 지금까지 단 1명의 국회의원도 배출하지 못했다.

결국 '반촌'班村으로 자처하면서도 조선시대 내내 진도 내에서 충분한 인정을 받지 못하고 이렇다 할 세력을 갖지 못하던 현풍 곽씨들은 일제강점기에 들어와 일정한 경제적 기반을 가진 이들이 외지로 유학을 다녀오면서 사회주의적 성향을 지니게 되었고 농민조합운동 등에 뛰어들어 해방 이후 이웃한 마을과 읍내의 조씨, 박씨들과 함께 진도군 인민위를 장악했다. 이는 한 번도 지방권력에 참여하지 못했던 X리의 곽씨들이 처음으로 지방권력에 참여한 것을 뜻한다. 하지만 그 기간은 길지 않았다. 미군정이 들어오고 인민위를 좌익으로 몰아 탄압하기 시작하면서 인민위의 중심에 있던 곽재필·곽재술 등은 진도를 떠나지 않을 수 없었다. 그리고 한국전쟁기 현풍 곽씨들은 좌우로 갈리면서 인민군의 진주 시기와 퇴각 시기, 그리고 경찰의 진주 이후 많은 희생을 치르지 않으면 안 되었다. 커다란 인적 손실로 말미암아 현풍 곽씨들의 세력은 크게 약화되었고, 이후 현풍 곽씨들은 진도라는 지방사회에서 주도적인 가문들 안에 들어가지 못하고 말았다.

또 이미 앞에서 보았지만 곽씨 문중에서 1950년대 이후 1970년대까지 면장을 배출한 것은 모두 계파였다. 즉, 장파와 중파는 한국전쟁으로 주요 인물들이 모두 희생됨으로써 면장도 배출할 수 없는 상황이 된 것이다. 그리고 X리 주민의 구성도 크게 바뀌었다. 전쟁 이전에는 중파가 계파보다 수적으로나 사회적으로 우세를 점했지만, 전쟁 이후 중파의 많은 수가 희생되거나 마을을 떠나게 되면서 계파가 우세를 점하는 상황으로 바뀌었다. 한국전쟁은 X리 내의 중파와 계파 간의 역학관계도 뒤집어놓은 것이다.

2000년 현재의 X리와 창녕 조씨의 오산리 모습은 어떠할까. X리는 전체 67호 가운데 곽씨가 40호 정도로 60%를 차지하고, 나머지 40%는 타성이다. 반면에 이웃한 오산 상리는 아직도 110호 가운데 약 70% 정도가 창녕 조씨이다. 1983년의 경우와 비교할 때, X리는 전체 115호에서 67호로 호구가 39% 줄었고, 곽씨가 차지하는 비율도 1983년의 96%에서 60%로 크게 줄어든 상황이다. 오산 상리의 경우, 158호에서 110호로 호구가 30% 줄기는 했지만, 조씨가 차지하는 비율은 68%에서 거의 변화가 없다. 그만큼 X리의 변화가 심했다는 것을 알 수 있다. 그 이유는 중파의 많은 가족들이 마을을 떠났고, 젊은 청년들의 희생이 커서 농사를 지을 인력이 없었기 때문에 딸을 가진 이들이 사위들을 이 마을로 들어오게 하여 처가살이를 시켰기 때문이다.

5. 맺음말: 친족 내 갈등과 배후의 국가권력

이상에서 한국전쟁기 X리의 비극과 그 비극이 벌어진 배경에 대해 살펴보았다. 이제 이를 요약하면서, 이 비극의 진정한 뿌리는 어디에 있었는지 생각해보고자 한다.

진도의 현풍 곽씨들은 X리라는 동족마을을 중심으로 인근에 흩어져 살아왔다. 현풍 곽씨들은 임진왜란 때 공을 세워 전망공신으로서 이후 반촌으로 자처했다. X리의 현풍 곽씨는 주로 오산리의 조씨, 석현리의 밀양 박씨들과 혼인관계를 갖고 있었다. 하지만 진도성 남쪽의 포산리나 칠전리를 근거지로 한 밀양 박씨, 성 밖 동외리의 무안 박씨, 그리고 오산리의 창녕 조씨, 석현리의 밀양 박씨들에 비해 세력이 약했다. 현풍 곽씨들은 크게 장파, 중파, 계파로 나뉜다. 장파는 주로 신리와 송산리를 중심으로 거주했고, 중파는 X리에, 계파는 X리와 사동리 등지에 거주했다. 이 가운데 곽씨의 최대 동족마을은 X리였고, 따라서 현풍 곽씨의 중심 마을은 X리였으며, 중심 지파는 중파였다.

일제강점기 진도의 계층분화 현황을 보면 지주는 타 지방보다 적었고, 자작농·자소작농이 많았던 반면 소작농은 적었다. 따라서 계급대립의 양상은 다른 지방보다는 적게 나타났다. 하지만 1931년 당시 X리의 주민 85% 정도가 3,000평 미만의 토지를 소유하면서 X리 전체

전남 진도군 X리 마을

28만여 평의 55% 정도의 토지를 소유했고, 1명이 전체 토지의 5.7%에 해당하는 1만 6,000평 이상을 소유하는 등 X리 주민 내부에서도 토지 소유상의 분화는 현저했다. 그리고 인구의 증가에 따라 3,000평 미만의 토지를 소유하는 자는 계속 늘어나고 있었다. 또 전체 토지의 약 7분의 1 정도를 일본인 지주나 회사들이 갖고 있었다. 따라서 현풍 곽씨들은 식민지적인 현실을 누구보다도 뼈저리게 느끼고 있었을 것이다.

X리의 곽씨 아동들은 1923년에 설립된 고성공립보통학교를 다니거나 아니면 마을 뒤의 청운재라는 서당에서 공부했다. 진도에는 사립학교나 중등학교가 없었다. 곽씨가 가운데 비교적 여유가 있었던 지주가에서는 보통학교를 나온 자제들을 외지로 유학 보냈다. 그들이 유학한 곳은 목포, 광주, 경성 등지였다. X리의 손꼽히는 천석꾼 지주가의 자제 곽재필과 중농의 가정에서 태어난 곽재술은 모두 경성으로

유학을 떠났다. 하지만 곽재필은 중등학교에 들어가지 못한 채 귀향하고 말았고, 곽재술은 중동학교를 거쳐 보성전문학교 법과에 진학했다. 하지만 그도 이미 사회주의 서적 등을 탐독하고 노동운동에 관계하고 있었으며 한 학기를 마치고 중퇴, 귀향하여 적색농민조합에 뛰어들었다.

곽재필은 1933년 1월 오산리의 조규선의 제안을 받아들여 오산리의 박종협, X리의 곽병휘 등과 함께 자각회라는 비밀결사를 만들었다. 이는 일종의 사상 교양을 위한 독서회와 비슷한 것이었다. 하지만 이는 불과 3개월 만에 조규선이 생각을 바꾸면서 해산되고 말았다. 그러나 1933년 10월 귀향한 곽재술은 조규선과 곽재필에게 적색농민조합을 결성할 것을 제의하여 이듬해 4월 오산리의 박종협·박종춘 등을 끌어들여 적색농민조합을 결성하게 된다. 진도적색농민조합은 이전의 자각회보다는 실천성을 띠면서 농민들의 일상적 이해관계에 관심을 갖고 일상적인 문제에 개입할 것을 계획하고 있었다. 이들은 일단 동지를 모으고 책을 돌려 읽는 것부터 시작했다. 하지만 처음 조합 결성을 제의한 곽재술은 객관적 조건이 자신이 생각한 것과는 크게 다르다는 것, 그리고 조합의 책임을 맡은 조규선과 노선 차이가 있다는 것 등을 깨닫고 소극적인 자세로 돌아서게 된다. 결국 조규선은 조합을 해체할 것을 제의하여 4개월 만에 진도 적농은 해체되고 만다.

곽재술은 진도 적농 해체 이후에도 X리 청소년들에게 곽병관을 통해 영향을 미치고 있었다. 서당에는 야학이 개설되고, 유년구락부가 부활되었다. 그리고 서당 아동들로 하여금 「지도원의 강연」이라는 연극을 공연하게 함으로써 아동들뿐만 아니라 X리 주민들의 의식까지 일깨우기도 했다. 이 연극은 당시 총독부의 농촌진흥운동을 비판하는 것이었다. 그런데 연극 공연 얼마 뒤 군내면 면장 곽두인이 곽재술의 어머니를 구타하고, 곽재술이 이에 격분하여 곽두인을 구타하는 사건이 일어났다. 이에 경찰이 야학을 조사하는 과정에서 진도 적농의 관련자도 모두 검거되기에 이르렀다. 적농 관계자 가운데 조규선·박종협·곽재술·곽재필 4명은 기소되어 모두 징역 2년 6개월을 선고받고 복역했다.

한편 곽씨들 가운데에는 이처럼 민족·사회 운동에 참여한 이들 외에도 일제강점하에서 식민지 지배에 협조하는 면장직을 지낸 이들도 여럿 있었다. 군내면의 면장은 대개 현풍 곽씨들의 몫이었다. 면장직은 곽씨 내부에서도 주로 장파와 중파가 맡고 있었고, 계파는 일제강점기 면장을 한 명도 배출하지 못했다. 곽씨 내에서 계파는 항상 장파나 중파보다 열세에 있었고, 중파와 계파가 같이 사는 마을 안에서도 중파와 계파 사이에는 이와 같은 역학관계가 형성되어 있었다. 따라서 중파는 계파에 대해 우월감을, 계파는 중파에 대해 열등감과 경쟁의식을 갖고 있었다. 이러한 소문중 간의 우월감과 경쟁의식은 사소한 문제로도 갈등으로 이어질 소지가 있었다. 하지만 식민지시기까지는 그러한 갈등은 잠복 상태에 있었다.

1945년 8월 해방이 되자 다른 군들과 마찬가지로 진도에서도 건준과 인민위가 조직되었다. 그리고 이를 주도한 것은 일제강점기하에서 민족해방운동에 참여한 이들이었고, 곽재필·곽재술·곽병관·이재석·조규선 등 진도 적농에 참여한 이들도 포함되어 있었다. 민족운동에 참여한 이들이 해방 공간에서 지방정치의 주역으로 등장한 것이었다. 하지만 그 시간은 그리 길지 않았다. 미군이 들어온 11월 인민위는 불법화되었고, 다음해 2월 이후 인민위는 미군정이 파견한 경찰에 의해 축출되었다. 결국 인민위에 참여한 이들은 탄압을 피하기 위해 진도를 떠날 수밖에 없었다. 한편 일제강점기 면장 등 공직에 참여한 이들과 지주, 그리고 경찰에 복무한 이들은 우익 정치집단과 청년단에 참여했다. 곧 오산리의 대지주로서 도평의원을 지낸 조병수, 일제강점기 면장을 지냈던 곽우춘·곽충노 등은 독촉국민회에 참여했다. 이들은 곽씨 문중의 장파에 속하는 이들이었다.

　해방 공간 진도에서의 정치 지형은 외세에 의해 철저히 재편되었고, 이는 곽씨 문중에도 큰 변화를 가져왔다. 민족운동에 참여했던 중파의 주요 인물들이 지방정치의 주역으로 등장하려 한 시도는 좌절되었다. 반면 장파로서 일제강점기 면장을 지낸 이들과 그의 가족들이 우익으로서 지방정치의 주역으로 나서고 있었다. 또 X리에서는 인민위에 참여한 중파의 주요 인물들이 마을을 떠나는 가운데, 계파 가운데 일부 청년들이 경찰에 들어갔다. 그리고 경찰은 마을 내 좌익을 발본색원하기 위하여 계파 청년들을 중심으로 우익청년단을 만들고 그들을 동원했다. 여기서 계파의 우익 청년들과 중파의 좌익 청년들 사이에 심각한 갈등이 형성되었다.

　1950년 한국전쟁이 일어나자 보도연맹원들이 예비검속되었고, 경찰이 진도에서 철수하면서 그 가운데 X마을에서도 5명 내외의 보도연맹원이 처형되었다. 그리고 양력 8월 31일 인민군이 진도에 들어왔다. 이후 경찰·면장·우익단체 등에 참여한 이들과 그들의 가족들이 대거 학살 대상이 되었다. 인민군은 후퇴하는 과정에서 다시 집단학살을 자행했다. X리의 계파 가운데에는 3명의 경찰이 있었고, 대한청년단 단장과 단원이 있었다. 결국 이들의 가족이 대거 희생되었다. 그리고 X리의 중파와 인근 마을에 거주하던 장파의 우익 주요 인물과 그의 가족들 또한 대거 희생되었다. 일제강점기와 해방 직후 면장을 지낸 이들과, 해방 이후 우익에 참여한 장파와 계파의 인물 가운데 희생자가 특히 많았다. 인민군 진주 시기 X리에서 희생된 이는 110명에 달한다.

　인민군이 철수하는 가운데 X리에서 그동안 인민군에 협조했던 약 37명이 진도를 떠나 장흥 유치와 영암 등지로 들어가 빨치산이 되었다. 그리고 마을에 남은 이들 가운데 20명이 부역자로 간주되어 처형되었다. 이들 입산자와 부역자 가운데 가장 큰 비중을 차지한 것은 중파의 인물들이었다.

　이렇게 하여 X리에서 모두 167명이 희생되었다. 그들 가운데에는 X리에 살고 있던 타성도 소수 포함되어 있다. X리 곽씨들 가운데 가장 많은 희생자를 낸 것은 중파와 계파, 특히 중파의 21대 준태의 후손들과 계파의 21대 우태의 후손들이었다. 그리고 준태의 후손들은 대부분 좌익으로, 우태의 후손들은 우익 편에 섰기 때문이다. 다른 지파들도 대체로 좌우익의 어느 한쪽에 치우치는 경향을 보였다. 즉 곽씨 참봉공파 21대의 조상의 후손들로 이루어지는 지파가 실질적인 친족으로 간주되고 있었던 것이다. 좌우 분화에서 가장 중요했던 중파 준태의 후손들과 계파 우태의 후손들의 좌우 분화는 해방 이후 1~2년이 지나면서 이미 나타났다. 그 분화 과정에서는 계급이나 이념보다는 혈연이 더욱 중요하게 작용했다. 즉 중요한 인물을 중심으로 가까운 혈연끼리 뭉쳤던 것이다. 그리고 그러한 분화는 전쟁이라는 '광기의 시대'를 만나 골육상쟁으로 이어졌다.

　전쟁의 와중에서 곽씨들 가운데 중요한 인물들은 거의 대부분 희생되었다. 이후 현풍 곽씨들은 진도 사회에서 전혀 힘을 쓰지 못하게 되었다. 곽씨가에서는 1950년대 4명의 면장, 2명의 면의원밖에 배출하지 못했다. 도의원은 1명 배출했지만, 국회의원은 현재까지 1명도 배출하지 못했다. 또 X리 내에서는 중파가 크게 몰락하고 대신 계파가 주도권을 잡게 되었다.

진도의 한국전쟁, 특히 인민군 진주기는 불과 한 달밖에 안 되었지만, 그 그림자는 길었다. 전쟁이 끝난 지 50년이 지났지만 X리 사람들은 아직도 몸서리쳐지는 전쟁의 기억에서 완전히 벗어나지 못했다. 그들은 모두가 피해자였지만, 현실 속에서 우익 가족은 피해자요, 좌익 가족은 가해자로 남았다. 좌익 가족들은 마을을 하나둘 떠날 수밖에 없었다. 하지만 오갈 데 없는 이들, 특히 노인과 여성들은 마을에 남았고, 이후 그들이 겪은 고초는 말로 다 할 수 없는 것이었다. 그런 가운데 X리 동족마을의 주민 공동체는 형식상으로는 유지되었지만, 내면적으로는 붕괴되어갔다.

X리 비극의 원인은 도대체 어디에 있었을까. 동족마을 내부에서의 각 지파 간의 경쟁의식과 사소한 갈등은 오래된 것이었고, 그것은 어느 동족마을에서나 볼 수 있는 것이었다. 그러나 해방 공간의 정치적 변화는 그러한 경쟁의식과 갈등에 불을 질렀다. 그동안 마을에서 우세한 입장에 있었던 중파(특히 준태 후손)가 해방 이후 좌익에 참여했다가 몰락하는 가운데, 열세에 놓여 있던 계파(특히 우태 후손)는 우익에 적극 참여하여 역전의 발판을 마련했다. 그리고 경찰로 표현되는 국가권력은 계파의 우익 청년들을 이용하여 중파의 좌익 청년들을 억압했다. 이 과정에서 양쪽 청년들 간의 갈등은 심화되었다. 즉 사소한 갈등을 증폭시키는 계기를 만든 것은 한반도의 분단, 미군정에 의한 의도적인 좌우 분화, 그리고 경찰로 표현되는 국가권력이었다. 이후 양자 간의 갈등은 내연하면서 더욱 깊어졌다. 그리고 한국전쟁은 그러한 갈등을 엄청난 규모로 증폭시키면서 친족 내부의 학살극으로 이끌었다.

보도연맹사건으로부터 시작되는 학살극은 인민군의 진주 이후 우익과 그의 가족에 대한 몰살로 극에 달했고, 다시 경찰 진주 이후 좌익과 그의 가족에 대한 보복으로 매듭지어졌다. 남·북한의 국가권력은 동족마을 주민들에게 서로 충성을 요구했고, 그 표시로서 친족 내에서의 엄청난 골육상쟁을 강요한 것이었다. X리의 곽씨들은 그러한 외부의 힘을 이겨내지 못하고 '권력 추종'과 '복수심'에 눈이 멀어 골육상쟁에 동참하고 말았다. 그 결과는 X리 곽씨들의 공멸이었다. 외부의 힘의 작용이 내부의 분열로 이어지고, 그것이 곧 '골육상쟁'으로 이어진 X리의 비극의 역사는, 20세기 중반 분단에서 한국전쟁으로 이어지는 한국사를 압축해서 보여주는 사례였다.

2
'영암의 모스크바', 한 양반마을의 시련

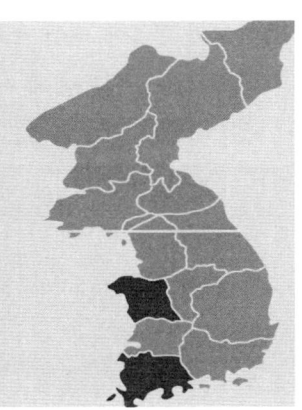

전라남도 영암군에서 대표적인 양반 동성마을을 꼽으라고 하면, 대부분 군서면 구림鳩林, 덕진면(1929년까지는 북일시면) 영보永保, 덕진면 장암場巖, 그리고 신북면 모산茅山을 든다. 영보는 전주 최씨와 거창 신씨 등 2대 문중의 동성마을이고, 구림은 함양 박씨, 낭주 최씨, 해주 최씨, 창녕 조씨 등 4대 문중의 동성마을이며, 장암은 남평 문씨, 모산은 문화 류씨의 동성마을이다. 이들은 모두 이른바 '12마을'로 불리는 양반동네이다. 즉 구림도 열두 마을이요, 영보·모산·장암도 모두 열두 마을이다. 하지만 마을의 규모로 보면 구림이 가장 크고, 나머지 세 마을은 비슷한 규모라고 할 수 있다. 그러나 영암 내에서 정치·사회적 영향력을 가진 양반마을을 더 좁혀서 꼽는다면 구림과 영보를 들 수 있을 것이다.

구림과 영보, 두 동성마을의 사족士族은 조선시대 이후 오랜 세월 동안 영암의 향촌사회를 이끌어왔다고 할 수 있다. 생원진사 시험 합격자를 다수 배출했으며, 서원과 향약 등을 통해 향촌사회의 질서를 통제해왔다. 따라서 조선시대 영암의 향촌사회를 이해하기 위해서는 이 두 마을에 대해 먼저 알아야 한다. 그런가 하면 근대 이후에도 이 두 마을은 어떤 때는 서로 다른 길을, 어떤 때는 서로 같은 길을 걸으면서 영암의 역사에서 매우 중요한 역할을 수행했다.

19세기 말에서 20세기 초 무렵 구림은 개화의 물결을 수용하는 쪽에 섰다. 그리하여 젊은이들에게 신교육을 시키거나 외지로 유학을 보냈고, 이들은 1919년 3·1운동 당시 구림을 중심으로 한 만세운동을 주도했다. 영보는 개화를 거부하는 위정척사의 입장에 섰다. 영보의 유생들은 최익현의 노선을 지지했고, 한말에는 항일의병에 참여했지만 3·1운동 때에는 이렇다 할 움직임을 보이지 않았다. 그러나 영보도 1920년대에 들어서면서 개화의 물결을 수용하여 신교육을 시키기 시작하고, 마침내 1930년대에는 구림과 영보의 청년들이 하나가 되어 민족·사회 운동을 펼치게 된다. 그 결과가 1932년에 있었던 영암공산주의자협의회와 영보농민시위사건이다.

한편 영암 읍내는 전통적인 향리가인 김金·하河·조曺씨들이 장악하고 있었다. 이들 가운데 일부는 항일운동에 참여하기도 했으나 대체로 소극적이었고, 3,000석이 넘는 대지주도 그들 가운데에서 나왔다. 해방이 되자 구림과 영보, 두 마을과 읍내의 일부 항일운동가들은 건국준비위원회와 인민위원회를 만들었다. 하지만 이들은 곧 읍내 세력을 중심으로 하는 우익에 밀려났다. 그와 같은 상황에서 한국전쟁이 일어났다.

한국전쟁은 구림과 영보, 두 마을에 큰 시련을 안겨주었다. 두 마을 가운데 특히 영보는 한국전쟁기 영암을 주도한 좌익 세력의 근거지가 되었다. 하지만 그 기간은 짧았다. 그리고 영보의 주민들은 금정

전남 영암군 영보리 마을

면이라는 산간지역으로 거의 전원이 피신했다가 일정 기간이 지난 뒤 하산하여 자수했다. 이 기간에 100여 명이 넘는 사람들이 금정면 내 산지역에서 희생되었다. 구림의 주민들 가운데 피란한 이는 적었다. 구림에서는 인민군의 후퇴기 좌익 측의 우익 기독교 세력에 대한 학살 사건이 있었고, 이는 경찰 진주 후 경찰 측에 의한 주민 학살 사건으로 이어졌다. 한국전쟁이 두 마을에 남긴 상처는 컸다. 하지만 세월은 그러한 상처들을 아물게 했다. 오늘날 구림은 왕인과 도선의 전설, 도기 문화, 정자 문화를 지닌 영암의 대표적인 민속문화마을로 거듭나고 있지만 영보는 상대적으로 덜 알려진 상태에서 침체된 모습을 보이다가, 최근에 문화마을과 생태관광마을로 지정되면서 새로운 모습으로 거듭나려 하고 있다.

구림은 이미 오래전부터 학자들의 주목의 대상이 되어 왔다.[1] 그 결과, 구림에 대해서는 제법 많은 글들이 나와 있다. 특히 전남대학교 호남문화연구소팀은 공동연구를 통해『구림연구-마을공동체의 구조와 변동』이라는 책을 펴냈다. 이 책에서는 이 마을의 역사, 문헌, 동계洞契, 문학, 전쟁 경험, 사회조직과 마을 공간, 의례와 민속, 정체성과 축제, 문화마을 등 폭넓은 주제를 다루고 있다.[2] 하지만 영보에 대해서는 학자들의 관심이 적어 소수의 논문이 있을 뿐이다.[3] 이 장은 한국전쟁기 영보 사람들이 겪었던 수난을 정리하는 데 그 목적이 있다. 이를 위해 이 글에서는 그 배경으로서 20세기 초 영보 주민의 의병 참여, 식민지하에서의 민족·사회 운동 참여, 그리고 해방 이후 영보 주민들의 동향을 검토하고자 한다.

본 연구를 위해서 우선 당시의 상황을 전해주는 신문, 재판기록, 족보 등의 문헌자료를 검토했고, 주민들을 면담하여 증언을 듣는 기회를 가졌다. 면담은 2001년 여름부터 2003년 여름까지 10여 차례에 걸쳐 이루어졌다. 하지만 다소 민감한 증언들이 있었기 때문에 이 글에서는 일부 증언자들에 대해서는 성명을 밝히지 않기로 한다. 또 같은 이유로 일부 인명에 대해서도 부분적으로 ○자 처리를 했다.

1. 두 양반가 전주 최씨와 거창 신씨

영보는 본래 14개 자연마을로 구성되어 있다. 그 가운데에는 반촌 12개 마을, 민촌 2개 마을이 포함되어 있다. 반촌 12개 마을은 현재의 행정구역상 노송리의 송외·송내·노노동, 영보리의 내동·관곡·서당동·은행정·냉천동(참새굴), 운암리의 선암·운곡·송석정, 백계리의 세류정에 해당한다. 민촌 2개 마을은 노송리의 홍암과 운암리의 대천동이다. 이 가운데 반촌 12개 마을은 '구舊영보'로 불린다. 과거 민촌은 '영보'라는 개념 안에는 들어가 있지 않았다. 즉 영보는 기본적으로 양반마을로 인식되었던 것이다. 하지만 최근에는 2개의 민촌도 영보마을에 포함시켜 부르고 있다고 한다. 따라서 이 글에서도 14개 자연마을을 모두 합하여 '영보마을'로 부르기로 한다.

영보 14개 마을을 지도상에서 보면 지도 2-1과 같다. 지도에서 보면 영보정을 둘러싸고 있는 내동·서당동·관곡·은행정 등이 가장 중심이 되는 마을임을 쉽게 알 수 있다. 그리고 민촌인 노송리의 홍암과 운암리의 대천동은 영보 전체의 가장 변두리에 자리 잡고 있음을 알 수 있다. 현재 이 마을들은 마을로 들어오는 양쪽 입구에 자리 잡고 있는 셈이다.

영보는 기본적으로 반촌이며, 동성마을이다. 이 마을에 사는 주요 성씨는 전주 최씨와 거창 신씨이다. 전주 최씨들은 내동·서당동·관곡·은행정 등에 주로 살고 있고, 거창 신씨들은 송내·송외·노노동에 주로 살고 있다. 그리고 그 밖에 선암과 운곡에는 함양 박씨들도 살고 있다. 민촌인 대천동은 본래 역촌驛村이었으며, 홍암은 평민 혹은 천민들이 살았던 마을로 여겨진다. 이들 마을은 일제강점기에도 호수가 각각 10여 호밖에 되지 않았다고 한다. 대천동에는 남평 문씨, 영산 신씨 등이 살았다고 한다. 그리고 장등에는 유씨들이 섞여 살았으며, 냉천동에는 함풍 이씨들이 섞여 살았다고 한다.

하지만 영보에서 가장 중요한 성씨는 역시 전주 최씨와 거창 신씨이다. 본래 영보촌은 평양 조씨들의 마을이었다. 그런데 1445년 연촌 최덕지가 남원 쪽에서 이 마을로 옮겨와 자리를 잡은 뒤 이 마을은 전주 최씨들의 터전이 되었다. 이후 거창 신씨들과 남평 문씨들이 전주

지도 2-1   전라남도 영암군 덕진면 영보리와 영암읍, 금정면 일대의 지도(1970년대)

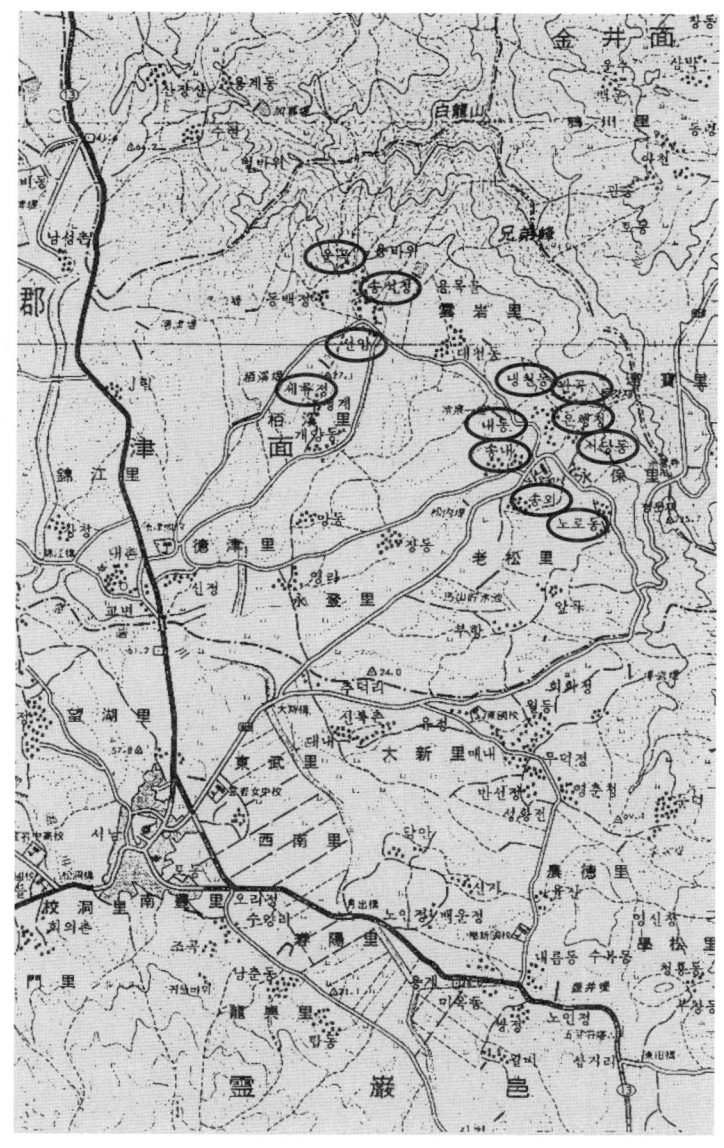

◯ 표시된 마을이 영보의 반촌마을 12곳.   축척 1 : 50,000

2 '영암의 모스크바', 한 양반마을의 시련   135

표 2-1 영보마을의 구성

리명	반촌(12개 마을)	민촌(2개 마을)
영보리	내동, 관곡, 서당동, 은행정, 냉천동(참새굴)	
노송리	송외, 송내, 노노동	홍암
운암리	선암, 운곡, 송석정	대천
백계리	세류정	

최씨와 혼인으로 맺어지면서 영보에 들어와 살게 되었다고 한다.[4] 또 여흥 민씨들이 한때 거창 신씨와 결혼하여 이 마을에 들어와 살기도 했다.

　영보의 전주 최씨들은 최덕지의 둘째 아들 의령공宜寧公과 넷째 아들 산당공山堂公에 의해, 의령공파와 산당공파로 나뉜다. 장자는 임실에 살았으나 자손이 없었으며, 셋째 아들은 진주로 옮겨갔다고 한다. 따라서 의령공파의 종손은 사실상 영암 최씨들의 종손이라 할 수 있다. 그런데 현재 영보에 사는 최씨들은 의령공파보다는 산당공파가 더 많다고 한다. 의령공파는 타지로 나간 이들이 많았기 때문이다. 현재 산당공파는 관곡에 많이 살고, 의령공파는 내동에 많이 산다. 거창 신씨들은 최덕지의 외손 형제인 산정공山亭公 신영수愼榮壽와 승지공承旨公 신우평愼友平에 의해 산정공파와 승지공파로 나뉜다. 현재 산정공파는 노노동에, 승지공파는 송외, 송내, 운암에 많이 산다.

　최씨와 신씨들은 1589년 영보동계永保洞契를 만들어 오랫동안 함께 운영해왔다.[5] 그런데 고종대에 이르러 이른바 '원삼족두리 사건'으로 인하여 영보동계는 깨지고 말았다. 이 사건은 고종대에 이른바 '신愼서울'이라고 불리던 신병익이 당시 세도가인 김병국 모친의 친정

조카뻘이 된다 하여 김병국가에 무상출입하면서 진사, 현감, 감찰 등 벼슬을 사고파는 거간 노릇을 했는데, 최씨 가문에서도 벼슬을 청탁했으나 신병욱이 이를 들어주지 않은 데에서 비롯되었다고 한다. 이른바 '원삼족두리'는 이 마을에서 혼례가 있을 때 최씨와 신씨들이 함께 사용하던 것이었는데, 벼슬 청탁 거절 사건 이후 두 집안의 감정싸움으로 번지면서 신씨 측에서 먼저 이를 함께 사용할 수 없다고 나섰다. 양가의 갈등은 더욱 커져 동계는 깨지고 영보정의 철거 주장까지 나왔다고 한다. 영보정 철거는 당시 영암 군수가 나서서 이를 말리는 바람에 미수에 그쳤지만, 결국 계사契舍는 철거되었다. 양가의 갈등은 상당 기간 동안 계속되었는데, 종손인 신종봉愼宗鳳이 딸을 최씨 가문에 시집보내고, 최씨 가문의 딸을 종손부로 삼으면서 양가의 갈등은 해소되었으며, 동계도 부활했다고 한다.

 2003년 현재 영보에는 약 200호 정도가 살고 있지만, 과거 가장 많았을 때에는 300~400호 정도가 살았다고 한다. 영보 사람들에 의하면, 구림마을은 20세기 이후에도 지남 들녘의 간척, 영산강의 간척사업 등으로 인해 그 농토가 크게 넓어졌고, 이에 따라 부유한 마을로 계속 성장해왔지만, 영보마을은 바다와 어느 정도 떨어져 있어 간척할 땅이 없었기 때문에 상대적으로 정체되었다고 말한다. 덕진까지의 갯벌은 이미 20세기 이전에 다 간척이 끝났고, 20세기 이후에는 덕진을 넘어서 해창 쪽으로 간척이 이루어졌는데, 이 지역은 영보의 경계 밖이었다. 일제강점기 영보의 지주로서는 영보리 관곡마을의 최전홍崔典洪(또 다른 이름은 최여신)과 노송리 송내마을의 유인평柳寅坪을 들 수 있었다. 최전홍은 600~700석 정도의 지주였으며, 유인평은 본래 장암리에 살다가 송내로 이사한 1,000석 정도의 지주였다고 한다. 최전홍은 해방 이후 영보학교가 영보국민학교로 승격할 때 학교 부지를 제공했다고 한다.

한편 영보에는 '호집'이라 불리는 이들이 있었는데, 타지에서는 '호외집', '협호'라 부르는 계층으로, 지주가에서 집과 소작지를 빌려 생활하면서 주인집의 일을 도와주는 사람들이었다. 당시 영보의 부잣집의 경우 대체로 2~3호 정도의 호집을 거느리고 있었다고 한다. 일제강점기 이들은 대체로 이전의 노비 출신들이었던 것으로 보인다. 이들 가운데에는 1920~1930년대에 마을을 떠난 이들도 있고, 1950년대 이후 마을을 떠난 이들도 있다고 한다.

2. 한말·일제강점기 영보마을의 민족·사회 운동

한말·일제강점기하 영보와 관련된 대표적인 민족운동과 사회운동은 역시 1932년에 있었던 영보농민시위사건이다. 하지만 이를 이해하기 위해서는 그 이전의 영암군과 영보의 민족·사회 운동에 대해 이해해야 한다. 여기서는 먼저 한말·일제강점기하 영암군의 민족·사회 운동에 대해 살펴보고, 이어서 영암공산주의자협의회 및 영보농민시위사건에 대해 살펴보기로 한다.

한말 영보마을의 의병전쟁

영보에는 열락재說樂齋라는 서당이 있었다. 열락재는 송암松菴 신재철愼在哲이 만든 것인데, 그는 노사 기정진의 문인門人이었다. 열락재에서는 최씨가와 신씨가의 자제들이 공부를 했는데, 한말의 경우 가장 유명한 이들은 최씨가 산당공파의 종손인 최병도崔秉度와 신씨가 종손인 신종봉慎宗鳳이었다.

향토사가 신희범의 주장에 의하면 1894년 동학농민군이 봉기했을 때, 영보에서는 최씨 산당공파의 종손인 최병도가 이에 참여했다고 한다.[6] 하지만 동학농민전쟁 관련 기록들을 모두 살펴보아도 그러한 기록은 없다. 또 양반가의 종손이 동학군에 참여했다는 사실은 잘 믿기지 않는다. 신희범에 의하면, 최병도는 결국 관군에 체포되었는데, 신종봉이 그의 이숙 친구였던 관군 측의 토벌대장 유기연柳紀淵에게 편지를 보내 최병도를 그해 섣달 그믐날 나주 초토영에서 빼내올 수 있었다고 한다.

1906년 전국 각지에서 의병이 일어나자 영암의 선비들도 이에 참여했다. 영암에서는 최기성崔基性, 신준성愼濬晟(신재철의 손자), 문윤백文允伯 등이 최익현의 의병진에 참여하기 위해 순창으로 갔으나, 최익현 의병부대는 관군에게 포위되어 있어 이에 참여하지 못했다. 그리고 최익현 의병진은 결국 해산하고 말았다. 최익현은 체포되어 수감되어 있다가 그해 6월 25일 일본 대마도로 끌려가게 되었다. 이때 영암에서는 최기성, 신준성, 문규란文圭蘭 등이 부산진까지 수행했다고 한다. 11월 17일 최익현이 대마도에서 순국하여 그 유해가 부산진에 돌아오자 영암에서도 많은 유림들이 부산진까지 갔다고 한다. 당시 충청도 정산 최익현의 상가에까지 따라가 상가를 지켰던 신준성은 자주 결식한 탓에 병을 얻어 요양한 뒤 반년쯤 뒤에 영암에 돌아왔다. 그는 귀향하여 영암의 유림들에게 그간의 경과보고를 하다가 쓰러졌고, 이에 자극받은 유림들은 열락재를 중심으로 의병대를 조직했다. 당시 총대장은 박평남朴平南이 맡았고, 좌익장에 신예교辛禮敎, 우익장에 하영선河永先 등이 나섰다. 이때 영보에서 의병에 참여한 이들로는 최장홍崔章洪, 최영철崔永喆, 신종익愼宗益 등을 들 수 있다. 그러나 무기가 빈약하고 훈련이 전무했기 때문에 일단 박평남이 나주의 박민수 의병장 휘하에 병기감으로 들어가 헌병보조원 김현규金顯奎, 최경심崔敬心과 밀통하여 총기 100여 정을 구해 영암으로 보내왔다.

이후 영암 의병진은 이 총기를 가지고 훈련을 거듭하여 1908년 정월에 마침내 봉기했다. 이들은 우선 영암에 배치된 수비대를 두 차례 공격하여 나름의 성과를 거두었다. 3월 초에는 함평에서 봉기한 심남일沈南一이 100여 명의 의병을 거느리고 영암으로 옮겨왔다. 이에 영암의 의병진은 심남일의 휘하로 들어가게 되었다. 심남일이 영암으로 온 것은 장기전을 계획하고 금정면의 내산지역에서 유격전을 전개하기 위한 것이었다. 심남일 부대는 이후 영암 금정을 근거지로 하여 강진, 장흥, 나주, 남평, 능주 등지에서 일본군과 접전을 벌였다. 하지만 1909년 일본군의 '남한대토벌작전' 앞에 심남일의 의병부대는 부득이 해산하지 않을 수 없었다. 그리고 영암에서 의병에 참여한 박평남과 최장홍, 최영철 등은 영암에서 체포되었다. 박평남은 결국 대구로 이감되어 처형되었다. 최장홍과 최영철은 광주에서 옥고를 치르고 1년 반 동안 신작로 개설 노역에 동원된 뒤 석방되었다.[7]

신간회 영암지회의 해산과 영암농민조합의 탄생

1910년 이후 영암에서도 다른 지역과 마찬가지로 다양한 민족운동과 사회운동이 전개되었다. 1919년 3·1운동 당시 영암에서도 만세운동이 일어났다. 영암에서의 만세운동은 주로 읍내의 학생층과 구림의 주민들에 의해 진행되었다.[8] 하지만 영보에서는 이렇다 할 움직임이 없었다. 읍내의 향리층과 구림의 양반층은 비교적 일찍 신교육과 신학문에 눈을 떠 주로 신지식인층을 중심으로 진행된 영암의 3·1운동의 흐름에 자연스럽게 합류할 수 있었지만, 영보의 양반층은 한말 위정척사의 흐름을 이어받아 이와 같은 흐름에 합류하지 못했던 것이다. 한말·일제강점 초기 영보에서 영향력이 있었던 지식인층은 앞서 본 신씨가의 종손인 신종봉과 최익현을 추종한 신준성 등이었다. 이들의 영향력은 1910년대 말까지 이어져 영보에서는 3·1운동에 참여할 수 없었던 것이다.

3·1운동 이후 전국에서 청년회가 만들어지면서 이른바 '문화운동'이 본격화되었을 때, 영암에서도 청년회가 만들어졌다. 영암청년회가 언제 만들어졌는지 그 시기는 확실치 않으나 1921년경이 아닌가 추정된다. 그것은 영암청년회가 학교에 들어가지 못한 아동들을 위해 개설한 낭남학원朗南學院이 1921년경에 문을 열었다는 신문기사가 있기 때문이다.[9]

영암청년회에 관한 첫 신문기사는 1925년 9월 23일의 영암청년회 총회에 관한 것이다. 이날 총회에서는 회원의 연령을 30세 이하로 제한했고, 낭남학원의 활성화, 낭산농사조합의 계약을 이행할 것, 청년교양, 소작인회 조직, 머슴회 조직, 사회문제 강좌의 개최, 부인진흥회 박멸 등을 결의했다. 그리고 이어서 열린 위원회에서는 각부 위원을 선정했는데, 서무에 한동석韓銅錫·조병은曺秉恩·한상길韓相吉, 교양에 김준오金俊午·이원우李元雨·최희중崔喜重, 노농에 김동호金東鎬·최판옥崔判玉·조사원曺士元 등이 선정되었다.[10] 아마도 이 총회는 이전의 유지청년들의 청년회를 혁신청년들의 청년회로 재편하는 총회였던 것으로 짐작된다. 이는 총회의 결의 내용에 소작인회 조직, 머슴회 조직, 사회문제 강좌 개최 등이 거론된 것으로도 확인된다. 한편 이들 청년회 임원 가운데에는 영보 출신 최판옥이 끼어 있는 것을 확인할 수 있다.

그리고 당시 영암청년회는 영암면 동무리에 낭남학원을 개설하여 학생들을 가르치고 있었으며, 학원의 재정은 이에 딸린 토지를 낭산 농사조합의 소작인들에게 주어 그 소작료로 충당하고 있었음을 짐작할 수 있다. 그해 11월 영암청년회의 임시집행위원회나 월례회에서도 낭남학원의 유지 문제, 각 리 농촌 순회강연회 개최 등을 논의하고 있었다.¹¹ 낭남학원의 유지 문제는 이후에도 계속 청년회의 현안이 되었던 것으로 보이며, 1931년 9월에는 영암청년회가 확대된 영암청년동맹에서 낭남학원의 재원을 조달하기 위해 가극歌劇을 개최했다. 이때 곽명수郭明秀, 김판권金判權이 특별출연을 했다고 전한다.¹²

1931년 10월 초에 실린 신문기사에 의하면, 낭남학원은 그동안 영암청년회에서 학비가 없어 학교에 가지 못하는 아동들과 연령을 초과하여 취학하지 못하는 어린이들을 수용하여 가르쳐왔는데, 영암의 대지주 하대두河大斗가 그의 처 정옥자丁玉子의 유언에 따라 교사 1동과 운동장 200평, 농업실습지로서 논 600여 평, 밭 100여 평을 기증했고, 영암사포계靈巖射布契와 영암갑자계靈巖甲子契, 그리고 동 학원장 김현재金鉉載가 매년 보조금을 지원해주었다고 한다. 학원장 김현재는 학원을 더욱 튼튼히 유지하기 위해 임원과 강사를 선정했는데, 이사장에는 최판옥, 이사에는 한동석·김준성金俊晟·신학균申學均·조문환曺文煥·하헌찬河憲贊·김판곤·하헌섭河憲燮·김석준金錫俊·김원金元·이창희李昌熙 등이 선정되었고, 학감學監에는 박판종朴判宗, 강사에는 김만수金萬水·박판실朴判實·김상용金相容 등이 임명되었다.¹³ 여기서 주목되는 것은 이 학원의 이사장을 영보 출신 최판옥이 맡고 있다는 점이다.

영암에서 노농운동에 관심을 갖게 된 것은 1920년대 중반부터라고 추정된다. 앞서 본 것처럼 영암청년회는 1925년 9월 총회에서 소작인회 조직, 머슴회 조직 등을 결의하고 있었다. 그리고 그해 11월의 신문기사를 보면, 영암노동회가 이미 조직되어 있었음을 확인할 수 있다. 그해 10월 29일 영암노동회는 낭남학원에서 한동석의 사회로 임시회를 열어 노동회의 유지 방안, 도초소작회 격려, 합동연설회 개최, 임시총회 개최 등을 논의하고 있었다.[14] 영암노동회 회원들은 1926년에는 영암금융조합 건물 신축공사 현장에서 인부로 일을 했는데, 불합리한 임금에 대해 항의하고 100여 명이 동맹파업을 전개하기도 했다.[15] 그러나 이 파업은 비회원 노동자들의 비협조로 실패로 돌아간 것으로 보인다. 이후 영암노동회는 모든 노동자를 회원으로 끌어들이기 위해 노력했다. 또 영암노동회는 영암에 농민단체가 없음을 유감으로 여겨 농민단체 조직에 주력했으며, 조선노농총동맹에 가맹했다. 1926년 당시 영암노동회 회원은 250여 명이었으며, 조사원·한동석·유혁柳赫·최판옥 등이 실질적으로 이를 지도하고 있었던 것으로 보인다.[16]

한편 영암에서도 다른 지방과 마찬가지로 1927년 8월 신간회 영암지회가 설립되었다. 8월 20일 창립대회를 가진 영암지회의 회장은 김민규金敏奎, 부회장은 김상학金相鶴이 맡았으며, 총간사는 한동석·하헌훈河憲勳·최헌崔憲·손길조孫吉祚·조치환曺致煥 등이, 상무간사는 하헌훈·신민섭申敏燮·김상실金相實·이순명李順明·최기동崔基東 등이, 간사는 김동렬金東烈·신도일申道一·조만암曺萬巖 등이 맡았다.[17] 회장 김민규는 영암읍 사람으로, 1919년 만세시위 참여자였다. 그러나 영암지회를 실질적으로 이끈 인물은 한동석으로 보인다. 이 시기 영암의 사회운동에서 한동석은 거의 모든 단체의 활동에 참여하고 있음을 확인할 수 있는데, 1928년 8월경부터는 신간회 영암지회 부회장을 맡았던 것으로 보인다. 한동석은 1928년 8월 신간회 영암지회 창립 1주년 기념식장에서 동양 정세를 보고하는 가운데 조선의 역사에 대해 말했는데, 경찰은 그의 연설이 암암리에 조선독립을 선동하여 치안을 방해하고 있다는 억지 논리를 펴 보안법 위반으로 구속했다. 물론 이는 영암지회의 탄압을 위한 것이었다. 그는 광주지방법원에서 징역 8개월을 선고받고 공소하여 대구복심법원에서 결국 무죄를 선고받았으며, 검사가 상고했으나 역시 각하되어 1929년 1월에 석방되었다.[18]

신간회가 해산된 이후인 1931년 가을 영암의 사회운동가들은 영암농민조합(영암농조) 창립준비회의 조직을 추진했다. 10월 22일 농조 창립준비위원회가 조직되었는데, 당시 준비위원장은 최판옥이 맡았고, 준비위원에는 곽명수·김판권·유상걸柳相杰·한상엄韓相嚴·하의철河誼喆 외 17인이 참여했다.[19] 그러나 영암경찰서는 영암에서 농민조합이 만들어지는 것을 그대로 두고 보지 않았다. 영암경찰서는 최판옥에게 농조 창립준비회의 집회를 일절 금지한다고 통고했다. 당시 영암경찰서는 영암농조 창립준비회가 양적으로나 질적으로 영암에서 그동안 볼 수 없었던 세력을 지닌 단체라고 파악하고 이를 좌절시키고자 한 것이다.

영암경찰은 또 관내 각 주재소원을 소집하여 준비회에 참여한 위원들의 동향을 면밀히 감시할 것을 지시했다. 이에 준비회 측은 영암경찰서의 이와 같은 반농민적 움직임에 항의하기로 방침을 정했다.[20] 그러나 경찰은 이 또한 그대로 두고 보지 않았다. 각 주재소에서는 11월 8일부터 준비위원들을 호출하여 취조했고, 9일에는 각 면을 순회 중이던 최판옥을 검거·취조하고, 각 위원들의 가택을 일일이 수색했다. 경찰이 문제를 삼은 것은 준비위원회의 규약과 각 준비위원에게 발송하려 한 지령문이었다고 한다.[21] 1931년 영암농민조합 결성을 둘러싼 영암 사회운동가와 영암경찰서 사이의 신경전은 결국 1932년 영보에서의 이른바 영보농민시위사건으로 연결된다.

영암공산주의자협의회와 영보농민시위사건의 전모

이제 1932년에 있었던 영암공산주의자협의회와 영보농민시위사건에 대해 살펴보자. 이 사건은 1910년대 동경에 유학한 뒤 그곳에서 무정부주의운동, 사회주의운동에 뛰어들었던 김판권이 1931년 7월 하순 영보에 귀향하고, 또 군산에서 청년운동에 참여하던 최판옥과 서울에서 활동하던 곽명수가 역시 영암으로 귀향하면서부터 시작되었다.

김판권(1900~1950)은 본래 영보 사람이 아니었으나, 그의 어머니가 영보 최씨 가문 최병순崔秉淳의 소실로 들어오면서 영보에 와서 살게 되었다. 최병순은 큰 부자는 아니었지만 비교적 살림에 여유가 있었다. 김판권은 1910년대 일본으로 유학을 떠나 동경의 일본대학에서 서양화를 공부했다. 그는 1920년 '일본사회주의동맹' 창립대회에 한인 유학생으로서는 처음 참여했으며, 당시 일본의 사회주의자 오스키 사카에大杉榮, 사카이 도시히코堺利彦 등과 교유했다고 한다. 『동아일보』에 보도된 '영암농민데모사건 예심종결서'에 의하면, 김판권은 1921년 2월 동경지방재판소에서 치안·경찰법 위반으로 징역 3개월을 선고받아 복역한 적이 있다고 하는데, 어떤 사건인지는 자세히 알 수 없다.[22]

출옥한 그는 1921년 11월 29일 조직된 흑도회黑濤會에 참여했다. 흑도회에는 그 외에도 권희국, 원종린, 김약수, 박열, 김사국, 조봉암

등이 참여했다. 그러나 흑도회는 내부에서 무정부주의를 주장하는 박열과, 공산주의를 주장하는 김약수 간의 의견이 대립되어 그해 12월 해산되고 말았다. 이후 무정부주의자들은 다시 그들끼리 흑도회를 조직했고, 사회주의자들은 '조선고학생동우회'를 중심으로 활동했다.[23] 당시 김판권은 어느 쪽으로 갔을까. 이후 일본 유학생과 관련된 어떤 자료에서도 김판권의 이름은 나오지 않는다. 김판권은 1931년에야 귀국했으므로 분명히 어떤 활동을 했을 것이며, 그가 사회운동에 참여했다면 사회주의운동 쪽이었을 것으로 짐작되지만 자료상에서 확인되지는 않는다.

한편 최판옥(1901~?)은 영암군 교동리 출신이며, 삭녕 최씨이다. 그는 영암보통학교를 나왔으며, 1925년 이후 영암 지방의 사회운동을 이끌어왔는데, 1927년에는 군산으로 옮겨 군산청년동맹에 참여했다. 그는 또 조선공산당 4차당 군산 야체이카(세포)에 참여했으며, 신간회 군산지회에도 참여했다. 전라도를 중심으로 한 제4차 조선공산당이 발각되었을 때 그도 역시 체포되어 1930년 12월 경성지방법원에서 징역 2년, 집행유예 5년을 선고받았다. 출옥 후 그는 영암으로 돌아와 1931년에는 『동아일보』 영암지국장을 맡고 있었다. 또 그는 1932년 2월에는 광주지방법원 장흥지청에서 출판법 위반으로 벌금 30원을 선고받기도 했다.[24]

곽명수(1904~?)는 영암군 미암면 두억리 출신으로, 일본으로 건너가 와세다 대학에 다녔다고 한다. 그는 1930년 2월 서울 시내에 뿌려진 격문사건과 관련하여 종로경찰서에 체포되었는데, 동경 유학생으로부터 「조선학생에게 격함」이라는 격문을 받아 시내의 사회운동가와 학생들에게 이것을 재발송했다가 잡힌 것이었다. 그는 이 사건으로 그해 4월 경성지방법원에서 징역 10개월, 집행유예 2년을 선고받았다.²⁵ 곽명수는 이 사건 이후 영암으로 귀향했던 것으로 보인다.

이제 영보농민시위사건의 경과를 이 사건의 「판결문」과 「예심종결서」를 중심으로 살펴보기로 하자.²⁶ 1931년 여름 김판권과 곽명수, 최판옥은 서로 만나면서 같은 사상을 갖고 있음을 확인했고, 그해 8월 상순 김판권의 집에서 회합을 갖고 영암군 내에 사회주의운동을 위한 조직체를 만들 것을 협의했다. 김판권과 유용의(유혁)·곽명수·최판옥·최규창·최상호 등은 1931년 9월 27일 영암면 교동리의 최판옥의 집에서 회합을 갖고 사회주의운동을 위한 비밀결사를 만들자는 데에 합의를 보았다. 이들은 이러한 목적하에 서면 동구림리 최규창의 집에서 다시 모임을 갖고 비밀결사 조직 문제를 협의했다.

동년 10월 상순 김판권·유용의·곽명수·최상호·최규창·최판옥 등은 영암군 덕진면 영등리 하헌훈의 집에서 회합을 갖고 다시 비밀결사 조직 문제를 협의했다. 우선 비밀결사를 만들기 전에 각자 거주하는 면에서 실천운동을 하기로 하고, 운암리 방면에 당면 문제 등에 대한 업무기관을 두어 투쟁운동을 지도하기로 하고, 김판권·곽명수·최규창·최판옥 등이 이를 맡기로 했다. 위에서 본 영암농민조합 준비위원회는 이때 만들어진 것으로 보인다. 그러나 경찰의 방해로 그들은 뜻을 이루지 못했다. 이에 이들은 비밀결사운동의 토대를 마련하기 위한 선전활동에 나섰다.

여기서 비밀결사 조직 논의에 참여한 유용의, 최상호, 최규창은 누구일까. 유용의柳龍義(1892~1966)는 영암 신북면 유씨 동성마을인 모산리 출신으로 1925년 이후 영암, 목포, 광주 등지에서 사회운동에 참여하여 활동했다. 그는 조선공산당 3차당에 참여했다가 체포되어 1929년 징역 2년에 처해졌다. 최상호崔相鎬(1907~?)는 군서면 서구림리 출신으로, 광주사범학교 재학 중 성진회에 참여했다. 1929년 11월 성진회가 발각되어 1931년 6월 대구복심법원에서 징역 1년을 선고받았다. 최규창崔圭昌(1908~1949)은 군서면 동구림리 출신으로 광주고보 재학 시인 1926년 성진회에 가입했고, 1928년 6월 동맹휴학을 주도했다가 그해 10월 광주지방법원에서 징역 8개월을 선고받고 복역했다. 그는 1929년 11월 광주학생독립운동 당시 성진회 조직이 드러나 다시 체포되어 1931년 6월 대구복심에서 징역 1년을 선고받은 바 있다. 1931년 7월 『동아일보』 영암지국 기자로 있으면서 사회 활동에 활발히 참여하던 인물이었다.

한편 「영암농민데모 예심종결서」에 의하면, 김판권·최석호·최동림·최동환·최병수 등 영보 청년들은 1931년 8월 '연구회'라는 비밀조직을 만들고 영보청년회 회원 중 최규선 외 11명에 대해 영보야학회관에서 국제노동운동사 등을 강의하는 한편, 시사 문제를 비판하여 사회의 결함을 지적하고 좌익 사상의 주입을 도모했다. 또 김판권과 최석호는 최문호 외 6명의 소년을 모아 '삐오네르'라는 소년회를 조직하여 1931년 9월부터 1932년 2월까지 이들 소년들에게 동화를 이용하여 공산주의 사상을 주입했다고 한다.[27] 이를 통해서 보면, 비밀결사의 조직은 뒤로 미루어졌지만, 1931년 8월 영보 차원에서의 연구회가 만들어졌고, 그해 10월에는 영암농민조합 창립준비위원회가 만들어졌음을 알 수 있다.

1931년 가을부터 1932년 봄까지는 주도 세력들의 선전활동 기간이었다고 할 수 있다. 영보시위사건의 「판결문」에 의하면, 김판권은 1932년 2월 24일경부터 약 1개월간 수차례에 걸쳐 덕진면 운암리 청년회관에서 청년회 집회에 모인 회원 다수를 상대로 당시 사회제도의 결함을 말하고 무산자는 일치단결하여 단체의 힘에 의해 자본가 계급에 대항하여야 한다는 취지의 강연을 했다고 한다. 곽명수는 1931

년 10월부터 1932년 3월까지 수차례에 걸쳐 미암면 두억리 야학회장에서 야학생 이복기 외 여러 명에게 자본가는 무산농민을 고도로 착취하고 자본가의 자제는 학교에 가서 공부를 하지만 무산자의 자녀는 야학에서 공부할 수밖에 없다는 등의 말을 했다고 한다. 곽명수는 1932년 4월 말경에 미암면 두억리 소작상조회에 들어갔다.

최상호는 1932년 5월 17일부터 6월 10일까지 수차례에 걸쳐 동군 서면 동구림리 동창회관에서 있었던 야학회에서 학생들에 대해 "노농러시아의 농민은 빈부의 계급이 없이 평등하게 생활하고 있다. 우리는 열심히 일치단결하여 우리 조선을 하루 빨리 노농러시아와 같은 나라로 만들지 않으면 안 된다. 그런데 우리 조선인은 일본인의 압제를 받고 있으니 실로 유감이다"라고 말했다고 한다. 최동림崔東林은 1931년 9월부터 1932년 5월까지, 덕진면 영보야학회관에서 야학생 약 100명에 대하여 "민중의 기, 적기, 전사의 사체를 껴안는다. 시체는 차가워지지만 흐르는 피는 깃발을 적신다. 높이 매달아라 적기를. 그 그림자에 전사하는 비겁자. 갈 사람은 가라. 우리들은 적기를 지킨다"라는 '민중의 깃발'이라는 창가를 가르쳤다고 한다. 또 최석호, 최동림, 최동환, 최병수 등은 1932년 3월 7일 영보야학회관에서 '처妻의 후회'라는 공산주의적 가정을 배경으로 하고 공산주의를 찬양하는 내용의 연극을 공연하여 영보마을 청년회원과 군중 약 200명에게 이를 관람케 했다고 한다.

이 같은 선전활동 기간을 거쳐 1932년 4월 18일 김판권, 유용의, 곽명수, 최판옥 등은 영보 뒷산에서 회합을 갖고 '공산주의자협의회'라는 비밀결사를 조직했다. 아마도 이들은 선전활동 기간을 거쳐 일정한 기반을 확보했다고 여기고, 이제는 비밀결사를 조직할 시기가 되었다고 판단했던 것으로 보인다. 비밀결사의 책임자는 최판옥이 맡았고, 협의회 내에는 교양부, 연락부, 출판부 등의 부서를 두었다. 같은 달 25일과 5월 13일 2회에 걸쳐 최판옥의 집에서 그 결사의 주례회를 갖고 이후의 활동 방법 등에 대해 협의했고, 다시 6월 2일 동군 학산면 용산리 이건우의 집에서 제1회 월례회를 개최하여 김판권이 그 책임자가 되고, 각자의 부서를 변경했으며, 최상호가 추가로 이에 참여했다고 한다.

그런데 그즈음 덕진면 운암리에서는 소작권의 이작 문제로 말썽이 빚어지고 있었다. 이에 운암리의 박유성·문사훈·박수봉·신용주·신용점 등은 1932년 3월 22일 밤 동리 청년회관에서 청년회원 수십명과 회합을 갖고 소작권 이전 방지에 대해 논의했다. 이들 청년회원들은 당시 박찬수·신병진·최기섭 등이 지주로부터 새로 소작권을 이전받은 논에 '출동경작'하여 구소작인들이 계속 소작을 하도록 지원하자고 결의하고, 23일과 4월 30일, 5월 15일 3회에 걸쳐 다수의 청년회원들이 논에 들어가 공동경작을 했다고 한다. 아마도 모내기 등을 공동으로 하여 신新소작인의 경작을 원천적으로 막으려 한 것으로 보인다. 그런데 『동아일보』의 보도에 의하면, 이 같은 공동경작 움직임의 배후에는 최판옥이 있었던 것으로 보인다. 이 신문에 따르면, 이 사건은 영암에 있는 나주군 공산면 면장 김상수金相洙가 자기 논의 소작권을 돌연 다른 소작인에게 넘기자, 영암청년회에서 반대운동을 일으켰고, 세 차례에 걸쳐 농민 70여 명이 농우를 이끌고 가서 이작한 논을 경작했다고 한다. 이 신문은 이 일로 그 지도자 최판옥이 목포경찰서 유치장에 구금되었으며, 이후 신소작인은 구소작인과 청년회 회원을 고소하여 계쟁 중이었는데, 최판옥이 경찰서 유치장에서 나온 뒤 6월 4일 돌연 시위를 일으킨 것이라고 보도했다.[28]

그해 6월 4일은 음력 5월 1일이었다. 김판권, 최판옥 등은 본래 양

영암군 덕진면 영보리의 영보정

력 5월 1일에 맞춰 노동절 기념행사를 가지려고 했다. 그러나 경찰이 이를 허용하지 않자, 6월 4일이 음력 5월 1일, 즉 동양의 '노동절'에 해당한다고 보고, 영보의 영보정에서 운암리·영보리·노송리·장암리의 청년 약 70명을 모아 기념회를 가졌다. 이날 이들은 영보정 뒷산에서 여흥을 가졌는데, 오후 4시경 김판권과 최판옥이 연설 도중 목하 운암리, 백계리 방면에서 소작 문제가 발생했으니, 그곳에 가서 시위운동으로 신소작인들에게 위협을 가해 소작권 이전을 막자고 제안했다. 모인 이들은 이에 찬동하고 기를 흔들고, 큰 북을 치고, 나발을 불고, 노동가를 부르면서 운암리 방면으로 행진했다고 한다. 이것이 훗날 전국을 떠들썩하게 한 '영보농민시위'였다.

이들 시위대는 신소작인인 운암리 박찬수의 집에 찾아갔으나 그가 집에 없자, '운암리소작쟁의 만세'를 외치고, 노동가를 부르며 그

집을 떠났다. 이어서 일행은 행진하다가 논에서 일하고 있던 박찬수를 만나 그를 꾸짖고, 최판열(김판권의 의형)은 손으로 그의 뺨을 때렸다. 일행은 다시 신병진과 박한용의 집으로 갔으나 역시 그들도 집에 없자 만세와 노동가를 부르면서 그곳을 떠났다. 일행은 다시 구소작인 박한용의 집에 갔고, 김판권과 최판옥은 박한용에 대하여 "우리 청년회가 자네를 동정하여 계속해서 소작하도록 노력하라고 했음에도 불구하고 이를 듣지 않음은 청년회를 무시하는 것"이라고 꾸짖었다. 박한용은 일동에게 사죄했으나, 최사진·최학선·최양홍·최규선 등은 손 또는 곤봉으로 그를 구타한 뒤 만세를 외치고 노동가를 부르면서 그곳을 떠났다. 이들은 또 다른 신소작인 김상문의 집에 가서 그를 만났다. 김판권은 소작권을 이전받은 것을 꾸짖고, 최사진 등이 손 또는 곤봉으로 김상문을 구타한 뒤 그곳을 떠났다고 한다.[29] 사건의 경과를 보면, 이 사건은 영암공산주의자협의회가 조직적으로 간여했다기보다는, 최판옥·김판권이 영보 농민들을 모아 노동절 기념행사를 갖던 중 즉흥적으로 신소작인 응징을 제안하여 발생한 것으로 보인다.

사건이 발발하자 경찰은 즉각 대응했다. 경찰은 관련자 100여 명을 체포하여 취조했다. 이 사건은 『동아일보』가 1932년 6월 14일에 처음 보도했는데 4단 기사로 대서특필했다. 이 신문은 6월 17일에도 역시 '영암농민데모사건, 50여 명을 검거'라는 제목으로 대서특필했다.[30] 이들 기사에 의하면 당시 영암경찰서는 6월 7일 이후 영암 장암리 농민 10여 명을 체포하고, 이어서 영보리에서 40여 명을 체포했던 것으로 보인다. 체포된 50여 명 가운데 약 30명은 취조 후 일단 석방하고 20명은 계속 취조를 받고 있다고 보도했다.

사건 직후 최판옥은 덕진면·신북면·금정면 일대에 걸쳐 있는 백룡산으로 피신했다. 영암경찰서는 경관 30여 명을 동원하여 이 산을 포위하고 수색했는데, 최판옥은 11일 영암 복문리 김기준의 집에서 체포되었다고 한다. 또 경찰은 당시 영보리 시위에는 참여하지 않았던 영암 신북면의 유용의도 체포했다.[31] 경찰은 이후 20여 명을 광주지방법원 목포지청으로 압송했고, 무려 1년에 걸쳐 불구속 상태로 40여 명을 더 조사했다. 이같이 시간이 오래 걸린 것은 영암농민시위사건을 조사하는 과정에서 앞서 본 '영암공산주의자협의회'의 존재가 드러났기 때문이었다. 이로 인해 영보시위사건에 참여하지 않았던 유용의, 곽명수, 최규창 등도 체포되었다. 따라서 이 사건은 '영암공산주의자협의회 및 영보농민시위사건'으로 불러야 정확하다고 할 것이다. 경찰당국은 마침내 1933년 6월 22일 22명을 구속 상태로, 45명을 불구속 상태로 예심에 회부했다. 당시 구속된 이들의 명단은 다음과 같다.

유용의(유혁), 최판옥, 김판권, 곽명수, 최병수, 최동림, 최석호, 최동환, 최판열, 최규철, 신용주, 최상호, 최규창, 박찬걸, 김용운, 한상엄, 문사원, 박수봉, 신용원, 김석준, 최규관, 하헌정[32]

불구속으로 예심에 회부된 45명은 다음과 같다.

최사진, 최사열, 최학선, 최만년, 최규선, 최성술, 이기범, 최규태, 신용덕, 최경호, 이명범, 최규동, 이일선, 최명렬, 최윤식, 최규원, 고광희, 최춘렬, 신일선, 신종현, 최양홍, 최중렬, 신용점, 박치상, 최병권, 문준렬, 신원범, 최병돈, 최규태, 신광현, 최병옥, 신정범, 하도신, 박기상, 최병호, 신영규, 문성선, 문사명, 문영복, 문윤식, 박유성, 박영래, 문영신, 유인춘, 문영인[33]

표 2-2 영암공산주의자협의회 및 영보농민시위사건 관련자 67명의 거주지

거주지	성명	인원(명)
영암면 교동리	최판옥(신문기자)	1
신북면 모산리	유용의	1
미암면 두억리	곽명수, 한상엄, 김용운	3
군서면 구림리, 동구림리	최상호, 최규창, 박찬걸, 최규관	4
담양군 창평면 창평리	고광희	1
덕진면 영보리	김판권(서양화가), 최석호(잡화상), 최동림, 최동환, 최병수(농업 겸 대나무상(竹商)), 최만년, 최규선, 최사열, 최사진(고용인), 최성술, 신용덕, 최경호, 이명범, 최규동, 이일선, 최명렬, 최규원, 최춘렬, 최판렬, 최학선, 최규태, 최윤식	22
덕진면 노송리	신일선(신용철), 신종현, 최양홍(최순홍), 최중렬, 최병권(최병돈의 동생), 문준렬, 신원범, 최병돈, 최옥태	9
덕진면 운암리	문사훈, 박수봉, 신용주, 신용점(신용주의 동생), 박치상, 최병옥, 신정범, 하도신, 박수상, 박기상, 박도상, 박유성, 신광현, 박영래	14
덕진면 상운리	최병호	1
영암면 장암리	문성선, 문사명, 문영복, 문윤식, 문영래, 문영신, 유인춘, 문영인	8
덕진면 백계리	신영규	1
덕진면 본진리	하헌정	1
영암면 망호리	김석준(점원)	1

* 괄호 안에 직업을 쓰지 않은 경우는 모두 농업임.

이들을 다시 거주지별로 나누어보면 다음 표 2-2와 같다.

표 2-2에서 보는 바와 같이 영보에서는 영보리 22명, 운암리 14명, 노송리 9명, 백계리 1명 등 모두 46명의 기소자를 냈다. 장암리 농민들도 영보농민시위사건과 관련하여 기소된 것으로 보인다. 하지만

곽명수·유용의, 구림리의 최상호·최규창 등은 농민시위사건과는 관계없이 '영암공산주의자협의회' 조직과 관련되어 기소된 것이었다.

위의 67명은 1933년 9월 15일 광주지방법원 목포지청에서 1심 재판을 받게 되었다. 그 결과는 표 2-3과 같다. 김판권·유용의·곽명수는 징역 5년, 최상호·최판옥은 징역 2년 6개월, 최규창은 징역 2년 등을 선고받았던 것이다. 하지만 최판옥은 이후 곧 감형되어 석방되었다고 한다. 김석준 등 협의회 사건 관련자 5명은 실제로는 협의회에 가담하지 않은 것으로 밝혀져 무죄 석방되었다.

이들 가운데 34명은 대구복심법원에 공소를 제기했다. 또 검찰 측도 무죄를 언도받은 이들에 대해 공소를 제기했다. 그 결과 김판권·유용의·곽명수는 징역 5년, 최상호는 징역 2년 6개월, 최규창은 징역 2년, 최석호·최동림·최동환·최병수 등은 징역 1년, 박유성은 징역 6개월에 벌금 20원, 김석준 등 5명은 무죄를 선고받았다.[34]

영보에서 농민시위사건과 관련하여 예심에 회부된 이들 가운데 가장 많은 비중을 차지한 성씨는 최씨였다. 족보를 통해 이들 최씨들을 의령공파와 산당공파로 나누어보면 다음과 같다. 여기에서 보면 어느 한쪽에 특별히 치우치지는 않았음을 알 수 있다.

의령공파: 최석호, 최동림, 최동환, 최규선, 최사열, 최사진, 최규철, 최경호, 최춘렬, 최병돈, 최옥태
산당공파: 최만년, 최성술, 최규동, 최명렬, 최규원(최규만), 최양홍(최순홍), 최중렬, 최병옥, 최병호, 최병수

영보리 최씨 가운데 가장 중요한 인물은 최석호, 최동림, 최병수 등이었다. 최석호崔碩鎬(또는 崔成鎬, 1910~생존)는 서울전기학교를 중

표 2-3 영암공산주의자협의회 및 영보농민시위사건의 사건 관련자 적용 법률 및 1심 판결

적용 법률	피고인 및 형량	비고
치안유지법 위반, 가택침입폭력행위처벌에 관한 법률	김판권(5년), 최석호(1년), 최동림(1년), 최동환(1년), 최병수(1년), 최판옥(2년 6개월)	협의회 및 시위사건 관련
치안유지법 위반	유용의(유혁)(5년), 곽명수(5년), 최상호(2년 6개월), 최규창(2년), 김석준·박찬걸·최규관·한상엄·김용운(이상 5명은 무죄)	협의회 관련
업무방해, 가택침입폭력행위처벌에 관한 법률	문사훈·박수봉·신용주·신용점·박유성(이상 모두 징역 8개월)	공동경작, 시위사건 관련
가택침입폭력행위처벌에 관한 법률	최규철(6개월), 최판렬(6개월), 신일선(6개월) * 그 밖에 나머지 피고인 모두 위 법률에 적용받아, 벌금 20~90원까지 선고.	시위사건 관련

퇴하고 귀향한 후 농사를 짓기도 하고, 미곡상과 면화상 등을 하기도 했으며, 나중에는 가게를 운영하여 경제적으로 비교적 여유가 있었다고 한다. 최동림崔東林(1909~1948)은 송정리 공업학교를 졸업했으며, 의령공파의 종손이었다. 그는 강진 연포 윤덕수가의 사위가 되었으며, 처가로부터 밭 150마지기를 받아 생활했다고 한다. 종가라고 해서 특별히 재산이 많았던 것은 아니었다. 최병수崔秉壽(1906~?)는 광주농업학교를 졸업했으며, 300석 정도 하는 부농이었다. 이처럼 이들은 모두 1920년대에 서울과 광주에서 중등교육을 받은, 당시로서는 지식인이었다고 할 수 있다. 이후 영보에서의 민족·사회 운동은 김판권과 이들 지식층에 의해 주도되었다고 보아도 무방할 것이다.

한편 공판 과정에서는 뜻밖의 해프닝이 일어났다. 광주지법 목포지청의 1심 재판 과정에 앞서 최판옥이 전향서를 발표한 것이다. 이에 1933년 9월 15일 1심 재판이 열리자 김판권, 곽명수 등은 "최판옥

은 재감 중에 방향전환을 선언한 자이므로 우리의 동지가 아니요, 적이다. 적이 되는 사람과 같이 공판을 받지 않겠으니 분리 심리해달라"고 재판장에게 요구했다. 그러나 재판장은 자신은 아직 사상전향을 확인하지 못했으니 그대로 재판을 진행하겠다고 말했다. 재판장은 사실심리에 들어가 먼저 최판옥을 취조하기 시작했는데, 최판옥은 자신의 사상전향에 관한 60여 매의 성명서를 낭독했다. 그 요지는 ① 정치보다 인륜을 중시하여 가족의 안락을 위해 주의를 고치겠으며, ② 만주를 점령한 일본 국민은 생활이 안정되어 공산주의 혁명을 일으킬 필요가 없게 되었고, ③ 일본의 공산혁명이 불가능한 이상 조선에서의 혁명도 가망이 없고, 따라서 혁명운동을 포기하고 앞으로는 자치운동을 하겠으며, ④ 러시아 공산국도 사유재산을 철저히 포기하지 못한 것은 사유권 없는 사회가 있을 수 없다는 뜻이니 앞으로는 재산 축적주의로 매진하겠다는 등의 내용이었다고 한다.[35]

다음 날 재판이 속개되었는데, 이때 최판옥이 자신의 전향성명을 일본어로 다시 말하겠다고 하자, 유용의, 김판권, 곽명수 등은 이를 더 들을 필요가 없다고 하면서, 자신들에게 이를 비판할 발언권을 달라고 요구하자 재판장은 다음 재판 때 발언권을 주겠다고 한 뒤 넘어갔다.[36] 22일 열린 3차 공판에서 유용의는 최판옥의 전향선언에 대해 장시간의 비판 연설을 했다.[37] 그리고 29일 선고 공판이 있었는데, 언도가 끝나자 김판권 등 피고인들은 최판옥에게 달려들어 그를 구타하는 소동이 벌어졌다.[38] 최판옥은 전향선언을 했기 때문에 이후 이 운동에 참여한 이들과 전혀 다른 길을 걷게 되었다. 하지만 최판옥의 전향선언을 비판한 김판권도 결국은 일제 말기에 이르러 일제에 굴복하여 광주의 대화숙에 들어갔으며, 비교적 적극적으로 활동했다고 한다. 일제강점기 말에 이르러 다른 이들 가운데에서도 군청서기, 면서기, 면장, 부면장 등으로 근무한 이들이 상당수 나왔다. 일제 말기까지 변절하지 않은 이는 유용의, 곽명수 정도였다고 한다.[39]

일제강점기 말에 영보 사람들의 삶을 흔들어놓은 가장 큰 문제는 징병과 징용 문제였다. 1944년 당시 징병자의 연령대는 갑자생(1924년생)에 해당되었다. 하지만 영보에서는 징병을 간 청년들이 한 명도 없었다고 한다. 원래 영보의 신인범이 징병을 갈 나이였는데, 구장이 징용 대상자를 채우기 위해 징병 영장이 나오기 전에 그를 징용에 보냈다고 한다. 현재 생존해 있는 최낙정도 징병을 갈 나이였는데 징용 영장이 나오자 서울로 피신했다고 한다. 당시 징용은 '연맹 이사장'이 보냈는데, 이는 국민정신총동원연맹의 각 부락연맹 이사장을 말하는 것으로,[40] 면장이 임명했다고 한다. 연맹 이사장은 자의로 징병 대상자를 선정할 수 있었기 때문에 마을 주민들과 마찰이 있을 수밖에 없었다. 한편 일제 말기 덕진면 면협의원으로는 운암리의 최영렬崔永烈, 유재봉柳在鳳 등이 있었는데, 이들은 특별히 힘도 없었고, 권세를 부리지도 않았다고 한다. 면협의원은 당시 일정한 재산이 있는 유권자들이 선출했다.[41]

3. 해방에서 한국전쟁기까지 격동의 영보리

해방 직후 송석정 사건과 '반동 3인' 처단 사건

해방 직후 영암에서도 건국준비위원회가 결성되었다. 영암 건준은 3·1운동 이후 영암 출신으로서 주로 목포에서 활동해온 조극환曺克煥이 중심이 되어 건설되었다. 건준 위원장은 조극환이 맡았고, 부위원장은 담양 창평 출신으로서 영암 구림에 살았던 지주인 고재섭이 맡았다. 그는 광주고등보통학교와 보성전문학교를 나온 지식인이기도 했다. 보안서장은 일본에서 대학을 나온 조덕환, 보안 부서장은 임덕환이 맡았다. 평위원은 이창희·최상호·곽인섭·류근욱·최규동·최규문·문학연·김필제 등이 맡았다. 이 가운데 구림의 최상호는 1932년 영보농민시위사건 관련자였다. 영보의 최규동崔圭東 역시 같은 시위사건의 관련자였으며, 그는 한국전쟁 때 영암군 인민위원장을 맡게 된다. 최규문崔圭文은 부위원장 고재섭의 매형으로 광주고보를 다녔으며, 광주학생운동에 참여하여 6개월간 투옥된 인물이었다. 문학연도 광주학생운동에 참여하여 투옥된 경력이 있고, 김필제는 조극환의 처남으로 광주고보를 졸업한 뒤 학생운동과 관련하여 투옥된 바 있었다. 이들 가운데 최상호는 한국전쟁 전에 사망했고, 최규문과 문학연은 전쟁 때 경찰에 피살되었으며, 김필제는 전쟁 중에 행방불명되었다.[42]

건준에 이어 인민위원회가 조직되었는데, 영암의 경우, 건준과 큰 차이가 없었다. 건준 위원장과 부위원장이었던 조극환, 고재섭이 인민위원회 위원장과 부위원장을 그대로 맡았다. 조덕환과 임병남이 보안서를 이끌었고, 이창희·최상호·곽인섭·유근욱·최형동·최규문·문학연·김필제 등이 참여했다. 그런데 1945년 11월 초순 목포에 주둔한 미군 55보병중대에서 미군 15명이 영암에 파견되어 온 뒤 사정이 달라지기 시작했다. 미군은 일단 인민위원회를 인정하여 조극환이 군수를, 조덕환은 경찰서장을 맡게 했다. 그러나 미군은 1946년 2월 조극환과 조덕환을 불법행위 혐의로 구속하고, 대신 유성계를 새 군수로, 조규보를 새 경찰서장으로 임명했다. 인민위원회의 해체에 나선 것이다.[43]

이후 영암에서도 우익 세력이 본격적으로 세를 갖추기 시작했다. 이미 영암에서도 우익 세력이 독립촉성중앙협의회 영암지부를 만들려는 시도가 있었으나 영암 인민위원회 측의 조철환이 중심이 되어 이를 막아왔다. 또 일본군 지원병 출신인 김상욱金相旭이 주축이 되어 만든 우익 행동대인 '무이대'가 미군정의 힘을 믿고 활동을 해왔지만 인민위 세력에 눌려왔다. 하지만 이제 인민위가 사라졌기 때문에 우익은 본격적으로 세력을 갖추기 시작했다. 물론 좌파 세력도 완전히 사라진 것은 아니었다. 조극환과 조덕환이 구속된 상황에서 조극환의 조카인 조사원이 농민조합을 중심으로 좌파 세력을 유지해나갔다.[44] 그러나 그 세력은 그리 큰 것이 아니었다. 1946년 11월 초 전남 일원에서 10월 대구 봉기에 이은 이른바 '11월 봉기'가 있었지만, 영암에서는 아무런 움직임이 없었다. 인근의 나주만 해도 대규모 봉기가 있었는데, 영암에서는 아무런 움직임이 없었던 것은 그만큼 좌파 세력이 약했기 때문이다.[45] 당시 조선공산당 전남 도당에서는 각 군당에 봉기를 지시했지만, 세력이 취약한 곳은 봉기할 수 없었다. 그런 가운데 우익 세력은 대오를 정비하고 세력을 강화했다. 우선 군수 아래 고문회가 설치되었는데, 여기에는 조철환曺喆煥·하헌찬河憲贊·김상경金相經·김학용金鶴鎔 등이 참여했다. 그리고 이들은 이승만이 이끌던 독립촉성회의 영암지부를 결성했으며, 회장은 조철환이 맡았다. 또 김○후·김상욱金相煜·천억봉千億峯·하신철河信喆 등은 '무궁청년단'을 조직하여 활동하기도 했다.[46] 결국 미군정에 의한 좌익 탄압은 영암의 좌익들로 하여금 1947년 10월 이후 영암 월출산을 근거지로 한 유격대를 만들게 했고, 1948년 7월에 이르러서 이들은 영암군당 위원장 이봉천 부대가 되었다. 이들은 금정면에 근거지를 두고 한국전쟁이 발발할 때까지 계속 활동했다.[47]

1948년 3월 1일 3·1절을 맞아 영암에서는 좌익의 선동에 의해 농민들이 미군정이 수집한 추곡미를 탈취하는 사건이 일어났다. 또 1948년 연말 영암의 몇몇 지서는 좌익 게릴라들의 습격을 받고 있었다. 이즈음 산악지대인 영암의 금정면은 이미 빨치산들의 근거지가 되어 있었다. 영보 출신인 최양렬崔良烈은 이 시기 금정면에 들어가 활동 중이었다. 최양렬은 본래 방앗간 고용인이었는데, 금정의 유격대를 따라 입산했다고 한다.

1948년 들어 5·10선거가 예정되면서 좌익 측의 미곡창고 습격, 경찰지서 습격, 우익 인사 공격 등의 사건이 잇달아 발생했다. 이때 영보 청년들이 동원되는 일도 있었다고 한다. 1946년 가을 남로당 활동이 불법화된 이후부터 한국전쟁 이전까지를 영보 사람들은 '비합非合 때'라고 부른다. 즉 '비합법운동 시기'라는 뜻이다. 이 시기 마을에서는 야간에 좌익 계열의 각종 모임이 열렸다. 민청과 여성동맹의 모임 등이 있었던 것으로 보인다. 1946년 3월 15일 그런 모임이 진행되고 있을 때, 누군가 밀고를 하여 경찰에서 이들의 집회 장소를 습격한 적이 있었다. 그때 그 모임에 참석 중이던 최○○가 경찰의 총에 맞아 사망했다. 그는 1930년대 영암농민시위사건에도 관련된 인물이었다.

해방 이후 영보에서는 또 '송석정 사건'이라고 불리는 일이 있었다. 일제강점기 말 함풍 이씨인 이덕범이 덕진면의 면서기를 하고 있었는데, 온갖 수단을 다해 면민들을 수탈했고, 또 그의 힘을 믿은 동생 이계화도 영보에서 갖은 행패를 다 부렸다. 이덕범은 미곡과 금속물 공출 시 갖은 횡포를 부렸다고 하는데, 해방이 되자 영보 청년들은 이덕범의 집을 습격하여 그를 징치하기로 했다. 이 소식을 들은 이덕범은 낫을 들고 대비하고 있다가 청년들이 집의 담을 넘어 들어오자 낫을 휘둘러 최종호가 그 낫에 찔려 그만 죽고 말았다. 이에 영보 청년들이 흥분하여 몰려들자 이덕범은 도주했고, 청년들이 그의 집 안으로 들어가 뒤져보니 궤짝에 금은보화가 가득했다고 한다. 이덕범은 공출을 한답시고 동리에서 금, 은 등을 수탈하여 갔는데, 이를 상부에 내지 않고 중간에서 가로챘던 것이다. 그의 동생 이계화는 해방 이후에도 행패가 심했는데, 결국 1948년 어느 가을날 밤 입산했던 좌익들이 하산하여 그를 살해했다고 한다.[48]

이것이 좌익 측의 이른바 '반동 3인' 처단 사건인데, 같은 날 이계화뿐 아니라 최기열도 살해당했기 때문이다. 그 외에 신○○도 타깃이 되었는데, 그는 1930년대 영보농민시위사건 때 참여했던 인물이었지만, 해방 이후 우익 대한청년단에서 영보단장을 맡았기 때문에 좌익의 공격 목표가 되었다. 신○○은 이날 자기 집 마당에 있는 나무 위에 올라가 숨은 덕에 가까스로 위기를 모면했고, 결국 그의 가족은 영보를 떠나 모두 타향으로 가버렸다고 한다. 이 사건 이후 영보에는 우익청년단이 들어서지 않았다. 영보의 주민들은 대체로 좌파나 중도파의 정치적 입장을 보이고 있었기 때문이다. 또 영보의 지리적 위치가 유격대의 활동 지역과 가깝기 때문에 감히 우익청년단을 조직할 수 없었던 사정과도 관련이 있었던 것으로 보인다.[49]

전쟁기 마을 주민들의 '총피란'과 '총자수'

1950년 여름 한국전쟁이 발발하면서 영보는 격동의 소용돌이에 휩싸이게 된다. 첫 번째 시련은 보도연맹원의 처형이었다. 영보에서는 신△△ 등 4명이 금정면 연보리 쪽으로 끌려가 처형되었다고 한다.[50] 금정면 연보리 주민의 증언에 의하면, 경찰 차량의 인도로 보도연맹원들을 실은 트럭 4대가 영보 쪽에서 고개를 넘어와 연보리 마을 뒷산으로 연맹원들을 끌고 가서 처형했다고 한다. 트럭 1대에 20~30명 정도를 실은 것으로 추산하면 이때 약 100명 정도가 처형되었을 것으로 보인다.

인민군이 영암을 점령하고 있던 시기, 영암군의 주요 직위는 모두 영보 사람들이 맡고 있었다. 영암군 인민위원장은 최규○, 내무서장은 최병○였다. 또 덕진면 인민위원장은 최양○였다. 이들은 모두 영보 사람들이었으며, 1932년 농민시위사건 관련자들이었다. 최규○는 영보학원에서 공부했을 뿐 정식 학교는 다니지 않았는데, 그의 집이 유격대의 활동무대였던 금정면의 산간지대와 가장 가까운 영보리 관곡마을에 있어 전쟁 이전부터 이들에 은밀히 협조했기 때문에 인민위원장을 맡게 된 것으로 보인다. 최병○는 이리농업학교를 졸업하고 50~60마지기의 농사를 짓던 부농이었다.

한편 김판권은 일제강점기 말 대화숙에 들어가 요직에 있으면서 전향했기 때문에 영암 사람들에게 변절자로 낙인찍혔다. 해방 이후 그는 영보국민학교에서 교편을 잡았으나 변절에 대한 비판이 거세지자 그만두고 금정면에 은거했다. 그리고 한국전쟁기 인민군이 들어오자 자살했다고 한다. 그의 두 동생 판렬과 동렬(의붓아버지의 아들들)도 김판권의 영향을 많이 받았는데, 특히 판렬은 1932년 농민시위사건에도 가담했다. 한국전쟁 때 두 형제는 입산하여 행방불명되었다고 한다. 1930년대 농민시위사건의 지도자였던 최판옥과 김판권이 모두 변절 사건으로 지도력을 상실한 상황에서, 그리고 해방 이후에서 한국전쟁에 이르는 시기 최상호, 최규창, 최○○가 모두 사망한 상황에서 영보마을의 지도력, 더 나아가서 영암군 전체의 지도력은 이들 최규○와 최병○에게 주어졌던 것이다. 이들이 인민위원장과 내무서장을 맡고 있던 시절 영암 전체에서 특별한 학살은 없었다고 한다. 물론 영보에서도 인민재판 같은 것은 없었다.

인천상륙작전 이후 인민군이 후퇴하자 영암 인근의 6개 군(해남, 강진, 완도, 진도, 영암, 무안)에서 인민군과 지방 좌익들이 영암 금정면으로 몰려들었다. 그것은 금정면이 산간지역으로 남쪽으로 장흥 유치와 연결되고, 동쪽으로는 화순을 거쳐 곡성과 구례로 이어져 지리산과 연결될 수 있었기 때문이다. 덕진면 영보는 금정면으로 들어가는 길목에 자리 잡고 있었기 때문에 인근 지방의 좌익은 대부분 영보를 거쳐 금정면으로 들어갔다. 인민군과 지방 좌익들은 금정면으로 후퇴할 때 영보 주민들에게 함께 후퇴할 것을 권했다. 인민위원장과 내무서장을 영보 사람들이 다 맡는 등 영보가 '영암의 모스크바'라고 알려져 있는 상황에서 영보 사람들도 마을에 그대로 머물러 있다가는 무슨 화를 당할지 몰랐다. 따라서 영보 사람들은 극소수의 노인들을 제외하고 대부분 마을 뒤 독갓재를 넘어 금정면으로 피란길에 올랐다. 마을 주민들의 '총피란'이었다.

산으로 들어간 영암 군당 무장 세력(군당 위원장은 황점택)은 주로 유치면과 금정면에 진을 치고, 야간에 산을 내려와 10월 20일과 30일 두 차례 영암경찰서를 습격하는 등 영암 각지에서 활동했다. 10월 30일의 습격 때에는 장흥 유치, 금정면 국사봉, 화순 화학산에 거점을 둔 빨치산 부대가 연합하여 영암 읍내를 습격했다. 이때 그들의 목표는 영암경찰서였다. 영암경찰서는 포위되어 거의 함락 직전에 다다랐으나, 목포의 해병대가 영암 해창에 상륙했다는 소식을 듣고 유격대가 후퇴함으로써 가까스로 함락을 면했다고 한다. 그런데 이때 해창에 상륙한 것은 '유달부대'라 불리던 목포의 청년단이었다.[51]

경찰과 유격대의 일진일퇴 공방이 거듭되는 가운데, 영보 앞 하천

(현재의 대신교가 있는 하천)은 경찰과 유격대 사이의 경계선이 되었다. 낮에는 경찰이 영보까지 들어왔다가 밤에는 후퇴했고, 유격대는 낮에는 금정으로 후퇴했다가 밤에는 영보로 내려오는 식이었다. 이 같은 상황은 1951년 2월경까지 계속되었다. 당시 일부 주민이 마을에 남아 있었는데, 그들 가운데에는 적으로 간주되어 경찰의 총에 맞아 사망한 경우도 있었다고 한다. 영보를 둘러싼 경찰, 국군과 유격대 사이의 대치가 얼마나 치열했는지는 1950년 11월 3일 목포에서 온 국군 해병대와 유달부대가 영보에서 금정면 연보리로 넘어가는 고지에서 유격대 민청연대의 피격을 받아 3명이 사망했다는 기록에서도 잘 알 수 있다.[52]

유격대는 가끔 밤에 마을로 내려왔으며, 마을에 남아 있던 소수의 사람들은 이들에게 식량을 주지 않을 수 없었다. 당시 우익청년단은 마을이 유격대에 이용당하고 있다고 판단하여 불을 지르기 시작했다. 영보 입구부터 시작된 불은 송내와 송외를 거쳐, 노노동, 은행정까지 이어졌는데, 영보정 바로 앞에서 멈추었다고 한다. 당시 이 마을 출신으로 해군에 복무 중이던 최성렬이 경찰에 연락해 영보정은 절대 태우지 말라고 하여 방화를 멈출 수 있었다고 전한다.[53] 그리하여 영보정이나 내동 쪽은 무사했지만, 은행정만 해도 여섯 집이 불에 탔고, 불에 타지 않은 집은 몇 채 되지 않았다고 한다. 이 같은 상황은 노노동, 송내, 송외도 마찬가지였다.

유격대를 따라간 영보 사람들의 피란 생활은 짧게는 4개월, 길게는 1년 이상 이어졌다. 예를 들어 최석○의 경우, 그는 1932년 농민시위에 참여하여 옥고를 치른 적이 있었지만, 해방 이후 좌익 활동에는 일절 참여하지 않았다. 하지만 1950년 가을, 경찰이 들어오자 일단 가족 25명을 이끌고 금정면 연보리로 피란하지 않을 수 없었다고 한다.

최낙○는 14세 때 한국전쟁을 맞았는데, 부모를 따라 금정면으로 들어갔고, 화순 화학산까지 피란을 갔다가 이듬해 설이 지나고서야 영보로 내려왔다고 한다. 4개월 정도 마을을 비운 것이다. 하지만 그의 형들은 산에서 내려오지 않았고 끝내 행방불명되고 말았다고 한다. 그는 그해 가을, 벼를 베고 면화를 따다가 경찰이 들어온다는 말에 인근 산으로 도망쳤다고 하며, 가끔 집에 몰래 내려왔다가 경찰이 오면 다시 산으로 도망치곤 했다고 한다.

당시 목포에서 온 청년단 유달부대는 영보 운암리 뒤의 형제봉에 주둔하고 있었다. 유달부대는 경찰과 함께 1950년 12월 초 신북면 모산리에 출동했는데, 잠복 중이던 유격대의 기습을 받고 거의 전멸 상태가 되었다.[54] 1951년 봄이 되어 경찰과 국군이 금정으로 진출하자, 영보 사람들은 서서히 마을로 돌아오기 시작했다. 일부 사람들은 영암읍이 차라리 안전하다고 생각하여 그쪽으로 피신하기도 했고, 일부 사람들은 다른 지역의 친척들을 찾아 떠나기도 했다. 그런 가운데 경찰 측과 우익 세력은 삐라를 뿌려 내무서장을 지낸 최병○에게 마을 주민들을 이끌고 산에서 내려오도록 종용했다. 그것은 인공 치하에서 최병○가 우익들을 다수 보호해주었기 때문이라고 전해진다. 결국 1951년 봄 최병○는 상당수의 주민들을 이끌고 자수를 하게 되었다. 이즈음 하산한 이들은 대부분 경찰에서 조사를 받은 뒤 무사 방면되었다. 최병○는 1956년 제2대 면의원 선거에서 주민들의 추천으로 당선되어 4년간 면의원을 지냈으며, 1980년경에 세상을 떴다고 한다. 족보를 보면, 그는 "천성이 순후하고 언행에 도가 있었으며, 종족들에게 화순으로써 대했으며, 일처리에서 의로움이 있어 종족이 모두 흠모했다"라고 기록하고 있다.[55] 한편 면위원장을 지낸 최양○는 음력 8월 27일 금정면의 어느 산에서 피살된 것으로 기록되어 있다.[56]

한국전쟁기에 주목할 또 다른 인물은 최양렬崔良烈이다. 그는 장암마을의 최석호가 운영하던 방앗간 고용인이었는데, 한국전쟁 이전에 이미 입산했다고 한다. 한국전쟁 이후 인근 7개 군의 지방 좌익들이 금정으로 들어왔을 때, 그는 이들 무장 세력의 유격대 대장을 지냈다고 한다. 당시 사령관은 영암 군당 위원장인 황점택이었다. 이들은 영암 금정면, 나주 다도면 등지를 다니면서 활동했다. 황점택은 1951년 7월 5일 다도면에서 부상당하여 생포되었고, 호송 도중 금정면 연보리에서 사망했다고 한다.[57] 황점택은 영암읍 용흥리 사람이었으며 영암보통학교를 나왔다고 한다. 최양렬도 체포·사살된 것으로 전해진다.

입산하여 유격대로 활동하다가 하산한 이들은 상당한 고초를 겪었다. 특히 일찍 하산한 이들이 더 심한 고초를 겪었다. 예를 들어 최정○·최대○ 형제의 아버지는 이웃한 장암마을 우익청년단의 자수 권유에 따라 아들들에게 자수를 종용했다. 이에 아들들은 하산했고, 장암마을의 우익청년단은 이들을 끌고 가 구타한 후에 경찰에 넘겼으며, 경찰은 그날 밤에 그들을 처형해버리고 말았다고 한다. 뒤늦게 하산한 이들은 형편이 다소 나았다. 이들은 조사를 받은 뒤 석방되거나, 재판을 거쳐 1~3년씩 복역하는 일도 있었다. 또 군에 입대하는 경우도 있었다. 예를 들어 홍암마을의 망호정에 살던 이상○는 1952년경 하산하여 자수했으며, 곧바로 자진 입대하여 6~7년간 군 생활을 했다고 한다. 이상○는 유격대로 활동했는데, 홍암마을 사람들은 그 덕분에 홍암마을에 큰 피해가 없었다고 말하고 있다. 그는 매우 가난한 집 출신으로, 교육도 제대로 받은 적이 없었다고 한다.

한국전쟁 때 영보리 내에서 있었던 큰 사건은 노노동에서의 학살이었다. 1951년경 유격대들이 야간에 산에서 내려와 식량을 요구하자 쌀가마니를 내어준 이가 있었다. 그런데 그 쌀가마니에는 쥐가 쏠아서 생긴 작은 구멍이 있었다. 유격대는 쌀가마니를 지고 금정 쪽으로 들어갔다. 당시에는 그런 일이 있으면 반드시 경찰에 신고하도록 되어 있었다. 마침 비가 와서 가마니 구멍으로 땅에 떨어진 쌀이 불어 있었기 때문에 경찰은 쉽게 유격대를 추적할 수 있었다. 결국 경찰은 유격대가 숨어 있는 곳을 찾아냈고 유격대는 큰 피해를 입었다. 그러자 유격대 쪽에서는 쌀을 내어놓은 이가 고의로 가마니에 구멍을 뚫어서 그렇게 되었다고 생각하고 보복에 나섰다. 유격대는 야간에 마을을 습격하여 쌀가마니를 준 세 가족 18명을 살해했다. 이는 한국전쟁기 영보에서 있었던 가장 큰 학살 사건이었다. 그 외에도 대천동에서는 그 일대 가장 부자였던 최영○가 식량을 달라고 협박한 '밤손님'들의 요구를 거절했다가 아들을 잃었으며, 그 자신도 얼마 가지 않아 화병으로 세상을 떠났다고 한다.

    영보의 더 큰 피해는 금정으로 들어간 사람들 가운데 상당수가 돌아오지 못한 것이었다. 지금 그 숫자를 정확히 알 수는 없다. 하지만 1952년 공보처에서 작성한 『6·25사변 민간인 피살자 명부』를 보면, 당시 영암에서 희생된 민간인들의 수와 그들의 명단을 어느 정도 확인할 수 있다. 이 자료에 의하면, 당시 영암군 전체에서 희생된 민간인은 7,175명으로 되어 있다.[58] 그런데 이들 명단을 자세히 들여다보면, 그 가운데에는 좌익으로 희생된 이도 있고, 우익으로 희생된 이도 있다. 하지만 가장 많은 비중을 차지하는 것은 우익도 좌익도 아닌 중간에서 산중으로 피란했다가 피살된 경우이다. 이 자료에 의하면, 영보 사람들은 모두 205명이 희생된 것으로 기록되어 있다. 당시 영보 전체 인구를 정확히 알 수는 없으나 약 200호 정도가 살고 있었다고 하니, 한 가구당 5명씩으로 계산하면 약 1,000명 정도의 사람들이 살고 있었던 셈이다. 그러므로 이 가운데 약 5분의 1 정도가 희생된 것으로 볼 수 있다. 그런데 영보 주민들로부터 확인한 바에 의하면, 이 명단도 정확한 것은 아니다. 그 가운데에는 누락된 이들도 상당수이고, 또 그 뒤까지 생존한 이들이 희생자 명단에 올라가 있는 경우도 있었다고 한다. 하지만 대체로 보아 200명 가까운 사람들이 희생된 것으로 보인다.

여기서 중요한 것은 그들이 피살된 장소이다. 위의 자료에 의하면 영보 사람들이 피살된 장소는 거의 대부분 '금정면 내산'이라고 기록되어 있다. 금정면 내산이란, 금정면 안쪽의 산간지역이라는 말로, 국사봉을 중심으로 한 주변지역을 가리킨다. 이곳은 지금도 매우 깊은 산간지역이다. 영보 사람들은 군의 유격대 토벌 과정에서 '빨치산' 혹은 그 동조 세력으로 간주되어 피살된 것이다. 금정면 사람들의 증언에 의하면, 당시 피란민들은 군과 경찰, 빨치산 모두를 피해서 우왕좌왕했고, 그러다가 피살된 경우가 많았다고 한다. 당시 금정면 사람들의 경우, 산간지역에서 영암읍의 평지로 하산하기도 어려웠다고 한다. 그것은 유격대들이 하산한 사람이 있는 집의 가족들을 반동이라 하여 못살게 굴었고, 심지어 처형하는 경우까지 있었기 때문이다. 이는 영보 사람들도 마찬가지였을 것이다. 일단 금정면 마을로 피신해 있는 상태에서 하산하기도 어렵고, 유격대를 따라 입산하기도 어려운 상태에서 이리저리 피란을 다니다가 토벌대에 의해 피살된 경우가 많았을 것이다.[59]

이처럼 한국전쟁기 영보의 피해 사례는 마을 주민들이 좌우익으로 갈라져 싸우다가 서로를 희생시킨 경우는 아니었다. 이 점에서 영보리 주민들의 한국전쟁 경험은 같은 영암의 구림마을의 경우와는 그 성격이 크게 다르다. 구림에서는 1950년 10월 7일, 마을 내 좌익들에 의해 저질러진 교회방화학살사건으로 우익 쪽의 주민 32명이 희생되었다. 그 안에는 군서면 대한청년단 총무의 가족과 경찰 가족들이 포함되어 있었다. 구림 마을에 경찰이 들어온 것은 10월 17일인데, 이날 경찰은 구림을 포위하고 주민들에게 모두 나오라고 명령한 뒤 주민들이 나오자 이들에게 사격을 가했고, 그 결과 78명이 사망했다. 좌익들은 이미 월출산 등지로 후퇴한 뒤여서 애꿎은 주민들만 당한 것이었다. 경찰은 학살 후 다시 영암읍으로 후퇴했고, 경찰이 다시 구림에 들어온 것은 11월 20일경이었다. 이때부터 구림은 낮에는 경찰이, 밤에는 빨치산이 장악하는 마을이 되었다. 경찰이 최종적으로 군서면에 진주한 것은 12월 15일이었다. 그리고 마을 주민들은 모두 자수하여 조사를 받았고, 조사 결과 3명이 처형되고, 나머지는 모두 석방되었다.[60]

한편 한국전쟁기 영보의 양반마을 12곳과 평민마을 2곳(홍암, 대천동) 사이에는 어떤 갈등이 없었을까. 마을 사람들의 말을 들으면, 특별한 갈등은 없었다고 한다. 홍암마을의 경우, 대부분 최씨와 신씨였고, 그 외에 박씨·정씨·김씨 등이 거주했는데, 일제강점기 말 14가구 정도에 불과했다고 한다. 대천동의 경우, 같은 시기 40호 정도 거주했던 것으로 보이는데, 최씨와 신씨가 많고 함양 박씨와 광산 김씨 등이 섞여 살았다고 한다. 따라서 이들 마을의 타성들이 따로 세력을 가질 수는 없었던 것이다. 또 영보마을 자체가 좌익마을이 되었기 때문에, 민촌 사람들이 이 마을을 공격할 상황은 전혀 아니었다. 이는 구림마을의 경우와 대비된다. 구림마을에서는 마을 내외의 평민 이하 계층의 주민들이 구림마을의 상징이라고 할 수 있는 회사정을 불태웠으며, 교회방화학살사건에도 관여했다.[61] 이와 같은 차이가 나는 것은 무슨 이유에서일까. 구림마을은 일부 사회주의자들이 있었지만 전체적으로 보수적인 양반동네였고, 이 때문에 마을 내외에 있던 평민층 이하의 주민들을 내려다보는 경향이 있었다. 결국 이는 전쟁이라는 상황에서 보복으로 나타났다. 물론 영보마을 양반들도 마을 내외의 평민·천민층에게 차별 대우를 한 것은 마찬가지였다. 하지만 영보의 경우에는 1930년대 이후 사회주의자들이 마을의 지도력을 장악하고 있었고, 전쟁기에는 이 마을에서 인민위원장과 내무서장이 나왔으며, 민촌의 세력은 극히 약했기 때문에 마을 내외의 평민층이 영보의 최씨와 신씨들에게 감히 도전할 수 없었을 것이다.

또 같은 성씨 내부, 혹은 최씨와 신씨 사이에서의 이른바 '자족지란'自族之亂도 이 마을에서는 일어나지 않았다.⁶² 그것은 최씨와 신씨들이 오랜 세월 동안 다져온 문중 내부의 결속력, 그리고 두 문중이 함께 해온 동계洞契가 큰 역할을 했을 것이다. 나아가 1930년대 농민시위사건은 이 마을 주민들로 하여금 동지의식을 갖게 했을 것이며, 이 사건의 지도자들이 마을에서 갖는 지도력은 무시할 수 없었을 것이다. 즉, 영보마을의 공동체적 결속력은 다른 마을에 비해 강고한 것이었고, 이것이 전쟁 중에 자족지란을 막는 결정적 역할을 한 것으로 생각된다. 두 성씨의 결속력은 오늘날에도 상당히 강한 편이다.

한국전쟁 이후 영보의 최씨와 신씨들은 영암에서 한동안 기를 펴지 못했는데, 특히 최씨들이 그러했다. 이는 명백히 한국전쟁의 여파였다. 1955년경 최병룡(전주 최씨, 부안 출신)이 영암경찰서장으로 부임해 오면서 다소 기를 펴게 되었다고 한다. 1950년대 도의원 선거에서 영보의 최씨와 신씨들은 단 한 명의 의원도 배출하지 못했다. 당시 1952년과 1956년 도의원 선거에서는 영암읍, 서호면, 시종면, 미암면에서 각각 1명씩의 의원을 배출했다.⁶³ 다만 면의원 선거에서는 리 단위별로 대표를 내도록 되어 있었기 때문에, 1952년 제1대 면의원 선거에서는 최관렬(강진농고 교장 출신)과 신희범(영암군 교육위원 출신)이, 1956년 제2대 면의원 선거에서는 최병수와 최관렬이 참여할 수 있었다.[64]

4. 맺음말: 전쟁은 마을에 무엇을 남겼나

20세기 초 나라가 식민지로 전락하는 절체절명의 위기 앞에서 영보마을의 양반 유생들은 위정척사와 항일의병의 길을 택했다. 그리고 이와 같은 분위기는 1910년대까지 이어졌다. 이는 같은 유력한 반촌인 구림과는 대비되는 것이었다. 구림은 이미 개화의 길을 불가피한 것으로 받아들이면서 젊은이들을 외지로 유학 보내고 있었다. 영보가 개화, 즉 신교육과 신학문을 거스를 수 없는 시대의 흐름으로 받아들인 것은 1920년대였다. 영보의 젊은이들도 이제 서울과 광주, 일본 동경 등지로 나가 중등교육을 받았다.

그런데 당시 신지식인층들이 일반적으로 그러했듯이 그들도 외지에서 사회주의의 세례를 받았다. 동경에 나갔던 김판권이 그 대표적인 인물이었다. 김판권이 귀향한 것은 1931년이었다. 당시 영암 출신으로 외지에 나가 사회주의운동에 참여했던 곽명수, 최판옥 등도 같은 시기에 고향으로 돌아왔다. 그리고 영암에는 유력한 사회주의 이론가 유용의(유혁)가 있었다. 이들은 당시 사회주의운동의 일반적인 분위기에 따라 공산주의자협의회와 같은 비밀결사를 만들고자 했고, 우선은 이를 위한 사전 정지작업에 착수했다. 김판권은 영보에서 광주학생운동을 전후한 시기에 학교를 마치고 귀향한 최동림·최병수·최석호·최규동 등을 만나 이들을 조직기반으로 삼았다. 이들은 마을에서 농민들을 상대로 '연구회', '연극' 등을 통해 각종 선전활동을 펼쳤다. 그런 가운데 최판옥, 김판권 등은 표면 단체로서 영암농민조합을 만들고자 했다. 그러나 영암농민조합의 조직은 영암지역 경찰들에 의해 저지당했다. 어느 정도 여건이 조성되었다고 판단한 이들은 1932년 4월 '영암공산주의자협의회'를 조직했다. 하지만 이는 머리만 있지 면 단위, 마을 단위의 하부조직은 없는 약체에 불과했다.

이와 같은 상황에서 1932년 6월 4일 영보농민시위사건이 발생했다. 이 사건은 위의 협의회와 같은 조직에서 사전에 준비한 것은 아니었다. 최판옥과 김판권이 노동절을 기념하기 위해 산유회를 갖고, 농민들을 상대로 강연을 하던 도중, 운암리의 이작移作 문제를 들고 나와 신소작인들을 응징하자는 제안을 하여 즉흥적으로 시위와 응징이 이루어진 것이었다. 따라서 이는 모험주의적 운동의 대표적인 사례라 할 것이다. 이 같은 시위로 인해 영보를 비롯하여 인근 마을에서 50여 명의 농민들이 체포되고, 마침내는 영암공산주의자협의회의 조직까지 드러나게 되었다. 결국 조직은 파괴되고, 67명이 재판에 회부되었다. 그리고 이 사건을 일으킨 최판옥은 재판 과정에서 전향을 선언해버렸다. 그는 이론적 무장과 책임의식이 취약했던 한 좌익 운동가의 모습을 보여준다.

해방 이후 영암의 건준과 인민위원회는 영암 출신의 혁명가 조극환, 1930년대의 영암공산주의자협의회사건, 그리고 뒤에 있었던 전남운동협의회사건에 관련된 청장년층이 주도했다. 이들 주도층 내부에는 구림과 영보 출신들이 많았다. 하지만 미군정이 들어오면서 이들은 주로 읍내 옛 향리가의 사람들로 구성된 우익 세력에게 밀려났다. 조극환을 비롯해 여러 사람들이 체포·수감되었다. 미군정에 의해 좌익으로 지목당한 인민위 세력은 결국 입산하여 유격대를 구성했다.

이른바 '비합시절', 영보는 유격대들이 활동하던 금정면의 산간지대와 가까운 관계로, 이 마을에서는 좌익들의 활동이 계속되었다.

한국전쟁은 영보마을 내에서도 반전과 반전을 거듭하게 한 역사적 사변이었다. 인민군이 진주하면서 부활된 인민위의 위원장과 내무서장 자리는 영보 사람들에게 돌아왔다. 인민위원장과 내무서장은 비교적 온건한 좌파였다. 따라서 학살과 보복은 거의 없었다. 그러나 9월 말 인민군이 후퇴하면서 영보마을 주민들은 모두 마을을 비우고 마을 뒤쪽의 금정면 산간지역으로 피신할 수밖에 없었다. 영보마을은 산간지역의 유격대와 평야지대의 경찰 사이에 경계지점이 되었다. 다시 말해 낮에는 경찰이 진주하고, 밤에는 유격대가 내려와 활동하는 지점이 된 것이다. 이 같은 상황은 1951년 초까지 계속되었고, 주민들은 경찰이 영보를 완전히 장악하고 대세가 기울었다고 판단한 1951년 봄이 되어서야 산에서 내려오기 시작했다. 인민위원장과 내무서장을 맡았던 이들도 하산하여 자수했다. 하지만 위험하다고 판단한 이들의 하산 시기는 좀더 늦어졌다. 그리고 더욱 위험하다고 판단한 이들은 끝내 하산하지 않았으며, 토벌대에 쫓기다가 금정면 내산지역에서 대부분 피살되고 말았다. 그 숫자를 정확히 알 수는 없으나, 적어도 100~200명 수준인 것으로 보인다. 하산한 주민들 중 대부분이 조사를 받고 석방되었지만, 일부는 수감 생활을 해야 했고 일부는 처형되기도 했다.

한국전쟁기 영보와 구림을 비교하면 인명 피해는 거의 비슷했거나 영보가 다소 많았던 것으로 보인다. 하지만 영보 주민들의 희생은 대부분 산속으로 피란했다가 발생한 것이었고, 구림 주민들의 희생은 마을 내부에서의 좌우 갈등으로 발생한 것이었다. 구림의 회사정은 불에 탔지만 영보의 영보정은 타지 않았다. 이런 것들은 영보의 결속

영보정 앞 비석군

력이 구림에 비해 상대적으로 강했음을 의미한다. 오랜 세월 동안 동계 등으로 다져진 문중과 마을의 결속력, 그리고 1930년대 농민시위 사건으로 다져진 마을 사람들의 동지의식은 마을 공동체의 결속력을 그만큼 강하게 만들었을 것이다. 여기에 해방 이후 이 마을이 영암군 좌파 지도자들을 다수 배출한 마을이 되어버렸기 때문에, 영보 양반들에 대해 반감을 가졌던 마을 내외의 평민들도 감히 이 마을 양반들을 공격할 엄두를 내지 못했을 것이다.

한국전쟁 이후 영암군 내에서 영보마을의 위상은 크게 추락했다. 반공 이데올로기가 지배적인 사회에서 영보마을 주민들은 숨죽이고 살아갈 수밖에 없었다. 그들은 1950년대 내내 국회의원 후보자는 물론 도의원 당선자 한 명도 배출할 수 없었다. 그들은 영암의 지방정치가 읍내나 다른 마을을 중심으로 전개되는 것을 지켜보아야만 했다.

하지만 오늘날 영보는 '풍향제' 등을 통해 마을 주민, 그리고 심지어 출향민들까지도 하나로 묶는 결속력을 여전히 보여주고 있다. 영보마을의 공동체적 결속력은 앞으로도 상당 기간 그 생명력을 이어갈 것으로 보인다.

3

양반마을과 평민마을의 충돌, 부여군의 두 동족마을

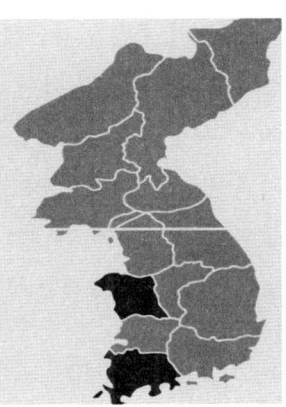

이 장에서 다루는 두 마을은 충남 부여군의 동족마을로서, 한 마을은 지역사회에서 유력한 양반 동족마을이었고, 다른 한 마을은 평범한 평민 동족마을이었다. 두 마을은 바로 이웃한 마을들로서 오랜 세월 동안 신분 문제로 갈등관계에 있었으며, 그러한 갈등관계가 한국전쟁기에 폭발하여 두 마을 모두 상당한 희생을 낸 경우이다. 이 장에서는 두 마을의 사례 연구를 통해, 한국사에서 '신분'이 차지하는 의미는 무엇이었고, 그러한 '신분'은 제도가 아닌 의식 속에서 어떻게 극복되어갔는지, 그리고 한국전쟁은 그러한 과정에서 어떤 역할을 했는지 살펴보고자 한다. 또 전쟁 과정에서 두 동족마을 사람들이 보여준 강렬한 친족의식,[1] 그리고 이를 토대로 한 두 마을 간의 갈등이 전쟁 이후 두 마을의 공동체의식과 두 마을 간의 상호관계에 어떤 영향을 미쳤는지도 살펴본다.

여기에서 다루는 두 마을의 이름은 각각 A마을, B마을로 표기한다. 마을의 주민들 가운데 이미 공식적인 기록으로 알려진 인물, 혹은 실명을 밝혀도 무방하다고 생각되는 인물들은 실명을 밝혔지만, 그렇지 않은 경우에는 가명을 썼다. 이 연구를 위해 2005년 봄부터 겨울까지 A마을 주민 10명, B마을 주민 5명을 인터뷰했음을 밝혀둔다. 주민들의 구술 내용에 민감한 부분이 있어 그분들의 이름을 다 밝히지 못하는 것에 대해 양해를 구한다.

1. 부여군 두 동족마을의 역사와 흔들리는 신분제

항일민족운동의 요람, 진주 강씨 민촌마을

A마을은 금강 변에 자리 잡고 있는 마을로서, 『부여군통계연보』(2004년판)를 보면 2003년 11월 현재 89세대가 거주하고 있다. 조사 당시인 2005년 봄 이 마을에는 78세대가 거주하고 있었다. 주민의 약 90%는 진주 강씨이며, 그 밖의 성씨들로서 김·박·장·한씨 등이 있으나, 이들도 대부분 진주 강씨와 인척관계에 있는 이들이고, 5~6가구만 인척관계가 없다고 한다. 이처럼 이 마을은 동족마을로서의 성격을 아직도 강하게 유지하고 있다. 이 마을은 인근의 다른 동족마을과 비교해봐도 같은 성씨가 차지하는 비중이 매우 높다. A마을과 같은 면에 풍양 조씨, 밀양 손씨, 수원 백씨, 남평 문씨 등의 마을이 있지만, 이 마을처럼 같은 성씨의 비중이 높은 곳은 찾아보기 힘들다. 1935년 젠쇼 에이스케善生永助가 이 마을을 조사했을 때, 마을의 전체 호수는 110호였으며, 그 가운데 진주 강씨는 98호, 타 성씨는 12호였다고 한다.[2] 진주 강씨는 당시로서도 매우 높은 비율을 차지하고 있었다.

이 마을은 기본적으로 민촌 동족마을의 성격을 지니고 있다. 부여군에서 양반 성씨라 하면 일반적으로 풍양 조씨, 창녕 성씨, 문화 유씨, 여산 송씨, 금녕 김씨, 능성 구씨 등을 꼽는다. 따라서 A마을은 반촌이 아닌 민촌의 동족마을이라고 부를 수 있다. A마을의 남쪽에는 뒤에서 보게 될 풍양 조씨의 반촌마을인 B마을이 있고, 그 반대편 서북쪽에는 진주 강씨와 남평 문씨가 함께 사는 민촌마을인 D마을이 있다.

A마을이 언제 강씨들의 동족마을로 되었는지는 확실치 않다. 1980년에 간행된 『진주강씨통계공파중정공가보』晉州姜氏通溪公派中正公家譜에 의하면, 17세기 초 진주 강씨가 이 마을에 자리 잡기 전에는 신창 맹씨, 한양 조씨, 거창 신씨(혹은 심씨)가 약 20호 정도 살고 있었다고 한다. 그러던 중 강씨들이 이 마을로 들어오면서 다른 성씨들은 떠나기 시작했고 결국은 진주 강씨들의 마을이 되고 말았다는 것이다. 앞의 진주 강씨 족보를 보면, 입향조라 할 수 있는 강치손姜致蓀(1581~1641)이 이웃한 B마을의 화림花林이라는 곳에 묻힌 것으로 되어 있다. 그리고 그의 아들 강위姜渭(1603~1664), 손자 강맹종姜孟宗(1622~1661)도 역시 같은 곳에 묻힌 것으로 되어 있다. 현재 이들의 묘소는 그 옆에 살고 있는 강씨 집안의 종손이 돌보고 있다. 그리고 증손 수견壽堅, 고손 소철素哲은 B마을이 아닌 A마을의 기암골이라는 곳에 묻힌 것으로 되어 있다. 이로 미루어볼 때, 강치손·강위·강맹종 등은 본래 이웃한 B마을에 살았던 것으로 보이며, 강수견·강소철 대에 와서 A마을로 옮겨 살았던 것이 아닌가 여겨진다. 그런데 앞의 족보에는, "강치손이 청양으로부터 남하하여 이 마을로 들어왔다는 설이 지배적이지만, 인조조 정산민란 때 강맹종이 이 마을로 은거해 들어오지 않았을까"라고 추측하는 부분이 나온다.[3] 그러나 강씨 문중의 일부 사람들은, 입향조라 할 수 있는 강치손은 본래 새우젓 장사를 하

던 이로서, 처음에는 B마을에 들어왔고, 그 후손들이 A마을로 옮겨온 것으로 보인다고 말한다. 그리고 처음 들어온 곳은 A마을의 기암골이 었던 것으로 추정하고 있다. 그것은 그곳에 강수견, 강소철의 묘소가 있기 때문이다. 아무래도 족보의 기록보다는 이와 같은 전언이 더 신 빙성이 있어 보인다.

진주 강씨는 고구려 때 병마절도원수를 지낸 강이식姜以式을 선조 로 한다. A마을의 진주 강씨는 후손들 가운데 고려 중엽 국자감 박사 를 지내고 진산부원군에 봉해진 박사공 강계용姜啓庸을 시조로 한다. 따라서 이 마을 사람들은 크게 보면 진주 강씨 박사공파에 포함된다. 하지만 이 마을 사람들은 자신들을 통계공파라고 부르는데, 통계공 강회중姜淮仲은 고려 말에 보문각 대제학 등 벼슬자리에 있으면서 최 영 장군과 더불어 탐라를 토벌·평정한 인물이다. 강회중은 고려가 망 하고 조선이 들어선 이후 일절 벼슬자리에 나아가지 않았다고 한다. 이 마을(실제로는 이웃 마을)에 처음 들어온 입향조 강치손은 박사공 파 14대손이 된다.

강치손이 묻힌 화림이라고 불리는 산자락은 본래 B마을 풍양 조 씨들의 땅이었는데, 강치손 본인이나 그의 후손들이 풍양 조씨로부 터 사들여 얻은 것이라고 한다. 강씨들은 자리가 좋아서 이후 자손이 번창했다고 말한다. 앞의 족보 서문에 의하면 1980년경 이 마을에만 100여 호가 있었고, 이 마을 출신들로서 타지로 진출한 이들이 서울 권에 100여 호, 대전권에 30여 호, 논산권에 30여 호, 부여권에 30여 호, 그 밖의 전국에 30여 호, 해외에 30여 호 등 모두 400여 호에 이를 만큼 크게 번성했다고 한다.

A마을은 진주 강씨 동족마을이었지만, 타 성씨가 전혀 없었던 것 은 아니다. 또 강씨들도 모두 동등한 경제적 상태에 있었던 것은 아

니었다. 강씨들은 대부분 영세 소농이었지만, 일부는 머슴을 두어 명씩 데리고 농사를 지을 만큼 부농도 있었다.[4] 1935년에 젠쇼 에이스케가 이 마을을 조사했을 때, 순지주는 없고 지주 겸 자작이 32호, 자작 겸 소작이 60호, 순소작이 6호였다고 한다. 그러나 이는 마을 주민들의 기억과는 다소 차이가 있다. 주민들은 일제강점기에 최재봉이라는 300석 정도 규모의 소지주가 이 마을에 살았으며, 그는 자작은 하지 않았고 소작만 주어 도지를 받았다고 한다. 하지만 최재봉도 머슴을 두고 약간은 자작을 했을 가능성이 있으며, 그 경우 그도 지주 겸 자작농으로 포함된 것이 아닌가 여겨진다. 한편 이 마을의 전답 가운데 일부는 금강 건너편에 사는 김종호라는 지주의 소유였다고 한다. 김종호는 몇천 석 하는 대지주였는데, 그는 해방 이후 이 마을의 땅을 그동안 소작해오던 이들에게 헐값으로 팔았다고 한다. 농지개혁이 다가오자 헐값에 토지를 방매한 것이다. 이때 소작인들 가운데 일부는 돈이 없어 자신이 경작하던 땅을 사지 못하자, 다른 이에게 땅을 사라고 한 뒤 자신의 권리에 대한 대가로 약간의 도지를 받았다고 한다. 최재봉 역시 1948년 즈음에 소작인들에게 땅을 모두 팔고 마을에서 사라졌다고 한다. 따라서 이 마을에서는 사실상 농지개혁이 실시되지 않았다고 주민들은 전한다.

민촌인 A마을은 풍양 조씨 반촌인 B마을에 의해 항상 억눌려 지내왔다고 한다. 그러나 그러한 관계를 서서히 떨쳐버릴 수 있는 계기가 대한제국기 즈음부터 마련되었다. A마을에서도 관리와 민족운동가들을 배출하기 시작했기 때문이다.[5] 조선조 말기 이 마을에서는 강신발姜信發(1839~1882)이라는 인물이 서당을 열어 문중의 자제들을 가르쳤다. 그는 학문이 높고 문장이 뛰어나 그에게 글을 배우러 오는 이가 많았다. 그의 아들 강석기姜錫箕(또는 姜虞, 1862~1932)는 1900년

강진구

경흥 성진 길주감리서에서 주사를 지냈고, 1904년에 남포군수를 지냈으며, 1906년에는 홍주군수로 임명되었다. 그러나 을사조약 이후 국권이 상실되었다고 보고 이후 관직에 나아가지 않았다. 1909년에는 나철羅喆과 함께 단군 신위를 경성 가회동 취운정에 봉안하여 대종교를 중광하는 데 참여했다. 1910년 이후 만주로 망명하여 대종교 포교 사업을 전개했으며, 1919년 북로군정서 고문으로 임명되었고, 간도 주재 일경에 잡혀 부여의 고향 마을로 강제 송환되었다. 이후 1921년 대종교 남도본사 도사교위리都司敎委理에 임명되어 남한 지역에서 대종교를 포교하는 책임을 맡았다. 그는 『종리문답』倧理問答, 『천산도설』天山圖說, 『제천혈고사』祭天血告辭 등 저서를 남기고 1932년 세상을 떠났다.[6]

강석기의 장남 강진구姜鎭求(1884~1957)는 어려서 부친으로부터 한문을 배웠고, 1905년부터 이듬해까지 은진군 강경소학교를 다녔다. 1906년 서울의 무관학교(6년제)에서 잠시 수학하고, 1907년 다시 귀향하여 강경소학교를 다니다가 1909년 이 학교를 졸업했다. 1910년 4월 한성사범학교에 들어갔으나 그해 7월에 병으로 퇴학했다. 그해 9월에는 부여군 소양학교 교원으로 임명되어 1911년까지 근무했고, 이어서 1912년까지 석성군 석양학교 교원으로 근무했다. 1919년 만주로 건너가 연길현 관도구 민립 천영학교 교원으로 4개월 정도 근무하다가 귀향하여 1920년 논산군 채운금융조합 평의원, 1921년 부여공립보통학교 학무위원, 1925년 부여군 농회 평의원, 1927년 부여군 학교 평의원, 부여군 산업조합 평의원, 1929년 장암보통학교 학무위원, 1930년 부여군 삼림조합 평의원 등을 지냈다. 또 1941년부터 1942년 사이에는 면장을 맡기도 했다. 1920년 귀향한 이후 그는 사실상 총독부와 타협하여 여러 관변기구의 평의원과 면장직을 맡았던 것이다.[7]

강석기의 차남 강철구姜鐵求(1891~?)는 강경소학교를 졸업하고 토지조사국 기수로 약 2년간 근무했다. 그 뒤 1917년 만주로 건너가 철령육영학교에서 1년간 수업하고, 이듬해 연길현 동불사銅佛寺로 이주하여 3년간 계몽운동에 종사했다. 1920년 1월에는 북로군정서 총재 서일徐一의 비서가 되어 독립운동을 측면에서 도왔다. 그해 4월 북로군정서의 명령으로 국내에 파견되어 부여의 갑부 박창규朴昌奎, 박남규朴南奎 등으로부터 군자금을 조달해 만주에 돌아와 서무부장 김택金澤에게 직접 건네주었다. 1922년 6월에는 사관연성소 확충자금 모집차 임시정부 발행 공채 3만 5,000원 상당의 문서를 가지고 입국하여 동지들을 확보하고, 경성의 동생 강용구姜鎔求 집에 숨어 활동하면서 이곳을 거점으로 하여 부호들의 집을 은밀히 방문, 군자금을 모았다. 그는 고향 부여에도 내려가서 군내 각 면을 순방하고 군자금을 확보했다. 하지만 결국 체포되어 1923년 3월 31일 경성지방법원에서 징역 3년형을 받고 옥고를 치렀다. 출옥 후 그는 다시 만주로 건너가 대종교 포교에 진력하는 한편, 1928년 3월까지 연길현 동불사 상양리에서 천영학교 교사로 재직하면서 후진양성을 계속했다. 강철구가 대종교에 들어간 것은 20세 때인 1910년의 일이었고, 1935년 이후 대종교의 주요 간부 직책을 차례로 맡았다. 1942년 11월 그는 동불사 자

해방 직후 환국기념으로 대종교 간부들이 찍은 사진
앞에서 두 번째 줄 오른쪽 끝이 강용구, 앞줄 왼쪽에서 세 번째에 있는 인물이 뒷날 부통령이 되는 이시영이다.

택에서 일본 경찰에 검속되어 목단강경찰서로 끌려갔다가 구금된 지 9개월 만에 병으로 석방되었다. 그러나 풀려난 지 한 달도 못 되어 세상을 뜨고 말았다. 이른바 '임오교변'壬午敎變의 희생자가 되었던 것이다.[8]

이 마을은 또 다른 한편에서 사회운동을 통하여 민족해방운동과 연결되었다. 1930년과 1931년 두 차례에 걸쳐 부여의 사회운동가들은 부여농민조합을 결성코자 했으나 경찰의 탄압으로 좌절되었다. 그런 가운데 1931년에는 비밀결사로서 화성당火星黨이 조직되었는데, 여기에는 서진徐震(『조선일보』 대전지국 기자), 유기섭柳基燮(『중앙일보』 부여지국 기자), 강성구姜星求(『동아일보』 부여지국 기자), 김동진金東鎭, 박주완朴周完 등이 참여했다. 화성당은 조선공산당 재건운동의 차원에서 각지에서 지역공산주의자협의회가 만들어지고 있었던 것과 맥을 같이한다. 화성당에는 A마을 출신 강성구가 참여하고 있음이 주목된다. 강성구는 광주학생운동이 전국으로 확산되고 있던 1930년 초 부여공립농업보습학교 동맹휴교격문사건을 주도한 인물이었다.[9] 화성당은 경찰에 발각되어 주모자 서진·유기섭·강성구 등이 공주지방법원에서 무죄, 경성복심법원에서 각각 징역 1년 6개월에서 1년 사이의 형을 언도받고 복역했다.[10]

또 1933년 부여에서는 '금강문인회' 사건이라고도 불리는 '부여 공산주의자협의회' 사건이 있었다. 이 사건 역시 조선공산당 재건운동의 일환으로 각지에서 전개되고 있던 각 지역 공산주의자협의회의 성격을 띠고 있는 것이었다. 1931년 10월 노명우, 이호철, 유기섭, 오기영, 최재봉 등 부여의 사회운동가들은 '공산주의연구협의회'를 만들기로 하고, 책임대표자, 서기부, 조사부, 교양부 등의 부서를 두었다. 그러나 이호철이 일시 만주로 떠나가 있는 바람에 아무런 활동을 하지 못하다가, 이호철이 귀향한 1933년 이후 이들은 다시 회동하여 '공산주의연구협의회'를 해산하고 대신 '공산주의자협의회'를 만들기로 했다. 연구 목적의 조직이 아닌 실천 위주의 조직을 만들기로 한 것이다. 협의회의 책임대표자는 이호철이 맡았고, 조사부(노명우), 조직부(유기섭), 선전부(오기영) 등을 두고 각 면의 책임자를 임명했는데, A마을이 속해 있는 X면의 책임자는 A마을에 살고 있던 최재봉이었다. 최재봉은 앞서 본 것처럼 300석 정도 규모의 소지주였다.[11]

그런가 하면, A마을에서는 1933년 4월 따로 칠모회七眸會(일곱 동무의 모임)라는 야학 교사들의 모임이 만들어졌다. 여기에 참여한 이들은 강병국姜秉國, 강성모姜聖模, 강주구姜柱求, 강병욱姜秉郁, 강병환姜秉煥, 강일구姜日求, 최재봉 등이었다. 당시 이 마을에서는 최재봉의 재정적 후원에 의해 야학이 비교적 활발하게 운영되고 있었다. 칠모회는 야학 교사들의 모임이었기 때문에 야학의 교과목, 교과, 교재 등을 협의했다. 그런데 칠모회 회원들은 이후 부여공산주의자협의회가 발각되어 관계자들이 체포되면서 이에 연루되어 함께 검거되었다. 이 사건의 판결문을 보면, 칠모회 회원들은 조선에서의 사유재산 제도를 부인하고 공산사회를 실현할 것을 목적으로, 야학 생도들에게 노동자-자본가 대립의 계급의식과 투쟁심을 주입했다고 되어 있다. 그러나 실제로 야학에서 그와 같은 교육이 얼마나 가능했을지는 의문이다.[12]

이들이 가르치던 야학은 그 이전의 서당이 개조된 것이었다. 앞서 본 것처럼 19세기 후반 강신발은 서당을 열어 문중의 아이들을 가르친 바 있었다. 이 마을의 아이들은 일곱 살만 되면 모두 서당에 들어가 공부했으며, 그 결과 노소 모두가 글을 쓸 줄 알았다고 한다. 1906년에는 그의 아들 강석기가 마을에 천영학교天英學校를 설립했고, 1929년에는 강석기의 아들 강진구가 광일의숙光日義塾을 세워 학령을 넘긴 남녀 아동들을 모아 야학으로서 보통학교 4년 정도에 해당하는 교육을 했던 것으로 보인다. 당시 광일의숙은 문중 소유 전답의 수익금으로 운영했다고 한다. 그런데 1930년대에 들어와 광일의숙은 장정야학으로 바뀌고, 1933년 최재봉의 재정 지원과 문중의 재원으로 300평의 부지를 확보하고 건물도 현재의 단군전 앞에 신축, 이전했다. 이때부터 화성당의 강성구가 중심이 되고 칠모회 회원들이 장정야학의 교사로서 그를 도우면서 아이들을 가르쳤던 것으로 보인다.[13]

칠모회 회원들은 어떤 이들이었을까. 우선 야학에 재정적 지원을 했던 최재봉은 이 마을에 살던 강신요姜信曜(1855~1919)의 외손자로서 외가가 있는 A마을에서 태어나 성장했다고 한다. 그의 부친은 이웃한 광석면 출신의 부농이었으며, 이 마을에도 상당한 땅을 갖고 있었기 때문에 처가 마을로 이사한 것으로 보인다. 최재봉은 부여보통학교를 졸업하고 경성으로 올라가 중동학교에 다녔다고 한다. 최재봉은 부친이 사망하자 중동학교를 중퇴한 후 귀향하여『조선일보』부여지국을 경영했고, 마을의 야학 교사로 활동했다. 또한 앞서 본 것처럼 부여공산주의자협의회에도 참여했다. 그는 중동학교를 다닐 때 마르크스, 레닌 등의 서적을 읽고 사회주의 사상으로 기울어진 것으로 보인다.[14] 그는 치안유지법 위반으로 징역 1년 6개월에 집행유예 5년을 선고받았다.

강일구(1910~?)는 배재학당을 중퇴하고 귀향하여『조선일보』부여지국 사원과 야학 교사를 하면서 부여공산주의자협의회와 칠모회에 참여했다. 이외에도 야학 교사로 활동하며 칠모회에 참여했다가 치안유지법 위반으로 징역 1년에 집행유예 5년을 선고받은 이들은 셋이 더 있다. 보통학교 중퇴 경력의 강주구(1914~1950)와 강병국(1915~?), 보통학교 졸업 경력의 강성모(1915~1940)가 바로 그들이다.[15]

이상과 같이 A마을은 한말에 관직을 지낸 강석기를 배출했고, 또 식민지시기 국내외에서 항일운동에 참여한 이들을 다수 배출했다. 이 일들로 인해 A마을 사람들의 자부심은 상당히 높아졌을 것으로 여겨진다. 또 강진구는 비록 식민지시기 면장으로 재직했지만 인심을 잃지 않았기 때문에, 해방 직후 만들어진 부여군 건국준비위원회와 인민위원회에서 위원장을 맡았다. 이처럼 근대 이후에 들어서면서 A마을에서는 많은 인재를 배출했고, 이는 오랜 시일 동안 신분제로 인하여 B마을에 억눌려왔던 A마을 사람들로 하여금 어느 정도 기를 펼 수 있게 했을 것으로 여겨진다.[16]

400년 전통의 명문가 풍양 조씨 반촌마을

B마을은 A마을의 남쪽 약 1킬로미터 지점에 자리 잡고 있는 마을로서, 2005년 현재 73세대가 거주하고 있다. 이 가운데 풍양 조씨는 45세대이며, 전주 이씨 15세대, 그리고 김씨, 박씨 등 타성이 함께 거주하고 있다. 하지만 이 마을은 전통적으로 풍양 조씨의 동족마을로 여겨져왔고, 이 마을에서 풍양 조씨 세대가 차지하는 비중도 이전에는 훨씬 높았다고 한다. 풍양 조씨는 B마을이 자리 잡고 있는 X면의 여러 인근 마을에도 다수 분포하고 있어 부여군 전체에서 상당히 큰 힘을 발휘했으며, 이는 현재도 마찬가지이다. 그런데 B마을은 이들 조씨 마을 가운데에서도 가장 많은 조씨들이 거주하는 마을이다. 또 풍양 조씨는 부여의 대표적인 양반가의 하나로 조선시대에는 생원과 진사를 합쳐 모두 15명을 배출했으며,[17] 19세기 풍양 조씨의 세도정치 시기에 X면의 풍양 조씨들도 상당한 위세를 과시할 수 있었던 것으로 보인다.

풍양 조씨들이 B마을이 있는 X면에 처음 들어온 것은 470여 년 전으로 추정된다. 마을에 처음 들어온 입향조는 고려 말~조선 초의 조신趙愼으로 알려져 있다. 조신은 이방원의 어린 시절 스승이기도 했는데, 고려가 망하고 조선 왕조가 들어서자 개경을 떠나 남하하여 X면의 덕림이라는 곳에 정착했다고 한다. 조신의 두 아들 가운데 장남인 안평安平은 강원도 춘천으로 갔고,[18] 차남인 개평開平은 그대로 덕림에 눌러 앉아 살았으며, 개평의 아들 후지厚之를 거쳐 그의 아들들인 익조益祚, 익희益禧, 익상益祥, 익우益祐의 자손들의 수가 크게 늘어나면서 자손들이 X면과 그 이웃 면들, 당시로는 임천군에 속해 있던 여러 마을들에 흩어져 살게 되었다. 후지厚之의 4형제 가운데 익상의 후손

표 3-1 B마을 풍양 조씨 계보도

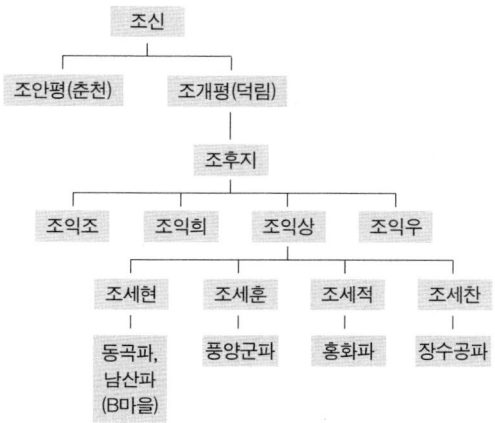

들이 가장 수가 많았는데, 그것은 그도 역시 4형제를 두었기 때문이다. 이들 4형제와 그들 후손들의 지파를 살펴보면, 세현世賢의 자손들은 동곡파, 남산파, 세훈世勳의 자손들은 풍양군파, 세적世勣의 자손들은 홍화파, 세찬世贊의 자손들은 장수공파로 불리게 된다. 이 가운데 B마을에 사는 이들은 주로 남산파에 해당한다. 남산파는 또 그 아래에 4형제가 있어서 다시 4개의 지파로 나뉜다. 이 마을에는 남산파 외에도 다른 지파의 사람들이 10여 호 살고 있다고 한다.[19]

과거 임천군에 속했던 지역에는 현재 모두 네 곳의 풍양 조씨 문중서원·사우가 있다. 네 곳의 서원·사우는 입향조 조신을 배향하는 동곡서원東谷書院(1930년 건립), 조박趙璞·조견소趙見素·조성복趙聖復을 배향하는 반산서원(1966년 건립), 조태징趙泰徵·조명규趙明奎·조주진趙疇鎭을 배향하는 남산사(1770년 건립, 1866년 철훼, 1954년 복구), 조응록趙應祿·조방직趙邦直·조광형趙光亨을 배향하는 낭산사 등이다. 한편 A

3 양반마을과 평민마을의 충돌, 부여군의 두 동족마을   189

마을과 B마을 사이에는 C마을이 있는데,[20] 이 C마을에 남산사가 위치하며, 그 옆에는 풍양군파의 중시조인 조세훈(풍양군)을 모신 사당이 있다. 풍양군은 중종반정의 정국공신으로서,[21] 그의 6대손이 영조대에 영의정에까지 오른 풍원군 조현명趙顯命이다. B마을 풍양 조씨의 대부분을 이루는 남산파의 사당인 남산사에는 비록 군수 정도의 벼슬을 지낸 이들이 배향되어 있지만, 풍양군의 사당이 곁에 있고, 풍양군파의 사람들이 인근의 지토리에 아직도 30세대 정도 살고 있다. 따라서 조선 후기 이래 B마을의 풍양 조씨들의 위세가 어떠했을 것인지는 충분히 짐작할 수 있다.

풍양 조씨들은 C마을이 있는 남산사 앞에 흥학당興學堂이라는 서당을 설치하여 문중의 아이들은 물론 인근 마을의 아이들까지도 모아서 가르치도록 했다. 흥학당은 숙종 때 사람 졸수재拙修齋 조태징趙泰徵이 마을 옆의 하곡에서 강학을 하다가 세상을 뜬 이후,[22] 풍양 조씨의 남산파, 용동파, 홍화파 세 문중의 장로들이 뜻을 모아 학전學田을 사고 집을 사들여 개설한 것이었다. 이후 이 집이 오래되어 여러 차례 수리했지만 퇴락하자 개축의 필요성이 제기되어, 1941년 종회에서 재원을 마련하여 개축했다고 한다. 그리고 한말에서 일제강점기 사이에는 성암誠菴 조준하趙俊夏가 이곳에서 학생들을 모아 한학을 가르쳤다.[23] 조준하는 이웃한 지토리의 정죽파鄭竹坡와 단양의 성존화成存窩 등에게 수학했고, 부여 일대에서 한학으로 이름난 인물이었다.

20세기 전반 B마을 풍양 조씨의 유력자로서는 조남시趙南始, 조남석趙南碩, 조남준趙南準, 조순구 등을 들 수 있다. 이들은 마을의 여론을 좌우할 만한 힘을 갖고 있었다고 하며, 특히 조남시는 100석 정도 규모의 소지주로서 머슴들을 여럿 두고 농사를 짓고 있었다고 한다. 그리고 강 건너 석성의 김용대라고 하는 지주가 이 마을에 상당한 땅을 갖고 있었는데, 해방 이후 농지개혁이 다가오자 소작인들에게 헐값으로 땅을 팔아 넘겼다고 한다. 조남시도 부분적으로 소작인들에게 땅을 팔았다고 한다. B마을의 풍양 조씨들 가운데에도 가난한 소작인들이 있었고, 이들에게 헐값으로 땅을 팔았던 것이다.[24]

신분제의 해체와 두 동족마을의 대립

『사마방목』에 의하면, A마을의 진주 강씨는 조선시대에 단 한 명의 생원과 진사 합격자도 배출하지 못했다. 반면에 B마을이 속한 임천군에서 풍양 조씨들은 생원과 진사 합격자를 15명이나 배출했다. 또 풍양 조씨는 이 마을 출신은 아니지만 18세기부터 중종반정 공신인 풍양군(조세훈)과, 영의정에까지 오른 풍원군(조현명)을 배출한 명문 가문으로서 이 마을이 속해 있는 임천군에서 가장 유력한 가문이었다. 18세기 중반 임천군의 기록인 『가림보초』嘉林報草에는 풍양 조씨로서 한양에 살던 조석하趙錫夏가 자신들의 선산이 임천의 덕림에 있는데, 이 선산의 소나무 100여 그루를 임천의 유생 남국전南國銓이 노비들을 시켜 함부로 베어냈다면서 군수에게 소장을 낸 일이 있었다. 임천 군수는 결국 무단향곡武斷鄕曲의 죄로 남국전의 노비들을 처벌했다. 그런데 이 소장을 보면, 조씨 문중은 선산을 보호하기 위해 선산 옆에 이를 관리하는 재승齋僧까지 두었음을 알 수 있다.[25]

따라서 평민마을인 A마을은 유력한 양반 신분의 마을인 B마을에 항상 눌려 지낼 수밖에 없었다. 특히 풍양 조씨들이 세도를 부릴 때인 19세기 이후에는 더욱 그러했다. 진주 강씨들은 신분적 약점을 극복하기 위해 열심히 일할 수밖에 없었고, 그 결과 식민지시기에는 B마을 부근에서 농지를 사들여 농사를 짓는 이들도 있었다. 하지만 이들이 농사일을 하기 위해 B마을 앞을 지날 때면 B마을의 양반들이 그들을 불러 먹을 것을 바치고 갈 것을 강요하기도 했다고 한다. 하지만 A마을 사람들은 이에 저항할 수 없었다. A마을은 평민마을이고 B마을은 양반마을이라는 신분의 벽 때문이었다.

조선 사회에서 '신분'은 사람들을 규정하는 무엇보다도 중요한 근거였다. 그리고 그 신분은 어느 마을에 살고 있는 무슨 성씨인가 하는 것에 의해 일차적으로 규정되었다. 이러한 상황은 식민지시기에 들어와서도 크게 변하지 않았다. 양반과 평민 사이의 구별은 혼인관계에서 여전히 잘 나타났다. B마을 사람들의 혼인은 여전히 주변의 양반 성씨들과 주로 이루어졌다. 논산의 파평 윤씨, 부여군 세도면의 의령 남씨, 전주 이씨 등과 혼인을 가장 많이 했고, 그 밖에 부여의 양반 성씨라고 하는 창녕 성씨, 문화 유씨, 여산 송씨, 금녕 김씨, 능성 구씨 등과도 혼인을 했다. 하지만 이웃한 A마을 진주 강씨와는 절대로 혼인하지 않았다. B마을 사람들은 이를 가리켜 '수준', 즉 신분이 달랐기 때문이라고 설명한다.

양반들의 신분의식은 1894년 신분제가 공식적으로 폐지된 이후에도 사람들의 머릿속에 여전히 남아 있었고, 식민지시대에 들어와서도 이러한 상황은 여전했다. 1920~1930년대에 여전히 특권적 신분의식을 갖고 있던 양반들은 만인 평등을 주장하기 시작한 평민층과 잦은 충돌을 벌였으며, 당시 한 신문은 양반들이 '의식 공황 상태'에 빠져 있다고 지적하기도 했다. 당시 충청도 곳곳에서 양반과 평민들의 신분 문제를 둘러싼 충돌이 있었다. 당시 신문기사를 보면, 그러한 사례들을 쉽게 찾아볼 수 있다. 예를 들어 1934년 천안에서는 술집 주인이 양반에게 밀린 술값을 독촉했다가 양반에게 대들었다 하여 마을의 다른 양반 10여 명에 의해 몰매를 맞고 마을에서 축출당하기도 했다. 또 청주에서도 20세 된 양반 출신의 청년이 70세 된 평민 출신의 노파를 언행이 불미스럽다 하여 폭행했다. 1928년 충북 괴산에서는 양반들이 자위단을 조직하여 언행이 불손한 상민常民들을 징치하기도 했다.[26]

식민지시기 B마을 풍양 조씨들의 의식 속에도 여전히 양반의식이 남아 있었다. 1920~1930년대 A마을과 B마을 사이에 있는 C마을에 살던 유학자 조준하는 인근에서 가장 유명한 학자였고, 흥학당에서 인근의 청소년들을 모아 한학을 가르쳤다. 1921년 조준하 그의 주도하에 인근 유생들을 모아 「가림향약」을 만들었다. 그가 향약을 만들기 위해 각지에 보낸 통문을 보면, "오호라 세상의 도가 크게 변했고, 풍속이 점차 무너지고 있으며, 연소한 신진은 인륜이 무슨 물건인지도 모른다"면서, 옛 도를 회복하기 위해 이 향약을 만든다고 말하고 있다. 여기서 옛 도, 인륜, 풍속이 가리키는 가장 중요한 내용은 '신분의 구별'이었을 것이다.

이는 계원들의 좌목座目을 보면 알 수 있다. 계원이 될 수 있는 성씨들은 풍양 조씨, 회덕 송씨, 전주 이씨, 여흥 민씨, 파평 윤씨, 문화 유씨, 능성 구씨, 경주 이씨, 여주 이씨, 함평 이씨, 풍천 임씨, 의령 남씨, 남양 홍씨 등으로 한정되어 있었다. 이들은 모두 18~19세기에 세도로 유명했던 집안의 사람들이었다. 임원도 풍양 조씨, 능성 구씨, 풍천 임씨, 여흥 민씨, 남양 홍씨, 여주 이씨로 채워졌다. 그리고 「입약범례」立約凡例를 보면, "유사有司는 필히 노복奴僕을 부릴 만한 자로 삼는다"고 했고, 계契 좌목의 성명 밑에는 작은 글씨로 호號, 자字, 생년, 본관, 현조顯祖의 몇 대손, 거주지 등을 쓰도록 했다.[27] 즉, 현달한 조상이 없는 이는 사실상 계원이 될 수 없었던 것이다. 한마디로 이 향약은 양반들만의 향약이었다. 당연히 평민은 들어갈 수 없었으며, 노비 출신은 말할 것도 없었다. 노비제가 폐지되었지만, 여기서는 여전히 '노복을 부릴 수 있는 자'만이 유사를 맡을 수 있다고 하여, 노비제의 존속을 주장하는 것처럼 보이기도 한다.

이런 상황 속에서 1930년대까지도 양반가의 구성원들은 나이에 관계없이 평민들에게 말을 낮추어 하는 것이 일반적이었고, 평민들이 양반들에게 대등하게 나오려 하면 이를 관습을 어긴 것이라 하여, 앞서 본 괴산의 경우처럼 집단적으로 폭력을 가하는 경우들도 있었다. 1920년대 반촌인 B마을 사람들도 민촌인 A마을 사람들을 하시下視하는 것이 일반적인 분위기였던 것으로 보인다. 하시의 구체적인 표현은 반말을 하는 것이었다. 심한 경우에는 이 마을의 유력한 조씨들이 말을 잘 듣지 않는 강씨들을 붙잡아다 볼기를 치기도 했다고 한다. B마을 사람들이 A마을 사람들을 하시하는 것은 1930년대까지도 이어졌던 것으로 보인다. 그런데 1930년대 후반 이후 보통학교의 증설로 보통교육이 차츰 일반화되면서 A마을 학생들과 B마을 학생들이 함께 남산소학교에 다니기 시작했는데, 이즈음부터 B마을 사람들이 A마을 사람들에게 드러내놓고 하시하지는 못했다고 한다. 1926년생인 강동구는 "우리가 철들면서부터 B마을 사람들이 우리들을 무시하지 못하게 되었다"라고 말한다. 이를 통해 보면 보통교육을 받은 이들이 성인이 되던 해방 전후의 시점에서 신분의식이 서서히 무너지기 시작한 것으로 보인다.

2. 한국전쟁기 두 동족마을의 충돌

부여군 남로당과 대한청년단의 설립

해방 직후 부여군에도 건국준비위원회와 인민위원회가 차례로 만들어졌다. 1945년 8월 26일 건준이 만들어졌을 때, 위원장으로 피선된 인물은 A마을 출신 강진구였다. 그는 일제강점기하 후반기에 각종 협의회의 의원과 면장직을 역임했지만 결코 인심을 잃지 않았고, 또 그의 부친과 동생이 대종교의 창건과 포교, 독립운동에 힘쓰다가 사망했다는 후광이 작용하여 건준 위원장으로 추대된 것으로 보인다. 그리고 그는 1945년 9월 25일 부여 건준 위원장직을 사임했다. 이는 아마도 건준이 인민위원회로 탈바꿈한 데 따른 것으로 보인다. 그리고 같은 해 10월 27일에는 다시 인민위원장으로 뽑혀 12월 9일 사임하기까지 약 한 달 반 정도 인민위원장을 수행했다.

그가 부여군 인민위원장직을 사임한 뒤 그 자리를 대신한 인물은 이호철李戶喆이었다.[28] 이호철은 홍산면 조현리 출신으로, 일본대학 전문부 정경학과 2학년을 중퇴했고, 1933년 부여공산주의자협의회 사건 시 주도적인 역할을 한 인물로서, 치안유지법 위반으로 징역 1년 6개월에 집행유예 5년을 선고받은 적이 있었다. 그는 당시 『조선중앙일보』 부여지국장을 맡고 있었고, 홍산면 조현리 대야골에 대야농민학교를 세워 아이들을 가르치고 있었다. 이호철은 1946년 가을 조선인민당 부여군당을 만들려고 노력하기도 했는데, 마을 사람들은 그가 여운형 계열의 인물이었다고 한다. 이호철은 또 1946년에는 강진구의 인도에 따라 대종교에 입교하기도 했다. 그는 1948년 5·10선거 이후 여러 차례 국회의원에 출마했으나 낙선했으며, 한국전쟁 이후인 1952년 충청남도 도의원에 출마하여 4년간 도의원을 지냈다.[29] 이호철이 인민위 위원장을 맡고 있을 때 인민위 부위원장은 조영구趙榮九였으며, 간부로는 송의순宋義淳, 김윤회金潤會 등이 있었다. 1946년 초 부여군의 좌익 세력으로는 부여군청년동맹과 농민조합이 있었다. 청년동맹의 위원장은 현충득玄忠得(정미소 경영), 부위원장은 이만기李萬基였고, 간부로는 김종만金鍾萬, 정태순鄭泰淳, 김재덕金在惠, 허식許植, 강병일姜秉一 등이 있었다. 농민조합의 위원장은 민영○, 부위원장은 윤정대尹正大, 간부로는 이우식李祐植, 송완성宋完成 등이 있었다.[30]

그런가 하면 우익 쪽으로는 독립촉성부여협의회, 독립촉성부여청년회 등이 있었다. 독촉협의회의 회장은 남궁현南宮鉉, 부회장은 김철수金鐵洙였고, 간부로는 최영철崔榮哲, 박우희朴佑熙, 조병량趙秉良 등이 있었다. 남궁현은 1908년생으로 서울철도학교 졸업 후 철도국에 근무하다가 해방된 뒤에는 부여군의 독촉국민회 위원장을 맡은 인물이다. 그는 뒤이어 민족청년단의 부여군 단장을 맡았으며, 결국 제헌의원 선거에 출마하여 부여 갑구에서 당선되었다. 김철수는 와세다 대학 정경학부 출신으로 충남흥업주식회사 전무이사 등을 지냈고, 해방 이후 부여군의 독촉국민회 부위원장을 맡았으며, 제헌의원 선거에 출마하여 부여 을구에서 당선된 인물이다.[31]

이상에서 살펴본 바와 같이 해방 직후 건준, 인민위원회가 활동하던 1945년 하반기, 이 마을 출신 강진구는 부여군의 건준 위원장과 인민위 위원장으로 활동했다. 하지만 1945년 말 이후 신탁통치 문제로 좌우 대립이 격화되면서 A, B 두 마을 출신들은 좌우익 세력의 전면에 나서지는 않았다. 다만 일제강점기의 부여공산주의자협의회 사건 관련자였던 최재봉이 겉으로 이름은 드러나지 않았지만, 부여 좌익의 핵심인물 중의 하나였던 김윤회와 상당한 관계가 있었던 것으로 보인다. 그리고 이 시기 이 마을에서 좌익 활동의 중심적인 인물로서 이준희라는 인물이 새롭게 등장했다. 이준희는 부여군 초촌면 E마을 사람으로, A마을에 사는 강윤구의 사위로 이 마을에 들어와 살고 있었다고 한다.[32] 그는 좌익사상을 갖고 있었으며, 청년들을 포섭하여 많은 젊은이들이 그의 영향을 받았다고 한다. 오늘날 마을 사람들은 A마을의 젊은 청년들이 인공 때 많이 희생된 것은 모두 이준희에게 물든 때문이라고 말한다. 또 앞서 본 것처럼 부여군 인민위원회 간부였던 김윤회(초촌면 출신)는 뒤에 남로당 부여군당의 주요 인물로 활동했는데, 이 마을의 청년들이 그의 영향도 많이 받았다고 한다.[33] 이른바 '비합운동기'에 부여군 남로당의 주요 인물들이 이 마을에 피신해 와 숨어 있었고, 그런 가운데 이 마을 청년들이 그들의 영향을 받았던 것이다. 하지만 최재봉, 이준희, 김윤회 위 3인이 이 마을 청년들에게 끼친 영향은 그 이전 일제강점기부터 칠모회 회원들이 야학운동으로 뿌려놓은 씨앗 위에서 가능한 것이었다.

그러면 화성당의 강성구와 칠모회 회원 7명은 해방 이후 어떻게 되었을까. 강성구는 1945년 가을 부여 인민위원회의 부위원장을 지냈다고 하는데, 확실치는 않다.[34] 그리고 그는 이후 대종교에 입교하여 정치와는 손을 끊은 것으로 보이는데, 한국전쟁이 발발할 즈음 충화면 산골에 들어가 도를 닦고 있었다고 한다. 그러나 그는 이승만과 김일성을 모두 비판하는 책을 쓴 적이 있었고, 이로 인해 인민군이 들어온 이후 정치보위부에 체포되어 대전형무소로 끌려가 그곳에서 처형되었다.[35] 칠모회 회원 가운데 최재봉은 앞서 본 바와 같이 이호철, 이준희, 김윤회 등과 밀접한 관련을 갖고 활동 중이었던 것으로 추정된다. 하지만 그는 점차 좌익 세력에 대한 탄압이 가중되자 수백 석 되던 전답을 모두 팔고 살던 마을을 떠나 대전으로 이주했다고 한다.

강주구(1914~1950)는 해방 이후에도 최재봉을 추종하면서 좌익 활동을 했던 것으로 보인다. 강병환(1914~1950)은 해방 이후 이렇다 할 활동 없이 노성초등학교 교장을 하다가 한국전쟁 때 피살된 것으로 전해진다. 강병욱(1914~1946)은 해방 이듬해 마을 앞 금강에서 고기를 잡다가 배가 뒤집혀 익사했으며, 강성모는 일제강점기 생계를 위해 만주로 갔다가 그곳에서 사망했다고 한다. 또한 강일구는 이웃한 세도면에 살다가 한국전쟁 때 보도연맹사건으로 끌려가 피살되었다고 전해진다. 그 밖에 강병국의 행적은 확실히 알려져 있지 않다.

이상에서 살펴본 것처럼 A마을의 주요 인물들은 인민위원회에서 활동하거나 남로당과 관련을 맺고 있었다. 특히 비합법운동기 부여 남로당의 거물들은 이 마을에 은신처를 정하고 숨어 지낸 경우가 많았다. 경찰은 이들을 체포하기 위해 수십 명이 몰려와 마을을 포위한 일도 있었는데, 이때 겁을 먹은 마을 주민 한 사람이 산으로 도망치다가 경찰이 쏜 총에 맞고 사망하는 일도 있었다고 한다.

한편 풍양 조씨의 B마을에서는 해방 이후 좌우익 활동에 적극 참여한 이는 별로 없는 것으로 보인다. 다만 B마을에 대한청년단이 있었음이 주목된다. 대한청년단 단장은 조혁구였다. 조혁구는 조남시의 당숙이 되는 인물이었다. 마을에 대한청년단이 있었고, 또 유력자들이 여기에 관계했던 것으로 미루어본다면 이 마을은 우익마을이었다고 볼 수 있을 것이다.

그런데 A마을과 함께 Y리에 속해 있던 C마을(A마을과 B마을 사이에 위치)의 조동갑(가명)(조준하의 행랑채에 살고 있었다)은 Y리 이장을 맡고 있었는데 A마을 사람들과 사이가 좋지 않았다. 그 이유는 A마을 사람들이 그가 경찰의 끄나풀 노릇을 하면서 경찰에 자기 마을 사람들의 동태를 알려주고 있다고 생각했기 때문이다. 그는 또 자신의 집 지붕을 새로 이면서 경찰의 위세를 빌려 A마을 주민들에게 짚을 할당하여 가져오라고 했고, 그의 말을 잘 듣지 않은 주민들의 경우 여러 번 고초를 겪었다고 한다. 또 1950년 5·30선거에 출마하고자 했던 A마을의 강진구가 경찰에 붙잡혀 가서 출마를 하지 못한 일이 있었다. A마을 사람들은 이 일이 조동갑 때문이라고 생각했다고 한다.

금강 변 구드레나루 학살과 보복 인민재판

한국전쟁은 그동안 A, B 두 마을 사이에 잠재되어 있던 갈등을 폭발시키는 계기가 되었다. 1950년 인민군이 남하하자 부여군에서도 다른 군과 마찬가지로 보도연맹원 예비검속과 처형이 진행되었다. 부여경찰서는 A마을에서 22명을 경찰서로 연행했다. 당시 경찰서에는 약 50명의 구금자가 있었다. 유치장에 갇혀 있던 이들은 하룻밤을 지낸 뒤 7월 14일 오후 5시경 트럭 두 대로 부여 낙화암 아래의 구드레나루터로 끌려갔다. 경찰은 이들을 강변에 일렬로 세운 뒤 사격을 가하였다. 시신은 백마강에 버려졌고, 강물을 따라 하류로 떠내려갔다. 이때 A마을에서 끌려가 처형된 이는 강진모, 강윤모, 강준모, 강명구 등 무려 22명에 달했다.[36]

　보도연맹사건은 다른 지역에서도 그에 대한 보복 행위를 불러왔고, 이것이 연쇄적인 보복 처형으로 이어지는 시발점이 되었는데, 이는 A마을에서도 마찬가지였다. A마을에서 보도연맹원으로 처형된 이들은 다른 마을과 비교가 안 될 정도로 많은 22명에 달했고, 이들의 가족은 인민군이 들어와 인공 치하가 되자 바로 보복 행위에 나서게 된다. 처형된 청년들의 어머니들은 자식들이 C마을의 이장 조동갑(가명) 때문에 끌려가게 되었다고 생각하고, 마을 청년들과 함께 그의 집으로 몰려가 그를 붙잡아서 인민재판에 부친 뒤, 뭇매를 가하여 살해했다.

이와 같은 일은 당시 인민군 점령지역 곳곳에서 벌어지고 있었고, 점령 당국은 이와 같은 사적인 폭력 행위에 골머리를 앓고 있었다. 북한 정권은 8월 11일자로 남한의 각 점령지역에 「남반부 해방 지역에 있어서의 당면한 검찰사업에 대하야」라는 공문을 내려보냈다. 이 공문은 "민족반역자, 친일분자, 반동분자 또는 기타 악질 행위를 감행한 자라 할지라도 재판에 의하지 않고 테러 등 기타 방법으로 처벌하는 일이 없도록 감시할 것"을 지시하고 있었다.[37]

이어서 8월 15일자로 충청남도 검사장 임시대리 박운택이 각 시군 검찰소 검사장에게 내려보낸 공문을 보면, 각 지방에서 자연발생적으로 조직된 자위대(치안대) 대원들이 "사소한 감정으로 인권을 함부로 유린하는 사실들이 지방에서 속출하고 있으므로 이에 대하여 지방 내무서와 긴밀한 연락을 취하여 이를 철저히 단속할 것이며, 특히 자위대원들이 구타·수색·압수까지 하는 사실들이 있으므로 이러한 불법한 일이 발생치 않도록 할 것"을 지시했다. 또 이 공문은 "지방 정치보위부 및 내무서와 항상 긴밀한 연락을 취하여 내무서원들이 지방 인민들의 말에만 치중하여 죄 없는 자를 함부로 취급한다든가 극히 경미한 사건을 감정적으로 처리하여 인권을 유린하는 비법적인 일이 없도록 감시할 것"을 지시했다.[38]

또 박운택은 8월 20일자로 각 시군에 자위대원들의 테러 행위에 대한 단속을 지시하는 공문을 다시 내려보냈다. 이 공문에서 그는 "일부 지방 자위대원들이 자기들의 임무를 벗어나 리승만 괴뢰 통치시대와 같이 인민들에게 테러 감행을 일삼고 있는 사실을 도내 각처에서

볼 수 있다"면서, "따라서 각 시군 검사장은 이와 같은 테러 행위에 대한 감시를 철저히 함으로써 자기 관하에 이와 같은 비법적 사실들이 발생하지 않도록 보장할 것이며, 그 주모자를 처벌할 것"이라고 지시했다.[39]

그러나 인민재판과 같은 이른바 '현지재판'이 없었던 것은 아니다. 9월 13일 북한에서 파견된 부여군 검찰소 검사장 장시백이 충청남도 검사장 앞으로 보낸 공문을 보면, "현재 부여군 정치보위부에서 취급 중에 있는 초천면 옹평리의 남궁섭은 경찰과 직접 협력하여 애국자 10여 명을 학살케 했을 뿐만 아니라 악질 반역자로 군내 전체 인민이 그의 죄상을 모르는 사람이 없으며 초천면 내 유가족들이 자기들이 직접 처단했으면 하는 격분을 가지고 있는 사실에 비추어 상기 범죄자를 현지공판하는 것이 적당하다고 내무서장 및 정치보위부장과 토의되었음을 보고"한다면서 현지공판을 허락해달라고 청하고 있었다.[40]

조동갑에 대한 인민재판 건은 아마도 이와 같은 절차를 거치지 않은 것으로 보인다. 그런데 이후 조씨들 가운데 또 한 명이 희생되는 사건이 발생했다. B마을에 살던 조동을(가명)이 인민재판에 부쳐져 처형된 것이다. 그가 처형된 이유는 경찰 찬조원이었기 때문이라는 설이 있으나 확실치는 않다. 그는 B마을 조씨들 가운데 가장 똑똑한 인물이었다고 하며, A마을 사람들 가운데에서도 그가 애매하게 희생되었다고 말하는 이들이 많다. 조동을의 경우는 내무서와 정치보위부의 허락을 얻어 이른바 '현지재판'을 통해 처형된 것으로 보이며, 산 채로 냇가에 머리만 내놓고 매장되어 숨을 거두었다고 한다. 이 일에는 아마도 치안대가 관계했던 것으로 보인다. 당시 면 치안대장은 일제강점기 칠모회 회원이었고, 해방 이후 이준희, 김윤회를 따라 좌익 활동을 한 것으로 보이는 A마을의 강○○였다. 그는 빈농이라는 계급적 입장 등으로 인해 치안대장에 선발된 것으로 보이며, 그의 부인도 면의 여맹위원장을 맡았다고 한다. 또 A마을에 사는 강석병(가명)이라는 인물이 면당위원장을 맡았는데, 그는 사실상 무학으로 야학을 다닌 학력밖에 없었다고 전해진다. 면 인민위원장은 다른 마을 사람이 맡았는데, 당시 인민위원장은 별 실권이 없었고, 북에서 온 정치보위부가 실권을 다 장악하고 있었다. 한편 B마을의 대한청년단 단장과 지주 조남시는 피신하여 간신히 화를 면했다. 조동갑과 조동을이 희생된 두 사건은 A마을과 B마을 사이에 깊은 골을 만들고 말았다. 그리고 A마을의 일부 사람들은 두 사람의 집에 가서 물건을 약탈해오는 일도 있었던 것으로 보인다. A마을에서 이런 일에 앞장선 것은 머슴이나 빈농층이었다고 전한다.

　인민군의 부여 점령 기간은 석 달이 채 되지 않았다. 9월 말에서 10월 초 사이 인민군은 부여에서 철수했고, 이른바 지방 좌익들도 그들을 따라 입산하거나 북행길에 올랐다. 하지만 남아 있던 마을 사람들 대부분이 피신하지 못한 가운데 경찰이 들어왔고, 경찰은 이 마을을 '빨갱이 마을'로 지목하여 이웃한 B마을 사람들과 함께 A마을을 포위하고 A마을의 성인 남녀들을 모두 체포한 뒤 X면 경찰지서 밑 굴속에 감금했다. 또 이 과정에서 면당위원장을 맡았던 강석병과 또 한 명이 경찰에 잡혀가 피살된 것으로 보인다. 또 면의 치안대장을 맡았던 강○○는 행방불명되었다는 설과 경찰에 붙들려갔다는 설이 있다. 9·28서울수복 직후에도 한동안 무법 상태가 계속되어 정식재판을 거치지 않은 채 처형된 이들도 많았다.

　경찰지서에 감금된 A마을 사람들은 인공 치하에서의 부역 혐의에 대해 일일이 조사를 받았다. 특히 조동갑, 조동을 처형 사건과 관련된 이들이 철저히 조사를 받았다. 이 두 사건과 관련하여 모두 13명이 재판에 회부되어 대전에서 군사재판을 받게 되었다. 조동갑 사건과 관련된 4명의 여자들이 재판에 회부되었는데, 이들 가운데 2명은 옥사하고 2명은 몇 년 뒤 석방되어 귀가할 수 있었다고 한다. 조동을 사건과 관련해서는 3명이 대전형무소에서 처형되었고, 1명은 감옥에서 병사했다. 나머지 사람들은 20년형 등을 언도받고 부산형무소, 전주형무소 등지에서 복역하다가 4~5년 뒤에 감형, 석방되어 귀가할 수 있었다. 한편, 경찰지서에서 조사를 받고 석방되어 집에 돌아온 A마을 사람들은 집에 돌아와 자신들의 집에 있던 가재도구 가운데 쓸 만한 것은 모두 사라지고 없는 것을 발견했다. 이웃한 B마을 사람들이 이 마을에 와서 가재도구, 가축, 농기구, 정미기계 등을 모두 가져가버렸기 때문이다. B마을 사람들은 A마을에 몰려가 각자 탐나는 물건들을 가져갔고, 심지어 A마을 사람들이 돌아온 뒤에도 탐나는 물건이 있으면 그 주인에게 그 물건을 자기 집까지 등져 나르도록 지시하기도 했다고 한다. 하지만 A마을 사람들은 이에 저항하거나 이의제기를 할 수 없었다. A마을의 어떤 이는 비교적 부유하게 살다가 발동기, 재봉틀 등을 빼앗기고, B마을의 누군가에 의해 조심하라는 협박성 이야기를 들은 뒤 심적 압박으로 자살하기도 했다.

그리고 A마을의 장로격이었던 강진구는 마을의 청년들을 제대로 단속하지 못했다는 이유로 B마을 사람들에 의해 금강 변으로 끌려가 머리만 내놓고 백사장에 파묻히는 곤욕을 치렀다. 이는 조동을 사건에 대한 보복이었던 것으로 보인다. 또 B마을 사람들은 A마을 중앙에 있던 고목인 팽나무와 느릅나무를 베어버렸다. 그 나무들은 바로 A마을의 상징이었다. A마을의 학생들은 우익 쪽의 학생연맹에 불려가 조사를 받고 풀려났다. 물론 조사 과정에서 많은 구타 행위가 있었다.

A마을 사람들은 이러한 일들을 당하고도 한마디도 항의할 수 없는 '죄인'들이었다. 그저 목숨만 부지할 수 있어도 다행이라고 생각했다. A마을 사람들은 이와 같은 일들에 대해 "되로 주고 말로 받았다"라고 말한다. 또 "혼나기는 해야 했겠지만 너무 혼났다"고 회고한다. 반면에 B마을 사람들은 A마을 사람들처럼 직접 상대 마을 사람을 죽이는 일은 하지 않았다는 점을 강조한다. 문제가 있는 인물은 경찰에 넘겨 처벌하도록 했다는 것이다. 그런데 이승만 정부는 1950년 9월 29일 국회에서 통과된 「부역행위특별처리법」을 공포하지 않고 국회에 재의를 요구했다가, 국회가 11월 13일 재가결하자 12월 1일에야 이 법을 공포했다. 이 법은 부역행위특별심사위원회를 구성하도록 한 것이었다. 그러나 정부는 이 법의 공포 후에도 여전히 군·검·경 합동수사본부에서 수사를 하도록 했고, 이는 1951년 5월까지 계속되었다.[41] 따라서 부역자들은 재판도 없이 처형되는 경우가 많았고, A마을에서도 그런 경우가 있었던 것으로 보인다.

A마을 사람들이 그나마 한숨을 돌릴 수 있는 계기가 된 것은 1·4후퇴였다. 전황이 다시 바뀌어 중공군이 38선을 돌파하여 내려오자 A마을 사람들에 대한 주위의 태도가 달라지기 시작했던 것이다. 그때까지 경찰지서의 굴에 갇혀 있던 이들도 풀려나왔고, 아직 붙들리지 않고 피신생활을 계속하던 이들도 자수하면 더 이상 문제를 삼지 않게 되었다. B마을 사람들도 더는 A마을 사람들을 괴롭히지 않게 되었다고 한다. A마을 사람들이나 B마을 사람들이나 세상이 몇 차례 뒤엎어지는 상황을 보면서 지나친 일은 서로 삼가는 것이 좋다는 생각을 하게 된 것이다. 당시 B마을 풍양 조씨들의 여론을 주도한 것은 조남시, 조남석, 조남준과 같은 인물들이었는데, 이들이 전쟁 때의 일을 그 정도 선에서 매듭짓기로 의견을 모은 것으로 보인다.

표 3-2 X면의 토지 분배 상황   단위: 호, 정보

	고용농민		토지 없는 농민		토지 적은 농민		소계	
	호수	면적	호수	면적	호수	면적	호수	면적
밭	3	0.4	30	3.9	949	130.9	982	135.2
논	11	3.4	30	19.3	1105	359.5	1146	382.2
기타	2	1.0	25	6.8	120	17.0	147	24.8
계	16	4.8	85	30.0	2174	507.4	2275	542.2

출전: 국사편찬위원회, 1994, 『북한관계사료집』 19, 207쪽.

인공 치하 두 마을의 토지개혁

한국전쟁기 이른바 '인공' 치하의 A, B 두 마을이 속한 X면에서도 토지개혁이 진행되었다. 인공 치하 부여군 검찰소에서 만든 「부여군 토지 분여 상황표」라는 자료를 보면, 두 마을이 속한 X면에서는 8월 초부터 말까지 표 3-2와 같이 토지 분배가 이루어졌다. 이를 통해 보면 고용농민, 토지가 없는 농민, 토지가 적은 농민을 구분하여 토지를 나누어준 것으로 보인다. 특히 고용농민, 즉 '머슴'이라 불리던 이들은 대한민국의 농지개혁에서는 토지 분배 대상에서 제외되어 있었는데, 이들에게도 토지를 나누어준 점에서 '인공'의 토지개혁은 차이가 있었다. 분배를 위해 몰수 대상이 된 토지는 본래 남한 정부 및 단체 소유의 토지, 미국인 소유의 토지, 친일파·친미파와 지주의 토지였다.[42]

하지만 현장에서 진행된 토지개혁 과정은 꼭 그렇게 되지만은 않았다. 이미 지주의 토지가 대부분 방매되었고, 한국전쟁 직전 소작인들이 대한민국의 농지개혁으로 인해 토지를 사실상 분배받은 상태여

서 몰수 대상 토지가 그리 많지 않았던 것으로 보인다. 따라서 고용농민, 토지가 없는 농민, 토지가 적은 농민들에게 토지를 새롭게 나누어 주기 위해서는 자작농의 토지도 일부 몰수할 수밖에 없었다. 부여군에서도 곳곳에서 자작농의 토지를 몰수하여 고용농민 등에게 토지를 나누어주는 일이 발생했다. 부여군 초촌면에서는 토지 분배를 위해 구성된 농촌위원회가 자경자들의 토지 가운데 약 3분의 1 정도를 몰수했다가 이는 위법이라는 군당의 지적을 받고 다시 돌려주는 사태가 발생했다. 이에 토지 분배를 원하던 고용농민 등 농민 1,720명은 다시 서명하여 토지 분배를 요구하는 진정서를 제출하기도 했다.[43] 당시 보고에 의하면, 부여군 내에서 10개 면 정도는 자작지 일부를 몰수하여 분배했다고 하며, 당국은 이를 시정 조치하도록 지시하고 있었다.[44]

그런데 A, B 두 마을의 주민들은 인공 때 이 마을에서는 토지개혁은 없었다고 말한다. 아마도 이 마을 주민들은 그 이전에 이미 지주의 땅을 헐값으로 사들였기 때문에 토지개혁 때 큰 변화가 없어서 그렇게 기억하고 있는 것으로 보인다. 자작 부농으로서 땅을 많이 가진 이들도 거의 없었기 때문에 토지개혁의 대상이 될 만한 땅이 없었던 것이다. 그러나 두 마을 사람들은 모두 당시 고용농민과 빈농들이 인공을 적극 환영한 것은 사실이라고 말한다. 이는 아마 이들도 땅을 가질 수 있으리라는 희망을 가졌기 때문일 것이다. 특히 고용농민, 즉 머슴들에게 땅을 분배한다는 원칙은 대한민국의 농지개혁과 큰 차이가 있는 것이었다.[45] 하지만 적어도 두 마을에서는 그들에게 나누어줄 만한 땅이 없었다. 따라서 두 마을에서 고용농민들은 땅을 전혀 분배받지 못한 것으로 보인다.[46]

전쟁이 끝난 뒤 대한민국에서도 농지개혁이 실시되었지만 사정은 마찬가지였다. A마을에서는 사실상 농지개혁의 대상이 될 만한 땅이 없었고, B마을에서는 김용대의 땅 가운데 미처 소작인에게 팔지 못한 땅이 주로 분배의 대상이 되었다. 또한 조남시의 땅도 일부 분배의 대상이 되었다. 물론 피분배자는 소작인들이었다. 소작인들은 다섯 마지기에서 열 마지기 정도의 땅을 유상으로 분배받았다. 그러나 이 농지개혁의 규정에는 머슴들에게 땅을 준다는 내용은 없었다. 따라서 1950년대에 고용농민, 즉 머슴들은 서서히 마을을 떠나 도시로 가기 시작했다. 특히 A마을의 경우에는 머슴들이 전쟁 통에 부역을 한 경우가 많았기 때문에 마을을 일찍 떠났다. B마을에서도 머슴들은 점차 마을을 떠나갔다. 다만 일부 머슴들은 1970년대까지도 여전히 마을에 남아 있었고, 이들 중에는 새경으로 농토를 사들여 중농으로 성장한 경우도 있었다.

3. 전쟁의 상처와 강호동지회의 발족

전쟁은 두 마을 사이에 건널 수 없는 강을 만들어놓았다. 겉으로 보면 A마을은 완전한 패자였고, B마을은 완전한 승자였다. B마을은 여전히 A마을에 대해 지배적인 위치에 설 수 있었다. 그러므로 B마을 사람들은 여전히 A마을 사람들에 대해 우월의식을 가지고 있었다. 하지만 B마을 사람들도 전쟁의 와중에 세상이 몇 차례 엎어지고 뒤집어지는 것을 보았고, 또 그런 가운데 몇 사람이 희생되는 것을 보면서, A마을 사람들을 계속해서 함부로 대하는 것은 위험할 수도 있다는 사실을 깨달았다. 실제로 부여로 통학해야 하는 학생들이 배를 타고 강을 건널 때 이용해야 하는 나루터는 A마을에 있었지만, B마을 학생들은 이 나루터를 쉽게 이용할 수 없었다. A마을 사람들이 한편으로는 두

려웠던 것이다. 결국 B마을 사람들은 A마을 사람들을 대하는 태도를 바꾸지 않으면 안 된다고 생각하게 되었다. 그동안 강고하기만 했던 그들의 신분의식에도 서서히 변화가 오기 시작한 것이다.

한편 A마을의 주민들 가운데 부역자의 가족들은 대부분 1950년대에 마을을 떠나 타지로 나갔다. 따라서 마을에 남아 있는 이들은 서서히 자신들이 죄인이라는 의식에서 벗어나기 시작했다. 오히려 그들은 "되로 주고 말로 받았다"라는 피해의식을 갖게 되었고, 이는 B마을 사람들에 대한 반감으로 이어졌다. 이러한 피해의식과 반감은 점차 B마을에 대한 강한 대결의식, 경쟁의식으로 발전해갔다. 또 A마을 사람들은 자신들이 집단적으로 경험한 고초로 인해 더욱더 강고한 공동체의식을 갖게 되었다. 이는 상대인 B마을의 경우도 마찬가지였다.

1950년대 A마을 사람들은 아이들에게 경쟁의식을 불어넣기 시작했다. 두 마을 아이들이 함께 다니는 국민학교에서는 가을마다 운동회가 열렸다. 그때마다 A마을 사람들은 아이들에게 절대 B마을 아이들에게 져서는 안 된다고 가르쳤고, 심지어 외부에서 태권도 사범을 초빙하여 마을 아이들을 모아놓고 가르치기도 했다. 또 A마을 아이들에게 공부를 열심히 하여 B마을 아이들보다 앞서야 한다고 가르쳤다. 하지만 A마을 아이들이 성장했을 때, 그들에게는 연좌제라는 장애물이 가로놓여 있었다. 따라서 그들은 연좌제의 장벽이 낮은 교직 등을 택해 사회에 진출하는 수밖에 없었다. 그 결과 이 마을 출신으로 교직에 진출한 이는 50명이 넘는다고 한다. 두 마을 청년들은 농번기에 두 레패들이 부딪치면 그 자리에서 씨름으로 승부를 내곤 했다. 씨름 대결은 치열했다. 또 정월 대보름이면 두 마을 사람들이 두 마을의 논두렁을 경계로 하여 양쪽에 마주보고 서서 치열한 쥐불싸움을 했다. 양측은 빗자루 몽둥이에 불을 붙여서 상대 진영으로 던지곤 했는데, 마을 사람들은 "전쟁이나 다름없었다"고 회고한다.

이러한 치열한 대립의 지속은 두 마을 사람들 모두에게 힘겨운 일이었다. 이웃한 두 마을 사람들이 서로에게 감정을 가지면 가질수록 전쟁의 상처는 아물지 않고 더 커져만 갔기 때문이다. 그런 가운데 현실적인 문제들도 닥쳐왔다. 두 마을은 모두 금강 변에 있었는데, 강둑이 제대로 정비되어 있지 않았기 때문에 홍수가 나면 두 마을의 전답은 모두 강물에 잠겨 큰 피해를 입어야만 했다. 이 문제를 해결하려면 해당 마을에서 강둑을 직접 쌓거나 아니면 군청을 상대로 강둑을 쌓아달라고 요구해야 하는데, 이 두 가지 방법 모두 두 마을이 힘을 합해야만 가능한 일이었다.

이러한 상황을 지켜본 두 마을의 뜻있는 사람들은 무언가 사태를 타개할 방안을 마련해야 한다고 생각했다. A마을의 강동구姜銅求는 전쟁 때의 사건으로 감옥에서 4년간 고생한 사람이었다. 그는 본래 1심에서 사형을 선고받았는데, 2심에서는 20년형을 받았고, 재심을 통해 징역 5년에 집행유예 3년을 선고받아 풀려나올 수 있었다. 재심 과정에서 강동구의 형량이 낮아진 것은 B마을의 유력자가 강동구에게는 죄가 없다고 증언해주었기 때문이다. 이 증언으로 강동구는 감옥에서 풀려나올 수 있었고, 그런 전력 때문에 강동구는 두 마을의 화해를 위해 자신이 무언가 해야 한다는 생각을 가졌다고 한다. 1963년 강동구는 B마을의 친구 조남찬에게 놀러가자고 제의했지만 거절당했다.[47] 이듬해 강동구는 다시 그에게 몇 사람이라도 군산에 배를 타고 놀러가자고 제의하여, A마을에서 5명, B마을에서 8명이 함께 놀러갔다. 그는 군산에 가서 자신이 이러한 모임을 제의한 취지가 두 마을의 화해에 있음을 말했고, B마을의 조성열도 이에 찬동하면서 지난 일을 모두 잊고 두 마을 사람들이 손잡고 나가자면서 모임의 이름을 '강호

강호동지회 기념비

동지회'江湖同志會로 하자고 제안했다. 이렇게 하여 1964년 강호동지회가 출범했다.[48] B마을의 입구에 서 있는 '강호동지회' 기념비는 그 경과를 다음과 같이 기록하고 있다.

> 강호동지회의 발족은 1964년 갑진 동짓달이니 어언 20여 성상이라. 회원은 당초 20여 인에 불과했으나 점차 회원이 증가되어 지금은 50여 회원이 되었다. 결사結社 이래 덕업상권德業相勸, 환란상구患亂相救하는 의의에서 애경간哀慶間 상호부조하고 1년 1차 향음례鄕飮禮를 진행하여 왔으니 이 회는 어찌 가히 만날 만한 회가 아니겠는가. 상호친절하고 융화단결하야 지역발전에 공동협력하고 적극호응하야 금강제방사업 추진 시 사소한 금액이지만 협조한 사실이 있으며, ○○국민학교 아동체육회에도 약간의 물질이지만 기증한 바 있다. (이하 생략)
>
> 1985년 을축 3월 10일.

위 비문에서 보는 것처럼 강호동지회는 일차로 애경사 시의 상호부조를 목표로 했다. 이를 통해 서로 간의 친목을 도모코자 한 것이다. 하지만 강호동지회 결성 이후 두 마을 사이에서는 이 비문에 쓰인 이상으로 많은 변화가 있었다. 우선 강변에 제방을 쌓기 위해 두 마을이 힘을 합해 노력했다. 제방의 설계비용을 두 마을에서 대고, 관官 측에

공사 착수를 종용하여 강둑을 축조했다. 이 제방 축조를 위해 두 마을은 제방축조위원회를 함께 구성하기도 했다. 또 B마을에서 중·고등학생들이 부여로 통학하기 위해서는 A마을의 나루터를 이용하는 것이 편리했는데, 그동안 이 나루터를 제대로 이용하지 못하던 B마을 학생들도 이제는 나루터를 마음 놓고 이용할 수 있게 되었다.

두 마을이 힘을 합해 제방이 축조되자 강변에는 엄청난 농지가 만들어졌다. A, B 두 마을에서 수리안전답으로 된 농지는 모두 129헥타르에 달했다. 그 가운데 약 6~7할 정도가 A마을의 논이 되었고, 3~4할 정도가 B마을의 논이 되었다. 현재 A마을의 경우 1만 4,000여 평은 사실상 마을의 공동소유로 되어 있고, 이 땅을 경작하는 이들은 마을에 도지를 내고 있다. 그리고 나머지 땅은 제방 축조 이전부터 이미 개인의 소유로 되어 있다. 이 넓은 땅에 처음에는 땅콩을 심다가, 이어서 참깨·옥수수 등을 심었다. 그리고 1980년대 이후 비닐하우스를 만들어 거의 대부분 수박농사를 하기 시작했다. 현재 A마을의 비닐하우스는 모두 1,020동에 달한다. B마을도 사정은 비슷하여 역시 대부분 비닐하우스에서 수박농사를 하고 있다.

또 A마을은 무를 심어 단무지도 만들고 있다. 수박농사는 한 가구당 평균 20동 정도 하고 있다. 1동에 조수익粗收益이 약 200만 원 정도 된다고 한다. 많은 집은 50동도 하는 경우도 있다. 수박과 단무지 농사로 A마을의 가구당 소득은 조수익으로 약 5,000만~1억 원 정도 된다. 이 때문에 이 마을에는 도시로 나갔다가 귀농하는 젊은이들이 많다고 한다. 실제 다른 마을과 달리 40대 농민들이 많은 것을 볼 수 있다. 농토로 볼 때 현재는 A마을이 B마을보다 넓어서 수박농사도 더 많이 하고 있고, 그 결과 A마을의 소득이 더 높은 것으로 보인다. B마을은 현재 약 500동 정도의 비닐하우스에서 수박농사를 짓고 있다.

그리고 A마을은 가을에는 무를 심어 단무지를 만들어 팔아 상당한 수익을 올리고 있는데, B마을은 토양이 맞지 않아 단무지는 못하고 있다고 한다. 두 마을 사람들, 특히 A마을 사람들은 경제적인 측면에서도 B마을과 상당한 경쟁의식을 갖고 있는 것으로 보이는데, 경지 면적과 재배 작물 등에서 다소 유리한 위치에 있는 듯하다.

또 하나 특기할 만한 것은 유력 양반마을이었던 B마을에 일찍부터 교회가 들어왔다는 점이다. 일제강점기 말에 마을에 들어온 이 교회는 이미 60년 이상의 역사를 갖고 있다. 이 마을에 교회를 끌고 들어온 이는 풍양 조씨 중의 한 사람인 조종구였다고 한다. 그는 처음에는 규암면에 있던 성결교회에 나갔고, 집사가 되었다. 그는 마침내 A마을과 B마을 사이에 있는 C마을의 한 창고에서 작은 교회를 열었고, 30년이 흐른 뒤에는 B마을로 옮겼다고 한다. 그가 마을에 기독교를 들여올 때에 집안사람들과 상당한 충돌이 있었다고 한다. 유교를 숭상해오던 풍양 조씨 문중에서는 기독교를 사학邪學이라 하며 배척했다. 한학을 익힌 보수적인 노인들은 아직까지도 집안사람들이 교회에 나가는 것을 못마땅하게 생각하고 있다.

현재 신자는 100명 정도 되는데, 이 마을 주민들을 비롯하여 이웃 마을 주민들도 있다고 한다. 마을 주민이 200여 명밖에 되지 않는 것을 생각하면 신자가 대단히 많은 편이다. 신자들은 주로 노인들과 아녀자들이며, 젊은 남자들은 별로 교회에 나가지 않는다고 한다. 최근에는 교회 건물을 신축하여 번듯한 교회가 들어서 있다. 현재 B마을에서 교회는 점점 중요한 위치를 점해가고 있는 것으로 보인다. 이에 따라서 B마을의 경우 제사 풍속이 많이 달라졌다. 교인들은 추도식으로 제사를 대신하고 있다. 문중의 시제도 해가 갈수록 절차가 간소해지고 있다. 10년 전까지만 해도 산지기가 있어 그가 종답을 지으면서

1985년 강호동지회 기념비 제막식 기념 사진

시제 준비를 다해왔다. 하지만 10년 전쯤 그가 마을을 떠나면서 이제는 문중 사람들이 직접 시제 준비를 해야 하는데, 처음에는 산소에 가서 시제를 모셨으나, 최근에는 산에 가지 않고 방 안에서 지내는 제사로 대신하고 있다고 한다. 과거 양반들의 유교 문화는 점차 퇴색해가고 있는 것이다.

한편 A마을에는 최근에야 교회가 들어왔고, 신자 수는 15명 정도밖에 안 된다. A마을에는 단군사당이 있지만, 현재 대종교 신자는 없다. 그리고 청원불교(불교의 유사종교) 같은 것도 있지만 역시 신자는 거의 없는 형편이다. 이 마을 사람들은 일하느라 바쁘고, 또 먹고사는 데 별 걱정이 없어 교회에 나갈 필요성을 별로 느끼지 못한다고 한다. A마을의 경우, 최근에 한 소문중에서 시제를 모시기 위해 재실을 새로 지었다. 또 각자 집에서 지내는 제사의 경우에도 외지로 나간 가족들이 가능한 한 다 참석하는 등 제사를 여전히 중시하고 있다. 이제는

B마을보다 A마을 사람들이 유교 문화를 더 간직하려 애쓰고 있지 않나 하는 느낌이 들 정도이다.

다음으로 마을 주민들의 공동체의식, 그리고 외지로 나간 출향인들과 마을 사람들과의 관계는 어떨까. A마을의 경우, 타지로 나갔다가 수박농사가 잘된다는 소식을 듣고 귀향한 40~50대의 젊은 농민들이 많다. 또 노인회·청년회·부녀회 등의 조직이 상당히 강하다. 또 가을에 단무지를 만들어 팔 때에는 공동노동을 하는 등 공동체의식이 매우 강하다. 매일 밤 마을회관에는 마을 사람들이 상당수 모여 윷놀이 등을 즐기면서 상호 간의 친목과 결속을 다지고 있다. 외지에 나간 청년들도 이 마을의 청년회에 의무적으로 가입하여 마을에 초상이 있을 때에는 3교대로 상여를 메기 위해 마을에 와야 한다. 외지로 나간 이들과 마을을 지키고 있는 이들 간의 유대와 결속도 매우 강한 것이다.

B마을 사람들도 A마을 못지않게 공동체의식이 강하다. 이 마을에도 역시 40대와 50대가 다른 마을에 비해 많은 편이고(20~30명), 이들이 만든 청년회 또한 잘 운영되고 있는 편이다. 노인회와 부녀회의 활동도 활발하다. 서울에는 이 마을 출신들의 재경모임이 있고, 부여에도 역시 모임이 있다. 이들 모임은 B마을에 행사가 있을 때마다 일정한 액수를 부조하고 있다고 한다. 또 풍양 조씨들은 이 마을이 속해 있는 X면의 종친회와 부여종친회를 만들어 결속을 다지고 있다. A마을과 B마을 사람들은 자신들의 마을이 보여주고 있는 결속력은 다른 마을에서는 찾아볼 수 없는 것이라고 자랑한다. 두 마을이 유독 이와 같이 강한 결속력을 보여주고 있는 데에는 두 마을 간의 경쟁의식이 상당히 작용하고 있기 때문이 아닐까 싶다.

풍양 조씨는 X면 전체 인구의 20% 정도를 차지하고 있기 때문에 지역사회의 주요 공직자 선거에서 매우 중요한 역할을 한다. 실제로 풍양 조씨들 가운데에서 제3대 국회의원 조남수가 나왔고, 5명의 면장이 나왔다고 한다. 이 때문에 다른 성씨들의 풍양 조씨에 대한 견제도 대단히 강했고 지금도 그런 경향이 있다. A마을의 진주 강씨들은 B마을의 조씨들보다는 다른 성씨들과 연대해서 공직 선거에 임하는 편이다.

이렇듯 A마을과 B마을은 동족마을로서 여전히 공동체의식이 매우 강한 면모를 보여주고 있다. 이는 다른 지역에서의 동족마을과 상당히 다른 모습이다. 다른 지역의 동족마을의 경우, 대부분 동족마을의 성격 자체를 잃어가면서 공동체의식도 해체되어가고 있는 상황이라고 할 수 있다. 반면에 이 두 마을은 아직도 강고한 공동체의식을 가지면서 상호 경쟁을 계속하고 있다. 다만 그들은 이제 신분이 아닌 경제적인 부, 교육, 사회적 지위의 성취 등으로 서로 경쟁을 하고 있다. 물론 두 마을이 경쟁만 하는 것은 아니다. 필요한 경우에는 서로 협조하고 의지하기도 한다. 하지만 두 마을의 관계는 여전히 서먹서먹하다. A마을의 진주 강씨 가운데 풍양 조씨와 결혼한 경우는 최근에야 있었다고 한다. 물론 그 풍양 조씨도 B마을 출신은 아니었다.

4. 맺음말: 신분 간 투쟁으로서의 마을전쟁

지금까지 충청남도 부여군의 두 동족마을 간 신분 갈등이 한국전쟁기에 어떻게 폭발하고 또 전쟁 이후에 어떻게 수습되어왔는지를 살펴보았다. 이를 정리하면 다음과 같다.

A마을은 진주 강씨의 동족마을이고, B마을은 풍양 조씨의 동족마

을로서, 두 마을은 금강 변에 자리 잡은 이웃 마을이다. 하지만 A마을은 신분상으로 보면 민촌이었고, B마을은 반촌이었다. B마을의 풍양 조씨들은 조선 후기, 특히 19세기 풍양 조씨들이 권세를 쥐고 있던 세도정치기에 부여지역의 최고 명문가로서 위세가 대단했다. 또 풍양 조씨는 이 마을이 속한 면에서 가장 인구가 많은 성씨이기도 하다. 부여군에서 조씨 문중과 B마을의 위상은 오늘날까지도 대단히 높다.

진주 강씨의 선조들은 처음에는 B마을에 들어왔다가 A마을로 이주했는데, B마을 풍양 조씨들의 위세에 항상 눌려 지낼 수밖에 없었다. B마을 사람들은 A마을 사람들을 하시했고, 또 여러 가지 일로 괴롭히기도 했다. 하지만 대한제국기에 A마을에서도 관직을 가진 이를 배출하기 시작했고, 1910년 이후에는 민족운동가와 대종교 간부들을 배출했다. 또 1930년대에는 마을의 청년들이 야학운동 등을 통해 청소년들에게 민족의식과 사회의식을 불어넣어주었으며, 이로 인해 구속되어 옥고를 치르기도 했다. 이러한 일들은 A마을 사람들에게 그 나름대로 자부심을 갖게 했다. 또 해방 이후에는 이 마을의 강진구가 부여군의 건준과 인민위원회 위원장에 추대됨으로써 마을의 위상이 크게 높아졌다. 그러나 미군정이 실시되면서 강진구는 인민위원장을 그만두었고, 일제강점기에 구속된 바 있었던 최재봉과 젊은 청년들은 점차 좌익운동과 연결되기 시작했다. 그 결과 이 마을은 '부여군의 모스크바'로 지목되기 시작했다.

한국전쟁이 발발하자 다른 지역과 마찬가지로 부여군에서도 보도연맹원들이 예비검속으로 끌려가 낙화암에서 처형되었는데, A마을에서는 무려 22명이 끌려가 처형되었다. 그리고 인민군이 부여군에 들어오자 처형된 이들의 유가족들은 이에 대한 보복에 나섰다. 유가족들은 당시 A마을과 B마을 사이의 C마을에 살던 이장 조동갑(가명)이

밀고하여 22명이 끌려가 처형되었다고 믿고 인민재판을 열어 그를 사형시켰다. 또 B마을의 조동을(가명) 역시 인민재판을 열어 처단했다. B마을의 우익 성향의 주민들과 지주들은 피신하여 목숨을 건졌다. A마을 사람들은 이 마을이 속한 X면의 면당위원장, 치안대장 등을 맡았다.

하지만 인공 치하는 석 달이 채 되지 않아 끝났다. 인민군이 물러간 뒤 A마을 주민들은 경찰과 B마을 주민들에 의해 포위당해 성인 남자 거의 전원이 경찰지서에 연행되어 갔다. 그리고 조동갑, 조동을 사건에 깊이 관계했던 이들은 구속되어 군사재판에 회부되었다. 그 결과 6명이 처형되거나 옥사했다. 그리고 나머지 7명은 4~5년 정도씩 옥살이를 하고 마을로 돌아왔다. 또 면당위원장, 치안대장 등을 한 이들은 모두 체포되어 재판 없이 처형된 것으로 보인다. 게다가 A마을 주민들은 B마을 주민들이 몰려와 값나가는 물건들을 약탈해가도 아무런 말도 할 수 없었다.

전쟁을 거치면서 두 마을 사이는 돌이킬 수 없을 정도로 악화되었다. 그리고 두 마을 사람들의 공동체의식과 대결의식은 한층 강해졌다. A마을 사람들은 아이들에게 B마을 아이들에게 져서는 안 된다고 가르쳤다. 또 마을 청년들은 씨름대회, 쥐불싸움에서의 승리를 통해 자신들의 한을 풀고자 했다. 두 마을 사람들은 이제 치열한 경쟁의식을 갖게 된 것이다. 그러나 다른 한편에서 금강의 제방 축조를 위해서 두 마을이 힘을 합쳐야만 한다는 현실적인 필요성으로 인해 두 마을은 점차 화해의 길을 가지 않을 수 없었다. 1964년 두 마을 사람들은 화해를 위해 강호동지회를 결성했다. 강호동지회는 우선 두 마을 사람들의 친목도모를 목적으로 활동했고, 또 제방 축조를 위해서도 여러모로 힘을 썼다. 그런 가운데 B마을 사람들이 A마을 사람들을 대하는 태도도 점차 달라져갔다. 전쟁을 거치면서 B마을 사람들은 A마을 사람들에 대한 신분적 차별 대우가 결코 바람직하지 않다는 것을 터득하게 되었기 때문이다.

금강 변의 제방 축조로 수십만 평의 땅이 안전한 농경지로 바뀌었고, 오늘날 두 마을은 모두 비닐하우스 수박농사를 통해 상당한 소득을 올리는 부촌 마을로 바뀌었다. 그리고 두 마을은 이제 평화로운 관계 속에서 상호 협조를 우선시하고 있다. 하지만 두 마을은 여전히 강한 경쟁의식과 강한 공동체의식을 갖고 있다. 심지어 출향 인사들까지도 여전히 마을과 깊은 관계를 가지면서 두 마을의 발전을 위해 각각 지원을 하고 있다. 다른 지역의 동족마을들이 대부분 동족마을로서의 성격을 잃어가고 있지만, 이 두 마을의 경우는 그와 크게 다르다. 두 마을이 이러한 특성을 갖게 된 것은 한국전쟁의 경험 때문이라고 할 수 있을 것이다.

결론적으로 한국전쟁기 평민 동족마을인 A마을과 양반 동족마을인 B마을 사이에서 벌어진 충돌은 오랜 세월 동안 쌓여왔고, 또 여전히 남아 있던 신분 갈등이 폭발한 것으로 볼 수 있으며, 이는 내전으로서의 한국전쟁이 부분적으로는 옛 신분 간의 투쟁이었다는 것을 말해준다. 19세기 말 조선시대의 신분제는 비록 제도적으로는 폐지되었지만, 사람들의 의식 속에서는 여전히 남아 있었다. 그리고 한국전쟁은 그러한 신분의식 청산의 결정적인 계기가 되었다. 전쟁 이후 두 마을은 한동안 치열한 갈등과 경쟁관계에 놓여 있었다. 하지만 현실적인 필요에 의해 화해를 할 수밖에 없었고, 이후 신분의식은 가능한 한 드러내지 않으려 노력했던 것으로 보인다.

물론 한국전쟁기 마을 간의 갈등, 혹은 마을 내의 갈등은 신분 문제에서만 비롯된 것은 아니었다. 같은 부여군 양화면의 한 마을은 양반을 자처하는 동족마을이었는데, 같은 집안 내에서 지주와 소작인들이 있었고, 이들 간의 갈등이 인공 치하에서 폭발하여 지주가의 사람들이 소작 빈농들에 의해 큰 희생을 치렀다고 한다. 그런가 하면 이 책의 1장에서 다룬 전남 진도의 동족마을의 사례에서는 지주가의 자손들이 일제강점기부터 사회주의운동을 하여 좌익이 되었고, 소작 빈농의 자손들이 해방 이후 우익이 되어 서로 충돌한 경우도 있다. 따라서 내전으로서의 한국전쟁은 신분이나 계급, 사상 가운데 어느 하나만으로 설명할 수 없는 복합적인 여러 갈등 요인들이 한꺼번에 폭발한 것이었다고 할 수 있다. 부여의 A, B 두 마을의 충돌은 그 가운데 오랜 세월 동안 누적되어온 신분 간의 갈등이 폭발한 것이었다고 말할 수 있다.

4

땅과 종교를 둘러싼 충돌, 당진군 합덕면 사람들

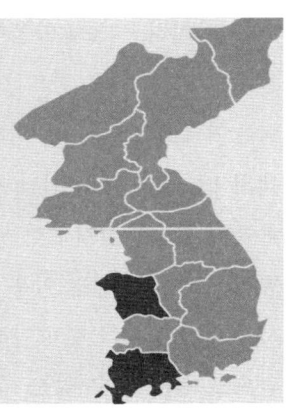

한국전쟁기 수많은 인명 피해를 불러온 마을 차원에서의 주민들의 충돌은 무엇에서 비롯된 것일까. 이 책의 1장에서 다룬 진도의 사례는 동족마을 주민들 내부의 갈등이 좌우 갈등으로 번진 경우였다. 그리고 3장에서 다룬 부여의 사례는 평민 동족마을이 좌익마을이 되고, 양반 동족마을이 우익마을이 되어 서로 대결한 경우였다. 다시 말해 문중 내부의 갈등, 신분이 다른 두 마을 간의 갈등이 한국전쟁기에 폭발하여 많은 희생자를 낸 것이었다.

하지만 한국전쟁기 점령지역 내부에서 일어난 학살의 배경은 더 복잡했던 것으로 보인다. 종교와 이념의 갈등, 그리고 지주와 소작인 간의 계급 갈등도 무시할 수 없는 배경이었다. 전자와 관련해서는 영광 염산면에서의 기독교인 학살에 대한 연구가 있다.[1] 하지만 영광의 사례는 매우 특수한 것으로 보인다. 다른 지역은 어떠한지, 또 천주교의 경우는 어떠했는지도 살펴보아야 한다. 지주와 소작인 간의 계급 갈등에 대해서는 아직 이렇다 할 연구가 없다. 브루스 커밍스는 『한국전쟁의 기원』에서 일제강점기하의 지주-소작인 관계에 주목하고, 이러한 오래된 계급관계에 기초한 깊은 원한이 해방 이후 남한에 혁명적 정세를 조성했다고 보았다. 특히 1946년 10월 남부지방의 봉기에 대해 이를 '추수봉기'라고 이름 붙일 정도로 그는 지주-소작인 간의 계급관계를 중시했다. 하지만 1946년의 10월 봉기는 지주-소작인 간의 갈등과는 별 관계가 없었다. 오히려 미군정의 공출제 실시나 친일 경찰의 횡포 등에 더 중요한 이유가 있었다. 브루스 커밍스를 비롯하여 많은 이들은 흔히 한국전쟁기에 가난한 소작농민계급이 지주층을 상대로 계급투쟁을 벌였다고 말한다. 하지만 이를 증명하는 연구는 아직 찾아보기 어렵다.

필자는 이러한 문제들을 검토하기 위해 한국전쟁기 충남 당진군 합덕면의 사례를 다루어보기로 했다. 한국전쟁기 합덕면은 당진지역에서 가장 많은 인명 피해가 난 곳으로 알려져 있다. 우익 세력도 250명 정도 희생되었지만, 특히 9·28서울수복 이후 좌익의 희생은 그보다 훨씬 더 컸던 곳으로 알려져 있다. 지역 주민들은 그 배경과 관련하여, 지주와 소작인 간의 갈등이 심했다고 말하기도 하고, 또 천주교 마을 합덕과 인근 좌익마을 간의 갈등도 심각했다고 말한다. 과연 이 지역에서 그와 같이 커다란 희생이 발생한 이유는 무엇일까. 4장은 이를 추적하기 위한 것이다.

1. 전쟁 이전 지주·마름과 소작인 간의 갈등

합덕면은 어떤 마을인가

충남 당진군 합덕면은 1914년 행정구역 개편 당시 면천군 합남면, 합북면, 비방면이 합쳐져서 만들어진 면이다. 더 거슬러 올라가면 합남·합북면은 1895년 지방관제 개정 이전에는 홍주목의 월경지였고, 비방면(비방곶면)은 덕산현의 월경지였다. 역사적·사회적으로 보면 역시 과거의 행정구역 구분, 즉 합북면·합남면·비방면의 구분도 식민지 시기까지는 지역 주민들에게는 상당한 의미가 있었던 것으로 보인다. 즉, 홍주목의 월경지였던 지역과 덕산현의 월경지였던 지역의 주민들 간에 일정한 차별의식이 있었던 것으로 여겨진다. 당연히 전자의 지역 주민들이 우월의식을 느꼈을 것이다.

또 합북면은 대체로 구릉지대, 합남면은 구릉에서 평야로 이어지는 중간지대로 이루어져 있다. 특히 비방면은 완전한 평야지대로서 삽교천이 들락거려 가장 늦게 간척이 이루어졌다. 또한 합북·합남면 지역은 합덕방죽의 물로 수리水利가 어느 정도 가능했고, 또 구만포에서 물을 끌어다 쓸 수도 있었다. 그러나 비방면의 신흥리, 점원리와 같은 곳은 합덕방죽의 물이 부족하면 쓸 수 없었고, 구만포 물도 역시 쓰기 어려웠다. 따라서 사람들은 신흥리와 점원리 지역을 하몽리下蒙利 구역이라고 불렀다.[2] 또 홍수가 나면 가장 먼저 침수되는 곳도 신흥리와 점원리였다. 이 때문에 신흥리와 점원리의 마을들은 합덕면 전체에서 가장 가난한 마을들이었다고 할 수 있다.

18세기 후반에 만들어진 『여지도서』를 보면, 비방면 지역에 들어가는 현재의 신흥리 소속 마을들(원신흥, 후경, 상동)은 아직 존재하지

지도 4-1 합덕면의 각 마을 위치

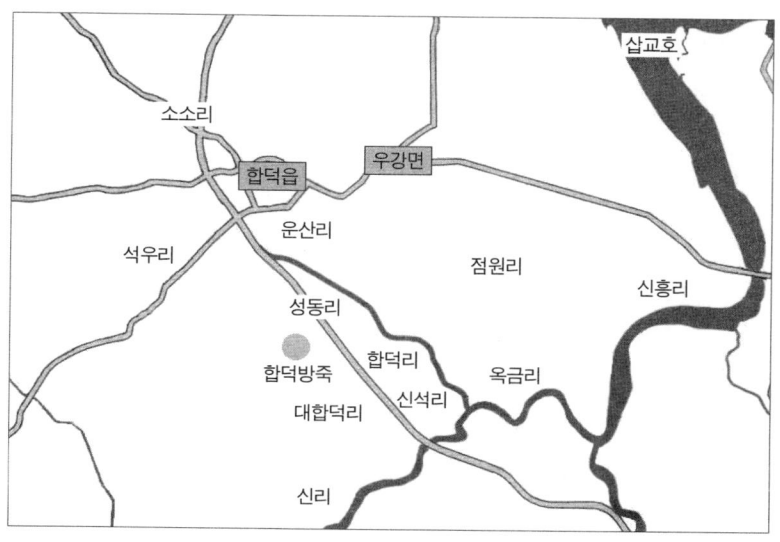

않았던 것으로 확인된다. 이제 과거의 행정구역 구분을 중심으로 각 리별 자연마을을 정리하면 224쪽 표 4-1과 같다. 표 4-1에서 보는 마을들은 모두 이미 18세기 후반에는 마을 형성이 이루어졌다고 할 수 있다. 하지만 구릉지대의 마을들은 이미 조선 초기나 중기에 형성되었던 것으로 보이고, 중간지대의 마을들은 늦어도 18세기에 형성된 것으로 보이며, 앞서 말한 것처럼 신흥리의 마을들은 19세기 이후에나 형성된 것으로 보인다.

합덕면은 동족마을이 비교적 적은 편이다. 대부분이 각성마을이라고 할 수 있고, 그 가운데 비교적 많은 성씨가 분포했던 마을이 있는 정도였다. 그러한 주요 성씨들도 양반 신분이 아닌 평민 신분층이었다. 따라서 이들 마을의 주민들은 양반층의 통제로부터 자유로울 수 있었다. 한편 다수 성씨가 있었던 마을은 224쪽 표 4-2와 같다. 표

표 4-1   합덕면 각 리별 마을 분포(1914년 당시)

구역	리명	자연마을	1914년 이전 소속
A구역 (구릉지대)	운산리	상북, 상운, 하운, 운곡, 운구, 신리, 범근내	합북면
	도곡리	도북, 도남	
	소소리	회태, 소소	
	석우리	가좌, 재오, 창정, 석우	
B구역 (중간지대)	신리	하개, 신리, 도촌, 하신	합남면
	대합덕리	목정, 덕곡, 포내, 대호	
	대전리	대전, 궁리, 상개, 내동	
	성동리	응정, 효곡, 지변, 성동	
	합덕리	범천, 합덕, 창리, 신리 일부	
C구역 (평야지대)	옥금리	옥금, 도리 일부	비방면
	도리	도리	
	점원리	점원, 신리 일부, 서다	
	신흥리	후경, 신동, 동다, 신흥	
	신석리	상흑, 하흑, 신평, 대호 일부, 흑석	합남면

출전: 『조선전도부군면리동명칭일람』(1917), 256쪽.

표 4-2   다수 성씨가 있었던 마을

마을명	성씨	마을명	성씨
도곡	해남 윤씨, 전주 이씨	운곡	의령 남씨, 선산 김씨, 해주 오씨
소소	신평 이씨	하운(지새울)	선산 김씨
석우	전주 이씨	성동	신창 표씨
창정	진주 강씨	상흑	원주 원씨

출전: 『합덕읍지』(1997), 62쪽.

에서 보듯이 다수 성씨가 있었던 자연마을도 그리 많지 않다. 또 성동과 상흑을 제외하면 모두 구릉지대에 있던 마을들이다. 이들 마을은 중간지대나 평야지대에 있는 마을들보다 마을의 형성 시기가 더 오래되었기 때문에 이와 같은 동족마을의 성격을 어느 정도 가질 수 있었던 것이 아닌가 싶다.

합덕면의 토지 소유자 분포

충남 당진군 합덕면은 호남평야, 김해평야에 이어 전국에서 세 번째로 넓은 평야인 예당평야의 가장 넓은 지역인 소들강문평야(牛坪江門平野)에 자리 잡고 있는 면이다. 소들강문평야는 합덕면과 범천면에 걸쳐 있는데, 1920년대에 이미 그 경지 면적은 모두 1,400여 정보에 달했다.[3] 소들강문평야는 바닷물이 들락거리는 삽교천을 끼고 있었다. 따라서 조선 후기부터 삽교천 천변에 둑을 쌓아 바닷물이 들어오지 못하도록 하는 작업이 계속되었던 것으로 보인다. 이와 같은 둑을 쌓는 작업은 이곳에 땅을 소유하고 있었던 지주들과 농민들의 힘이 합쳐져 이루어진 것으로 보인다. 이때 만들어진 둑의 이름은 오늘날에도 상궁원, 중궁원, 하궁원 등의 이름으로 내려오고 있다. 이곳에 땅을 소유하고 있던 지주들은 주로 왕실의 여러 궁방과 한양에 거주하던 양반과 관료들이었던 듯하다. 일제강점기에 어떤 지주들이 이 평야에 토지를 소유하고 있었는지는 확실치 않다. 하지만 1950년대 농지개혁 당시 각 리별로 분배 대상이 된 농지의 소유주 가운데 대토지 소유자는 대체로 표 4-3과 같이 파악된다.

227쪽 표 4-3은 각 소재지 동리에서 10필지 이상을 분배당한 지

합덕면 합덕리 앞의 소들강문평야

주들을 뽑은 것이다. 이 표에서 보는 바와 같이 당시 합덕면에서 대토지를 소유한 이들은 대부분 서울을 비롯한 외지에 거주하던 부재지주였다. 천주교회를 비롯하여 윤한선, 이근영, 김정환, 김규순, 이범승, 임호상 등이 모두 서울이나 그 인근에 사는 이들로서, 이들은 100필지 이상의 토지를 이곳에 소유하고 있었다. 그 밖에 50필지 이상을 소유한 이들 가운데에도 세브란스의대, 흥한재단, 공익재단(전진한) 등도 서울에 소재한 지주들이었다. 또 홍성에 거주하는 최오백, 당진 석문면에 거주하는 인익환, 목포의 문태중학(문재철) 등도 있었다. 이들 부재지주들의 소유지가 많은 동리는 신흥리·점원리·도리·옥금리·신석리 등 주로 삽교천 인근의 평야지대였다.

대지주 가운데에서도 가장 대규모의 땅을 소유한 것은 천주교회였다. 천주교회는 1950년 농지개혁 당시 예산과 당진에서 모두 195정보의 토지를 소유하고 있었는데, 그 대부분은 합덕면에 있었다. 합덕면에서도 석우리·운산리·합덕리·신리·신석리·도리에 모두 346필

표 4-3 농지개혁 시 각 마을별 소재지의 피분배 지주(마을별 10필지 이상 대상자)

마을명	지주 구분	지주명(거주지, 소유 필지의 수)
운산리	부재지주	천주교회(서울, 40), 정광국(서울, 29)
	재지지주	박병두(운산리, 52), 박병욱(운산리, 36), 오성환(운산리, 30)
도곡리	부재지주	조준호(서울, 11)
	재지지주	-
소소리	부재지주	세브란스의대(서울, 72), 정광국(서울, 28), 이철성(당진, 12), 임호상(서울, 11)
	재지지주	이철영(소소리, 13)
석우리	부재지주	천주교회(서울, 10), 세브란스의대(서울, 12), 최경윤(서울, 25)
	재지지주	박병성(대합덕리, 18), 남정국(운산, 10)
신리	부재지주	천주교회(서울, 113)
	재지지주	박원신(신리, 157), 박우신(신리, 34), 김병규(신리, 30)
대합덕리	부재지주	임호상(서울, 25), 김규현(서울, 37)
	재지지주	박병성(대합덕리, 77), 박원신(신리, 43), 이순자(대합덕리, 26), 박병두(운산리, 32), 김아가다(대합덕리, 40), 이성우(신석리, 11)
대전리	부재지주	-
	재지지주	박원신(신리, 120), 박우신(신리, 10), 박종성(운산리, 147), 박봉래(신리, 20), 박병정(신리, 17)
성동리	부재지주	-
	재지지주	박성래(성동리, 35), 박병록(성동리, 22)
합덕리	부재지주	천주교회(서울, 145), 이상조(서울, 135), 이동구(서울, 55)
	재지지주	-
옥금리	부재지주	문태중학(목포, 127), 인익환(당진 석문, 33), 김규용(서울, 30), 당진중학(당진, 29)
	재지지주	정준승(옥금리, 20), 김기태(도리, 12)
도리	부재지주	김정환(부천, 100), 이범승(서울, 58), 공익재단(서울, 54), 이동구(서울, 30), 문태중학(목포, 23), 인익환(당진 석문, 20)
	재지지주	박덕중(운산리, 15)
점원리	부재지주	문태중학(목포, 150), 윤한선(서울, 124), 이동구(서울, 50), 인익환(당진 석문, 42), 공익재단(서울, 29)
	재지지주	합덕중학(46)

마을명	지주 구분	지주명(거주지, 소유 필지의 수)
신흥리	부재지주	이근영(서울, 100), 흥한재단(서울, 76), 이범승(서울, 44), 곽의용(원주, 34), 맹용섭(아산, 16), 맹일섭(아산, 14)
	재지지주	지운성(신흥리, 12)
신석리	부재지주	최오백(홍성, 106), 김규순(서울, 115), 임호상(서울, 74), 김규현(서울, 41), 이필훈(서울, 58), 김규용(서울, 37), 조준호(서울, 28), 천주교회(서울, 25), 김병학(홍성, 23)
	재지지주	박원신(신리, 23)

출전: 『합덕면 분배농지대장』, 국가기록원 소장.

지의 땅을 소유하고 있었으며, 특히 합덕리(135필지)와 신리(113필지)에 가장 많은 땅이 있었다. 다음으로 큰 부재지주는 목포의 문태중학으로, 사실상 소유주는 문태중학 설립자인 문재철이었다. 그는 이곳에 모두 300필지에 해당하는 토지를 소유하고 있었다. 목포에 거주하는 문재철이 어느 시점에서, 어떤 경위로 이곳에 그와 같이 넓은 토지를 소유하게 되었는지는 확실치 않다.

대합덕리와 신석리에 약 100필지를 소유하고 있었던 임호상林昊相은 경성에서도 이름난 부호로서, 1935년 개인소득세 순위에서 8위에 해당하는 인물이었다. 그는 지주이면서 금융업에 투자하고 있었다.[4] 석리와 대합덕리에 각각 115필지, 78필지를 소유한 김규순, 김규현은 형제간이었다. 이들은 경성의 대포목상 수남상회壽南商會의 대주주인 김명희金明熙의 두 아들이었다. 그리고 신석리와 옥금리에서 67필지를 가진 김규용은 그들의 사촌으로서 수남상회의 대주주인 김태희金泰熙의 아들이었다.[5]

신흥리와 도리에 약 100필지를 소유하고 있던 이범승李範昇은 충남 연기군 출신으로 일본의 교토제국대학에서 법제사를 공부했으며,

조선에 돌아와 경성도서관을 창립하여 운영하기도 했고, 총독부 농무과 사무관, 황해도 산업과장 등을 역임한 인물이었다. 그는 해방 직후 미군정기 초대 서울시장을 맡았으며, 1946년 사임한 뒤 한국변호사협회 회장을 맡게 된다.[6] 점원리에 124필지를 소유하고 있던 윤한선尹漢善은 윤치소尹致昭(尹英烈의 차남)의 4남으로 훗날 대통령을 지낸 윤보선의 동생이다. 해평 윤씨가는 당시 아산군 신평면 둔포리에 대규모 농장과 저택을 갖고 있었는데, 점원리는 둔포리에서 그리 멀지 않은 곳이었기 때문에 이곳에서도 토지를 사들였던 것으로 보인다.[7]

신석리와 도곡리에 약 40필지를 소유하고 있던 조준호趙俊浩는 일본 주오대학中央大學 법과를 졸업하고 돌아와 동아상사 주식회사 전무, 동아이발기구 주식회사 사장, 동아증권 주식회사 사장 등을 역임했다.[8]

물론 재지지주들도 있었다. 재지지주로서 비교적 큰 규모의 땅을 갖고 있던 이들은 신리의 박원신朴元信, 대합덕리의 박병성朴炳星, 성동리의 박성래朴成來, 운산리의 박병두朴炳斗, 박종성朴鍾聲 등이었다. 신리, 대합덕리, 성동리의 밀양 박씨들은 모두 한집안이었다. 밀양 박씨가는 본래 전라도 장흥에 거주하다가 박원신의 6대조인 박기형朴基亨 대에 당진으로 이주했으며, 박기형의 손자인 박준기朴準箕가 합덕 신리에 정착한 것으로 족보에 나와 있다. 박준기가 합덕 신리 마을에 처음 들어와 정착한 때는 아마도 19세기 중엽으로 보이며, 이 마을에 숨어 있던 선교사들이 체포된 1866년보다 조금 전인 것 같다. 박준기는 4명의 아들을 두었는데, 큰아들 용래容來, 손자 병렬炳烈, 증손자 원신元信·우신宇信으로 이어지면서 합덕에서 첫째가는 대지주가로 성장할 수 있었던 것으로 보인다. 박병렬은 합덕뿐만 아니라 예산군 고덕면, 홍성군 등지에도 토지를 소유하고 있었다고 한다. 박씨가는 천주교

박해를 직접 지켜보았을 것으로 여겨지며, 이후에도 천주교에 입교하지 않았다고 한다.

한편 대합덕리의 박병성은 박준기의 4남 박성래朴成來의 아들이었다. 그 밖에도 신리의 박봉래朴鳳來는 박준기의 조카였다. 박준기의 동생으로 박준건朴準建이 있었는데, 그의 아들이 박봉래였다. 그리고 대합덕리의 박병성은 박준기의 셋째 아들 박경래朴慶來의 아들이었다. 성동리의 박성래는 박준기의 넷째 아들이며, 박병록은 박성래의 아들이었다.[9] 이처럼 박준기·박준건 형제의 아들들은 신리, 대합덕리, 성동리 등에 나누어 거주하면서 인근에서 가장 넓은 토지를 소유한 지주가로 꼽히고 있었던 것이다. 한편 운산리의 박병두, 박병창, 박종성은 같은 밀양 박씨이기는 했지만 위의 신리 사람들과는 같은 집안이 아니었다고 한다. 하지만 이들 세 사람은 모두 같은 집안이었던 것으로 보인다.

그 밖에도 김병규(신리), 정준승(옥금리), 유재하(옥금리) 등의 소지주가 있었지만, 합덕면에는 박씨 집안을 빼놓고는 이렇다 할 재지지주가 없었다고 해도 과언이 아니다. 그만큼 박씨 집안의 영향력은 컸다고 할 수 있다.

특히 평야지대인 신석리, 옥금리, 신흥리, 점원리, 도리 등에는 지주라고 부를 만한 이들은 거의 없었다고 할 수 있다. 이들 마을 부근의 토지는 대부분 부재지주들의 땅이었다. 따라서 이들 마을에서는 자작농을 찾아보기 어려울 정도로 거의 모든 가구가 소작농이었다. 그리고 이들 마을에는 지주 대신 부재지주의 토지를 관리하는 마름이 한두 명씩 있었던 것으로 보인다. 지주의 토지관리자인 마름이 되는 것은 상당한 이권이 있었으므로 이를 서로 차지하려는 각축전이 벌어지기도 했다.[10] 또한 마름과 소작인들 사이에서 소작권의 이동 문제,

소작료 인상 문제, 소작료 운반비 문제 등으로 인해 갈등이 벌어지기도 했다.[11]

합덕리소작회의 결성과 마름-소작인 간의 갈등

앞서 본 것처럼 합덕면은 이렇다 할 양반 동족마을이 없었고, 따라서 신분 간의 갈등은 특별히 없었다고 할 수 있다. 하지만 재지지주와 부재지주의 마름들이 각 마을에서 큰 영향력을 행사했고, 결국 이들과 소작농 간에 갈등이 빚어지지 않을 수 없었다.

1920년대 중반 전국적으로 사회운동의 바람이 불면서 합덕에서도 청년운동, 소작운동이 시작되었는데, 합덕지역은 1920년대에 충청도 전체에서 가장 활발히 사회운동이 펼쳐진 곳으로 유명했다. 합덕지역에 청년회가 발족된 것은 1924년이었던 것으로 보인다. 청년회는 신평면과 합덕면, 범천면이 함께 만들었기 때문에 '신합청년회'라고 명칭을 붙였던 것 같다. 1925년 초 신합청년회는 충남청년대회를 개최할 것을 발의하는 등 그 활동이 자못 활발했다. 신합청년회의 중심인물들은 합덕면의 정형택鄭亨澤·조이환曺利煥, 범천면의 이용구李容九·유흥렬劉興烈·성낙훈成樂薰·정학원鄭學源, 신평면의 배기영裵基英·심종관沈鍾觀 등이었다.[12] 이들은 대체로 사회주의의 세례를 받은 청년들이었다.

그리고 거의 같은 시기 소작조합이 결성된 것으로 보인다. 1924년 3월 16일 합덕면 청년들은 『동아일보』 당진지국에서 당진소작조합을 결성했다. 주목할 것은 당진소작조합 발기회를 당진면에서 한 것이 아니라 합덕면에서 하고 있다는 점이다. 그것은 이 조합을 우선 합덕,

범천, 신평에서 조직하기로 한 것과 관련이 있었다. 당시 이 소작조합 결성을 주도한 이들은 위의 신합청년회를 주도한 인물들이었다.[13]

한편, 천주교회 소유의 토지가 가장 많이 있었던 합덕리에서는 이와 같은 당진소작조합이 만들어지기 전에 미리 '합덕리소작회'를 만들었다. 1923년 12월 초 합덕리의 소작인들은 이문우의 집에 모여 천주교회 소유지의 소작인상조회를 개최했는데 200여 명이 참석했다고 한다. 여기서 회장에 손영호孫永昊, 총무에 이문우가 선출되었고, 고문으로는 각 지주가 추대되었다. 그리고 이날의 소작인 결성은 사전에 지주, 곧 천주교회 측의 양해를 얻은 것이었다고 한다. 이날 합덕리 소작회의 결성식에서 결의된 사항을 보면 ① 소작 기한은 5년으로 할 것, ② 비료 대금은 소작인과 지주가 각각 반씩 부담할 것, ③ 소작료 운반은 1리 이상은 불응할 것, ④ 상조회의 출자기본금은 1924년 추수의 5%를 투자할 것, ⑤ 출자기본금은 소작인에게만 대부하며 연 3할의 이자를 받을 것 등이었다.[14] 합덕리 천주교회 소작인들이 지주의 양해 아래 이와 같은 조직을 결성한 것은 사회주의자들이 주도하는 소작인 조합의 여파가 밀려오는 것을 미리 막기 위한 것이었다고 여겨진다.

1920~1930년대의 신문을 보면 합덕면의 농민들은 폭우와 가뭄 때문에 많은 고통을 겪고 있었다. 예를 들어 1923년 8월에는 폭우로 인해 삽교천의 제방이 무너져 바닷물이 밀어닥침으로써 점원·신흥·내경 등 점원리와 신흥리의 500여 정보의 논과 500여 호의 집이 침수되었다.[15] 또 합덕 주민들은 삽교천 상류의 구만포에 보洑를 만들어 물을 끌어다 농사를 짓고 있었는데, 1927년에 보수가 제대로 되지 않아 구만보가 유명무실해졌다. 마침 1928년 여름 가뭄이 들어 마을 주민들은 큰 어려움을 겪게 되었다. 그동안 몇몇 지주들이 협조하여 보를

쌓아왔는데, 1927년에는 협조 체계가 원활하지 않아 보를 제대로 관리하지 못했던 것으로 보인다. 구만보가 제구실을 하지 못하는 데다 가뭄까지 겹치자 합덕면과 범천면 일대의 소들강문평야 1,400여 정보의 땅은 불모지가 되고 말았다. 이에 당진군 당국에서는 지주들에게 연락하여 수리계를 만들도록 종용했고, 결국 지주 233명(전체 지주의 84%, 전체 면적의 78%)의 승낙을 얻어서 그해 가을 수리계를 만들어 구만보 수축공사에 착수할 수 있었다.[16]

폭우와 가뭄보다 합덕 농민들을 더 괴롭힌 것은 지주와 마름의 수탈이었다. 1924년 『동아일보』는 합덕 농민들의 처지를 다음과 같이 전하고 있다.

> 충남 당진군 합덕, 범천 두 면은 평원광야로 본래 밭이 없고 전부 논뿐이므로 일반 농민들은 연년이 조도早稻를 심어 먹고, 논에 보리를 심어 어려운 생활을 하여 왔었는데, 점점 착취 수단이 늘어가는 지주들은 보리까지 타작하여 달라고 하며, 또 논에 보리를 심으면 소출이 작다고 고압적으로 보리를 심어 먹지 못하게 함으로 각 소작인들은 할 일 없이 보리를 심지 못하고 늦은 벼를 심게 되어 해마다 여름과 초가을이면 양식이 떨어져 혹 풀잎과 풀뿌리며 이자 비싼 곡식과 돈을 얻어서 근근이 생활을 유지하여 왔는데, 금년에도 여름부터 양식이 떨어져서 수천 호 농민은 풀잎과 좁쌀되씩 얻어서 연명하다가 초가을을 당하여 그것도 하루 이틀이 아니고 견딜 수 없어 그 참상은 이루 말할 수 없었는데……[17]

본래 소작농민들은 보리농사를 지어 식량으로 삼아왔는데 일부 지주들이 보리에 대해서도 50%의 소작료를 내도록 요구하거나, 보리를 심으면 벼의 소출이 적다고 하여 보리를 심지 못하게 하였던 것이다. 결국 식량을 제대로 구하지 못한 농민들은 풀잎과 좁쌀로 연명하는 수밖에 없었고, 기근을 면하기 위해 장리長利로 보리를 빌려다 먹는 농민들도 있었다. 당시 보리에 대한 이자율은 두 달 동안 빌려 먹는 데 무려 세 배로 갚아야 하는 엄청난 고리대였다. 따라서 소작조합에서는 이 장리 문제를 심각하게 다루고 있었다. 또 일부 지주들은 본래 지주가 내게 되어 있는 수세水稅를 소작농도 반씩 부담하라고 요구하기도 했다.[18]

소작농민들을 괴롭힌 더 큰 문제는 소작권의 자의적인 이동이었다. 재지지주와 부재지주의 마름들은 수세 불납 혹은 소작계약 불응 등의 이유를 들어 소작권을 자주 이동시켜 소작농민들을 불안하게 만들었다. 1925년 봄 신문 보도에 의하면, 그해 봄에 합덕·범천·신평 등 3개 면에서 소작권이 이동된 것이 무려 350건으로, 그 전해의 51건에 비해 무려 7배나 늘었다고 한다. 1924년 봄에는 소작조합이 결성되어 소작권 이동이 적었던 것으로 보인다. 1925년 들어 당진소작조합이 경찰로부터 강령 전문 삭제와 집회 금지 조처를 당하면서 이렇다 할 활동을 하지 못하게 되자 지주들은 소작조합이 해산되었다는 소문을 퍼뜨리면서 이와 같이 많은 건수의 소작권을 이동시켰던 것이다.[19]

1926년 봄 『동아일보』는 마름들의 소작권 이동 실태를 다음과 같이 보도했다.

> 사음(마름)배의 발호와 소작인의 당하는 참극을 어찌 다 기록하랴마는 근일 들은 바에 의하면 아래와 같이 소개한다. 당진군 합덕면 옥금리 등지에 많은 토지를 둔 고양군 ○강면 동막의 고순재高順哉의 사음 고광두高光斗는 자작의 이유로 10여 석락石落 20여 명의 소작권을 전

부 박탈했다 하며, 동군 동면 도리, 합덕리, 점원리에 토지를 둔 경성부 무교동 박인근朴寅根의 사음 이약희李若熙는 각 소작인에게 도조 정리의 구실로 전 수확 7, 8할 이상의 정조定租 계약을 작성하여 날인을 강요하되 만일 이에 응하지 않으면 소작권을 이동한다는 고압적 행사를 취한다 하며, 경성부 마포동 이동구李東九의 사음 정행신은 각 소작인에게는 매 두락斗落에 대두박大豆粕 1괴塊의 시비를 강요한다는데, 소작인의 취할 태도는 진퇴유곡의 세로 각 사음의 가혹한 수단과 무리한 처치에 원성이 충천하다더라(합덕).[20]

여기에서 보면 마름들의 소작권 이동의 주된 목적은 소작료 인상에 있었음을 알 수 있다. 이처럼 부재지주의 마름들은 소작인들과 끊임없는 마찰을 빚으면서 갈등의 요인을 만들고 있었다.

그러면 재지지주의 경우는 어떠했을까. 가장 대표적인 지주였던 신리의 박준기-박병렬가의 경우를 살펴보자. 1925년 박준기가 세상을 떴을 때,『동아일보』는 "70세 고령의 박준기는 원래 공익사업에 공헌이 많았는데, 임종 시에 1만 원을 각 방면에 기부하고 서거했다"라고 보도했다. 그가 임종 시에 돈을 기부한 곳은 군내 빈민, 합덕우편소, 합덕공립보통학교, 공설운동장, 주재소, 면내 빈민, 합덕면소, 신리의 강습소, 합덕공립보통학교, 천주교에서 세운 매괴학교, 심상소학교, 면천과 당진의 향교 등이었다.[21] 당시 박씨가는 신리에서 영신학원이라는 강습소를 운영하고 있었다. 박준기가 세상을 뜬 뒤, 그의 아들 박병렬은 이 강습소 운영을 계승했는데, 1928년에는 학생들이 대부분 보통학교로 옮겨가는 등 어려움을 겪었지만 보통학교에 진학하지 못한 10명의 학생을 위해 강습소를 계속 운영하고, 보통학교 졸업자들을 모아 목공과를 가르치기도 했다.[22]

또 박병렬은 1933년 신교육령에 의해 영신학원을 폐지하게 되자 기본 자금 700여 원을 자신의 토지가 있는 합덕과 고덕의 15개 동리에 분배해주고 한글 보급을 장려했다. 또 중등학교까지 학비를 보조한 학생이 매년 7~8명이 되었으며, 그가 거주하던 신리의 40호 200여 명의 식량을 인구비례에 따라 빌려주고 가을에는 갚도록 하되, 만일 갚지 못하는 경우에는 2~3년 만에 탕감하는 조치를 취해주었다. 또 소작지도 인구비례에 따라 나누어주었으며, 농우農牛도 2~3필을 길러 소작인들이 논을 갈도록 했으며 우도牛賭는 받지 않았다. 또 동리에 수백 원의 기금을 마련하여 그 이자로 호세戶稅를 바치게 했으며, 농한기에는 가마니치기, 새끼꼬기 등 여러 부업을 장려하고 야학을 철저히 보급시켜 문맹을 퇴치하는 등 자신의 동리 주민들을 위한 여러 사업을 펼쳤다.[23]

이 밖에도 1935년에는 인근 동리 사람들의 채무 조租 300여 석과 돈 1,800여 원을 탕감해주었다. 이에 신리를 비롯하여 인근 동리인 대전리, 대합덕리, 성동리 사람들이 그에게 고마움을 표시하기 위해 150여 원을 모아 송덕비를 세웠다.[24] 이는 박병렬의 나이 45세 때의 일이었다. 그는 1941년 48세의 나이로 세상을 뜨고 말았다.

박병렬의 뒤를 이어 재산을 승계한 이는 박원신과 박우신 형제였는데, 박원신은 와세다 대학 전문부 법률과를 1941년에 졸업했다.[25] 어쨌든 박씨가는 소작인들을 위해 여러 은덕을 베풀면서 소작인들을 확실하게 장악할 수 있었던 것으로 보인다. 특히 그가 거주하던 신리의 경우는 더욱 그러했을 것이다. 현재도 신리에는 박준기와 박병렬의 공덕비가 서 있다.

2. 한국전쟁기 마을 주민 간의 갈등

한국전쟁 발발 이후 합덕지역에 인민군이 들어온 것은 7월 10일경이었다. 인민군과 함께 민족보위성 정치국 산하의 특수부대인 군정부대가 들어왔으며, 이들 부대는 우선적으로 치안을 장악하기 위해 내무서를 조직했다. 당시 합덕면에도 내무서 분주소가 설치되었다. 당시 내무서는 북한에서 내려온 정치보위부 요원들에 의해 사실상 지휘되었다. 분주소장은 D리 Z마을의 오헌○가 맡았고, 부소장은 최기○가 맡았던 것으로 전해진다. 오헌○는 당시 30세 전후로, 외지에서 이미 사회주의자가 되어 돌아온 경우였다고 한다. 최기○는 정형택이 경영하던 상점의 직원이었으며, 부소장을 맡아 악명을 떨쳤다고 전한다. 내무서 밑으로는 각 마을에 '자위대'가 조직되었고, 여기에는 이른바 '기본계급'이라고 하는 소작농민과 머슴들이 주로 동원되었다.[26]

한편, 당과 인민위원회 건설 사업도 진행되었다. 당의 경우, 위원장은 대체로 북한에서 내려온 이들이 맡았다. 그리고 7월 14일 북한 최고인민위원회의 「공화국 남반부 해방 지역의 군·면·리(동) 인민위원회 선거 실시에 관하여」라는 정령의 발표에 따라 각지에서 인민위원회 구성을 위한 선거가 실시되었다. 이에 따라 합덕에서도 면 인민위원회와 리 인민위원회가 구성되었다. 당시 리 인민위원회 위원은 리 총회에서 선출했고, 리 총회에서 뽑힌 면 대표자가 다시 면 인민위원을 선출하도록 했다. 이 선거를 통해 뽑힌 면 인민위원과 리 인민위원은 대부분 농민이었다. 당과 인민위원회와 함께 각종 외곽단체들이 조직되었다. 민주청년동맹, 여성동맹, 직업동맹, 문화단체총동맹 등이 그것이다.[27]

이러한 상황 속에서 합덕면 인민위원장을 맡은 이는 주윤○朱允○

과 박창○(朴昌○)이었던 것으로 전해진다. 주윤○은 1920년대 말 재건 공산당사건(안상훈사건)과 관련해 체포되어 2년간 복역하고 1931년 4월 만기 출소한 인물이었다.[28] 박창○은 1931년 『동아일보』 합덕지국 기자였다.[29] 주윤○과 박창○은 한국전쟁기 면 인민위원장을 차례로 맡았다가 체포되어 피살되었다고 전해지지만 확실하지는 않다.

한국전쟁기 당진에서 가장 많은 인명 피해가 났던 곳은 합덕면이었다. 주민들에 의하면 우익 쪽에서 약 250명이 사망했을 것이라고 보고 있다. 그리고 좌익 쪽 희생자는 운산리 운곡, 신흥리, 신석리, 옥금리 등에서 모두 400명 정도 되었을 것이라고 말한다. 이처럼 커다란 인명 피해를 가져온 대학살의 첫 불씨를 만든 것은 보도연맹사건이었다. 합덕면의 경우, 아직도 보도연맹사건으로 얼마나 많은 주민들이 처형되었는지는 불명확하다. 운산리의 경우, 유진○·한만○ 등 합덕중학교 교사 3명이 이 사건으로 처형되었다고 한다. A리 X마을에서도 박창○가 보도연맹사건으로 희생되었으며, 이 일이 불씨가 되어 그의 유가족들을 비롯하여 X마을의 청년들이 좌익에 합세하게 되었다고 한다.

합덕에서 우익으로 희생된 이들 가운데에는 특히 대한청년단 관계자가 많았다. 그 대표적인 인물은 합덕면 운산리의 정형택(鄭亨澤), 남정산(南廷山), 박한규 등이었다.[30] 정형택은 합덕면 정원리에서 태어나 운산리로 옮겨와 살았다. 그는 1924년 당진 소작조합 창립 시 상무위원을 맡았다. 1927년 12월 신간회 당진지회 창립 시 간사를 맡았고, 1931년 1월 신간회 당진지회 집행위원장이 되었다. 1927년부터 1931년 사이에는 『동아일보』 합덕지국 지국장을 맡았다. 1930년 석문보통학교 삐라 사건 때 검속되었다가 풀려났는데, 이후 일제강점기에 이렇다 할 활동은 없었다. 그는 운산리에 사촌동생 정성만의 이름을 빌린 '정성만 상점'을 운영했는데, 이 상점에서는 석유, 잡화, 주류 등을 주로 거래했다고 한다. 이 상점은 해방 후 '정형택 상점'으로 개칭했다고 한다.

정형택은 해방 이후 좌익과는 손을 끊고, 1946년 4월 한국독립당, 국민당, 신한민족당이 한국독립당으로 통합되었을 때 이에 참여하였다. 이후 그는 한국독립당에서 집행위원, 중앙상무위원 등을 맡았다. 1947년 12월 한독당 내에서는 정당협의회 추진 문제를 놓고 의견이 노출되었는데, 정형택은 협의회 추진을 강력히 주장하였다. 그 결과 그는 김구 계열의 주류에 의해 한독당에서 제명되고 말았다. 1948년 8월 대한민국 정부가 수립된 이후, 한독당 내부에서는 김구 계열과 조소앙 계열의 향후 노선을 둘러싼 논쟁이 있었고, 결국 현실정치에 참여하기로 결정한 조소앙은 탈당하여 명제세 등과 함께 1948년 12월 사회당을 조직하였다. 한독당 내에서 조소앙 계열이었던 정형택도 이때 사회당에 참여하여 치안정책위원장을 맡았다.[31] 정형택은 1945년 10월 합덕에서 '연혈청년단'蓮血靑年團이라는 단체를 결성하여 남정갑(가명)에게 그 지휘를 맡기고 있었다(단장 남정갑, 부단장은 정형택의 장남인 정동주와 김학용). 연혈청년단은 시기는 정확히 알 수 없으나 조소앙이 이끄는 삼균주의청년동맹 산하로 흡수된 것으로 보인다. 연혈청년단은 당시 단원이 600명에서 1,200명에 달할 정도로 세력이 컸다고 한다.[32]

당시 합덕면에는 서정환(만주군 출신으로 귀향)이 이끄는 민족청년단도 있었고, 김창수(이북 출신)가 이끄는 대동청년단도 있었지만 연혈청년단에 밀려 세력을 펼 수 없었다고 한다. 서북청년단도 있었는데 일제강점기 개성에서 이사 온 김창수가 단장을 맡았다고 한다.[33]

연혈청년단은 민족청년단, 서북청년단과 통합하여 대한청년단으로 이름을 바꾸었다. 당시 신문보도에 의하면, 1949년 8월 31일 기존의 균청均靑, 족청族靑, 서청西靑은 하나로 통합하여 대한청년단 합덕면 단부 결성식을 가졌다고 한다. 이때 단장은 박한규, 부단장은 남정갑, 송지원이 각각 맡았다.[34] 여기서 균청은 삼균주의청년동맹을 가리키는데 앞서 본 연혈청년단이 이름을 바꾼 것이다. 대한청년단 단장을 맡은 박한규는 합덕에서 양조장을 경영하던 부호였다. 그는 인민군이 들어온 이후 체포되어 대전으로 압송되었으며, 대전형무소에서 처형된 것으로 전해진다.

정형택은 1950년 2대 국회의원 선거 때 이승만의 일민주의를 지지하는 일민구락부로 출마했으나 낙선했다. 그는 합덕교회의 권사이기도 했으며, 부인인 한사라는 합덕감리교회를 사실상 창립한 인물이었다. 정형택은 1950년 좌익에 의해 체포되어 대전형무소로 끌려가 피살되었다.[35] 남정갑은 인민군이 들어온 뒤 가장 먼저 체포되어 인민재판에 넘겨져 처형되었다고 한다. 이후 그의 친척들도 함께 희생되었다.

합덕의 인민군은 음력 8월 12일에 철수했고, 그들에게 협조한 지방 좌익들은 음력 8월 14일 밤 철수했다. 그즈음 지방 좌익들은 이미 체포해놓은 우익 인사 외에도 남은 우익 인사들을 체포하러 다녔다고 한다. 그리고 음력 8월 14일 밤 내무서 창고에 수용하고 있던 우익 인사들을 끌고 가 처형했다. 당시 그들이 우익 인사들을 처형한 곳은 현재 합덕초등학교 뒤쪽의 옵박골이라고 하는 곳으로, 음력 8월 14일 밤 모두 36명을 처형하여 구덩이 두 개에 나눠 묻었다고 한다.[36] 좌익들이 철수하자 다음 날 희생자 가족들은 바로 시신을 파내어 장례를 치렀다고 전해진다.

좌익이 철수하자 우익 청년들은 아직 경찰이 들어오지 않은 시점이었기 때문에 치안대를 조직했다. 당시 치안대의 대장은 김종석(면 직원)이었고, 그 뒤에 바로 송지원(송석원의 6촌)이 이를 인계받았다. 정형택의 장남 정동주는 온양으로 피신해 있다가 합덕으로 돌아와 치안대 부대장을 맡았다.[37]

치안대는 1950년 음력 8월 15일부터 부역자들을 잡아들였다. 치안대는 각 마을마다 조직되어 부역자들을 색출했다. 신흥리, 신석리, 옥금리 등 좌익 세력이 강했던 마을의 경우, 부역자로 색출된 상당수의 농민, 머슴 등이 체포·처형의 길을 피할 수 없었던 것으로 보인다. 치안대(현 파출소) 옆의 농협 창고에는 300~400명이 수용되어 조사를 받았고, 그들 가운데 다수가 은골(송산리 1구)에서 처형되어 한 구덩이에 묻혔다고 한다. 이들은 그해 10월 중순경에 현재의 32번 국도 옆 도로로부터 약 100미터 떨어진 야산에서 두 차례에 걸쳐 각각 80명과 60명씩 처형되었다고 한다. 첫 번째 처형 시에는 부녀동맹에 참여한 26명의 여성들도 함께 처형되었다. 현재 통신대가 있는 그 부근에서도 그 수를 알 수 없는 신원 미상의 사람들이 처형되었고, 지금 그곳엔 자그마한 봉분이 남아 있다.[38] 은골 부근에서는 합덕면만이 아니라 우강면의 부역자들도 처형되었는데, 합덕면과 우강면에서 부역자로 처형된 이들은 모두 합쳐 약 480명에 달했다고 한다.[39]

한편, 한국전쟁기 면 인민위원장을 맡았던 주윤○, 박창○ 등은 타지로 피신하였으나 경찰과 지방 우익들에 의해 체포되어 처형되었다고 전한다. 그리고 내무서장을 맡았던 오헌○도 역시 체포되어 처형되었으며, 그의 부모, 형, 여동생도 모두 처형되었다고 한다. 그리고 각 마을에서 주도적인 역할을 한 이들도 모두 피신하여 행방불명이 되었다.

한국전쟁기 합덕에서의 좌우익 갈등과 그로 인한 많은 희생자가 발생했던 원인을 살펴보면 크게 세 가지 유형으로 나누어볼 수 있다. 첫째는 지주·마름과 소작인·머슴 간의 갈등이고, 둘째는 이념과 종교의 차이에 따른 갈등, 셋째는 집안 간의 갈등이 그것이다. 아래에서는 그 사례를 차례로 살펴보기로 한다.

인민군의 토지개혁과 박명렬가 습격 사건

앞서 본 것처럼 합덕면에서는 부재지주의 마름과 소작인 간의 오랜 갈등이 있었다. 인민군이 들어온 뒤, 그들은 머슴·소작인들을 중심으로 내무서원, 민청대원 등을 조직했던 것으로 보인다. 인민군은 이들을 자신들의 중심적인 세력 기반으로 확보하기 위해 토지개혁을 실시했다. 전쟁이 발발하기 전인 1950년 4월 27일 남한의 국회에서는 토지개혁법안을 통과시켰고, 농림부는 그해 봄부터 이미 농지개혁을 실무적인 단계로까지 진행시키고 있었다. 하지만 농지분배예정통지서도 일부 지역에서만 교부되고 있는 상황이었다.[40] 따라서 아직은 농민들이 농지개혁을 실감하지 못하고 있는 상황이었다고 할 수 있다.

그런 가운데 인민군이 내려왔고, 북한 정권은 7월 4일 「공화국 남반부 지역에 토지개혁을 실시함에 관하여」라는 정령을 발표했다. 이 정령을 살펴보면, "① 무상몰수 무상분배, ② 남한 정부, 기관, 지주(자작 가능한 토지 5~20정보는 제외)의 토지 몰수, ③ 분배량과 방법은 고용농민, 토지 없는 농민 및 토지 적은 농민들의 총회에서 결정하고, 해당 인민위원회의 비준을 얻은 후 실시, ④ 토지 관련 부채, 세금, 부담금 및 공출제와 소작제 폐지, ⑤ 농업현물세(북한과 동일하게) 납부, ⑥ 5~7명으로 농촌위원회를 구성하고, 농촌위원회가 몰수 토지 조사 및 분배안을 작성" 등으로 되어 있었다.⁴¹ 여기서 주목할 만한 것은 토지개혁의 주체를 인민위원회가 아닌 농촌위원회로 했다는 점으로, 이 농촌위원회에는 소작농과 머슴들이 주로 참여한 것으로 보인다. 또 하나, 남한의 농지개혁은 고용농민, 즉 머슴들에게는 농지를 분배한다는 규정이 없었으나, 북한의 토지개혁은 머슴들에게도 농지를 분배한다는 규정이 들어 있었다. 이 때문에 머슴들은 남한 통치하에서는 생각할 수도 없었던 자기 땅을 갖는 꿈이 실현될 수 있다고 보고, 인민군 점령 당국에 적극적으로 협력했던 것으로 보인다.

각 동리, 마을 단위에서는 인민위원회, 농촌위원회가 따로따로 구성되었는데, 이에는 소작농민, 머슴 등이 적극 참여했던 것으로 보인다. 특히 224쪽 표 4-1에서 본 평야지대의 동리들은 주민의 90% 이상이 소작농이었다. 그리고 일부 소지주, 마름, 머슴들로 주민이 구성되어 있었다. 한국전쟁 당시 이들 마을은 주민들의 3분의 2 정도가 점령 당국에 적극 협조하는 형국이 되었다고 한다. 물론 소작농과 머슴들이 그 주역이었다.

이들 마을 가운데에서도 특히 A리의 X마을과 B리의 W마을은 '모스크바'로 불릴 정도였고, C리는 '진화부락', 즉 '진화하는 마을'로 불리고 있었다. 특히 장석○와 정원○라는 좌익의 주요 인물은 B리 출신이었다. 장석○(1927년생)는 국학대학 출신으로 인공 치하에서 당진 민청위원장을 맡았다고 하며, 도당의 민청 부위원장을 맡았다는 말도 있다.⁴² 정원○는 남로당의 거물 이강국과 경성제대 동기라는 말이 있으나 확실치는 않다. 이러한 인물들이 있었기 때문에 B리는 그들의 영향하에 많은 사람들이 좌익으로 기울어졌던 것으로 보인다.

B리 청년들은 장석○, 정원○ 등의 영향으로 1946년 10월 봉기와 그 이후 봉화를 피우는 데 따라다니다 적발되어 요시찰 대상이 되었

으며, 결국 이른바 '관제 빨갱이'가 되었다고 한다. 전쟁이 나자 적극적으로 부역 행위에 가담하게 되었던 것이다. 전쟁 전에 이 마을에는 약 2만 평 정도 땅을 소유하고 있던 오씨 가문이 있었다. 이들(오운생과 그의 아들, 조카, 그 외에 오씨 2명)은 9월 말경 모두 좌익 쪽 사람들에게 끌려가 처형되었다고 한다. 하지만 9·28서울수복 이후에는 사태가 역전되어 좌익 쪽 사람들에게 처형된 이들의 유가족들이 좌익에 참여한 이들이나 그 가족들을 붙잡아 처단하게 되었으며, 그 수는 30여 명에 달했다.

그러면 앞서 본 가장 대표적인 재지지주였던 신리의 박씨가는 어찌 되었을까. 신리의 박원신·박우신 형제와 가족들은 집을 비우고 모두 피신했다. 그리고 그의 집은 인민군 본부로 사용되었다. 미리 피신한 덕분에 그의 가족들은 모두 무사했다. 그리고 9·28 이후에 박원신은 집으로 무사히 돌아올 수 있었다. 그러나 9·28 이후에도 일정 기간 동안은 힘의 공백 상태가 계속되었다. 어느 날 밤 A리와 C리의 좌익 세력들은 신리의 박병렬가를 습격하고자 했다. 이들은 죽창을 들고 신리로 쳐들어왔는데, 박씨가에서는 신리 주민들의 도움을 얻고, 또 소지하고 있던 엽총을 쏘아 이를 막아냈다고 한다.[43] 신리 주민들이 박씨가를 보호했던 것은 박씨가가 그동안 마을 주민들에게 베풀어온 공덕 때문이었을 것이다. 한편 당시 C리의 소지주 유씨가의 머슴으로 있던 모서방이라는 이가 박씨가에 의해 붙잡혔다. 그는 결국 우익 청년들에게 넘겨져 처형되었는데, 처형 당시 공산주의 만세를 부르고 죽었다고 한다.[44]

B리 내부에서의 갈등, 그리고 A리와 C리 좌익들의 신리 습격은 계급적인 갈등, 즉 지주·마름과 소작인·머슴 간의 갈등이 폭발한 것이라고 할 수 있다. 하지만 B리와 A리 농민들의 상당수가 좌익으로 기

울어진 것은 이들 마을에 좌익 활동가들이 있었다는 점도 크게 작용했다.

인공 치하 합덕성당의 수난

합덕면이 위치한 내포지역은 19세기 초반부터 천주교의 포교지로 손꼽히던 곳이었다. 1860년대 초 베르뇌 주교가 전국을 선교사가 상주하는 8개의 본당으로 나눌 때, 내포지역을 상부 내포와 하부 내포로 나눌 정도로 이 지역은 천주교 선교의 중심지였다. 여기서 상부 내포의 중심지는 홍성이었고, 하부 내포의 중심지는 예산의 고덕이었다. 고덕면은 합덕면에 바로 인접한 지역이다. 그러나 1866년 병인박해가 일어나, 다블뤼 주교가 합덕의 신리에서 체포되고, 1865년에 입국한 위앵과 오메르트 신부가 인근 금치리, 거더리 공소에서 체포되었다. 다블뤼 주교가 체포된 신리에는 이미 신자들이 있었던 것으로 보인다. 그러나 박해 이후 마을을 떠나 다른 곳으로 이주하거나 교회와 멀리했던 것으로 보인다.

1886년 한불수교에 의해 천주교 포교가 자유롭게 됨에 따라 그동안 산간지역에 피신해 있던 천주교도들이 다시 평야지대로 내려오기 시작했다. 그리고 1889년 새로 입국한 퀴를리에 신부가 양촌(예산군 고덕면 상궁리)에 자리 잡고, 파스키에 신부는 간양골(예산군 예산면 간양리)에 자리 잡으면서 평야지대의 선교가 재개되었다. 1894년 간양골 본당이 폐지되면서 양촌본당으로 통합되었고, 이후 여기에서 공세리본당과 공주본당이 분리해나가게 된다. 그런 가운데 퀴를리에 신부는 양촌이 장차 본당의 중심지로 적당치 않다고 생각하여 다른 곳을 물색한 결과, 합덕리를 주목하게 되었다. 그는 1898년 이곳의 땅을 매입하여 사제관과 성당을 짓고 이듬해 이곳으로 본당을 이전했다. 이리하여 천주교 합덕본당이 등장하게 된 것이다.[45]

합덕에 본당을 마련한 퀴를리에 신부와 그의 후임자들은 계속하여 인근의 농지를 매입했다. 그것은 교회의 재정 자립과 천주교 교우촌 건설이라는 두 가지 목표를 위한 것이었다. 특히 앞의 천주교 교회의 재정 자립은 합덕본당 차원의 문제가 아니라 천주교 조선교구 전체의 문제였다. 즉, 합덕에서 농토를 사들인 주체는 합덕본당이 아니라 서울 명동에 있는 천주교 조선교구의 책임자 뮈텔 주교였던 것이다. 뮈텔 주교는 프랑스로부터의 후원금을 의지하는 체제에서 벗어나 재정 자립을 해야 한다고 생각했다. 뮈텔 주교는 특히 합덕지역의 평야가 넓고 농지 값이 싸다는 사실에 주목하여 합덕본당의 신부들에게 농지 매입을 지시한 것으로 보인다.

천주교회의 농지 매입은 전국적으로 진행되었지만, 특히 논의 매입은 합덕에서 집중적으로 이루어졌다. 1920년까지 약 23만 6,000평의 논과 3만 6,000평의 밭을 충남지역에서 매입한 것으로 알려졌는데, 그 대부분은 합덕지역의 땅이었다.[46] 1922년 당시 천주교회의 토지 소유는 합덕리에서 14만여 평, 신리에서 13만여 평, 신석리에서 5만여 평으로 나타나고 있었다.[47] 이후에도 천주교회는 끊임없이 농지를 매입하여 1950년 농지개혁 당시 예산과 당진에서 모두 195정보(약 58만 5,000평)를 소유하고 있었다. 그리고 그 대부분은 합덕면에 소재하고 있었다. 합덕면에서도 주로 석우리·운산리·합덕리·신리·신석리·도리에 땅을 소유하고 있었으며, 특히 합덕리와 신리에 가장 많은 땅이 있었다. 1922년경 천주교회는 합덕리에서만 논 9만 4,787평, 밭 2만 7,690평을 소유하고 있었다.[48] 당시 천주교회가 합덕에서

합덕성당

거두어들인 소작료는 약 3,000석에 달했으며, 이는 천주교 서울교구의 가장 큰 재원이었다고 한다.[49]

합덕본당은 이 토지들을 합덕리를 비롯하여 토지 소재지의 농민들에게 소작을 주었다. 그리고 소작인은 천주교회에 다니도록 했다. 이에 따라 합덕리의 주민들은 모두 교회에 나가기 시작했고, 타지의 천주교인들도 소작을 얻기 위해 합덕리로 이주해 오기 시작했다.[50] 1898년 말 교회가 이사 오기 전 합덕성당의 신자 수는 101명이었다. 이사 후인 1900년 말에는 신자 수가 155명으로 늘었다. 1909년에는 315명으로 늘었고, 1920년에는 427명에 달했다.[51]

227쪽 표 4-3에서 보듯이 합덕리 주민들이 천주교회 토지만을 소작한 것은 아니었다. 서울에 거주하는 이상조, 이동구라는 지주의 땅

4 땅과 종교를 둘러싼 충돌, 당진군 합덕면 사람들 247

도 역시 소작을 하고 있었다. 하지만 가장 비중이 큰 것은 천주교회의 토지였다. 그리고 천주교회의 토지 소작료는 다른 지주 토지와 마찬가지로 50%였으나, 흉년에는 소작료를 감해주고, 또 탈곡을 엄격히 하지 않는 등 소작인들의 사정을 보아준 것으로 보인다.[52] 그리고 앞서 본 것처럼 합덕리 농민들은 따로 소작인 상조회를 만들어 다른 마을의 소작인들이 만든 당진소작조합에는 들어가지 않았다.

합덕리 주민들의 이와 같은 모습은 인근의 다른 마을들로부터 질시의 대상이 되었던 것으로 보인다. 또 해방 이후 합덕리 주민들 가운데 일부는 대한청년단에서 활동하기도 했다. 이러한 사정으로 한국전쟁이 발발하자 합덕리 주민들은 곤경에 처하게 되었다. 합덕리 주민들은 일단 점령 당국이 시키는 대로 리 인민위원회나 민청, 청년동맹 등을 형식적으로 만들어 화를 피하고자 했던 것으로 보인다. 그런 가운데 8월 14일 합덕성당의 페렝(백문필) 신부와 신도회장 윤복수, 복사 송상원 등 세 사람이 내무서로 붙들려갔다. 이들 가운데 페렝 신부는 다시 대전형무소로 끌려가 그곳에서 인민군이 철수할 때 처형되었다. 9월 초 이마르타 수녀와 권요왕 수녀가 내무서에 붙들려갔다. 그리고 9·28서울수복 다음 날인 29일 A리의 X마을 주민들 가운데 일부 청년들이 합덕리를 습격했다. 그들은 김용진(정미소 경영, 전 이장), 김남중(전 대한청년단 단원), 신영식, 오기선, 박영기, 조규흥, 신경호, 김동환 등 8명을 한꺼번에 끌고 갔다.[53] 이들은 잠시 내무서 유치장에 갇혀 있다가 이날 밤 모두 합덕국민학교 뒤 옴박골에서 처형되었다. 이날 밤 처형된 합덕 마을 사람들은 위의 8명과 이미 전에 끌려간 윤복수 신도회장, 송상원 복사를 합쳐 모두 10명이었다. 그날 밤 옴박골에서 처형된 합덕면 전체의 우익 인사들은 모두 36명이었다.[54]

합덕리 사람들에 의하면 이때 합덕의 희생자들을 끌고 간 이들은

2005년 합덕성당 순교비 제막식을 알리는 현수막

평야지대의 A리, 특히 X마을 출신의 좌익들이었다고 한다. 그러면 두 마을은 왜 대립하게 되었을까.

　해방 직후부터 X마을에는 소수였지만 좌익 활동가가 있었고, 그들은 보도연맹에 들어갔던 것으로 보인다. 그 가운데 박창○가 전쟁이 나자 끌려가 처형되었다. 인민군이 들어오자 유가족들은 그들에게 적극 협조하면서 보복에 나섰던 것으로 보이고, 이에 마을 주민들이 합세한 것으로 보인다. 당시 X마을의 지도자는 지익○였다. 그는 합덕국민학교를 나온 인물이었다. 당시 이 마을에서 그를 도와 적극적으로 부역한 이들은 대부분 가난한 소작농들이었던 것으로 보인다. 당시 A리에는 소지주라고 할 만한 이가 없었다. 다만 A리 Y마을에는 원씨들이 비교적 넓은 면적의 논을 소작하고 있었다. 원명숙, 원문희, 원천순 등은 5,000평 이상의 논을 소작하고 있었다. 그 밖에도 장익환, 최윤돈, 최익동, 박영신, 양재천 등이 5,000평이 넘는 땅을 소작하고

4　땅과 종교를 둘러싼 충돌, 당진군 합덕면 사람들　249

합덕성당 순교자 비 왼쪽 두 번째부터 오른쪽 방향으로 페렝, 윤복수, 송상원의 비석.

있었다. 전쟁 이후 A리의 X, Y 마을에서는 모두 205명이 농지개혁 과정에서 농지를 분배받았다. 이때 분배받은 농지의 평균 면적은 1,956평이었다. 하지만 가장 많이 분배받은 이가 7,195평(원명숙), 가장 적게 받은 이가 12평(민영근)으로 그 격차가 매우 커서 평균값은 큰 의미는 없다고 생각된다.

한편, 합덕리의 경우에는 농지개혁 때 모두 141명이 평균 1,256평의 땅을 분배받았다.[55] 대체적으로 볼 때, A리의 농민들이 합덕리보다 더 넓은 소작지를 경영하고 있었다고 할 수 있다. 합덕리에서 5,000평이 넘는 소작지를 경영하던 농민은 전체 147명 가운데 3명에 지나지 않았다. 그런데 합덕리 농민들은 자작지도 상당량 소유하고 있었다. 1944년 현재 합덕리 농민 102명이 6만 7,242평의 경지(논과 밭)를 소유하고 있었다. 이 수치는 다른 마을에 비해 다소 높았을 것으로 추정된다. 따라서 합덕리 농민들은 비록 소작지는 작았지만 자작지가 넓었기 때문에 A리에 비해 경제적으로 열악하지는 않았던 것으로 보인다. 즉, 두 마을 주민들의 경제적 형편은 그리 큰 차이가 없었던 것이다. 그렇다면 여기서 A리, 특히 X마을의 농민들이 좌익으로 가고, 합덕리의 농민들이 우익으로 간 이유는 무엇일까.

합덕리 주민들이 우익으로 간 것은 가톨릭교회의 영향, 그리고 마을 주민들 가운데 우익 대한청년단 단원이 있었기 때문일 것이다. 반면 A리 주민들은 지익○, 박창○ 등 마을 내 소수의 좌익 활동가와 그들 배후에 있던 B리의 장석○, 정원○의 영향으로 좌익 쪽으로 기울어진 것으로 보인다. 물론 X마을과 합덕리 주민 사이에는 그 이전부터 약간의 갈등이 있었던 것으로 보인다. 예를 들어 농수 문제와 관련하여 볼 때, 합덕 마을은 합덕제의 물을 우선적으로 쓸 수 있었고, X마을은 그다음 차례가 될 수밖에 없었기 때문에, 두 마을 사이에는 합덕제 물을 쓰는 문제로 갈등이 있었다고 한다. 또 천주교회에서 합덕리뿐만 아니라 A리 쪽에서도 농지를 사들여 합덕리 농민들에게 소작을 주었다. 따라서 A리의 X마을 농민들로서는 소작을 빼앗기는 경우도 있었을 것으로 보인다. 따라서 이웃한 마을인 합덕 마을과 X마을은 평소 일정한 갈등관계에 있었고, 이러한 갈등이 결국 전쟁기에 폭발한 것으로 보인다. 즉, 합덕 마을과 X마을 간의 대립은 계급적 갈등이 아니라, 종교-사상적 갈등, 그리고 평소의 두 마을 간의 농수와 농지 문제를 둘러싼 갈등이 폭발한 것이라고 여겨진다.[56]

인민군이 물러간 이후 X마을 주민들이 합덕리 주민들을 습격, 살해한 사건은 X마을 주민들에게 커다란 시련으로 되돌아왔다. X마을 주민들 가운데 성인들은 모두 합덕리 우익 청년들에게 끌려가 고초를 겪어야 했다. 이들은 모두 조사를 받았으며, 그 가운데 상당수는 결국 치안대에 넘겨져 10월 중순경 은골에서 처형되었다. 한편 A리의 좌익

지도자 지익○는 피신하여 이후 행방불명되었다. X마을의 대부분의 주민들은 오늘날에도 한국전쟁과 관련한 인터뷰를 완강히 거절하고 있다. 전쟁으로 인한 상처가 그만큼 컸던 것이다.

합덕면 남씨가와 오씨가의 충돌

한국전쟁기 인민군 점령지역에서 폭발한 여러 갈등 양상 가운데 또 하나 주목할 것은 집안 간, 성씨 간의 갈등이다. 한국의 전통사회에서 각각의 마을은 동족마을을 이루면서 다른 동족마을과 경쟁·갈등 관계에 있는 경우가 많았다. 그리고 그러한 갈등은 앞서 3장에서 본 것처럼 한국전쟁기에 격렬한 대립으로 폭발하기도 했다. 또 하나의 마을 안에서 복수의 주요 성씨들이 공존하는 경우에도 서로 사돈을 맺는 등 가까운 경우도 있지만, 경쟁과 반목 관계에 놓이는 경우도 많았다. 여기에서 살펴볼 사례는 후자이다.

D리의 Z마을에는 해주 오씨, 의령 남씨, 선산 김씨, 그리고 다른 성씨가 함께 살고 있었다. 이들 세 성씨는 모두 평민층에 해당했다고 보여진다. 이들 세 성씨 가운데 남씨가와 김씨가는 비교적 가까운 관계를 유지하여 서로 사돈을 맺기도 했다고 한다. 하지만 오씨가는 여기에서 소외되었던 것으로 보이는데, 그 이유는 자세히 알 수 없다. 이들 성씨가 이 마을에 정착한 것은 약 20세대 전, 즉 500년 정도 거슬러 올라간다고 한다. 그리고 이들 세 성씨 가운데 특별히 큰 부자는 없었다. 오씨 집안에서 오성환이라는 사람이 다소 많은 토지를 소유한 소지주 정도였다.

이 마을의 남씨가 중에서 남정갑(가명)의 아버지는 일제강점기 말에 구장을 지냈고, 남정갑은 면서기로서 징병과 징용의 모집책을 맡았다. 남정갑의 아버지는 일본인 부재지주의 마름을 지내기도 했다. 남정갑의 숙부도 일제강점기 구장을 지냈다. 해방 이후 남정갑의 아버지는 마을 주민들에게 이른바 '조리를 돌리는' 곤욕을 치렀다. 이는 다른 마을들에서도 많이 나타나는 사례였지만, 그 충격은 매우 컸던 것으로 보인다. 이들 부자는 서울로 피신을 했다가 이후 미군이 진주하면서 미군과 함께 다시 마을로 돌아왔으며, 그 위세가 대단했다. 그리고 남정갑은 위에서 본 것처럼 정형택의 후원을 받으면서 연혈청년단의 단장이 되었다. 남정갑이 돌아온 이후 그의 아버지를 '조리 돌리는' 데 주도적인 역할을 한 오씨들은 풍비박산이 나고 말았다.

한국전쟁이 발발하여 인민군이 진주하자 세상은 다시 뒤바뀌어 이번에는 오씨들 세상이 되었다. 당시 이 마을의 오씨 가운데 오헌○는 합덕면 내무서 분소장을 맡았다. 남정갑은 피신했으나 결국 체포되었으며, 8월 11일 송석원, 박한규와 함께 당진서로 끌려가 처형되었다.[57] 그리고 9월 10일에는 남정갑의 숙부, 사촌, 그리고 이복동생들까지 여러 명이 마을 뒷산으로 끌려가 처형되었다. 이 일에는 남씨 집안의 머슴들이 동원되었다.

인민군이 물러간 뒤 이번에는 반대편의 보복이 진행되었다. 오헌○의 부모와 형, 여동생 등이 모두 붙잡혀 처형되었다. 그 밖에도 좌익에 가담한 머슴 등 수십 명이 체포되어 처형되었다. 그리고 남씨와 김씨 가문 사람들은 부역자 가족으로 간주되는 42호를 가려내어 당일로 마을에서 떠날 것을 요구했다고 한다. 결국 부역자 가족들은 세간도 제대로 챙기지 못한 채 마을에서 추방되었다. 당시 마을에는 모두 170호가 있었는데, 4분의 1 정도가 마을에서 추방당한 셈이었다. 이와 같이 부역자들의 가족을 마을에서 추방시킨 사례는 그리 흔한 것은 아니었다. 다른 마을들의 사례를 보면 부역자의 가족이 스스로 마을을 떠난 경우가 일반적이었다. 이 마을은 마을 내의 갈등 요인을 추방으로써 해결하고자 한 것으로 보인다.[58] 결국 Z마을 주민들의 갈등은 남씨가와 오씨가의 오랜 갈등, 그리고 마름과 소작인·머슴 간의 갈등이 중첩되어 나타난 것이라고 볼 수 있다.

비슷한 사례는 옥금리에도 있었다. 옥금리의 구양도에는 당시 어선들이 들어왔고, 이들로부터 생선을 받아서 팔면 상당한 이익을 얻을 수 있었다. 전쟁 전에는 이영○라는 사람이 그 권리를 대부분 독점하였고, 극히 일부만을 김 모라는 사람이 갖고 있었다. 그런데 인공 치하가 되자 김 모의 막내 동생이 내무서원에 들어가게 되었고, 이영○를 경찰의 끄나풀이라 하여 그를 붙잡아 처형했다. 그리고 김 모 형제는 생선 판매권을 빼앗아 독점했다. 9·28 이후 세상이 다시 뒤집어지자 이번에는 이씨 형제들이 김 모의 3형제를 붙잡아 처형했다. 김씨 형제에게 한국전쟁은 이념의 문제라기보다 이권이 달린 문제로서 더 큰 의미를 갖고 있었던 것이다.

3. 맺음말: 계급·이념 간 대립으로서의 마을 전쟁

충남 당진군 합덕면은 구릉지대, 중간지대, 평야지대의 3개 지대로 구분된다. 이 가운데 재지지주들은 주로 구릉지대와 중간지대에 자리 잡고 있다. 하지만 재지지주들은 신리의 박씨가를 빼놓고는 극히 소수에 지나지 않았으며, 대부분 소지주나 부농 정도로 볼 수 있는 이들이었다. 합덕의 넓은 평야의 주인은 대부분 부재지주들이었다. 가장 큰 지주인 천주교회를 비롯하여, 서울에 사는 여러 대지주들이 합덕의 넓은 평야를 다 차지하고 있었다. 따라서 특히 평야지대의 마을에 사는 농민들은 거의 대부분이 부재지주의 소작농들이었다. 그리고 각 마을에는 부재지주들의 마름들이 살면서 소작인들을 통제하고 있었다. 마름들은 소작료 인상을 통해 자신들의 이익을 얻을 수 있었기 때문에 소작권을 미끼로 하여 소작료 인상을 끊임없이 기도했다. 여기서 지주의 대리인인 마름과 소작인 간의 갈등은 끝이 없었다. 재지지주 가운데 신리의 박병렬가는 소작인들에게 여러 공덕을 베풀어 소작인들의 반발을 무마하고 인심을 살 수 있었다. 그리하여 그가 거주하는 신리의 농민들은 모두 박씨가의 영향하에 들어올 수 있었다. 합덕의 천주교회도 합덕리 농민들을 소작권과 신앙을 통해 완전히 장악할 수 있었다. 하지만 나머지 평야지대, 즉 신석리·신흥리·옥금리 등의 농민들은 마름에게 완전히 장악되지 않은 채 오히려 그들과 갈등관계에 놓여 있었다.

한국전쟁이 발발하고 인민군이 합덕면을 장악한 가운데, 인민군은 내무서, 인민위원회, 당 조직, 각종 외곽 단체 등을 설치하여 이전의 토착 좌익 활동가들을 기용하고, 이른바 '기본계급'인 농민들을 '자위대'로 동원하기 시작했다. 인민군 점령 당국은 특히 농민들의 자발성을 고취하기 위해 토지개혁을 시작했다. 토지개혁은 빈농과 머슴(고농)이 주도하도록 했고, 머슴들에게도 땅을 나누어주었다. 이에 그동안 평야지대에서 한 평의 땅도 가질 수 없었던 농민들은 점령군 당국에 적극적으로 협조했다. 점령 당국은 토지개혁을 통해 그들의 자발성을 고취하면서, 그들의 충성심을 더 강화하기 위하여 우익 인사와 지주계급의 숙청 등에 그들을 이용했다. 각 마을에서 대한청년단 등 우익단체에서 활동한 이들이 현지의 협조자들에 의해 체포되어 처형되었다. 또 B리라는 마을에서는 약간의 토지를 소유했던 소지주 가족들이 같은 마을 사람들에 의해 처형되었다. 대부분 소작인들로 구성되어 있던 A리와 C리의 농민들은 9월 29일 대지주 박씨가가 있는 신리를 습격했다. 하지만 그들은 박씨가와 신리 주민들의 완강한 저항으로 습격에 실패했다. 이처럼 빈농 소작인들이 모여 살던 마을은 인민군 점령기에 급속히 좌경화되었으며, 지주계급을 향하여 공격을 퍼붓고 있었다.

하지만 천주교회가 장악하고 있던 합덕리, 박병렬가가 장악하고 있던 신리의 소작농들은 좌익으로 넘어가지 않았다. 이들 마을은 겉으로는 점령 당국에 협조하는 척하면서 내면적으로는 여전히 우익마을로 남았던 것이다. 좌익 세력들은 후퇴하면서 A리 마을 농민들을 동원하여 합덕리의 천주교인들 가운데 10여 명을 끌고 오도록 하여 그들을 처형했다. A리와 합덕리 사이에는 이전부터 농수 문제나 소작지 문제로 갈등이 있어오던 터였다. 9월 30일 이후 정세가 바뀌어 이번에는 합덕리 주민들이 A리 X마을 주민들을 모두 붙잡아다 곤욕을 치르게 했고, X마을에서 부역자로 간주된 수십 명의 농민들이 처형되었다. 결국 전쟁기 남과 북의 좌우익 세력들은 자신들에게 충성할 수 있는 세력을 만들기 위해 두 마을 사이의 해묵은 갈등, 그리고 이념과 종교의 차이를 이용했으며, 두 마을 사람들은 그 틈바구니에 끼어 희생되었던 것이다.

그런가 하면 D리의 한 마을에서는 역시 오씨와 남씨, 두 성씨 집안 간의 오랜 갈등이 폭발했다. 남씨가 사람들(남정갑과 그의 부친)은 일제강점기 말 마름과 구장을 지내 동민들로부터 원성을 샀고, 한때 사실상 마을에서 축출되었다. 그러나 남정갑은 미군 진주를 등에 업고 마을에 복귀했으며, 합덕의 우익청년단 단장을 맡기도 했다. 이 때문에 남씨가와 대립관계에 있던 오씨가는 곤경에 처했다. 전쟁이 시작되자 남정갑은 피신했고, 오씨가의 오헌○가 내무서 분소장을 맡았다. 남정갑은 결국 체포되어 처형되었고, 남씨 집안의 여러 사람들이 오씨들이 동원한 마을 머슴들의 손에 처형되었다. 그리고 9·28서울수복 이후에는 역으로 오씨 집안의 여러 사람들과 머슴들이 붙잡혀 처형되었다. 이 마을은 집안 간의 갈등과 계급 갈등이 중첩되어 나타난 경우이다.

한국전쟁기 합덕지역 주민들 간의 대립은 이처럼 여러 가지 중첩된 배경 위에서 진행되었다. 즉, 지주·마름 대 소작인·머슴 간의 갈등, 마을 간의 농수와 소작지를 둘러싼 갈등, 가톨릭교도와 사회주의자 간의 갈등, 경쟁 집안 간의 오랜 갈등 등이 한꺼번에 터져 나온 것이었다. 하지만 이러한 갈등은 평시라면 얼마든지 제어될 수 있는 것이었다. 전쟁이라는 상황 속에서 남과 북의 국가권력은 각기 자신들에게 절대 충성할 수 있는 세력을 만들기 위해 이러한 갈등관계를 이용하고자 했다. 합덕면 지역의 여러 갈등관계는 다른 지역보다 상대적으로 심각했다. 따라서 합덕면의 각 마을 주민들은 그만큼 쉽게 이용당할 수 있는 상황에 놓여 있었다. 한국전쟁기에 합덕지역이 타 지역보다 많은 희생을 치른 것은 이러한 사정 때문이었다고 볼 수 있다.

5
두 명문 양반가의 충돌, 금산군 부리면의 비극

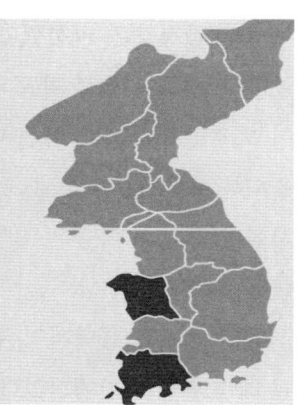

앞의 1장에서 4장까지는 한국전쟁기에 주로 평야지대, 혹은 도서지방의 마을들에서 있었던 사례를 다루었다. 따라서 이들 사례는 대부분 이웃한 마을 주민들, 혹은 같은 마을 주민들 간의 갈등이 문제가 되어 여러 사건이 일어난 경우였다. 하지만 산간지역의 경우에는 빨치산의 활동이라는 또 다른 변수가 있었다. 물론 빨치산들은 거의 지역 내 좌익 출신이었다. 그리고 빨치산이 활발하게 활동하던 산간지역에서는 이를 토벌하려는 군경과 빨치산 사이에서 주민들이 희생된 경우가 적지 않았다. 앞서 2장에서 본 전남 영암 영보마을의 경우는 산간지역은 아니었지만, 평야와 산간지역이 맞닿은 접경지역에 있는 마을의 사례였다.

5장에서 다루려고 하는 충남 금산군 부리면 지역은 금강 상류의 산간지역으로, 9·28서울수복 이후 빨치산 활동이 활발하게 전개된 곳이었다. 그리고 이들 빨치산들에 의해 큰 피해를 입은 지역이었다.

당시 빨치산 내에는 이 지역 출신 좌익이 다수 참여하고 있었다. 부리면 지역은 대부분 동족마을로 구성되어 있었으며, 이들 동족마을 가운데 가장 대표적인 성씨는 길씨와 양씨였다. 두 양반 성씨는 평소 사돈관계 등을 맺으면서 긴밀한 협조관계에 있었다. 하지만 두 성씨 집단은 한국전쟁기에 각기 다른 동향을 보였다. 길씨들의 경우 주류는 좌익으로, 비주류는 우익으로 갈라섰다. 반면에 양씨는 모두 우익으로 기울었다. 그리고 이는 빨치산들의 부리면 습격사건(이른바 '11·2 사건') 때 큰 인명 피해를 불러왔다. 왜 이러한 양상이 나타났을까. 이 장은 이러한 물음으로부터 출발한다.

1. 금산군 부리면의 명문가 해평 길씨와 남원 양씨

금산군 부리면은 용담호에서 금강으로 이어지는 금강 상류 지역에 자리 잡고 있다. 소백산맥 줄기가 지나가고 있기 때문에 논은 그리 많지 않고 밭이 많은 산촌으로 구성되어 있지만, 금강 상류 유역에는 제법 논이 많은 편이다. 부리면에서 농토가 많은 곳은 미양리, 평촌리, 창평리 등 금강 변의 마을들이다. 하지만 부리면에 특별한 부촌은 없었다.

1914년 행정구역 개편 시 부리면은 부동면과 부서면, 부북면 일부가 합쳐져서 만들어졌다. 부리면은 평촌리(면소재지), 창평리, 선원리, 불이리, 양곡리, 예미리, 신촌리, 어재리, 수통리, 방우리, 현내리, 관천리 등 12개 법정리로 구성되었다(표 5-1). 이러한 법정리는 현재까지 그대로 이어지고 있다. 하지만 자연마을을 단위로 하는 행정리는 모두 28개이다. 그리고 이들 자연마을은 거의 대부분이 집성촌, 즉 동족마을의 성격을 띠고 있다. 이와 같이 거의 모든 마을이 집성촌의 성격

표 5-1   1914년 행정구역 개편 당시 부리면 편입 마을

리명	마을명
창평리	부서면 내답리, 창평리, 나천리, 부북면 백암리 각 일부
선원리	부서면 가덕리, 기물리, 선원리
불이리	부동면 이정리, 불이리 일부
양곡리	부동면 경당리, 두곡리, 미탕리, 부서면 불이리, 부북면 수파리 각 일부
평촌리	부동면 상평리, 하평리, 부북면 수파리 각 일부
예미리	예미리, 승재리, 도파리 일부
신촌리	신촌리, 춘호리, 내장리
어재리	어재리, 부북면 용화리 일부
수통리	수통리, 수파리 일부
방우리	방우리
현내리	현내리, 금고리, 노치리, 미양리, 부서면 불이리 각 일부
관천리	관천리

출전: 오치 타다시치 편, 1917, 『신구대조 조선전도부군면리동명칭일람』, 318~319쪽.

을 띠고 있는 경우는 금산군의 다른 면에서도 찾아보기 힘들다.

부리면에서 가장 먼저 마을이 들어선 곳은 평지가 비교적 많은 부리면 북부지역이었을 것이다. 즉, 현내리·불이리·양곡리·평촌리·예미리가 먼저 개간되면서 이곳에 마을들이 들어선 것으로 여겨진다. 그리고 이후에 수통리 이남의 금강 상류변에 산촌들이 들어선 것으로 보인다.[1] 262쪽 표 5-2는 각 마을과 주요 성씨들을 정리한 것이다.

이상 주요 동족마을 외에 다른 마을들도 대부분 동족마을의 형태

지도 5-1　부리면의 각 마을 분포도

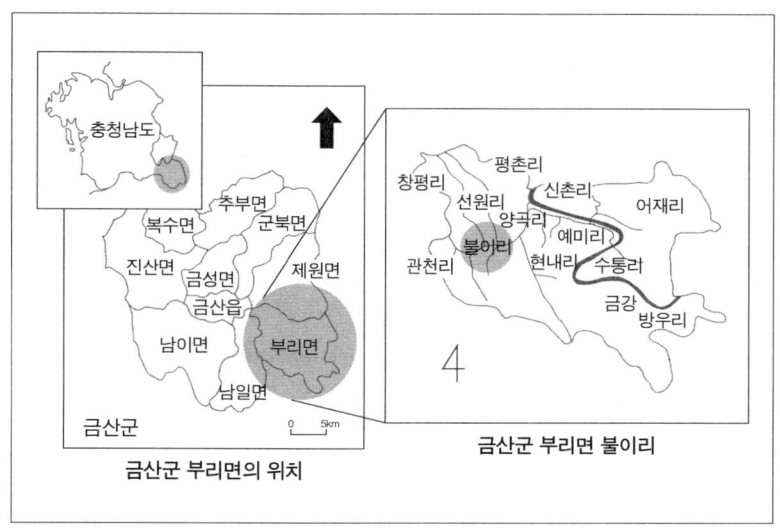

를 띠고 있다. 반면에 각성마을은 선원 2리와 3리의 2개뿐이며, 다른 동족마을들처럼 오래되었다고 한다.

　　현재 부리면의 인구 분포를 보면 길씨가 40~45%, 양씨가 20% 정도이고 나머지 성씨가 35~40%를 차지하고 있다. 나머지 성씨 가운데에서 주요 성씨들은 표 5-2에서 보듯이 구례 장씨, 순창 설씨, 반남 박씨, 밀양 박씨 등이다.

　　부리면 내에서 혼인은 전통적으로 신분에 따라 이루어졌다. 부리면 내에서 양반 성씨로 자타가 공인한 성씨는 길씨와 양씨였다. 따라서 두 성씨들 간의 혼인이 매우 많았고, 8촌 이내만 되지 않으면 혼인을 했다. 길씨와 양씨가 부리면 내의 타 성씨와 혼인하는 일은 거의 없었다. 이들 성씨는 금산군 내 다른 면의 양반 성씨인 반남 박씨, 금산 김씨, 김해 김씨와 주로 혼인을 했다.

표 5-2 부리면의 주요 동족마을

마을명	성씨	마을명	성씨
불이 1리	해평 길씨	말골(양곡리)	남원 양씨, 해평 길씨
현내 1~3리	해평 길씨	미양리(양곡리)	해평 길씨
예미리	해평 길씨	선원 1리	반남 박씨, 해평 길씨
불이 2리	밀양 박씨	관천리	해주 최씨
평촌리	남원 양씨	어재리	구례 장씨
경당리(양곡리)	송씨	방우리	순창 설씨
신촌	남원 양씨, 해평 길씨	수통리	청주 한씨

평촌리의 한 양씨는 "부리면은 길씨와 양씨가 모두 좌지우지했고, 지금도 마찬가지이다. 다른 성씨들은 감히 이에 도전하지 못했다"라고 말한다. 길씨와 양씨는 조선시대부터 부리면의 대표적인 양반 성씨이고, 또 숫자로도 가장 많았기 때문에 다른 성씨들이 감히 넘보지 못하는 세력을 갖고 있었던 것으로 보인다.

부리면에서 가장 세력이 큰 성씨인 해평 길씨가 부리면에 자리 잡기 시작한 것은 고려 말 야은 길재吉再의 증손자 대부터였다고 알려져 있다. 길재의 증손자가 금산 부리면에 들어온 것은 길재가 금주지사錦州知事(금주는 오늘날의 금산)로 부임하는 아버지를 따라 이곳에 와서 살다가 인근 마을의 중랑장 신면申勉의 딸과 결혼한 것이 인연이 되었다고 한다. 길재의 증손자들 가운데 일부가 증조모의 고향으로 들어와 살게 되었던 것이다. 이후 부리면에 들어온 길씨들은 여러 분파로 나뉘었다. 현재 부리면의 길씨 분파를 보면, 불이파·예미파·수촌파·정문파·삼성파·독산파·대목동파·굴리마파·서당곡파·돈의파 등이

불이리의 길씨 문중서원인 청풍서원

있다. 불이파는 불이리에서 맥을 잇고 있고, 예미파는 예미리와 수통리에서, 서당곡파는 신촌리 일대에서, 정문파·삼성파는 현내리 일대에서, 독산파·대목동파·돈의파도 현내리에서 맥을 잇고 있다. 굴리마파는 선원리·양곡리 일대에서, 수촌파는 평촌리, 호군파는 부리면 일원에 산재하여 거주하고 있다. 이 가운데 가장 번창한 분파는 현내리의 정문파·삼성파·대목동파이지만, 부리면 길씨들이 자신들의 뿌리로 생각하는 마을은 불이리이며 분파는 불이파이다.[2]

다음으로 큰 성씨인 남원 양씨가 부리면에 정착한 것은 광해군 대에 한산군수로 있던 양응해梁應海가 벼슬을 그만두고 부리면 평촌리 서당골에 자리를 잡으면서부터였다. 그 시기가 확실치는 않으나 1615년경으로 추정된다. 한산군수 양응해가 이곳에 정착한 이후 그 후손들은 자신들을 남원 양씨 병부공파 문양공계文襄公系 금산종중錦山宗中

이라 칭하고 있다. 금산종중 내에는 다시 이룡공파, 득룡공파, 경룡공파, 사룡공파, 오룡공파, 후룡공파 등의 작은 지파支派가 있다. 이들 가운데 양씨의 근거지인 평촌리의 양씨들은 대부분 득룡공파, 경룡공파, 사룡공파의 후손들이다.³ 양씨들은 주로 길씨와 혼인을 했고, 그 밖에도 반남 박씨 등 금산군의 양반 성씨들과 혼인을 많이 했다고 한다.⁴

부리면 어재리 어재마을에 자리 잡은 구례 장씨들의 중시조는 장습張習으로, 현재 그의 17대손들이 이곳에 살고 있다. 그는 안동에서 구례를 거쳐 영동에 머물다가 선조 대에 이곳에 들어온 것으로 알려져 있다. 부리면 관천리에 살고 있는 해주 최씨들은 임진왜란 때 최유준崔有準이 경북 울진에서 피란길에 올라 부리면 산간 벽지를 찾아 이정(현 불이리)에 정착한 것이 계기가 되었고, 이후 부리면 관천리에 후손들이 자리 잡은 것으로 알려져 있다. 이들은 대부분 해주 최씨 좌랑공파의 후손들이다.⁵ 수통리의 청주 한씨들은 청주 한씨 문정공파 한계휘의 14대손으로, 그는 경기도 수원에서 임진왜란 때 수통리로 피란을 와서 그곳에 정착한 것으로 알려져 있다. 방우리의 순창 설씨들은 조선조 성종, 중종 대에 금산군 군북면 내부리 가마실 부근에 자리 잡았다가 임진왜란 때 역시 피란길에 올라 옥천공파 일부가 방우리에 정착한 것으로 알려져 있다.⁶ 이처럼 부리면의 구례 장씨, 해주 최씨, 청주 한씨, 순창 설씨들은 대체로 임진왜란 때 깊은 산골에 피란을 와서 그곳에 자리를 잡은 경우라고 할 수 있다.

그러면 근대 이후 부리면 각 마을, 각 성씨들의 세력관계는 어떠했을까. 이는 근대 이후 면장직 혹은 면의원직을 누가 맡았는가에서 어느 정도 드러난다.

식민지시기부터 1950년대까지의 역대 부리면장을 보면 266쪽 표

5-3과 같다. 8명의 역대 면장 가운데 5명이 길씨이고, 2명이 양씨임을 알 수 있다. 식민지시기에는 길상목吉相穆이 10년 가까이 면장을 지냈다. 길상목은 일제강점기 현내리에서 양조장을 경영했다고 하며, 뒤에 보듯이 그는 해방 후에 좌익으로 활동했다. 해방 이후에는 양병규가 역시 10년 가까이 민선 면장을 지낸 것이 눈에 띈다. 양병규는 해방 전에는 생업을 위해 일본에 가 있었고, 한국전쟁기에 대한청년단 부리면 단장을 지낸 인물이었다. 양은규는 이승만 정권 초기에 국민회 위원장을 지냈고, 길응대는 부위원장을 지냈다. 길응대는 한국전쟁기에 좌익들에 의해 희생되었다.

1952년과 1956년, 1960년에 있었던 부리면의 면의원 선거는 어떠했을까. 267쪽 표 5-4는 1~3대 면의원 명단이다. 표에서 보듯이, 1952년의 면의원은 모두 자유당 소속이었으며, 양씨가 4명, 길씨가 2명이었다. 이는 한국전쟁 시에 양씨들은 우익이 많았고, 길씨들은 좌익이 많았던 것의 여파로 여겨진다. 2대 면의원 선거에서는 민주당이 3명, 무소속이 1명 당선되었다. 양씨는 2명, 길씨는 4명으로 길씨들이 다시 세력을 만회하고 있음을 볼 수 있다. 3대 면의원 선거에서는 4·19혁명의 여파로 민주당이 4명, 자유당이 4명, 무소속이 3명 당선되는 결과가 나왔다. 양씨는 1명밖에 없었고, 길씨도 역시 1명밖에 당선되지 못했다. 대신 나머지 성씨들이 골고루 당선되었음을 알 수 있다.

그런데 여기서 특히 주목할 것은 아직 전쟁 중이었던 1952년의 면의원 선거로서, 이때 면의원 선거에 당선된 이들의 면면을 좀더 자세히 살펴볼 필요가 있다. 평촌 1리의 양상석은 뒤에 다시 보겠지만, 1950년 11월 1일 면민대회를 주도했다가 이튿날 새벽 빨치산들의 습격으로 참변을 당한 양길수의 장남이었다. 또 현내리의 길귀동도 같은 날 지방 좌익에 의해 희생된 길성순의 아들이었다. 또 평촌 1리의

표 5-3 부리면 역대 면장(1931~1960)

	성명	재임 기간	출신지	비고
1대	길병호	1931. 6~1932. 7	부리면 현내리	
2대	양은규	1932. 7~1933. 4	부리면 양곡리	
3대	길상목	1933. 4~1943. 9	부리면 현내리	
4대	길준섭	1943. 9~1944. 7	부리면 양곡리	
5대	廣野益久	1944. 7~1945. 8. 14	익산군	李健在
6대	길응대	1945. 8. 15~1946. 11. 19	부리면 불이리	
7대	길문영	1946. 11. 19~1951. 3. 12	부리면 현내리	
8대	양병규	1951. 3. 12~1960. 12. 26	부리면 양곡리	민선 면장

출전: 부리농업협동조합, 1994, 『부리향토사』 하, 나, 218쪽.

양재현, 어재리의 장보현, 창평 2리의 양태홍, 선원 3리의 김판원 등도 모두 우익 계열의 인물들이었다. 그 밖에도 신촌 3리의 권기량은 양조장 주인이었으며, 창평리의 김덕수는 한때 국민방위군에 중위로서 근무한 일이 있는 인물이었다.[7] 이처럼 1952년의 면의원 선거에서 선출된 이들은 모두 한국전쟁기에 우익 요원으로서 활동한 경험이 있는 이들, 혹은 그들의 가족이었다고 해도 과언이 아니다.

표 5-4 부리면 1~3대 면의원 명단

1대(1952년)			2대(1956년)			3대(1960년)		
성명	정당	주소	성명	정당	주소	성명	정당	주소
*양상석	자유당	평촌 1리	*신일주	자유당	창평 2리	*이윤식	민주당	선원 2리
양재현	자유당	평촌 1리	양재현	자유당	평촌 1리	장수현	자유당	어재 1리
최용출	자유당	관천리	박지영	자유당	선원 1리	양상진	무소속	평촌 1리
양중엽	자유당	양곡 2리	길병길	자유당	예미 2리	길신섭	자유당	양곡 1리
길양환	자유당	현내 2리	길기문	자유당	현내 2리	박태영	민주당	불이 2리
장보현	자유당	어재 1리	길대섭	민주당	양곡 4리	권기량	자유당	신촌 3리
권기량	자유당	신촌 3리	양중엽	자유당	양곡 2리	한해수	무소속	수통 1리
김덕수	자유당	창평 1리	한해수	무소속	수통 1리	최흠덕	무소속	관천리
양태홍	자유당	창평 2리	장수현	자유당	어재 1리	윤범중	민주당	창평 1리
김판원	자유당	선원 3리	윤범중	민주당	창평 1리	박완순	민주당	양곡 3리
길귀동	자유당	현내 1리	길연석	민주당	불이 1리	윤석준	자유당	선원 3리

표의 첫 번째 줄의 *양상석, *신일주, *이윤식은 면의회 의장임.
출전: 부리농업협동조합, 1994, 『부리향토사』 하, 나, 259~260쪽.

2. 두 가문의 좌우 분화

금산청년동맹과 전북조선공산당재건 사건

1920년대 이후 금산군에서의 민족운동과 사회운동도 다른 지방과 유사하게 전개되었다. 1920년 7월 청년 유지 22명의 발기로 금산청년회가 창립되었다. 회장에는 정해인鄭海仁, 총무에는 김현근金顯根이 선출되었다. 금산청년회는 청년의 자각, 덕성의 함양, 지식의 계발 등을 목적으로 설립된 단체였다.[8] 1922년에는 박찬문朴贊文이 회장을 맡고 있었다.[9] 금산청년회는 1928년 금산청년동맹으로 확대·개편되었다. 당시 청년동맹의 집행위원장은 이화천李花天이었다.[10]

한편 노동단체인 금산노동친목회가 1920년 10월에 야학을 열었다는 기록으로 보아 금산노동친목회의 창립 시기는 그 무렵이었을 것으로 보인다.[11] 1922년경 회장은 박찬성朴贊成, 부회장은 김영식金榮植이었다.[12] 하지만 금산에는 이렇다 할 농민운동 단체도 없었고, 신간회 지회도 만들어지지 않았다. 금산의 사회운동 진영은 그만큼 취약했던 것이다.

금산군의 사회운동에서 부리면은 어떤 위치에 있었을까. 부리면은 금산군 내에서도 다소 외진 지역으로, 금산군의 사회운동에 중심적인 역할은 하지 못했던 것으로 보인다. 금산군 사회운동의 중심이었던 청년동맹의 위원장은 이화천이었고, 1928년 6월 금산청년동맹에서 군산청년동맹에 보낸 축문이 불온하다 하여 금산청년동맹원들이 체포되었는데, 체포된 이는 정해준鄭海駿, 김백일金百— 등이었다.[13]

그런 가운데 1928년 금산청년동맹 정기대회에 참석한 위원들 중에서 부리면 출신 길경섭吉慶燮의 이름이 보인다.[14] 길경섭은 1905년생으로 1933년부터 1943년까지 부리면 면장을 지낸 현내리 길상목의 장남이었다. 그는 휘문고보를 다니다가 중퇴했으며, 귀향하여 농업에 종사하고 있다가, 1928년 4월 취직운동을 위해 경성으로 올라갔다. 그 뒤 서울청년회에 가입하여 집행위원이 되었으며, 사회운동에 열중하면서 공산주의자가 되었다.[15] 이후 그는 금산으로 돌아와 금산청년동맹에서 집행위원으로 활동했던 것으로 보인다.

한편 길경섭은 1931년 전북의 김창수金昌洙(金鎔洙의 동생), 이판옥

李判玉, 김철주金鐵柱 등이 주도한 전북공산주의자협의회와 관계를 맺었다. 당시 금산에서는 길경섭(금산청년동맹 집행위원, 27세)과 정해철 鄭海哲(금산청년동맹 집행위원장, 26세)이 함께 김창수를 통해 협의회와 관계를 맺었던 것으로 보인다.[16] 예심청구서에 의하면, 길경섭은 1931년 1월 2일 전북 금산군 부리면 평촌리 98번지 자신의 집에서 한종식 韓宗植의 권유로 전북공산주의자협의회에 가입했다고 되어 있다.[17] 즉, "한종식으로부터 조선의 독립 및 공산화를 목적으로 하는 조선공산당 재건설을 기하고 근일 중에 공산주의자 전북협의회를 개최하여 구체적 활동 방침을 강구할 것이므로 이 회의에 출석하고, 또 금산을 중심으로 하여 동지를 물색·획득해달라는 뜻의 부탁을 받았으며, 공산주의 실천운동에 관한 테제를 교부받았다"는 것이다.[18] 그런데 이와 같은 일들은 모두 중국공산당 동만주특별위원회(이하 동만특위) 조선국내공작위원회(회장 강문수)의 활동과 관련된 것이었다. 결국 공작위원회 관련자들 다수가 검거되어 그 가운데 79명이 재판에 회부되었다. 길경섭은 1934년 6월 경성지법에서 징역 2년, 집행유예 4년을 선고받았다.[19]

이 사건 이후에 또다시 1934년 전북조선공산당재건 사건이 일어났다. 이 사건에는 현내리 출신 길재철吉在喆과 길귀섭吉貴燮이 관련되었다. 1911년생인 길귀섭은 앞의 길경섭의 친동생이었다.[20] 이 사건은 1929년 2월 이후 전주 및 전북 각 지역과 대전에서 비밀결사를 조직하여 농민, 노동자, 중등학생의 의식화를 기도한 사건이었다. 이 사건으로 김철주金鐵柱 외 45명이 기소되었다.[21] 이 가운데 길재철과 길귀섭이 포함된 것이었다.[22] 두 사람은 결국 징역 10개월에 집행유예 10개월을 선고받았다.[23] 『해평길씨족보』에 의하면, 길귀섭은 1943년에 33세의 나이로 세상을 떠났다. 아마도 옥고의 여독 때문이었던 것으로 보인다. 그런데 지역 주민들의 말에 의하면, 길경섭과 길귀섭은 아버지 길상목이 면장직에 있었던 일제강점기 말에 각각 소방대장과 면서기를 지냈다고 한다.

해방 직후 부리면 길씨와 양씨의 좌우 분화

1945년 8월 15일 해방이 찾아오자 금산군에서도 다른 군과 마찬가지로 건국준비위원회와 인민위원회가 차례로 조직되었다. 하지만 지금으로서는 건준의 주도 세력이 누구였는지를 명확히 알기는 어렵다. 1945년 11월 13일 미군정 보고에 의하면 인민위원회 위원장은 이화천, 농민조합 위원장은 길경섭, 청년동맹은 이완용이 맡고 있었다고 한다.[24] 앞서 본 것처럼 이화천은 1928년 금산청년동맹 위원장을 맡았던 인물로서, 이후 금산에서 사회운동의 중심적 역할을 해왔다. 또 길경섭도 앞서 본 바와 같이 1931년 전북공산주의자협의회에 참여하여 옥고를 치른 바 있었다.

한편 1945년 11월 25일 서울에서 열린 중앙인민위원회 확대집행위원회 참석자 가운데 금산군에서는 조기수趙岐壽, 길재철吉在哲이 참석했다고 기록되어 있다.[25] 길재철도 앞서 본 바와 같이 1934년 전북조선공산당재건 사건의 관련자였다. 또 1946년 2월 15일 서울에서 열린 민주주의민족전선 결성대회에 참석한 지방 대표 가운데 전북 대표로서 길상목吉相穆 외 10명이 참석했다고 기록되어 있다.[26] 앞에서 보았다시피 길상목은 일제강점기에 10년 정도 부리면 면장을 지낸 인물이었고, 길경섭, 길귀섭 등 공산주의 사건 관련자들의 부친이었다. 길상목은 아마도 길경섭의 영향으로 해방 이후 인민위 활동에 참여한 것이 아닌가 여겨진다. 오늘날 길씨들은 길씨 집안의 지도자격 인물이었던 길상목이 좌익으로 기우는 바람에 많은 길씨들이 그의 뒤를 따랐다고 회고한다. 한편 좌익 쪽의 금산청년동맹 위원장은 박천수, 남로당 위원장은 길재철이 맡았다.[27] 길재철은 1934년 전북조선공산당재건 사건의 관련자였기 때문에 그가 남로당 위원장을 맡은 것은 자연스러운 일이었다.

한편, 우익 쪽에서는 대한독립촉성회 금산군 위원회가 조직되었다. 위원장은 정해준, 부녀부장은 윤계옥, 선전부장은 서연수 등이 맡았다. 좌우익의 대립이 진행되는 가운데 1946년 입법의원 선거가 실시되었는데, 금산군에서는 남일면 황풍리의 박찬석이 당선되었다. 그리고 1948년 5·10선거에는 정해준과 조문형 2인이 출마하여 94%의 높은 투표율 속에서 정해준이 제헌의원으로 당선되었다.[28] 이어서 1950년 5·30선거에서는 임영신이 제2대 국회의원으로 당선되었다.[29] 또한 대한청년단 부리면 단장은 양병규(양곡 2리), 부단장은 박태순, 총무는 송경섭, 훈련부장은 박정순이었다. 또 국민회 위원장은 양은규(양곡 2리, 말골), 부위원장은 길웅대(양곡리)였다.[30] 위원장 양은규는 일제강점기 때 약 1년간 부리면장을 지낸 일이 있었으며, 양병규와는 6촌간이었다.[31] 양병규와 양은규는 양씨 집안의 지도적 인물로서 우익의 지도자격 역할을 하고 있었으며, 그 결과 양씨들은 대부분 우익을 추종하게 된 것으로 보인다.

한편 1945~1946년 부리면 면장이었던 길웅대와, 일제강점기 경찰로 활동하다가 설천면 면장을 지냈고, 1946년부터 부리면 면장을 맡은 길문영은 우익 쪽으로 기울었다. 길웅대는 면장 이후 국민회 부위원장을 맡았다.

해방 직후 부리면에서는 이렇게 하여 길상목을 필두로 한 길씨의 주류는 좌익으로, 비주류는 우익으로 기운 반면, 양씨는 대부분 우익으로 가는 식으로 마을과 성씨 집단 내부의 분화가 일어났던 것이다. 그리고 이러한 분화는 한국전쟁기에도 그대로 이어졌다.

3. 한국전쟁기 두 가문의 동향과 11·2사건

대한청년단 총무였던 송경섭에 의하면, 인민군이 오기 전에 대한청년단은 금산중앙국민학교에 모여 전투 훈련을 받았다고 한다. 그런데 대전이 함락되었다는 소식을 접한 지도부는 사태가 불리하다고 판단하여 해산을 지시했다고 한다.

한편 타 지역과 마찬가지로 금산에서도, 경찰이 후퇴하면서 보도연맹원을 학살한 것으로 보인다. 북한 측의 자료에 의하면, 금산에서는 7월 20일경 "현내면 농민 길병수와 가정부인 양순보 씨를 비롯하여 1,500여 명의 인민들을 예비검속이라는 이름 아래 검속한 다음 옵박골의 산골짜기로 끌고 갔다"라고 한다. 그리고 이곳에서 그들을 사살했으며, 시신을 불태웠다고 한다.[32] 옵박골은 부리면에서 무주로 넘어가는 길의 서당골에서 산쪽으로 들어간 곳을 말한다(현재의 용각사 골짜기). 주민들의 증언에 따르면, 경찰들이 후퇴하면서 금산군 전체에서 보도연맹원들을 이곳으로 실어와 사살했다고 한다. 족보에 의하면 길병수는 음력 6월 20일, 즉 양력 7월 24일에 사망한 것으로 기록되어 있으나, 실제로는 그보다 2~3일 더 일렀던 것으로 여겨진다. 길병수는 현내리에 거주했으며 길상목과 같은 대목동파에 속했다.[33]

인민군이 금산에 들어온 것은 7월 22일이었다. 금산군을 점령한 인민군은 인민위원회를 조직했는데, 군 인민위원장에는 박원준朴元儁

이 임명되었다. 그리고 내무서장에는 해방 이후 금산군 청년동맹 위원장을 맡았던 박천수朴天守가 임명되었다. 박천수는 박원전의 아들이었다. 또한 군당 위원장은 다시 길재철이 맡았다. 하지만 얼마 가지 않아 길재철이 군 인민위원장을 맡고, 내무서장은 북에서 온 사람이 맡았다고 한다. 그 밖에도 금산군에는 여성동맹, 청년동맹 등 각종 조직이 만들어졌다.[34]

인민군 8·13·15사단 등 3개 사단 병력이 금산읍을 거쳐서 무주-창녕 방면으로 갔는데, 그 길목에 부리면이 있었기 때문에 부리면 사람들은 많은 노역에 동원되었다. 증언에 의하면, 8월 초부터는 면 인민위원회, 민청 등에서 리 단위까지 조직을 확대했으며, 머슴과 산지기들에게 이러저러한 감투를 씌워주고 우익의 색출과 숙청에 그들을 동원하기 시작했다고 한다.[35]

한편, 부리면 출신 길상목은 전북 도당에서 부위원장 등을 맡았다는 소문이 있었다고 하는데 확인되지는 않는다. 그의 아들 길경섭은 해방 이후 월북했다가 전쟁 때 인민군과 함께 내려온 것으로 전해진다. 『해평길씨족보』에 의하면, 길상목과 길경섭, 길경섭의 큰 아들 길기우吉基祐는 한국전쟁 때 행방불명된 것으로 기록되어 있다. 그리고 길경섭의 딸들 중 2명(5세와 16세가량)이 1950년에 실종된 것으로 기록되어 있다.[36]

한편 부리면에서도 인민위와 치안대가 구성되었으며, 여기에는 길○○, 길△△, 맹□□ 등이 참여한 것으로 알려져 있다. 여기에 참여한 길씨들은 대부분 길상목이 면장을 지내던 일제강점기에 면사무소에서 근무한 적이 있는 길씨가의 인물들이었다.

표 5-5에서 보면, 길씨들이 가장 많이 살았던 현내리와 불이리의 길씨들이 좌우익으로 갈려 있었음을 알 수 있다. 또 같은 현내리의 대

표 5-5 해방~한국전쟁기 해평 길씨들의 좌우익 분화 양상

계급 성향	성명	활동 내용	거주지	해평 길씨 내 계파
좌익	길상목	일제강점기 면장, 해방 후 인민위원회 관계	현내리	대목동파
	길경섭	1931년 전북공산주의자협의회 관련, 해방 후 좌익 활동 참여 뒤 월북	현내리	대목동파
	길재철	해방 후 남로당 군당 위원장, 한국전쟁기 군 인민위원장	현내리	미상
	길○○	일제강점기 면사무소 근무, 한국전쟁기 면에서 활동	불이리	불이파
	길병○	일제강점기 면사무소 근무, 빨치산 활동 뒤 귀순	예미리	예미파
우익	길응대	일제강점기 대서업, 1945~1946년 면장, 국민회 부위원장, (인민군 후퇴 당시 피살됨)	불이리	불이파
	길문영	일제강점기 무주에서 설천면 면장(1936~1939), 부리면 면장(1946~1951)	현내리	미상
	길성순	금융조합장 (11·2사건 때 피살)	현내리	대목동파
	길병주 길병권	경찰(인민군 점령 당시 피살)	양곡리	미상

출전: 『해평길씨족보』(2004, 회상사), 『조선총독부직원록』 및 부리면 길씨들의 인터뷰 참조.

목동파의 경우에도 그 내부에서 좌익과 우익으로 분화되어 있었음을 알 수 있다. 즉, 문중 내부의 지파 차이가 좌우익 분화의 계기가 된 것은 아니었다. 그렇다면 당시 길씨들이 좌우익으로 갈린 계기는 무엇이었을까. 그것은 주로 길상목·길경섭 부자와의 인연 때문이었다. 길상목은 앞서 말한 것처럼 일제강점기에 면장을 지냈고, 이때 면사무소에서 근무한 길씨들이 길상목을 따라 좌익에 합류했던 것이다. 길상목은 아들 길경섭의 영향으로 해방 이후 좌익으로 기운 것으로 보인다. 길재철은 길경섭의 동생 길귀섭과 함께 일제강점기 사회주의운동을 한 인물이었다. 이처럼 부리면 길씨들 가운데 일제강점기 사회

주의운동을 했던 길경섭과 길재철을 중심으로, 길경섭의 부친 길상목과 인연이 있는 인물들은 좌익으로, 그러한 인연이 없었던 인물들은 우익으로 갈렸던 것이다. 특히 일제강점기에 설천면에서 면장을 지냈고, 1946년부터 부리면 면장을 맡은 길문영은 우익에 동조할 수밖에 없었을 것이다. 1945~1946년에 면장을 한 길응대도 마찬가지 입장이었다. 똑같이 면장을 지낸 길상목, 길응대, 길문영은 같은 길씨 집안이지만 지파가 서로 달랐기 때문에 그리 가까운 친척은 아니었다.[37]

인민군 치하에서 우익 인사들은 곤욕을 치르지 않으면 안 되었다. 예를 들어 국민회의 회장이었던 양은규梁殷奎는 전주까지 끌려갔다가 간신히 살아 돌아왔다고 한다. 그가 살아서 돌아올 수 있었던 것은 기적이라 할 만하다. 대한청년단장 양병규는 인민군이 들어오기 전 경찰과 함께 일찍 남하했기 때문에 화를 면했다고 한다. 9월 말, 인민군이 후퇴하면서 우익 인사에 대한 처형이 진행되었다. 이때 길응대吉應大(국민회 부위원장, 불이리), 박찬옥(관천리, 경찰 가족), 이원식(선원리) 등이 금산에서 대전으로 넘어가는 비비미고개 등지에서 처형되었다. 또 경찰이었던 길병주吉炳柱·길병권吉炳權(모두 양곡리 거주)도 역시 피살되었다.[38] 이와 같은 보도연맹사건과 우익 인사에 대한 처형사건이 있었지만 부리면에서의 희생은 그리 큰 것은 아니었다. 좌우로 갈리었지만 길씨들은 같은 집안이었고, 주로 우익의 입장에 선 양씨들도 길씨들과 사돈관계로 서로 얽혀 있었기 때문이다. 하지만 이러한 상황은 '빨치산'이라는 새로운 변수로 깨지고 만다.

9·28서울수복 이후 인민군과 좌익 세력은 입산하여 '빨치산'이 되었고, 수로봉이 있던 무주 가당리 평당마을을 근거지로 활동하기 시작했다. 이곳은 현내리에서 직선거리로 약 4킬로미터밖에 떨어지지 않은 곳이었다. 당시 부리면 전체 입산자의 수가 얼마나 되는지는

1950년 가을 결성된 부리면 향토방위대 ⓒ 송경섭

알 수 없다.

　인민군 입산 이후 부리면의 대한청년단을 중심으로 하는 우익 청년들은 무장을 갖추고 향토방위대를 조직하여 자체 방어에 나섰다. 10월 10일경 경찰이 금산군으로 돌아온 뒤, 10월 중순경에는 부리면에 지서장과 경찰 2명이 들어왔다. 경찰과 경비대원들은 낮에는 지서를 경비하고, 밤에는 지서를 비우고 나와서 휴식했다고 한다. 산으로 들어간 인민군과 지방 좌익으로 구성된 빨치산은 금산읍을 비롯하여 각 면을 자주 습격했다. 10월 7일과 22일 밤에는 빨치산들이 금산읍을 습격하여 대규모 전투가 벌어지기도 했다. 향토방위대는 각 면에 바리케이드 고지를 설치하고 빨치산의 습격에 대비했다. 부리면의 경우, 양곡리 말골 뒷산에 바리케이드 고지가 있었다고 한다.[39]

　그즈음 입산자들이 불이 2리의 박종규를 살해하는 사건이 일어났다. 입산자들은 본래는 박석철을 살해하고자 했으나 그가 집에 없자 그의 아들 박종규를 대신 살해한 것이었다. 박석철은 일제강점기 금융조합에 다녔고, 해방 이후 조합장을 지낸 인물이었다. 사건 당시 박종규의 아들 박의영도 부상을 당했다고 한다.[40]

한국전쟁기 부리면에서 가장 많은 희생자가 발생했던 날은 1950년 11월 2일이었다. 11월 1일, 시국대책위원회 위원장 양중엽, 후원회장 양길수, 면장 길문영, 국민회장 양은규 등은 면민대회를 개최했다. 일제강점기 때 양중엽은 부리면 면서기를 지냈고, 양길수는 한때 경찰이었던 인물로 이날 대회장을 맡았다. 그리고 일제강점기 때 양은규는 부리면 면장을, 길문영은 설천면 면장을 지냈고, 길문영은 부리면의 현직 면장이었다. 즉, 일제강점기와 미군정기에 경찰과 면장을 지낸 이들이 이 대회를 주도했던 것이다. 당시 정세를 보면, 10월 19일 국군이 평양을 점령했고, 10월 26일에는 국군이 압록강변 초산에 당도했으며, 10월 27일 정부가 다시 서울로 환도하는 등 국군과 유엔군의 승전 기운이 무르익고 있었다. 하지만 금산군 안에서는 남이면 육백고지를 중심으로 남이면 역평리와 건천리의 산악지대에 대규모 빨치산이 진을 치고 있었고, 부리면에서 가까운 무주 수로봉에도 상당수의 빨치산이 있었다. 따라서 시국대책위원회 측에서는 "이제 우리 세상이 되었으니 치안을 확보하고 단합해야 한다"라면서 면민들을 안정시키려 했다. 즉, 면민들을 결속시키고 기세를 올리기 위해 면민대회를 열었던 것으로 보인다. 하지만 이는 커다란 화를 불러왔다. 면민대회 소식을 들은 빨치산들이 이에 대한 보복을 감행한 것이었다.

다음 날(11월 2일) 새벽, 가당리의 빨치산들은 하산하여 현내리의 지서 주변을 포위했다. 이러한 사정을 모르고 경찰과 우익 청년들은

부리면 전투대 ⓒ 송경섭

지서에 들어왔고, 이때부터 일제 사격이 시작되었다. 그리고 빨치산들은 길거리에 나온 주민들에게도 무차별 사격을 가했다. 또한 빨치산들은 면민대회를 개최한 주역들의 집을 찾아가 보복했다. 빨치산들은 평촌리의 양길수(후원회장), 시국대책위원장 양중엽, 소방대원 김태완, 예미리의 이은창(경찰 가족) 등을 찾아가 살해했다. 특히 양길수의 집에서는 양길수 등 가족 5명이 살해되었으며 집도 불태워졌다. 당시 길문영 면장 가족도 처참하게 살해당했다.[41] 양곡리(말골)의 양은규의 친동생 양경규는 집에서 자다가 끌려갔는데, 시신을 찾지 못하다가 나중에 빨치산 포로를 잡아 확인한 결과, 갈산 쇠주봉에 있는 암석 들망에 바위로 가슴이 짓눌려 숨겨 있었다고 한다. 한편 금융조합장 길성순과 그의 가족들도 현내리 집에서 살해되었다.[42] 또 신촌리의 길준업과 길복동, 수촌리의 장천봉, 경당리의 김호근과 김용남, 관천리의 박찬옥 등이 살해되었다. 이날 부리면에서는 모두 78명이 살해되었다. 부리면 사람들은 이 사건을 가리켜 '11·2사건'이라 부른다.[43]

11·2사건 당시 납치된 이들도 있는 것으로 보인다. 공보처에서 1952년에 조사하여 작성한 『6·25사변 피납치자 명부』에 의하면, 이날 9명이 납치되었다고 기록되어 있다. 그 명단에는 길성순(조합장, 63세), 김정희(여, 35세), 길점복(남, 19세), 길병영(남, 13세), 길창영(남, 56세), 김상석(남, 43세), 안병임(남, 23세), 박언희(여, 20세), 김언년(남, 19세) 등이 실려 있다.[44] 이들은 모두 현내리에 거주하던 사람들이었는데, 명단에 들어 있는 길성순은 11월 2일 빨치산들이 마을에 들어왔을 때 피살된 인물이다.[45] 따라서 위의 명단에 오른 인물들을 모두 피랍자라고 보기는 어려울 것 같다.

한편 이날 현내리를 습격한 빨치산 가운데에는 길병○가 포함되어 있었던 것으로 보인다. 그는 예미리 사람으로 일제강점기 면사무소에 근무한 적이 있었다. 그는 1950년 가을 입산한 뒤 당시 금산면 빨치산의 2인자 위치에 있었다고 한다. 그의 처는 1951년 민선 면장이 된 양병규의 사촌여동생이었다. 길병○는 양병규의 자수 권유에 의해 1951년 자수하여 경찰과 함께 빨치산 토벌에 앞장서게 되고, 결국 경찰이 되었다고 한다.[46]

11·2사건 이후 경찰과 우익 청년들은 경비대를 재조직했다. 경찰은 송재섭이 지서장으로 부임한 뒤, 우익 청년들로 구성된 경비대원들을 110명까지 늘렸다. 그리고 면내 4개의 고지에 바리케이드를 치고 방어선을 폈다. 이들 가운데 일부, 약 20여 명은 육백고지 전투에도 참여했으며 그 가운데 5명이 전사했다.

4. 끝나지 않은 이야기: 전쟁을 기억하는 사람들

그런 가운데 경찰과 우익청년 경비대는 11·2사건에 대한 보복으로 부역혐의자들을 검거하기 시작했다. 당시 부리지서의 4개 지하벙커에는 부역혐의자들이 속속 연행되어 왔고, 이들은 이곳에서 조사를 받은 뒤 석방 또는 금산경찰서로 이송되거나, 부리지서의 경찰과 경비대에 의해 즉결 처형되었다. 당시 처형된 이들 가운데에는 특히 길씨들이 많았다. 현내 2리 부처당 암자 골짜기에서는 수십 명의 부역혐의자들이 집단 살해되었는데, 그중에는 길씨들이 많았다. 또 어재리 형석굴에서도 부역혐의자 8명이 사살되었는데, 이들은 모두 예미리, 현내리, 평촌리, 수통리, 어재리 등에 거주하던 길씨들이었다. 그 가운데에는 군 자위대장을 지낸 현내리의 길민섭, 면 자위대를 지낸 길준석(평촌리), 길판복(예미리) 등이 포함되어 있었다.[47]

오늘날 부리면 사람들은 해방 이후 좌우 대립과 한국전쟁에 대해 어떻게 기억하고 있을까. 먼저 해방 이후 좌우 대립의 뿌리에 대해 우파 쪽 마을이었던 평촌리 사람들은 이렇게 말한다.

평촌리의 양○○
"해방 직후 일본 사람들이 놓고 간 땅이 있었는데, 마을의 대동회에서 이를 대동회 소유로 하려 했다. 그런데 갑자기 일제 때 독립운동을 하던 사람들이 나타나 정부로부터 이 땅을 자신들이 위임받아 관리하게 되었다고 나왔다. 그 땅의 소작인들 가운데에는 그들 편에 가서 붙는 이들이 나왔다. 여기서 우익과 좌익의 대립이 시작되었다."

위 증언은 아마도 해방 직후 인민위원회에서 일본인 소유의 토지를 몰수하여 이를 관리하겠다고 나왔을 때,⁴⁸ 각 마을의 대동회가 이에 반발하면서 자신들이 이를 관리하겠다고 주장함으로써 서로 대립하게 된 상황을 말하는 것으로 보인다.⁴⁹ 왜냐하면 그들이 말하는 '독립운동 관계자'란 바로 식민지시기 주로 사회주의운동에 관계했던 이들이었고, 이들이 해방 이후에 인민위원회의 주축을 이루었기 때문이다. 물론 일본인들의 소유 토지는 인민위원회 손을 거쳐 그해 겨울 미군정의 신한공사 소유로 넘어가게 된다. 하지만 대동회와 인민위원회 간의 이런 대립은 감정의 앙금으로 남아 있었던 것으로 보인다. 그리고 대동회 주도 인물과 인민위원회 주도 인물들은 각각 우익과 좌익으로 갈라진 것으로 보인다. 이러한 사례는 다른 마을에서도 많이 전해진다고 한다.⁵⁰

그러면 한국전쟁에 대해서는 어떻게 기억하고 있을까. 아래 내용은 여러 주민들의 말을 정리한 것이다.

불이2리 박씨 마을의 박○○
"나는 피신한 부친 대신 조부와 함께 빨치산들의 창에 찔렸다. 아마도 빨치산에 들어간 길씨 가운데 누군가 조종한 짓으로 보인다."

현내리의 길○○
"나는 할아버지가 내 눈앞에서 지방 좌익의 총에 맞고 돌아가시는 것을 보았다. 얼마 전 과거사위원회에 이 사건(11·2사건)을 조사해달라고 청원했고, 조사관들이 내려와 조사를 했다. 하지만 아직 아무 연락이 없다. 나는 이 사건을 결코 잊을 수 없다."

첫 번째 증언은 길씨들에 대한 박씨들의 앙금이 여전히 남아 있음을 보여준다. 특히 증언자는 창에 찔려 상처가 남았고, 이 상처는 아직도 그에게 가끔씩 아픔을 주고 있다. 길씨들은 피해 주민들의 이러한 앙금을 의식하고 있기 때문에 여전히 말을 아끼고 조심하는 모습을 보이고 있다.

두 번째 증언은 11·2사건의 희생자 가족들의 반응으로, 아직도 그들의 상처는 아물지 않았음을 말해준다. 이들 유가족들은 평촌리 양○○의 부인이 사건 당시 빨치산들이 내리친 칼에 한쪽 팔이 떨어져 나가 아직까지도 고생을 하면서 살고 있다는 말을 꼭 덧붙인다. 전쟁이 남긴 상처는 아직도 치유되지 않은 것이다.

부리면의 가장 큰 성씨는 길씨와 양씨였다. 두 성씨와 한국전쟁과의 관련성에 대해 사람들은 어떻게 생각하고 있을까.

불이리의 길○○
"왜정 때 면장을 지낸 길상목이 좌익으로 흐르는 바람에 그의 영향으로 다른 길씨들도 좌익으로 갔다. 또 그가 면장을 지낼 때 면사무소에 근무했던 이들, 특히 길씨들은 대부분 좌익으로 갔다. 6·25 때 그가 도지사가 된다는 소문이 파다했다."

평촌리의 양××
"길씨와 양씨는 좌우로 갈리어 서로 피해를 입히기도 했지만 사돈으로 얽혀 있어서 서로 감싸주기도 했다. 11·2사건만 아니라면 부리면의 희생은 그리 큰 것은 아니다. 가마실과 같은 곳은 서로 피해가 컸다."

평촌리의 양△△

"부리면은 길씨와 양씨가 모두 좌지우지했고, 지금도 마찬가지이다. 다른 성씨들은 감히 이에 도전하지 못했다."

위의 증언들은 부리면의 가장 큰 성씨인 길씨와 양씨의 관계를 말해준다. 해방정국에서 한국전쟁기에 이르는 시기에 불이리와 현내리의 길씨들은 일부는 우익으로 가기도 했지만 다수가 좌익으로 갔다. 여기에는 길상목-길경섭 부자와 길재철의 영향력이 컸던 것으로 보인다. 반면에 양곡리와 평촌리의 양씨들 가운데 좌익으로 간 이는 거의 없었다. 대신 그들은 우익을 선택했다. 동족마을 주민들의 경우, 동족의 유력자가 어떤 정치적 입장을 선택하느냐 하는 것은 동족마을 주민들에게 결정적인 영향을 미치는 경우가 많다. 부리면의 길씨와 양씨들도 그러했던 것으로 보인다. 그리고 길씨와 양씨들은 비록 좌익과 우익으로 갈라져 싸우고 죽이기도 했지만, 다른 한편에서는 사돈 등으로 서로 얽혀 있었기 때문에 서로 감싸주기도 했다. 근거는 없지만 국민회 회장 양은규가 전주에서 살아 돌아올 수 있었던 것은 그러한 배경에서였지 않았을까 짐작해본다. 지역사회에서 이념보다 더 중요한 것은 인간관계였기 때문이다.

한편, 전쟁기 마을 간 혹은 마을 내부에서의 학살에 대해 사람들은 다음과 같이 말한다.

양곡리의 송○○
"일제강점기에 밀대 노릇을 한 이들이 있었다. 그들은 해방 이후 마을 사람들로부터 보복을 당했다. 그리고 전쟁 때 다시 그에 대한 보복을 저질렀다. 당시 좌우익은 이념이 아닌 감정에 의해 갈라진 것이었다. 가장 심한 곳이 군북면 내부리, 외부리였다."

불이리의 길○○

"전쟁기 인민군들은 머슴과 산지기들에게 감투를 씌워 그들을 이용했다. 불이리에 왜정 때 머슴이 있는 집은 다섯 집 정도 되었다. 이들 머슴은 노비가 아닌 평민 출신이었다. 각 마을에는 몇 집의 지주가 있고, 80~90%는 소작농들이었다. 대부분 고구마 농사를 지어 식용으로 삼았다. 산지기는 외지에서 온 노비 출신들이 많았다."

위의 증언들은 한국전쟁기에 겉으로 드러난 좌우익의 갈등과 보복이 실은 감정에 의한 것이 많았다는 사실을 말해준다. 즉, 평소의 인간관계가 상호 보복의 원인이 된 경우가 많았다는 것이다. 인민군들이 머슴이나 노비 출신 산지기 등을 이용하려 했던 것은 그러한 인간관계에서 항상 억눌려온 하층민들의 감정을 이용하려 한 것에 다름 아니었다. 결국 이들 머슴과 산지기 등도 실제로는 좌우 권력에 이용된 존재들이었던 것이다.

부리면 사람들의 한국전쟁에 대한 기억을 정리해보면 대체로 이러하다. 우선 길씨들은 인터뷰 시에 한국전쟁기의 일에 대해서는 가급적 언급하고 싶지 않다는 표정이 역력했다. 아직도 그들은 주변의 눈을 의식하고 있는 것으로 보인다. 연좌제 등으로 오랫동안 피해를 입어온 그들이기에 주의와 경계의 빛을 보이는 것은 당연하다고 생각된다. 그러면서도 그들의 말 속에서는 당시의 길씨 인물들에 대한 추억과 원망이 교차한다.

한편, 불이 2리의 박씨들은 여전히 길씨들에 대한 원망과 감정의 앙금이 남아 있는 듯하다. 상처는 아직도 아물지 않은 것으로 보인다. 양곡리와 평촌리의 양씨들은 양씨 인물들이 대거 희생된 데 대해 안타까움을 갖고 있다. 하지만 그들은 길씨들에 대해 큰 원망은 없는 듯하다. 양씨들은 길씨들과 사돈관계 등으로 서로 밀접하게 연결되어 있기 때문에 원망하기도 어려운 것이 사실이다. 양씨들은 그러한 희생을 시대의 탓으로 돌리고 있다.

여타의 성씨들은 대체로 다시는 그런 비극이 없었으면 한다는 입장이다. 각 성씨와 마을이 좌우로 갈리고, 그런 가운데 그 사이에 끼어 애매하게 희생된 경우가 많았기 때문인 것으로 보인다.

5. 맺음말: 좌우 이념 대립으로서의 마을 전쟁

금산군 부리면은 금강 상류의 산간지역으로 소백산맥과 연결되는 곳에 자리하고 있다. 따라서 이곳에서는 한국전쟁기에 빨치산의 활동이 활발히 전개되었다. 부리면은 그러한 와중에 커다란 인명 피해를 입은 곳이었다. 당시 빨치산에는 지역의 좌익들도 다수 참여했는데, 부리면 사람들도 이에 상당수 가담했다.

금산군 부리면의 28개 마을은 거의 대부분이 동족마을이다. 그 가운데 가장 큰 성씨는 해평 길씨와 남원 양씨이다. 현재도 길씨들은 부리면 전체 인구의 40~45%를 차지하고 있고, 양씨들은 20% 정도를 차지하고 있다. 길씨들이 많이 사는 곳은 불이리와 현내리, 예미리, 양곡리 등이다. 양씨들이 많이 사는 곳은 평촌리, 양곡리이다. 양곡리에는 길씨와 양씨들이 섞여 살고 있다. 길씨들은 길재의 후손들로서 오랜 세월 동안 부리면에서 굴지의 양반 가문으로 꼽혀왔다. 양씨들은 양응해의 후손들로서 길씨에 버금가는 양반 가문으로 행세해왔다. 두 성씨는 서로 사돈을 맺어가면서 오랫동안 부리면 일대에서 타 성씨들이 넘보지 못하는 세력을 유지해왔다.

1931년부터 1960년까지 면장을 지낸 이들(8명)도 한 명을 제외하고는 모두 길씨와 양씨들이었다. 특히 길씨는 5명을 차지했으며, 길상목은 1930년대에 10년 동안 면장을 지냈다. 하지만 길씨들 가운데 길상목의 아들 길경섭·길귀섭 형제와, 같은 집안 길재철 등은 1920년대 후반 이후 사회주의운동에 깊이 관계하여 옥고를 치렀다. 그리고 이들은 해방 직후 건준과 인민위원회에서 주도적인 역할을 했고, 결국 길경섭은 월북한 것으로 보인다. 또 길상목이 면장 재직 시 면서기로 근무한 이들은 길상목·길경섭의 정치노선을 따랐다. 반면, 양씨들 가운에 일제강점기하에 사회주의운동에 관계한 인물은 없었다. 그리고 해방 이후 양씨 집안의 대표적인 인물이었던 양병규와 양은규는 부리면의 대한청년단과 국민회 조직에서 각각 단장과 위원장을 맡았다. 즉 길씨들의 주요 인물은 좌익으로, 양씨들의 주요 인물은 우익으로 간 것이다. 하지만 모든 길씨들이 좌익으로 간 것은 아니었다. 일부는 우익 혹은 경찰이 되었다. 길씨들 가운데에는 주로 길상목·길경섭의 영향을 받은 이들이 좌익이 되었고, 그의 영향에서 멀었던 이들은 우익이 되었던 것으로 보인다.

　이는 한국전쟁기에 고스란히 양자 간의 대립으로 이어졌다. 길상목-길경섭 부자는 전주에서 상당히 중요한 직책에 있었던 것으로 보이며, 일제강점기에 길상목이 면장을 지낼 때 그의 밑에서 면서기를 하던 길씨들은 부리면에서 중요한 직책을 맡았다. 양은규는 체포되어 전주까지 끌려갔으나 다행히 살아 돌아왔다. 그리고 인민군 점령기 동안 대규모 학살 사건은 없었다. 그것은 길씨들과 양씨들이 사돈관계 등으로 복잡하게 얽혀 있었기 때문으로 보인다.

　그런데 이른바 '11·2사건'은 이러한 상황을 완전히 바꿔놓았다. 11월 1일 부리면의 우익들은 면민대회를 열어 면민의 단합을 과시했다. 이 소식은 불과 4킬로미터 정도밖에 떨어져 있지 않았던 빨치산들에게 그대로 전달되었고, 그날 밤 빨치산들이 부리면을 습격했다. 이 습격으로 부리면에서는 모두 78명이 목숨을 잃었다. 특히 면민대회를 주도했던 양씨들과 그의 가족들이 큰 피해를 입었다. 우익 쪽에선 길씨들도 큰 피해를 입었다. '11·2사건' 당시의 마을 주민들의 학살은 '빨치산의 존재'라는 변수가 크게 작용한 것이었다. 11·2사건 뒤, 경찰과 우익 경비대는 이에 대한 보복으로 부역혐의자들에 대한 대대적인 색출에 나서 수십 명의 혐의자들을 체포하여 처형했다. 그리고 처형된 이들 가운데에는 길씨들이 특히 많았다.

한국전쟁을 고비로 길씨들의 세력은 크게 꺾이고, 양씨들은 약진하는 모습을 보였다. 양병규는 1950년대 10년 동안 면장을 지냈으며, 1952년 면의원도 양씨가 4명, 길씨가 2명이었다. 이후 길씨들은 서서히 세력을 회복했다. 하지만 아직도 길씨들은 한국전쟁에 관해 언급하기를 꺼린다. 주위의 눈을 의식하는 까닭이다. 우익이든 좌익이든 11·2사건을 전후하여 피해를 입은 이의 가족들은 아직도 이 사건을 잊지 못하고 있다.

6
분단과 전쟁, 그리고 완도군 소안면 사람들

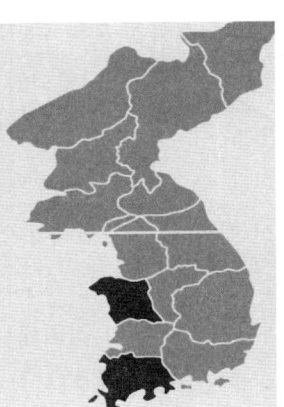

1. 머리말

완도군은 전라남도 남해안에 위치한 여러 섬들로 이루어진 군이다. 완도군은 북쪽으로 해남, 강진, 장흥군과 맞닿아 있고, 남쪽으로는 멀리 제주도를 바라보고 있는 곳에 위치해 있다. 완도군은 1950년에는 완도읍, 군외면, 신지면, 고금면, 약산면, 소안면, 노화읍, 청산면, 금일면 등 1읍 8면으로 구성되어 있었다.[1]

한국전쟁기에 전남지방의 많은 군들에서 커다란 인명 피해가 있었지만, 완도군의 경우도 한국전쟁기 민간인의 희생이 상당히 많았던 군에 속한다. 2006년부터 시작된 '진실·화해를 위한 과거사정리위원회'(진화위)에는 한국전쟁을 전후한 시기 완도에서의 민간인 희생과 관련하여 조사를 신청한 건수가 상당히 많이 접수되었다. 완도군 가운데에서도 특히 희생자가 많았던 곳은 소안면이었으며, 1945년 이후 1951년까지의 희생자는 250여 명에 달하는 것으로 파악되고 있다. 소안면 안에서는 특히 이 글에서 소개하는 A, B 두 마을에서 희생자가 많았다(A마을 55명, B마을 64명).

그렇다면 소안면, 특히 A, B 두 마을에서는 희생자가 그렇게 많이 발생했을까. 이 글은 그 원인을 추적하는 데 목적이 있다. 이를 해명하기 위해 이 글에서는 먼저 일제하 소안도에서의 항일운동, 해방 이후의 완도군의 정세, 그리고 한국전쟁기 완도군의 상황에 대해 살펴보고자 한다. 이어서 해방 이후 한국전쟁기까지 소안면의 A, B 두 마을에서 일어난 일들에 대해 차례로 정리하고, 그러한 일들이 왜 일어나게 되었는지 그 이유에 대해 살펴보고자 한다.

이 글은 2013~2015년 사이 여러 차례에 걸친 필자의 현지 방문시 이루어진 희생자 가족 및 주민들과의 인터뷰, 그리고 2007년과 2009년에 진화위가 발간한 조사보고서에 나누어 실린 완도에서의 각종 사건에 대한 조사결과에 의존하여 작성되었다.[2] 이 글은 또 해방 직후와 한국전쟁기의 완도 상황을 정리한 『완도군지』, 『광복30년』 등의 자료를 참고했다.

2. 분단과 전쟁에 의한 완도군의 민간인 희생

해방~1946년 완도군의 정치사회적 동향

식민지시기 완도군은 항일운동이 활발한 곳이었다. 특히 1920년대 완도군에서 항일운동이 가장 활발하였던 곳은 소안면이었다. 소안도는 완도의 가장 남쪽에 있는 섬으로 서쪽으로는 보길도와 노화도가 있고, 동쪽으로는 청산도가 있다. 그리고 남쪽으로는 추자도를 바라보고 있다. 1920년대 소안도의 청년들은 송내호의 지도 아래 수의위친계, 배달청년회, 살자회, 노농대성회 등을 만들어 활발한 활동을 전개하였다. 송내호는 당시 국내 사회주의운동의 양대 계파였던 화요회와 서울청년회 가운데 서울청년회 계열에서 활동하였으며, 그 결과 소안도의 청년들도 서울청년회 계열과 연결되었다. 또 송내호는 국외의 독립운동가들과도 연결망을 갖고 있었기 때문에 소안도의 청년들을 만주와 중국으로 보내 독립운동에 참여시키기도 하였다. 그리고 또 한 명의 지도자였던 정남국은 일본 오사카에 가서 조선인 노동자들의 노동운동을 지도하였다. 1920년대 후반 송내호는 신간회 본부의 주요 지도자가 되었으나, 소안도 노농대성회 사건(1924년)과 배달청년회 사건(1927년)으로 두 차례 투옥되었다. 그리고 1928년 감옥에서 폐결핵이 악화되어 병보석으로 석방되었으나 곧 세상을 떠났다. 그런 가운데 정남국, 정창남, 위경량 등 소안도 청년들은 1928년 서울청년회 계열의 조선공산당 사건(일명 춘경원당 사건)에 연루되어 옥살이를 하였다.[3] 1930년대 이후 완도 항일운동의 중심은 고금면(고금도와 조약도)으로 옮겨가게 되지만, 소안도의 항일운동가들은 다가올 해방의 날을 기다리고 있었다.

    1945년 8월 15일 해방의 날이 오자, 완도군에서도 다른 군과 마찬가지로 건국준비위원회가 결성되었다. 완도군 건국준비위원회(건준)는 김장렬, 박인선 등 우파 인물을 중심으로 8월 21일 결성되었다. 그리고 김용호 등 우파 청년들은 완도건국청년회를 조직하였다. 또 김민영, 최병식 등이 중심이 되어 치안확보를 위한 공안대를 조직하고, 6개 면 순항조합을 접수하였으며, 선원단도 장악하였다. 하지만 신광희 등 좌파 인물들은 독자적으로 치안위원회를 조직하였다. 건준을 조직한 김장렬은 일본 대학에 유학한 인물로서, 1920년대에 『동아일보』 완도지국장을 맡았었고, 완도청년연합회와 신간회 완도지회 간부를 맡는 등 주로 민족주의 계열의 운동에 참여해온 인물이다. 박인선은 1920년대 말 전남도평의회 평의원을 지낸 인물이었다.[4] 신광희는 1924년 소안도의 노동농민단체 노농대성회 사건으로 구속되어 징역 6월에 집행유예 2년을 선고받았으며, 1927년 완도청년동맹 집행위원장을 지냈고, 1927년 11월 소안도 배달청년회 사건으로 구속되어 징역 2년 6개월을 언도받고 복역한 인물이었다.[5]

하지만 완도군 건준은 그리 오래가지 못했다. 9월 6일 서울에서 건국준비위원회 좌파가 중심이 되어 인민공화국을 선포하고, 각 지방에서도 건준의 좌파 인물들을 중심으로 인민위원회(인민위)가 결성되어갔다. 이에 우파 중심으로 구성된 완도군 건준은 인민위원회로 탈바꿈하는 것을 거부하고 스스로 간판을 내렸다. 그러자 9월 22일 신광희 등 좌파 인물들이 인민위원회를 조직하였다. 인민위원회 위원장은 나봉균이 맡았으며 신광희, 김향남, 최형천 등이 이에 참여했다.[6] 하지만 우파는 공안대를 해산하지 않고 있었으며, 순항조합도 여전히 장악하고 있었다. 좌파 쪽은 수백 명의 청년들을 동원하여 10월 30일 경찰서를 지키고 있던 공안대를 습격하여 경찰서를 점령하였으며, 순항조합도 습격하였다. 당시 좌파 쪽 청년들을 이끈 위경량은 소안도 출신으로서 보안서장을 맡아 완도의 치안을 장악하였다.[7]

그러나 그해 11월 22일 해남에 도착한 미군 제4군정중대가 완도까지 관할하게 되고, 12월 20일 휘트니 대위가 임시 완도군수로 임명됨으로써 상황은 다시 바뀌었다.[8] 휘트니 대위는 인민위원회를 불법단체로 규정하고 인민위원회와 보안서 참여자들을 체포하기 시작하였다.[9] 이에 인민위 지도자들의 일부는 투옥되고, 일부는 지하로 잠복

하여 활동하게 되었다.[10]

　미군정과 경찰의 탄압을 피해 다니던 좌파 지도자들은 이후 남조선노동당, 조선민주청년동맹 등을 조직하여 활동을 계속하였다. 좌파 세력은 1947년 3·1절기념집회, 5·1메이데이집회, 8·15기념집회 등을 개최하였으며, 1948년에 들어서는 단독선거 반대를 위해 집회를 열거나, 전단 배포, 격문 부착 등의 활동을 계속하였다.[11]

1947~1949년 완도 경찰의 좌익 소탕작전

완도군에서 재판 없이 경찰에 의한 민간인 학살이 시작된 것은 1947년 메이데이시위 사건 때부터였다. 1947년 완도군에서의 메이데이집회는 약산도(조약도), 신지도, 소안도에서 열렸다. 약산도의 집회에는 약 1,000명이 참여했으며, 강제공출 반대, 토지 무상몰수, 무상분배 등을 주장하고, 집회 후 행진을 벌였다. 신지도에서도 500여 명이 집결하여 시위를 진행하였고, 경찰이 해산을 명령했으나 해산하지 않고 행진을 계속하자 발포하여 사상자가 발생했다. 소안도에서는 집회 후 행진이 있었으며, 이후 주동자들에 대한 체포가 시작되었다.[12]

　그런데 신지도의 메이데이시위에서 경찰은 시위대를 향해 발포하였고, 그 결과 시위대에 참여했던 2명이 사망하였다. 그 가운데 한 명은 1930년대 전남운동협의회 재건위원회 사건 참여자였다. 또 약산도에서 메이데이시위를 주도한 2명도 경찰에 의해 체포되어 사살되었다. 이들은 1930년대 전남운동협의회 사건 참여자였다. 당시 경찰 발표에 의하면 전국에서 메이데이시위와 관련하여 민간인 21명이 사망하고 39명이 부상했다고 한다.[13] 이들 사상자는 대부분 전라남도 장홍군, 담양군, 광양군, 완도군에서 발생했다.

1948년 5·10선거를 전후한 시기에 경찰은 이 선거에 반대하는 활동을 전개하고 있던 좌익 세력 소탕에 나섰다. 5월 10일 선거일에 완도군에서 모두 9명이 생일면 유촌리로 끌려가 경찰에 의해 사살되었다.[14] 1948년 10월 여수·순천지역에서 14연대 반란사건이 일어나자 이후 전남지역에서는 좌익 소탕작전이 훨씬 더 가혹하게 진행되었다. 이는 완도군에서도 예외가 아니었다. 고금면에서 1948년 3월 고금지서 습격을 주도했던 이규설이 1949년 2월 고금면 칠인리 뒷산에 숨어 있다가 체포되어 처형되었다.[15] 1949년 4월 소안도의 김장균(비자리 거주)은 완도읍 죽청리 뒷산에 은거 중에 은거지를 습격한 경찰에 사살되었다. 그는 일본에서 중학을 졸업하고 일본 해군 군속으로 중국 광동에 갔으며, 그곳에서 탈출하여 중경으로 가서 광복군에 참여한 적이 있는 인물이었다.[16] 그는 해방 후 귀국하여 완도군 민주애국청년동맹[17] 책임자를 맡고 있었으며, 이 일로 경찰에 의해 수배를 받고 있었다.[18]

1949년 7, 8월 들어 완도 경찰은 강도 높은 좌익 소탕작전을 시작하였다. 약산도에서는 1947년의 메이데이집회, 1948년의 5·10선거 반대 활동과 관련하여 수배된 좌익 세력들이 약산도 동쪽 해동리에 있는 공고지산(해발 336미터)에 숨어 있었다. 경찰은 주민들을 동원하여 산을 둘러싸고 수풀을 제거한 뒤에 마치 토끼몰이하듯 수색을 했다. 이때 산에서 3명이 체포되어 경찰에 의해 사살되었다.[19] 같은 시기 금당도에서는 경찰에 수배당한 이들이 금당면의 산으로 피신하자 이들을 돕기 위해 가학리의 주민들이 보리를 거두었다가 경찰에 적발되었다. 이 일로 인해 가학리 주민 수십 명이 체포되었는데, 보리를 거두는 데 주도적으로 참여한 이들 18명은 금당지서나 완도경찰서에 구금되었다가 재판 없이 8월 17일부터 20일 사이에 금당면과 완도읍에서 모두 처형되었다. 보리를 냈던 다른 주민들은 재판에 회부되었으며, 재판에서 유죄판결을 받은 이들은 목포형무소 등지에 수감되었고, 한국전쟁이 발발하자 모두 처형된 것으로 보인다.[20] 군외면 토도에서는 1949년 9월 27일 황상남과 그를 숨겨준 4명이 경찰에 체포되어 사살되었다. 황상남은 광주사범학교 재학 중에 독서회에 참여하였으며, 광주학생운동에 참여하여 징역 1년을 선고받은 적이 있었다. 또 그는 1930년대 전남운동협의회에도 참여하여 징역 1년 6월을 선고받고 복역한 적이 있었다.[21]

이상에서 살펴본 바와 같이 한국전쟁 발발 이전에 이미 완도 지역에서는 좌익 세력에 대한 학살이 진행되고 있었으며, 특히 1949년 여름 이후 그러한 사건이 많았다. 좌익혐의자 가운데 상당수는 재판 없이 경찰에 의해 사살되었다. 이와 같은 일들은 완도뿐만 아니라 전남의 다른 군에서도 비슷하게 벌어지고 있었으며, 당시 미군정이나 대한민국 정부에 의해 묵인되고 있었던 것으로 보인다.

3. 한국전쟁 발발 이후 완도군에서의 민간인 학살

국민보도연맹원 학살 사건

국민보도연맹(보도연맹)은 1949년 4월 20일 정부가 해방 이후 좌익 활동 관련자를 통제하기 위해 만든 조직이다. 하지만 맹원으로 가입한 이들 가운데에는 좌익 활동자가 아닌 경우도 있었고, 또 경찰이 임의로 보도연맹에 가입시켜놓아 당사자는 자신이 가입되어 있는지 모르는 경우도 있었다. 한국전쟁이 발발한 후 국군과 경찰은 후퇴하면서 보도연맹원 수만 명을 강제로 연행하여 처단하였다. 완도군에서도 7월 초순부터 맹원들을 연행하여 각 지서 및 인근 창고 등에 구금하였다가 그중 일부를 완도경찰서로 이송해놓았다. 그리고 인민군이 점차 남하하자 7월 17일 선박편으로 이들을 목포로 이송하여 해군목포기지사령부에 인계하였다. 당시 인계된 인원은 50~100명 정도였다. 이들은 당일 밤 목포 앞바다로 실려 나가 어딘가에서 수장된 것으로 보인다. 한편 인민군이 7월 23일 광주를 점령했다는 소식이 전해지자, 완도 경찰은 그날 밤 완도의 각 면 지서에 아직 구금되어 있던 이들을 각기 다른 배에 싣고 완도 앞바다로 나가 사살, 수장하였다.

2009년 '진실·화해를 위한 과거사정리위원회'는 완도군의 보도연맹 학살 사건 희생자 가운데 모두 113명의 명단을 확인하였다. 이를 면별로 보면, 군외면 3명, 완도읍 11명, 신지면 9명, 고금면 27명, 약산면 17명, 금일면 5명, 소안면 19명, 노화면 9명, 청산면 13명 등이다. 이들을 연령별로 보면, 20대가 61%, 30대가 20%로 가장 많았고, 40대가 8.6%, 10대가 7.6%, 50대가 2.8% 등이었다. 직업별로 보면, 농업과 어업이 88.6%, 면서기·조합직원·교사·학생 등이 11.4%였다. 그리고 이 가운데에는 광주학생운동에 참여했던 김향남, 문승수 등도 포함되어 있었다. 또 이 가운데 1947년부터 1949년까지 국가보안법이나 포고령 위반으로 구속되어 벌금형 또는 징역형을 받은 적이 있는 자는 29명으로 26% 정도에 해당하였다.[22] 하지만 명단이 확인되지 않은 이들이 많다는 점을 고려할 때, 희생자는 113명보다 훨씬 많았을 것이다. 또 경찰은 이 시기 보도연맹만이 아니라 잠재적인 좌익 세력으로 간주하는 이들도 역시 연행하여 처형한 것으로 보인다. 예를 들어 7월 16일 청산면에서는 10명의 청년이 경찰지서에 연행되었고,

다음 날 배에 실려 나가 바다에서 수장되었다.[23]

나주부대의 학살 사건

1950년 6월 25일 한국전쟁 발발 후 북한 인민군 6사단은 7월 13일 예산을 출발하여 장항-군산-이리-전주-광주-목포의 코스로 남하해 왔다. 전남의 군인과 경찰은 이를 막지 못하였고, 인민군은 7월 23일 광주까지 점령하였다. 인민군이 광주를 점령하자 전남 서남부 경찰들은 경찰서별로 후퇴를 서둘렀지만, 후퇴의 길은 순탄치 않았다. 화순, 영암, 광산, 나주, 무안, 강진 경찰은 전남 동부지역으로 후퇴하려 하였으나, 인민군이 이미 7월 25일 광양에 들어왔기 때문에 어렵게 되었다. 이에 전남 서남부 경찰은 보성을 거쳐 장흥에 집결하였다. 이들 경찰은 7월 27일 지휘관 연석회의를 통해 "현 위치에서 사수하다가 섬 지방으로 후퇴한다"는 결정을 내렸다. 인민군은 목포, 나주 방면, 그리고 보성 방면을 통해 장흥을 공격해왔다. 이에 경찰 지휘부는 강진과 장흥을 포기하고 완도로 들어가기로 결정하였다.[24]

8월 1일 완도로 후퇴한 경찰은 완도읍에 경찰부대의 본부를 설치하고, 완도 본도와 노화도, 고금도, 약산도, 청산도 등에 경찰 병력을 나누어 배치하기로 하였다. 그런데 경찰 병력의 후퇴 과정에서 이른바 '나주부대 사건'이 발생했다. 나주의 경찰과 우익청년단으로 구성된 이른바 '나주부대'는 7월 25일 해남을 거쳐 7월 26일 완도에 들어왔다. 그런데 나주부대가 해남에 들어갈 때 이미 해남은 경찰이 후퇴하여 무정부상태였으며, 주민들 가운데 일부가 우연히 나주부대를 마주쳐 인민군으로 오인하여 '인민군 만세'를 부르자 나주부대는 주민들을 사살하였다. 또 나주부대는 자신들을 인민군으로 알고 도망한 주민들도 끝까지 쫓아가 사살하였다. 또 해남에서 완도로 가면서도 몇몇 마을에서 스스로 인민군을 자처하고 환영을 나오라고 한 뒤, 인민군으로 오인한 주민들을 사살하였다. 나주부대가 해남군에서 살해한 민간인은 55명에 달하였다.[25]

7월 25일 나주부대는 해남군에서 완도로 들어가기 전 완도경찰서에 전화를 해 자신들은 인민군이며 곧 완도로 들어갈 터이니 환영 준비를 하라고 지시하였다. 당시 완도 경찰 병력은 24일에 이미 금일면 소랑도로 피신해 있는 상태였다. 나주부대는 7월 26일 오전에 완도읍 제1부두를 거쳐 완도읍 군내리 완도중학교에 들어갔다. 완도중학교 운동장에는 200~300명의 사람들이 모였는데, 나주 경찰은 여기에서 자신들은 인민군이 아니고 나주 경찰임을 밝혔다. 이에 놀란 군중들은 학교 담을 넘어 도망쳤고, 미처 도망치지 못한 10명은 붙잡혀 경찰서에 구금되었다.[26]

한편 완도 경찰은 일부 병력을 완도에 보내 완도 사정을 알아보게 했는데, 나주부대가 완도에 들어왔다는 보고를 받고 그날 밤 늦게 전 병력이 완도로 돌아왔다. 이후 완도 경찰은 나주 경찰과 함께 완도중학교 환영대회를 준비한 이들, 그리고 환영대회에 참석한 이들의 색출에 나섰다. 우선 나주부대가 완도읍으로 들어오는 과정에서 인민군으로 알고 환영한 죽청리 주민 8명이 붙잡혀 사살되었다. 환영대회를 준비한 완도중학교 교사 5명도 붙잡혀 사살되었다. 그리고 완도중학교 인근 거주자로서 당일 환영대회에 갔다가 붙잡힌 5명도 사살되었다.[27] 이처럼 완도중학교 환영대회 사건으로 희생된 이는 최소한 39명에 달하였다.[28]

이후 완도 경찰과 나주 경찰은 인민군 위장전술로 좌익 세력을 소탕하기로 하고, 7월 27일부터 29일까지 사흘간 청산도, 소안도, 노화도 등지에서 같은 행동을 하게 된다. 그리하여 이들 경찰은 소안도에서 3명, 노화도에서 5명을 사살하였다. 청산도에서는 환영대회에 나온 주민 6명을 현장에서 사살하고, 나머지 주민 가운데 20~30명을 추려내어 배에 싣고 가다가 사살한 뒤 바다에 수장하였다.[29]

이처럼 7월 26~29일 나주, 완도 경찰의 인민군 위장 등에 의한 완도 주민 학살 사건으로 희생된 이들은 모두 60~70명에 달한다.

경찰·인민군 대치기 경찰의 좌익혐의자 학살

8월 1일 이후 전남 서남부의 경찰부대들은 완도로 모두 후퇴하였다. 그리고 완도 본도에는 완도 경찰과 우익청년단 300명을 비롯하여 나주 경찰과 우익청년단 270명, 화순 경찰 60명이 배치되었다. 나머지 병력은 일단 청산도로 이동하였으며, 영암 및 무안에서 온 부대들은 여수를 향하여 떠났다. 8월 3일 강진 경찰과 청년단 150명은 고금도를 지키기 위해 이동하였으며, 장흥에서 철수한 경찰과 우익청년단으로 구성된 장흥부대는 청산도에 남았다. 8월 11일 인민군 약 50명은 노화도, 보길도, 소안도에 상륙하였다. 이 소식을 들은 청산도의 장흥부대는 180명의 병력이 출동하여 인민군 10명을 사살하고 구금되어 있던 주민 330명을 풀어주고 그 가운데 50명은 청산도로 소개시켰으며, 대원 100명을 노화도에 주둔케 하였다. 인민군은 8월 18일에는 평일도에 상륙하였다. 이에 청산도의 장흥부대는 평일도에 출동하여 19일 이를 탈환하였다.[30] 이같이 경찰과 인민군은 약 한 달 반 동안 대치 상태를 계속하였다. 그사이 경찰은 완도의 여러 섬을 돌아다니며 좌익혐의자에 대한 소탕작전을 실시하였다.

8월 12일부터 9월 12일 사이에 신지면에서는 3명이, 고금면에서는 2명이 좌익혐의로 경찰에 사살되었다. 8월 23일 노화면의 외딴 섬 서넙도에서도 경찰을 보고 산으로 피신한 8명을 하산하라 명령한 뒤 그 자리에서 사살하였다. 청산도에서는 20, 30대 청장년 10명이 좌익혐의로 경찰에 체포되어 청산지서에 구금되어 있다가 이틀 뒤 추자도로 이송되어 9월 15일 대서리 공동묘지에서 사살되었다.[31]

인민군의 완도 진주 이후 인민군과 좌익 측의 민간인 학살

경찰 병력과 대치하고 있던 인민군 1,000여 명과 지방 좌익 400여 명은 9월 14일 해남군 남창항, 강진군 마량항, 장흥군 회진항에서 일제히 완도 본도, 고금도, 약산도, 신지도를 공격해왔다. 경찰 병력은 이를 막지 못하고 모두 청산도로 후퇴하였다. 금일도와 금당도에는 이보다 이른 9월 5일에 인민군이 진주하였다. 이로써 완도군 가운데 경찰 병력이 지키고 있던 청산도 외의 주요 섬들은 모두 인민군과 지방 좌익의 수중에 들어갔다.[32]

완도군에 들어온 인민군은 치안조직으로서 정치보위부를 중심으로 군에 내무서, 면에 분주소, 리에 자위대를 설치하였다. 또 정치·사회단체로는 인민위원회, 청년동맹, 농민동맹, 여성동맹 등을 조직하였다. 당시 완도군 인민위원장은 소안도 출신의 위경량이 맡았다. 그는 해방 직후 좌익 측의 보안서장을 맡았던 인물인데, 피신하였다가 이때 나타나 인민위원장을 맡은 것이다. 이 좌익단체들은 곧바로 이른바 '반동분자' 색출을 시작하였다. 주요 대상자는 지주, 경찰, 우익

청년단원, 공무원이었고, 이들에 대한 숙청은 면 단위의 '인민재판'에 의해 주로 이루어졌으나, '즉결처분'된 경우도 많았다. 그러나 인민군의 완도 점령 기간은 2주일에 불과했다. 9월 15일 인천상륙작전에 이어 9월 28일 유엔군에 의해 서울이 수복되자, 9월 30일 인민군은 완도에서 철수하기 시작했으며, 지방 좌익들도 인접한 육지의 강진, 장흥, 해남지역으로 철수하였고, 특히 장흥군 유치면으로 입산한 경우가 많았다. 그리고 이 철수 시기에 인민군과 그 산하조직들은 구금 중이던 우익 인사들을 대부분 사살하였다.[33]

그럼 인민군 점령기 동안 희생된 이들은 어떤 이들이었을까. 완도읍 내무서에는 이웃한 고금면, 노화면, 신지면 등지에 거주하던 우익 인사 약 40명이 인민군 및 지방 좌익에 의해 끌려와 있었다. 이들 우익 인사란 경찰 경력자, 대한청년단원 경력자, 면장과 면사무소 서기, 이장, 교회 장로, 경찰지서 후원회장, 지주 등이었다.[34] 이들은 일단 거주지의 분주소로 연행되었다가 완도의 내무서로 이송되었으며, 인민군이 철수하던 9월 30일 학살되었다. 그날 저녁 6시경 내무서에 갇혀 있던 40여 명은 4명씩 전깃줄로 손을 묶였고, 완도읍 군내리 항구로 끌려가 배에 태워졌다. 배는 항구에서 150미터 정도 떨어진 주도 앞바다에 멈춰 섰다. 인민군 및 지방 좌익들은 이곳에서 배에 타고 있던 사람들을 4명씩 돌에 묶어 차례로 바다에 빠뜨렸다. 묶인 이들은 그대로 바다에 가라앉았고, 돌이 풀려 수면 위로 떠오른 경우에는 인민군 등이 쏜 총에 맞아 희생당하였다. 하지만 이때 운 좋게도 10명은 생존할 수 있었다고 한다.[35]

진실·화해를 위한 과거사정리위원회의 조사보고서에 의하면 인민군 점령기에 인민군과 지방 좌익에 의해 희생된 이들의 수는 93명이었다고 한다.[36] 하지만 이에는 뒤에 보는 B마을 사건의 희생자가 3

명밖에 포함되지 않아 이 마을 희생자 32명을 모두 포함하면 122명이 된다.

인민군 철수 이후 경찰의 민간인 학살

인민군과 지방 좌익은 9월 30일 완도군에서 전면적으로 철수했다. 이를 알지 못했던 경찰은 10월 3일에야 완도 본도에 들어왔으며, 다른 면들도 10월 5일경에 수복하였다.[37] 인민군은 철수하면서 "유엔군이 완도로 상륙하면 완도는 불바다가 될 것이며, 경찰이 들어오면 인민군 점령기에 피난가지 않은 사람은 죽일 것이다. 그러니 사방 50리 밖으로 피난 나가라"고 주민들을 선동하였다. 이에 주민들은 가족별, 지인별, 마을별로 배를 마련하여 강진군 마량면, 장흥군 회진면·대덕면 등 육지로 피난을 나갔다. 주민들은 인민군 점령기의 부역 여부와 관계없이, '완도가 불바다가 될 것'이라는 말을 듣고 피난을 나갔다고 한다. 육지에 도착한 주민들은 장흥군 대덕면 등지에서 경찰이 '고향으로 돌아가라'고 선무를 하자 아녀자 등 일부 피난민은 고향으로 돌아가고, 청장년층은 장흥 유치면의 산으로 들어가거나 강진군과 장흥군에서 머슴살이를 하면서 지냈다. 이 가운데 입산한 이들은 대부분 군인과 경찰에 의해 희생되었고, 체포된 이들은 광주포로수용소로 옮겨진 뒤 재판을 거쳐 수감생활을 하거나 석방되었다. 또 고향에 돌아온 피난민들과, 피난을 가지 않은 이들 가운데 부역혐의자들은 10월 중순부터 이듬해 봄까지 경찰지서에 구금되었다. 이들 가운데 부역자로 분류된 이들은 각 면 단위 섬에서 사살, 수장되거나 완도경찰서로 이송되어 구금된 뒤 사살되거나 재판에 회부되었다.

당시 완도경찰서에 한 달가량 수감되었던 신지면의 한 10대 소년은 "수복 후 부역한 사람을 색출하라는 경찰의 명에 따라 마을마다 이장들이 젊은이들을 자수자로 지목하였는데, 1950년 나도 완도경찰서로 연행되었다. 경찰서 유치장에는 방이 2, 3개 있었고, 한 방에 부역자로 끌려온 사람들이 60~70명 정도 구금되어 있었다. 그렇게 갇혀 있는 동안 경찰이 부역혐의자들을 가려서 야산으로 끌고 가 총살시켰다"고 증언하고 있다.[38]

완도경찰서로 끌려오지 않은 채 거주지에서 곧바로 처형된 경우도 많았다.[39] 고금면에서는 보도연맹과 관련되어 처형된 이들의 가족들 가운데 인민군에 협력한 이들이 있었다. 이들은 경찰 수복 후 육지로 피신하였다가 집에 돌아온 뒤, 경찰에 체포되어 바로 처형되었다. 약산면에서는 경찰과 대한청년단 단원들이 부역혐의자를 연행하여 지서나 청년단 건물에 구금했다가 야간이나 새벽에 해안가로 끌고 가서 총살시켰으며, 마을에서 지서로 연행하는 도중에 총살하기도 했다고 한다. 금당면에서는 부역자 20~30명이 완도경찰서로 이송되었지만, 금당지서에서 직접 사살한 경우도 많았다고 한다. 금당면의 한 주민은 이러한 처형에는 사사로운 감정이 개입된 경우가 많았다고 회고하였다. 금일면의 경우, 경찰 8명이 부역혐의자들을 지서로 잡아다가 조사한 뒤 일부는 풀어주고, 일부는 수장시켜 죽였는데, 주민들은 50명 정도가 수장되었다고 증언하고 있다.[40]

4. 소안면 A마을 주민들의 희생

A마을의 주요 인물

A마을은 소안면의 북쪽에 자리 잡은 바닷가 마을이다. 바닷가 마을이면서 마을 주위에 논이 별로 없기 때문에 주로 밭농사와 고기잡이로 생업을 유지해왔다. 오늘날 마을의 호수는 약 100호이지만, 가장 많았을 때는 163호까지 있었다고 한다. 이 마을에는 명종대(1546~1567)에 김해 김씨가 장흥에서 처음 건너와 살기 시작했고, 비슷한 때에 동복 오씨도 들어왔다고 한다. 하지만 현재는 동복 오씨는 없고, 김해 김씨가 다수를 차지하면서 소수의 이씨, 고씨, 정씨가 있다. 그런데 김해 김씨도 한 집안은 아니다. 그 안에는 삼현파와 도총관공파가 있으며, 이들은 각각 윗마을과 아랫마을을 형성하고 있다.⁴¹ 그런데 윗마을 김씨와 아랫마을 김씨는 조선 후기에 소안도가 연령군방의 궁방전宮房田으로 지정되어 있었을 때 농지의 경작권을 놓고 서로 다툼이 있었다고 한다. 즉 아랫마을 김모가 윗마을 김모의 땅의 경작권을 가로채자, 이에 윗마을 김씨들이 합세하여 항의했고, 이를 계기로 두 김씨는 갈등관계에 놓이게 되었다는 것이다.⁴²

식민지시기에 A마을, 특히 윗마을 김씨가에서는 수많은 민족운동가가 나왔다. 그 가운데 가장 원로로는 김사홍(1883~1945)을 들 수 있다. 소안도 사람들은 1909년 궁방전 문제로 고종의 조카인 이기용 자작과 토지소유권을 둘러싼 분쟁을 벌여 1921년 승리하였다. 조선 후기에 소안도 토지는 연령군방이 토지의 소유권이 아니라 수조권收租權(세금을 거두어갈 수 있는 권리)만을 갖고 있는 궁방전이었다. 그런데 연령군방에서 이를 이기용에게 팔아넘겼고, 이에 소안도민들은 연령군방은 원래 수조권만을 갖고 있었기 때문에 토지의 소유권은 소안도민들에게 있다고 주장하여 승리한 것이다.⁴³ 이때 소안도민들을 대표하여 소송에 나선 이가 4명 있었는데, 그 가운데 한 사람이 바로 김사홍이었다.

소안도 주민들은 이 소송에서의 승리를 기념하여 십시일반으로 모금하여 사립중화학원을 사립소안학교로 확장 개편하기로 의견을 모았다. 김사홍은 1913년 중화학원 초대 교장에 이어, 1922년 소안학교의 초대 교장을 맡았다. 이후 소안학교 교사들은 민족주의 의식을 학생들에게 불어넣는 교육을 실시하였다. 그러자 전남도와 경찰 당국은 개교 4년여 만인 1926년 5월 소안학교가 독립군과 사회주의자들을 양성하고 있다는 이유로 폐교 조치를 취했다. 이에 7월 13일 소안면민 300여 명은 면민대회를 개최하여 김사홍을 면민대표로 선출하였고, 그는 전남 학무국을 방문하여 복교에 관한 교섭을 진행하였으나 실패로 끝났다.⁴⁴

식민지시기 이 마을 출신의 또 하나의 지도자는 김경천(1888~1938)이었다. 김경천은 김사홍과 4촌간인 김사현의 차남이다. 그는 1913년 중화학원이 설립되자 교사로 임명되어 학생들에게 민족정신과 항일의식을 고취시켰다. 중화학원이 소안학교로 개편된 뒤, 김사홍의 뒤를 이어 제2대 교장을 맡았다. 1926년 폐교 시까지 역시 학생들에게 민족의식을 고취하기 위해 노력하였다.⁴⁵

김사홍의 영향으로 이후 이 집안에서는 교육자들이 다수 배출되었다. 그의 차남 김성곤(가명)은 일본에 유학하고 돌아온 뒤 소안도에서 교사 생활을 했다. 또 김사홍과 4촌간인 김사현의 장남 김희곤(가명) 역시 교사 생활을 했고, 뒤에는 완도군 고금도와 무안군 장산도에서 교사 생활을 했다. 또 김희곤의 아들 김진성(가명)은 일본에서 사범학교를 졸업한 뒤 귀국하여 고금도와 소안도에서 교사 생활을 한 뒤, 해방 이후에는 해남군 황산국민학교에서 교사 생활을 하고 있었다.[46] 이처럼 김씨 집안에서 일본에 유학을 하고 돌아온 청년은 모두 9명에 달했다고 한다. 또 이들 외에도 완도중학교를 졸업한 김진교, 김진현, 김진명(모두 가명) 등이 있었다. 이 가운데 김진호는 청년들을 모아놓고 좌익 서적의 학습을 지도하기도 했다고 한다.

전쟁 이전 좌파 청년들의 희생

해방 직후 소안도 출신인 신광희, 위경량, 김장균 등이 완도군 좌파 세력의 지도적인 역할을 하고 있었기 때문에 소안도는 그 영향을 크게 받지 않을 수 없었다. 남로당이나 민주청년동맹의 조직이 비교적 강하였고, 1947년에는 메이데이집회를 소안국민학교에서 개최하는 등 세력을 과시하기도 하였다. 그러나 이 집회 이후 경찰은 주동자들에 대한 검거에 나섰고, 주동자들은 소안도를 떠나거나 소안도의 산으로 은신하지 않을 수 없었다.

김사홍의 둘째 아들 김성곤은 소안국민학교 교사로 재직하다가 1947년경 좌익혐의로 쫓겨났으며, 이후 목포로 피신한 것으로 보인다. 김성곤은 1948년 7월 20일 목포 경찰에 붙잡혔다. 그는 목포경찰서에 구금되어 밤새도록 가혹한 고문과 문초를 당하였는데, 결국 다음 날 사망하였다. 또 그와 함께 붙잡힌 김진률도 고문으로 정신이상이 되었다. 당시 신문 보도에 의하면, 고문을 가한 경찰 2명은 고문치사혐의로 검찰에 의해 기소되었다.[47]

또 앞서 본 것처럼 1949년 여름 이후 완도에서는 강도 높은 좌익 소탕작전이 진행되었다. 이는 소안도에서도 마찬가지였다. 1949년 7월 A마을의 김진동(가명, 1923년생)과 그의 동생 김진현(가명, 1925년생)은 좌익혐의로 수배 중에 경찰에 의해 붙잡혀 사살되었다. 김진동은 경찰에 쫓기자 소안도의 산에 피신해 있다가 경찰에 체포되어 소안지서에서 조사를 받던 중 김명희(가명, 1920년생, 소안면 구도 거주)와 함께 사살되었다. 김진현은 경찰을 피해 약산면 해동리 공고지산으로 도피하여 숨었다. 그러나 경찰은 이 산을 불태우면서 수색하였고, 결국 경찰에 붙잡힌 그는 형이 숨진 다음 날인 8월 3일 약산면 해동리 해안가에서 사살되었다.[48] 또 같은 마을의 김진세(가명, 1925년생)는 국방경비대 소속 군인으로 가 있다가 휴가차 고향에 들렀는데, 1949년 7월 초에 경찰에 체포되었다. 소안지서 경찰은 7월 12일 이 마을 산 밑에서 고명섭(가명, 1917년생, 미라리 거주)과 함께 김진세를 사살하였다. 김진세는 이장의 권유로 입대 전에 마을에서 청년단장을 맡은 적이 있었다고 한다.[49] 같은 시기 소안면에서는 그 밖에도 5명의 청년들이 좌익혐의로 경찰에 붙잡혀 사살되었다.[50]

한편 거의 비슷한 시기인 1949년 8월 20일에는 소안면의 지도자급 인물들인 김장수(가명, 1905년생, 비자리 거주), 김희곤(가명, 1900년생, A마을 거주), 김형곤(가명, 1908년생, A마을 거주), 최용기(가명, 1899년생, 비자리 거주) 등은 청산도 경찰에 의해 연행되어 청산도에서 3일 조사를 받고 신지면 명사십리에서 사살되었다. 이 가운데 김장균의 형인 김장수는 1927년 소안도에서 송내호의 지휘 아래 조직된 비밀결사 일심단의 단원으로 일본에 건너가 활동한 바 있었다. 그는 해방 전에 귀국하여 소안면 면사무소에서 근무하였고, 해방 이후에는 비자리에서 사업을 하고 있었다고 한다.[51] 앞서 본 것처럼 김희곤은 소안도 항일운동의 지도자였던 김사현의 아들이자 김경천의 형으로서 오랫동안 완도군과 무안군에서 교사 생활을 했다. 또 김형곤(가명)은 김사홍의 조카이자 김희곤과 6촌 관계로, 소안학교를 다녔으며, 해방 이후 소안면·노화면·청산면의 어업조합 대표를 맡았다고 한다. 당시 김형곤의 장남 김진명(가명)은 경찰에 의해 수배 중이었다고 한다. 최용기는 앞서 본 신광희의 처남으로 그의 아들은 신광희의 심복으로 활동하다가 체포되어 서대문형무소에 복역 중이었다. 또 그의 딸도 관련된 활동으로 완도읍 경찰서에 갇혀 있었는데, 최용기는 딸을 면회하고 돌아오던 길에 소안도 출신으로 청산도에서 의경을 하고 있던 정인기(가명)에 연행되었다고 한다.[52] 이들 4인은 나이도 이미 40대 중반에서 50세 정도 되는 인물들이었고, 교사나 어업조합 대표 등을 맡고 있었기 때문에 좌익 활동에 깊숙이 관여할 인물은 아니었다. 다만 그들의 아들 혹은 동생이 소안도의 좌익운동에 개입한 뒤 피신해 있는 상황에서 그들 대신 사살된 것이 아닌가 추정된다.

한편 1948년 혹은 1949년에 A마을에서는 'A청년회'라는 이름의 우익청년단이 조직되었다. 이는 이 마을의 김경선(가명)이 소안지서의 지시에 따라 조직한 것이었다. 김경선은 이 마을의 이른바 '아래 김씨'로 초등학교도 나오지 못한 인물이었다고 한다. 이 우익청년단은 주로 아래 김씨 청년들로 구성되었다. 회장 김경선 밑에는 감찰이라는 직책의 청년들이 두 명 있었는데, 이들은 수시로 좌파 청년들을 붙잡아다 고문을 했다고 한다. 예를 들어 남로당에 가입한 혐의를 받고 있던 이 마을의 김진열(가명)이 피신해버리자, 우익청년단은 그의 아버지를 붙잡아다 그의 행방을 물으며 혹심한 고문을 가했으며, 집에서 키우던 소까지 끌어갔다고 한다. 결국 그의 아버지와 어머니는 몇 달 동안 해남 등 친척 집으로 피신해야만 했다.[53]

한국전쟁기 A마을 주민들의 희생

한국전쟁이 발발한 뒤, 완도에 인민군이 들어온 기간은 9월 중순부터 9월 말까지 2주 정도에 지나지 않았다. 9월 14일 인민군의 완도 총공격이 있고, 소안지서의 경찰이 청산도로 후퇴하자 소안도의 좌익 세력들은 미라리의 허덤재라는 곳에 모였다. 이들은 이제 '인공'(인민공화국: 북한 정권)의 세상이 왔다고 보고 우익 세력을 처단하기로 하였다. 그런데 9월 15일경 완도읍에서 청산도로 후퇴하던 나주부대가 소안도에 들렀다. 나주부대는 비자리, 월항리 등을 돌면서 우익의 주요 인물들을 모아 청산도로 후퇴하였다. 따라서 좌익들의 우익 학살과 같은 상황은 벌어지지 않았다.[54]

그리고 9월 15일에 있었던 인천상륙작전의 소식은 완도에도 곧 전해진 것으로 보인다. 소안도 주민들은 9월 14일경 완도 남쪽 바다에서 수많은 군함이 서쪽으로 가는 것을 보았다고 한다. 따라서 소안도 사람들은 전쟁의 상황이 매우 유동적이라고 생각하고 있었다. 9월 16일경 인민군이 잠시 소안도에 들르기는 했지만, 소안도에 주둔하지는 않고 바로 섬을 떠났다. 그와 같은 상황에서 일부 좌파 청년들이 인민위원회나 민청과 같은 조직을 만들려 하였지만, 제대로 만들어진 것 같지 않다.

9월 30일 인민군이 완도에서 일제히 퇴각하자 소안도에서 좌익으로 지목되던 이들도 모두 육지로 피신하였다. 그리고 청산도로 물러가 있던 경찰이 소안도에 다시 들어왔다. 경찰은 인민군에 협력한 부역자들을 색출하기 시작했다. 부역혐의자들은 체포되어 처형되거나 완도경찰서로 이송되거나, 훈방되었다. 당시 소안면에서 부역혐의자로 체포되었던 한 주민은 "수복 후 경찰이 소안면에 와서 주민들을 학교 운동장에 모아놓고 부역혐의자들을 체포했다. 이때 나는 형과 함께 체포되어 소안지서를 거쳐 완도경찰서에서 조사를 받았다. 완도경찰서 유치장이 붙잡혀온 부역혐의자들로 넘쳐서 인근 창고에도 가득 구금되었다. 형은 완도경찰서에 구금 중 어느 날 밤 경찰에 불려나가 완도읍 죽청리 뒷산에서 사살되었다. 나는 목포까지 가서 재판을 통해 언도없이 석방되었으나, 형은 재판도 받아보지 못하고 사살되었다"고 말하였다.[55]

앞서 본 것처럼 인민군이 철수하자, 인민군 점령기의 부역 여부와는 관계없이 많은 이들이 완도를 떠나 해남, 강진, 장흥 등 육지로 피난을 나갔다. 그리고 그들 가운데에는 고향에 돌아오지 못한 채 타지에서 세상을 뜨는 경우들이 많았다. 예를 들어 앞서 본 김형곤(가명)의 가족은 김형곤이 처형된 뒤, 농사철에만 소안도에 머무르고 다른 계절에는 완도읍이나 목포의 친척집들을 전전했다. 전쟁이 나고 인민군이 완도군에 들어온 뒤에 이들 가족도 소안도로 돌아왔다. 그러나 인민군이 다시 물러간다고 하자 이들 가족 7명(김형곤의 처, 네 아들, 며느리, 손녀)은 강진을 거쳐 장흥 유치면으로 들어갔다. 그리고 1951년 5월 화순 쪽으로 대피했다가 그곳에서 토벌대에 의해 모두 사살되었다. 다만 아들 중 김진보(가명)는 백운산 쪽으로 피신했다가 토벌대에게 체포되어 검찰에 넘겨진 뒤 국가보안법 위반으로 5년형을 언도받고 복역한 뒤 석방되었다. 또 김형곤의 둘째 아들 김진영(가명)은 전쟁 발발 전에 목포형무소에 수감되어 있다가 7월 25일경 목포 앞바다에 수장되었다.[56] 이로써 해방부터 전쟁기까지 김형곤 일가에서는 9명이 희생되었다. 김희곤의 아들 김진서(가명)도 이때 피신하였다가 결국 돌아오지 못했다. 월항리의 김명숙(가명, 여, 19세)은 그간 소안도 안팎 좌익들의 연락 역할을 해왔는데, 인민군이 철수하자 배를 타

고 해남으로 피신하였다. 김명숙은 이후 영암을 거쳐 지리산에 입산했다가 그곳에서 희생되었다고 한다.[57]

육지로 피난을 가지 않은 이들도 커다란 시련을 겪어야만 했다. 김희곤의 아들 김진성(가명, 1922년생)은 해방 이후 황산국민학교에서 교사 생활을 하고 있었다. 그는 1947년경 좌익 교사로 지목되어 피신해 다니다가 1950년 9월 소안도에서 경찰이 후퇴하자 집에 와 숨어 있었다. 그는 그해 12월 22일 집에 숨어 있다가 발각되어 A마을 선착장으로 끌려나가 마을 사람들이 지켜보는 가운데 사살되었다. 또 그의 사촌인 김진강(가명, 1908년생)은 12월 23일 현재의 면사무소 삼거리에서, 그의 장남 김인수(가명, 1929년생)는 11월 23일 소안면 비자리 해안가에서 각각 사살되었다. 당시 김진강은 농사를 짓는 농민이었고, 김인수는 완도중학교를 졸업한 이였다고 한다.[58] 이들은 인민군 철수 시에 육지로 피난 나갔다가 돌아왔는데, 경찰은 이를 부역 혐의와 연결시킨 것으로 보인다.

한편 아래 김씨들 가운데에서도 세 집에서 희생자가 있었다. 김인모, 김준모 형제는 전쟁 전에 A마을에서는 먹고살기가 힘들어 해남 현산면 일평리 김해 김씨 마을로 이사해서 살았다. 그런데 타지 사람이라 하여 마을에서 항상 따돌림과 멸시를 당하였고, 이로 인해 마을 사람들과 주먹다짐을 한 일도 있었다. 그런데 전쟁이 일어나고 인민군이 다녀간 뒤, 경찰이 들어와 두 형제와 어머니, 누이동생을 모두 데려다가 처형하였다고 한다. 또 김제운(가명)은 전쟁 전에 해남 현산면으로 이사해서 살고 있었는데, 전쟁 후에 A마을에서 피난온 친구를 숨겨주었다가 발각되어 친구, 그리고 자신의 처와 함께 사살되었다.[59]

이상에서 살펴본 것처럼 A마을의 윗 김씨 청년들 가운데에는 일본 유학을 다녀오거나 완도중학교를 졸업한 지식층이 많았다. 이들

소안면 희생자 추모비
뒤편의 비문에는 희생자들의 명단이 기록되어 있다.

가운데 일부는 해방 이후 완도의 좌익운동에 참여한 뒤 소안도를 떠나 피신한 것으로 보인다. 그러나 그들은 대부분 전쟁 발발 이전, 혹은 이후에 경찰에 붙잡혀 죽었다. 이들 청년들이 좌익운동으로 기울어지게 된 것은 소안도에서 식민지기 사회주의운동에 참여했던 장년층의 영향력, 그리고 일부 사회주의 신진 청년들의 영향력이 컸기 때문으로 보인다.

5. 소안면 B마을 주민들의 희생

전쟁 발발 이전 B마을 두 집안의 갈등

B마을은 소안면 가운데 소안도에서 약 5킬로미터 떨어져 있는 외딴 섬에 있다. 이 섬은 작은 섬은 아니지만 대부분 산지로 이루어져 있고, 평지는 거의 없으며 마을도 B마을 하나밖에 없다. 이 섬에는 오늘날에도 논은 겨우 6헥타르밖에 없고, 밭은 35헥타르가 있다. 주민들은 밭농사나 고기잡이를 하며 살았던 것으로 보인다. 오늘날 인구는 69호에 120명인데, 가장 많을 때에는 126호 약 600명 정도 되었다고 한다. 밀양 박씨와 창원 황씨가 먼저 입주하였다고 하나 현재는 후손이 없다. 임진왜란 후 김해 김씨가 입주하여 마을을 형성하였다고 전한다. 현재도 김해 김씨가 주민의 대부분을 차지하고 있고, 타성은 10호 정도 된다. 그런데 이 마을의 김해 김씨는 같은 집안사람들이 아니었다. 그 가운데에는 사군파가 가장 많았고, 그다음이 축은공파가 많았으며, 경파, 삼현파 등도 일부 있었다.[60]

식민지기에 이 마을 사람들은 식량 자급도 제대로 하지 못했다. 마을의 가장 큰 부자는 김군실이었는데, 그는 머슴 한두 명을 거느리고 농사를 짓는 자작농에 지나지 않았다. 그만큼 마을 주민들은 전체적으로 가난했다.[61] 그런 가운데에서도 축은공파의 형편이 사군파보다 조금 나은 편이었다. 축은공파와 사군파는 은연중에 경쟁관계에 있었는데, 식민지 말기부터 해방 직후 사이에 있었던 여러 사건으로 인하여 갈등이 시작되었다. 식민지 말기에 이장을 하던 사군파의 김종일(가명)은 마을 이장을 하면서 징용 대상자로 주로 축은공파 청년들을 뽑아 보냈다. 또 해방 직후 김경인(가명)의 숙부 김택기가 귀국하여 학교 설립을 주도하다가 세상을 떴는데, 김종일이 김택기의 미망인을 좋아하여 유혹하는 일이 발생했다. 이 일로 양쪽 집안사람들이 언쟁을 하게 되었고, 결국 두 집안사람들 사이에는 상당한 틈이 생겼다.[62] 그리고 해방 직후 김종일은 완도나 소안도의 정치 상황에 영향을 받아 좌파가 되었고, 그의 집안 청년들도 좌파로 기울어졌다. 그러나 미군정이 시작되면서 완도군에서 우파가 득세하게 되었고, 이에 축은공파의 김경인과 그를 따르는 청년들은 우익의 독청대(독립촉성청년회)를 조직하였으며, 소안도에 가서 훈련을 받았다고 한다.[63]

1946년 이후 미군정의 좌익 세력 탄압이 시작되면서 독청대원들은 경찰과 함께 사군파의 좌익 청년들을 붙잡아다 구타를 하는 등 박해가 시작되었다. 1948년 여수 순천에서 군인들의 반란이 일어나자 정부는 경비대를 추가로 모집하였고, B마을의 사군파 청년들은 박해를 피해 경비대에 들어갔다. 그런데 경비대에 들어간 김사욱(가명)의 아들이 여수에 가서 사망하였다. 우익들 때문에 아들을 잃었다고 생각한 김사욱은 한국전쟁 때 좌익이 되어 우익에 대한 보복에 앞장서게 된다.[64]

한국전쟁 발발 이전 B마을에서 4명이 희생되는 사건이 있었다. 당시 이 섬에는 이 섬의 좌익뿐만 아니라 인근의 소안도와 노화도 좌익 세력들이 피신해 와 있었다. 그것은 이 섬의 산세가 험하고 산에 자연 동굴이 있었으며, 경찰지서도 없었기 때문이다. 그런데 1949년 4월 이 마을의 어린아이들이 이들이 은거하고 있던 동굴을 발견하여 독청대에 신고하였다. 이에 독청대에서는 김복홍 등 4명으로 하여금 배를 타고 소안도로 건너가 지서에 신고하도록 하였다. 그런데 이들이 탄 배는 이후에 행방불명되었다. B마을 주민들은 이들이 배를 타고 가다가 좌익들에 의해 희생된 것으로 보고 있다.[65]

전쟁 발발 이후 B마을 주민들의 희생

한국전쟁이 발발한 이후 이 섬에서는 8월 14일 B마을 주민 32명이 같은 마을 좌익에 의해 인근 바다에 수장되어 희생되는 사건이 발생했다. 이는 인민군의 진주와는 관계없이 경찰이 후퇴한 상황에서 이 마을의 김사욱이 주도하여 일으킨 일이었다. 이 사건이 일어나기 직전인 8월 11일 인민군 약 50명이 인근의 노화도, 보길도, 소안도에 상륙하였다가 돌아간 일이 있었다. 아직 완도의 경찰과 해남의 인민군이 대치하고 있는 상황이었지만, 인민군이 인근 섬에 나타났다는 사실에 고무된 B마을의 김사욱은 청년들을 동원하여 우익 쪽 사람들을 붙잡아다 학살한 것이다. 앞의 사건에 대한 보복이었다.[66] 당시 좌익들은 우익 쪽 사람들을 B국민학교 창고에 가두고 인민재판을 해서 32명을 선별하여 배로 싣고 나가 바다에 수장하였다고 한다.[67] 희생된 이들은 주로 축은공파 사람들이었다. 예를 들어 당시 이장이었던 김철구는 좌익 활동을 하던 아들 김용관을 전향시켜 우익 활동을 하게 하였다는 이유로 살해되었다. 김용관은 1949년 4월의 사건으로 사망하였다. 김용관의 동생 김용재도 이때 좌익들에 의해 구타를 당해 1951년 4월 결국 병으로 사망했다. 또 축은공파의 유력자로서 김철구와 가까웠던 김석노도 이때 살해되었다.[68]

인민군이 완도에 진주한 9월 중순 이후 약 보름 동안 이 섬은 좌익들에 의해 완전히 장악되었다. 이때 좌익들은 이미 피신해버린 우익 독청대의 대장인 김경인의 동생 3명에게 형을 찾아낼 것을 강요하였다. 이에 이들은 형을 찾아다녔는데, 결국 완도에서 좌익들에게 붙들려 인민군이 후퇴하던 9월 말에 수장되고 말았다. 그러나 김경인은 부산으로 피신하여 있다가 수복 후에 고향에 무사히 돌아왔다.[69]

완도에서 인민군이 물러가자 청산도에 진을 치고 있던 경찰이 완도의 섬을 하나씩 수복해나갔다. B마을이 있는 섬에는 11월 초 즈음 경찰이 들어온 것으로 보인다. 경찰은 주민들을 모두 B국민학교에 모이도록 한 뒤, 우익 가족들이 좌익이라고 지목한 사람들을 잡아서 소안지서를 거쳐 완도경찰서로 이송했다. 경찰은 이날 바로 좌익들을 처형하지는 않았다. 이날 경찰이 잡아간 이들은 10여 명이었고, 이후에도 계속해서 잡아간 이들이 많았다.[70] 잡혀간 이들은 고문으로 죽거나, 구금 중 총살되거나, 재판에 회부되어 옥살이를 하게 되었다. 예를 들어 8월 14일의 32명 수장 사건의 주역인 김사욱과 그의 부인은 완도에서 경찰에 의해 처형되었다. 김청수(가명)는 11월 14일 소안지서로 출두하였는데, 지서에 구금되어 있던 중 경찰에 의해 사살되었다. 경찰은 11월 24일 다시 이 섬에 들어와 김병연(가명)과 권남기(가명)를 연행하여 마을 뒷산에서 총살하였다. 김억기(가명)는 12월에 소안지서에서 완도경찰서로 이송되어 조사를 받았는데, 모진 고문으로 죽을 형편이 되자 경찰이 배로 싣고 오던 도중에 죽었다고 한다. 김기일(가명)은 완도경찰서를 거쳐 목포형무소에서 복역하다가 1·4후퇴 당시 희생되었다고 한다. 그 밖에 김주성(가명)은 뒤에 경찰에 의해 연행되어 완도경찰서로 갔는데, 이후 완도 죽청리 뒷산에서 총살된 것으로 추정되고 있다. 경찰 수복 이후 B마을에서 희생된 이들은 모두 20여 명으로 추산된다. 몇몇 사람은 목포에서 재판을 받고 3개월 동안 목포형무소에서 복역한 뒤 출소하였다고 한다.[71]

결국 B마을에서의 다수의 민간인 희생이 빚어진 것은 두 김씨 집안의 갈등이 해방 이후 좌우익의 갈등으로 이어진 데 근본 원인이 있었다. 이러한 갈등은 아들의 죽음에 아버지의 보복감정에서 시작되어 마을 주민의 대량 학살로 이어졌던 것이다.[72]

6. 맺음말

이상에서 1945년부터 1950년까지 완도군과 완도군 소안면의 두 마을에서 일어난 민간인 희생에 대해 정리해보았다.

진실·화해를 위한 과거사정리위원회는 보고서를 통해 완도군에서 한국전쟁 전후에 경찰이나 우익청년단에 의해 희생된 이들이 최소 506명으로 확인된다고 기록하고 있다. 한편 인민군과 지방 좌익에 의해 희생된 이들은 약 122명으로 파악되고 있다. 이를 합한다면 628명이 된다. 하지만 국민보도연맹사건(희생자 200여 명), 피난한 완도군 주민들의 희생, 기타 사건 등을 합하면 이보다 훨씬 늘어나 거의 1,000명 안팎이 될 것으로 보인다.

완도군에서 이같이 많은 희생자가 나게 된 이유는 ① 완도군에서는 식민지시기 사회주의운동이 활발했다는 것, ② 해방 직후부터 완도군에서는 좌우익의 대립과 갈등이 극심했다는 것, ③ 한국전쟁기에 경찰과 인민군이 한 달 반 정도 완도군에서 대치하면서 지방 좌익혐의자들에 대한 소탕이 진행되었다는 것, ④ 인민군 점령기와 철수기에 인민군과 좌익들이 우익 관련자들을 대거 처형했다는 것, ⑤ 수복 후 경찰이 부역자들에 대해 엄격하게 조사하고 또 상당수를 재판 없이 처형했다는 것 등을 들 수 있다.

완도군 가운데에서도 희생자가 가장 많았던 면은 소안면이었다. 유족들이 조사한 바에 의하면, 소안면에서는 모두 250명이 희생되었으며, 특히 이 글에서 다룬 A마을에서 55명, B마을에서 64명이 희생되어 가장 큰 피해가 났다고 한다.

A마을은 식민지기에도 소안학교를 세우는 데 주도적 역할을 한 이들이 있었고, 또 그 이후에도 일본 유학을 통해 가장 많은 교사를

배출하는 등 지식층이 많은 마을이었다. 해방 직후 완도군에 인민위원회가 만들어졌을 때, 이를 주도한 이들은 식민지기 사회주의의 입장에서 항일운동을 하던 소안도 사람들이었다. 그 영향으로 인해 소안도 청년들이 다수 좌파 쪽으로 기울었는데, A마을 윗 김씨의 지식청년들도 마찬가지였던 것으로 보인다. 그러나 1945년 말 미군정이 들어오면서 인민위원회나 좌파 단체에 참여했던 이들은 경찰에 쫓기게 되고, 그 결과 A마을의 청년들 가운데에서도 경찰에 체포되거나 피신하는 이들이 다수 나오게 되었다. 결국 이들은 경찰에 체포되어 처형되거나 감옥에 가게 되었으며, 그들의 가족들까지 처형되는 경우도 있었다. 한국전쟁이 발발하고 인민군이 완도에 들어왔을 때, 소안도 출신이 다시 완도 인민위원장을 맡았다. 인민군이 완도에 머무른 것은 보름 정도에 불과했지만, 소안도에서 이미 좌파 가족으로 지목된 이들은 섬을 떠나 육지로 피신해야만 했다. 그리고 그들의 다수는 다시 고향에 돌아오지 못했다. 한편 이 마을의 아래 김씨 청년들은 1946년경 경찰의 지시로 우익청년단을 조직하여 윗 김씨들과 갈등을 빚었다. 비록 아래 김씨 청년들이 윗 김씨들을 직접 살해하는 일은 없었지만, 좌익으로 지목된 이들의 가족에 대해서는 온갖 린치와 약탈이 자행되었다.

B마을에서는 두 김씨 집안의 사소한 갈등이 해방 이후 좌우 갈등으로 이어졌고, 좌파 청년 하나가 여순 사건 과정에서 사망한 사건이 우익에 대한 보복학살로 이어졌고, 이것이 다시 경찰 수복 이후 부역자 처벌로 이어지는 비극으로 나타났다. B마을에서는 아직도 두 집안이 같이 살고 있다. 따라서 그들은 전쟁기에 있었던 일들에 대해 가능한 한 말을 하지 않으려 한다.

A, B 두 마을 주민들의 희생은 한반도가 분단과 전쟁으로 인해 빚

어진 일이었다. 분단과 남북 대결은 아직도 계속되고 있고, 두 마을 주민들이 받은 마음의 상처는 아직도 아물지 않았다. 다행히 지난 2013년 소안도 항일운동기념관 옆에 '소안면희생자추모비'가 세워졌고, 여기에는 마을별로 이 시기 희생된 이들의 이름이 좌우를 가리지 않고 함께 실렸다. 이 추모비가 희생된 이들과 그들의 가족을 조금이나마 위로할 수 있을 것으로 보인다.

7 한국전쟁 전후 해남군에서의 민간인 학살

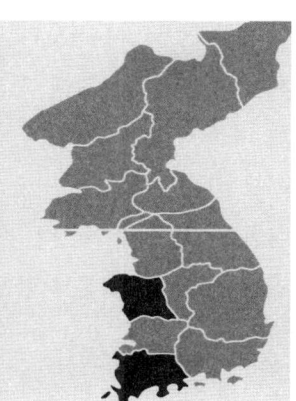

1. 머리말

전라남도의 서남쪽 끝에 있는 해남군에서는 한국전쟁을 전후하여 상당한 수의 민간인이 희생되었다. 해남군은 그 숫자는 확실히 알 수 없으나, 이웃한 강진군이나 완도군에 비해 더 많은 1,000명 이상의 민간인이 희생된 것으로 보인다. 이 글에서는 해남군에서 한국전쟁기에 발생한 민간인 학살 사건을 1946년 11월 봉기 이후부터 한국전쟁 직후의 보도연맹사건, 그리고 나주부대의 마을 주민 학살 사건, 인민군 점령기의 우익 세력 학살, 그리고 수복 이후의 부역혐의자에 대한 학살 사건 등의 순으로 정리해보자 한다. 그리고 이를 통해 해남군에서 어느 정도의 민간인 희생이 발생하였으며, 그와 같이 많은 희생자가 발생하게 된 원인은 무엇인지를 생각해보고자 한다.

　한국전쟁을 전후한 시기 해남의 민간인 학살 문제는 2001년 보도연맹 관련자들이 진도의 갈매기섬이라는 무인도에서 희생되었다는 사실이 박문규에 의해 세상에 알려지면서 관심을 끌기 시작했다.[1] 이에 따라 해남군에서는 관련자들의 유족회가 2002년 조직되었다. 그리고 이에 덧붙여 인민군이 들어오기 직전에 나주부대가 해남에 들어와 민간인들을 학살한 사실도 세상에 널리 알려졌다.[2] 그러나 두 사건에서 얼마나 많은 사람들이 희생되었는지는 자세히 알려지지 않았다. 그런 가운데 진실·화해를 위한 과거사정리위원회가 출범했고, 보도연맹 관련자를 비롯해 인민군 점령기의 희생자 그리고 수복 이후의 희생자들에 대한 조사가 유족들의 조사 신청을 받아서 시작되었다. 그리고 2008년 이후 조사보고서가 나오기 시작했다.[3] 이 보고서들은 현지 주민들의 구술 증언, 그리고 각종 문헌자료들을 토대로 작성된 것으로 상당한 신빙성을 갖고 있다. 그러나 이들 보고서는 주로 진상 규명을 신청한 이들을 대상으로 하여 조사를 진행한 것의 보고서이다. 조사를 신청하지 않은 이들에 대한 조사는 거의 이루어지지 않았다. 따라서 이 보고서는 그 한계가 뚜렷하다. 또 보도연맹사건, 좌익 세력에 의한 우익 학살 사건, 우익 세력에 의한 좌익 희생 사건 등이 각각 분리, 조사되어 세 권으로 나누어 정리되어 있다. 따라서 이들 보고서들을 읽어도 해남에서 전개된 모든 사건들을 일목요연하게 파악하기 어렵게 되어 있다.

따라서 이 글에서는 해방 직후부터 한국전쟁기까지 전개된 여러 민간인 학살 사건들을 시간순으로 일목요연하게 정리하여 살펴보고자 한다. 그리하여 해남에서의 민간인 학살 사건의 전체적인 역사상을 그려보고자 하는 것이다. 아울러 이 글에서는 각 마을에서 전개된 민간인 학살의 개략적인 상황과 그 배경에 대해 살펴보고자 한다. 그리고 이 글은 진화위에서 발간한 보고서들을 기본 자료로 삼고, 해남군에서 발행한 『해남군사』, 그리고 지역의 향토사가와 기자들이 펴낸 책들을 참고로 하고, 필자가 스스로 조사한 문헌자료와 인터뷰 내용들을 바탕으로 하여 작성되었음을 밝혀둔다.

2. 한국전쟁 이전 해남군의 상황

일제하~해방 직후 해남군의 상황

해남군은 비교적 농토가 넓고, 또 간척의 여지도 많은 곳이었다. 이 때문에 식민지시기 일본 자본의 농장과 일본인 지주, 그리고 조선인 지주들에 의한 토지 집적이 활발하게 나타난 곳이었다. 일본 자본의 농장으로서는 동양척식주식회사, 조선흥업주식회사, 조선실업주식회사 등이 해남에 진출하였으며, 일본인 개인 지주들은 대체로 목포에 근거지를 둔 부재지주들이었지만, 해남에 근거를 둔 재지지주들도 8명이 있었다.[4] 그러나 조선인 지주들의 경우에는 목포나 강진에 근거를 둔 부재지주보다는 재지지주들이 많았다. 재지지주로서 가장 많은 전답을 소유한 이는 황산면의 이항용, 삼산면의 이원용, 마산면의 민직호, 해남면의 윤정현·이희용· 민경호 등이었다.[5] 즉 전주 이씨, 여흥 민씨, 해남 윤씨 등이었던 것이다. 전주 이씨는 왕실의 종친이었고, 여흥 민씨 또한 조선 후기 이래 외척 가문으로서 강력한 세력을 가진 집안이었다. 그리고 해남 윤씨는 오랜 세월 동안 이 지역에서 강력한 힘을 가진 성씨였다. 따라서 이들 양반 집안들의 위세는 대단하였다. 이들 일본인, 조선인 지주층이 가진 토지는 시간이 갈수록 늘어나고 있었다. 따라서 자작지의 비중은 줄고, 소작지의 비중은 갈수록 늘어갔으며, 농민들은 갈수록 궁핍해져갔다.[6] 그래서 1920년대 해남군에서는 소작쟁의가 빈번히 발생했으며, 지주의 대리인인 마름과 소작인 간의 갈등도 심각했다.[7]

그러나 1920년대 해남의 청년운동, 농민운동 등 사회운동 조직은 다른 군에 비해 매우 취약하였다. 이렇다 할 리더가 없었기 때문이다. 다만 북평면의 경우는 달랐다. 1924년 북평면의 남창리, 서홍리, 영전리, 반암리 등의 마을에서는 노농회가 창립되었고, 마침내 북평면 노농회가 10월 1일 창립되었다. 당시 노농회 위원으로 참여한 이는 김창인, 이병태, 이경일, 김재철, 김경현, 서민숙, 채기섭, 김점래 등이었으며, 이를 주도한 이는 남창리의 김재철이었다. 그런데 이 노농회들의 창립총회에는 완도 소안도 출신의 사회운동가인 신준희, 신만희 등이 항상 참석했다.[8] 이로 미루어볼 때 완도와 바로 이웃해 있는 북평면의 노농회 창립은 완도 사회운동가들의 영향을 받은 것으로 보인다. 특히 남창리는 완도와 바로 접해 있는 곳이어서 가장 먼저 노농회를 창립한 것으로 보인다. 북평면 노농회는 창립 당시 소작료를 논 4할, 밭 3할로 할 것, 소작권을 영구히 보장할 것 등을 결의했다. 그러나 북평면 노농회가 창립 이후 이를 관철시키기 위해 어떠한 활동을 했는지는 확실하지 않다. 그런 가운데 1927년 남창리와 접해 있는 북평면 이진리에서 이진노동자동맹이 창립되었다. 이를 발기한 이는 박준정, 하정택 등이었는데, 창립총회 당시 회원이 100여 명에 달하였다. 이들은 '무산노동자의 단결', '무산노동계급의 해방을 기하며 당면의 발전을 위하여 투쟁함' 등을 결의하였다.[9]

해남군에서는 1920년대 중반 이후 이렇다 할 사회운동이 없었다. 그런 가운데 1930년대에 들어 김홍배가 일본 유학을 그만두고 귀향하였다. 김홍배는 바로 북평면 이진리 출신이었다. 그는 지주 집안 출신으로 남창리에서 남창학원을 졸업한 뒤, 목포 영흥학교를 졸업하였다. 1930년 서울 경신학교 4학년을 수료하고 일본으로 건너가 도요쿠니豊國 중학 5학년에 편입했다. 1931년 와세다대학 전문부 법과에 입학하였으며, 재학 중 반제동맹에 가담했다. 그는 또 일본 전국노동조합협의회(전협)에 가입하여 본격적으로 활동하기 시작했는데, 결국 메이데이 선전 삐라를 배포한 혐의로 구류처분을 받고 학교에서도 퇴학을 당하였다.[10] 고향에 돌아온 그는 남창리의 바로 이웃 마을인 오산리의 오문현과 함께 전남운동협의회 조직을 주도했으나 1934년 조직이 드러나 경찰에 검거되었다. 2년 6개월 형을 언도받고 복역한 그는 출소 뒤 광주와 목포에 주로 머물렀으며, 청주예방구금소에 구금되었다가 해방을 맞게 된다. 해방 이후 그는 조선공산당 전남 도당에서 1946년 조직부장을 맡게 된다(위원장은 강진의 윤가현). 이후 그는 체포되어 광주형무소에 수감되었으며, 한국전쟁 때 후퇴하던 군인들에 의해 처형되었다고 한다.[11] 오문현은 북평면 오산리 출신으로, 1928년 해남보통학교를 졸업한 뒤, 광주농업학교에 진학하였으나 학자금이 없어 2학년 때 중퇴한 뒤 경성에 올라가 고학당에 다니다가 역시 퇴학하고 귀향하였다. 그는 고학당에 다닐 때부터 사회주의 사상에 심취하였으며, 1933년 김홍배를 만나 전남운동협의회 조직에 주도적으로 참여하게 된다.[12]

이처럼 북평면의 김홍배와 오문현은 이웃한 완도 군외면의 황동윤, 완도군 고금면의 이기홍, 강진군 대구면의 윤가현 등과 함께 전남운동협의회와 그 산하의 각 군별 적색농민조합을 해남, 완도, 강진, 장흥, 영암 등지에서 조직하였다. 이후 해남의 사회운동 조직은 은밀하게 확대되어갔다. 당시 해남군에서 적색농민조합이 비밀리에 조직된 곳은 북평면, 산이면, 현산면 등지였다. 전남운동협의회와 각 군별 적색농민조합 조직은 1933년 말 경찰에 의해 발각되어 일단 와해되었다.[13] 그러나 이후에도 야학 등을 통해 그 영향력은 확대되어갔다.

1945년 8월 해방이 되자 해남군에서도 건국준비위원회가 조직되었다. 처음에는 위원장을 천진문, 부위원장을 성주남과 김정수가 맡았다. 그러나 9월 18일 열린 군민대회에서 정식으로 위원장에 민병승, 부위원장에 천진옥과 김정수가 선출되었다. 해남 건준은 다른 군과 마찬가지로 10월 중순경 해남 인민위원회로 개편되었다. 인민위의 위원장은 김정수, 부위원장은 천진문이 맡았다. 대체로 건준 위원들이 함께 참여했지만, 건준의 문화위원 이성학과 치안대장 김주식이 빠졌다.[14] 인민위는 김정수, 김창수, 오장록 등을 중심으로 운영되었다. 해남의 사회주의 운동을 이끄는 새로운 지도자들이 등장한 것이다. 인민위원장을 맡은 김정수는 계곡면 방춘리 출신으로, 휘문고보를 4년 수료한 뒤 일본 와세다대학 부설 제일고등학원에 입학하여 중퇴한 뒤, 목포에 돌아와 무역업에 종사했다. 그는 1932년 이기동 등과 함께 목포공산주의자동맹을 만들어 활동하다가 체포되어 광주지방법원에서 징역 2년 6월을 선고받고 옥고를 치렀다.[15]

한편 해남군에서는 해남 농민위원회도 조직되었는데, 오장록, 윤인석, 임건호 등이 이를 주도하였다. 농민위원회는 소작료 불납운동과 토지무상분배운동을 펼침으로써 농민들의 절대적인 지지를 받았다.[16] 농민위원회 위원장 오장록은 산이면 상공리 출신으로, 마산보통학교와 해남보통학교에서 공부했고, 일본으로 유학하여 학교를 다닌 것으로 보이나 어느 학교인지는 확실하지 않다. 그는 일본 규슈 지역에서 한인애국단과 관련하여 활동하다 체포되었다고 하는데, 이도 역시 확실하지는 않다. 그는 1932년 고향에 돌아와 한때 면서기 생활을 하였으나 1936년 그만두었고, 1943년에는 만주, 중국, 일본 등 여러 곳을 방황하다가 1945년에 귀국하였다고 한다.[17] 한편 민주청년동맹에는 이기동, 이연순, 김연태, 안순, 김인재, 조동선 등이 참여하여 활동했다.[18] 이와 같이 해남군에서는 인민위원회, 농민위원회, 민주청년동맹 등 좌파 세력의 새로운 지도자가 등장하고 있었는데, 광주에서는 김홍배가 조선공산당 전남 도당에 참여하면서 해남 현지에서 활동하던 김정수, 오장록 등을 지도하고 있었던 것으로 보인다.

11월 22일 미군 제45군정중대가 해남에 들어왔다. 프랭크 바틀렛 중령이 이끄는 이 군정중대는 해남, 강진, 완도, 진도군을 관할하는 부대였다.[19] 미군은 김정수를 군수로, 천진문을 경찰서장으로 일단 임명하였다. 그러나 미군은 1946년 초부터 좌익 계열이 주도하는 인민위원회를 해체하는 작업에 착수했다. 미군정은 스스로 군수로 임명했던 김정수를 불법적인 테러를 일삼았다는 이유로 구속하고, 인민위원회 지도자 19명도 체포했다. 또 경찰서장으로 임명되었던 천진문과 그의 부하들을 경찰로부터 축출하고 광주에서 파견되어 온 38명의 경찰로 해남 경찰서를 재조직하였다. 이에 민주청년동맹원들은 '구속자 석방'과 '친일경찰 파면' 등을 주장하면서 시위를 하였다. 이 시위는 2월부터 3월에 걸쳐 전개되었으며, 그때마다 미군정은 경찰력을 보강하면서 주동자들을 체포 구속하였다. 1946년 3월 말 해남군의 경찰 병력은 85명으로 늘어났고, 체포된 이는 50명이 넘었다. 그러나 3월 말 이후 해남 인민위원회 활동은 끝이 났고, 체포되지 않은 이들은 합법적인 공간을 잃고 지하로 잠적하였다.[20]

미군정은 인민위원회 세력을 내몰고, 대신 우익 세력을 심기 시작했다. 군수에는 정명섭, 경찰서장에는 박석만이 임명되었다. 정명섭은 나주 출신으로 일본 주오대학 법학부를 졸업한 인물이다. 그는 해남군수에 이어 장흥군수, 화순군수를 역임했고, 나주에서 자유당으로 출마하여 3·4·6대 국회의원에 당선되는 인물이다.²¹ 또 해남 독립촉성국민회가 만들어졌는데, 위원장은 송봉해(일명 송춘근)였다. 그는 경기도 양주 출신으로 세브란스의학전문학교를 졸업하였으며, 3·1운동 당시 만세운동에 참가하여 옥고를 치른 적이 있고, 1932년 해남읍에 고려의원을 개업하여 운영해온 인물이다. 그는 뒤에 해남에서 독촉국민회 소속으로 출마하여 제헌의원에 당선된다. 제헌국회 이후 그는 병원을 재개하여 운영했다고 한다.²² 독촉청년연맹위원장은 이성학이었으며, 김국봉은 광복청년단을 결성했다.²³

1946년 11월 봉기와 가담자 학살

위에서 본 것처럼 1945년 11월 해남에 미군이 들어온 이후 좌익 세력이 탄압을 받고 우익 세력이 득세하고 있었다. 그런 가운데, 1946년 '해남 11월 봉기'가 일어났다.²⁴ 1946년 10월 1일 대구에서 일어난 소요사태는 곧 경북과 경남을 거쳐 전남으로까지 확산되었다. 그리고 전남에서는 주로 서남해안 일대에서 소요가 일어났는데, 해남에서의 봉기가 가장 규모가 컸다. 이제 '해남 11월 봉기'에 대해 자세히 살펴보자.

10월 중순 남로당 본부로부터 소요를 일으키라는 지시를 받은 남로당 해남군당은 오장록을 중심으로 해남읍 읍내리에서 연일 비밀회의를 열었다. 이에 참여한 이들은 농민위원회와 민주청년동맹의 조동선(화산면 해창리), 신동기(송지면 매화동), 임건호(현산면 고현리) 등과 남로당 각 면의 면책들이었다.²⁵

해남의 소요사태는 11월 11일 일어났지만, 그에 대한 정보는 5일

이미 CIC에 접수되었다. 5일 CIC는 공산주의자 한 명을 체포하였는데, 그로부터 해남·강진·완도·진도의 경찰서를 습격할 것이라는 정보를 얻었다고 한다. 이에 대처하기 위해 미군 20연대 1대대의 1개 소대가 광주에서 해남에 파견되었다. 그런데 8일 밤 경찰 1명(안윤)이 누군가의 총에 맞고 살해되었다.[26] 그리고 11월 11일 밤 마침내 해남의 8개 지역에서 소요가 일어났다.

화산면에서는 저녁 7시 30분, 규모를 알 수 없는 군중들이 경찰지서를 공격하여 1명의 경찰을 죽이고 1명에게 중상을 입혔으며, 경찰지서를 불태웠다. 현산면에서도 저녁 8시, 수를 알 수 없는 군중이 경찰지서를 습격하여 경찰 1명에게 중상을 입혔으며, 2명의 경찰을 납치하여 폭행을 가했다. 8시 10분경, 송지면 월송에서도 수를 알 수 없는 군중이 경찰지서를 습격하였으며, 경찰관 1명을 죽이고 1명을 부상시켰다. 북평면에서도 오후 8시 규모를 알 수 없는 군중이 경찰지서를 습격하여 경찰 3명에게 중상을 입히고, 다른 2명에게도 부상을 입혔으며, 경찰지서를 불태웠다. 산이면에서도 오후 8시 30분 약 2,500명으로 추산되는 군중이 경찰지서를 습격하여 불태웠다.[27]

시위는 12일 밤에도 이어졌다. 옥천면에서는 12일 밤 11시 반, 약 300명의 군중이 경찰지서를 습격하였다. 경찰은 군중들 머리 위로 사격하여 그들을 해산시켰으며, 아무도 다치지는 않았다. 계곡면에서는 13일 새벽 1시, 군중 400명이 경찰지서를 습격했다. 경찰은 군중을 향해 발포했으며, 이에 군중 가운데 1명이 죽고 여러 명이 부상당했다.[28]

당시 『동아일보』는 "11일 오후 7시께 해남군 북평·황산·산이·현산·송지·계곡 등 7개 면 경찰지서에는 약 500여 명의 군중이 습격하여 청사를 전소 혹은 반소시켰고, 지서장 1명과 순경 3명을 살해하였

으며, 한편으로는 송지면장의 집을 파괴하였다"고 보도하였다.[29]

당시 송지지서에 근무했던 김민호의 진술에 따르면, 소요가 가장 심했던 곳은 송지·북평·현산·화산·삼산면이었다고 한다. 이들 5개 면의 지서는 전소된 데 비해 옥천·마산·계곡지서와 신월출장소는 건물이 파괴된 정도였다고 하며, 문래·황산·옥동면 지서들은 불에 타지 않았다고 한다. 그리고 당시 시위 군중은 죽창·몽둥이·곤봉·피켓 등을 들고 각 지서를 습격하였다고 한다.[30]

해남 봉기에서는 경찰지서 7개 소가 피습당하였으며, 경찰 3명이 피살되고 9명이 부상했다. 또 군중 1명이 사망하고 상당수가 부상당한 것으로 나타난다. 브루스 커밍스는 그의 책 『한국전쟁의 기원』에서 해남 봉기에서 54명의 농민이 사망하고, 61명이 부상했으며, 357명이 체포되고, 경찰 10명이 피살되었으며, 33명이 부상당하고, 11명이 실종되었다고 썼다.[31] 그러나 이는 「전남에서의 공산주의자들의 11월 봉기」라는 G-2자료에 나오는 수치를 잘못 인용한 것이다. 이 수치는 전남 전체의 봉기에서 나온 희생자들의 숫자였다. 해남 소요에서 사망한 경찰관 수는 아마도 2~4명 정도였을 것이다.

해남에서의 봉기가 타 지역에 비해 격렬한 양상을 띠게 된 원인은 어디에 있을까. 앞서 본 것처럼 해방 직후 구성된 해남지역의 인민위원회, 농민위원회, 민주청년동맹의 조직이 강했기 때문이다. 1945년 11월 22일 해남에 들어온 미군 제45군정중대는 강력한 힘을 보유하고 있는 인민위원회와 치안대를 발견했다. 미군정은 곧 치안대와 인민위원회를 해산시켰으나, 면과 리 단위까지 조직을 갖고 있던 인민위원회는 쉽사리 해체시킬 수 없었다. 미군정은 3월 해남의 인민위원회와 청년동맹이 지하에서의 정치적 활동을 위해 협력하고 있다고 보고하고 있었다.[32] 미군정은 4월 이후 경찰과 군청 관리, 그리고 면사무소 직원까지 대체로 우익 세력을 심었지만, 인민위원회와 농민조합, 청년동맹은 여전히 지하에서 활동하면서 강력한 힘을 갖고 있었다.[33] 더욱이 그해 5월 제45중대가 해산됨으로써 이 지방에서의 군정 당국의 권위는 크게 약화되었다.[34] 결국 미군정 당국 권력의 약화와 인민위원회의 세력 보존이 해남에서의 봉기 양상을 격렬하게 만들었던 것이다.

미군정은 해남에서의 소요가 격렬했던 데 대해 이를 철저히 조사하고 가담자를 체포하기 위해 군정 장교 1명과 사병 1명, 그리고 한국인 경찰 1명을 조사관으로 파견하였으며, 경찰 50명을 추가 배치하였다.[35] 추가 배치된 경찰들은 마을별로 봉기 가담자를 체포하였다. 김민호의 진술에 따르면, 송지지서의 경우 곡식 창고와 공장 창고에 가담 혐의자 500명을 구금하였다고 한다.[36]

해남 소요 이후 박석만 경찰서장이 파면되고, 박병선 서장이 새로 부임하였으나, 그도 몇 개월이 지나도록 한 명의 주모자도 체포하지 못하였다. 이에 1947년 2월 다시 장춘배 서장이 부임해왔으며, 그는 민완 형사들을 모아 특별수사반을 편성하여 인근 군까지 이들을 파견하여 주동자와 적극가담자들을 색출하였다. 그 결과 경찰은 먼저 조동선을 그의 아지트인 고향 화산면 뒷산에서 체포했다. 1948년 4월에는 계곡면 위원장 오기를 검거한 뒤, 그의 자백에 따라 접선 장소인 황산면 부곡리 아지트를 습격하여 오장록 이하 50여 명의 관련자를 일망타진하였다.[37]

이처럼 경찰이 적극적으로 가담자 색출에 나서자, 주요 인물과 적극가담자들은 해남군 내 흑석산, 두륜산, 달마산 등지로 입산, 피신하였다. 그러던 중 여순사건이 일어난 뒤인 1949년 2월 13일 이 입산자들이 해남 경찰서를 습격하여 경찰관 11명이 피살되는 사건이 일어났다. 이에 목포경찰서는 경찰대를 파견하여 소탕작전을 개시하였고, 육해군은 공동작전으로 이들을 추적하여 해남군 남단에서 37명을 사살하였다.[38]

2월 12일의 사건 이후 제8관구 경찰청은 토벌대를 구성하여 입산자 및 지하에서 활동하고 있는 좌익 세력에 대한 대대적인 토벌작전에 나섰다. 이 과정에서 입산자 및 좌익 세력 다수가 체포되거나 사살되었다. 이때의 가장 큰 사건은 좌익혐의자 70여 명이 사살된 해창리 나붓재 사건이다. 당시 8관구 경찰들은 각 마을에서 좌익혐의자들을 체포하여 4월 12일 해창리 나붓재로 끌고 가 사살하였다. 예를 들어 현산면에서는 현산면 사람들을 초등학교에 집합시킨 뒤 일제시기부터 유지로 존경받던 학의리의 최중규 등 5명을 연행하여 나붓재에서 사살하였다. 화산면 관동리에서도 일본 유학생 김연우와 그의 숙부 김준호가 연행되어 역시 나붓재에서 사살되었다.[39]

3. 한국전쟁기 해남군에서의 민간인 학살

보도연맹 관련자의 학살

1950년 7월 23일 인민군이 광주를 점령하자, 24일 해남의 경찰과 기관장들은 후퇴를 결정했다. 당시 유수현 군수를 비롯한 경찰 등 주요 우익 인사 20여 명은 부산으로 떠났다. 『해남군사』에 의하면, 7월 20일에는 보도연맹원에 대한 일제 소집 명령이 내려졌다. 당시 해남의 보도연맹원은 무려 600여 명에 달하고 있었다. 이들은 대부분 1946년 11월 봉기에 참여한 사람들이었다. 해남 경찰서에 소집된 보도연맹원에 대한 경찰의 초기 방침은 전원 사살이었다. 그런데 『해남군사』에 의하면, 일제시기 고등경찰을 지낸 바 있는 문○○이 "죽음은 또 다른 죽음을 몰고 올 것"이라면서 집단 처결을 반대했다고 한다. 그는 이들을 몰살하면 반드시 우익 세력에 대한 보복이 있을 것이라고 주장했다는 것이다. 이로 인해 보도연맹원들은 23일 일단 풀려났다고 한다. 그러나 경찰의 후퇴가 결정된 24일 재소집 명령이 내려졌고, 재소집된 50여 명이 사살되었다는 것이다.[40]

그러나 『해남군사』의 위의 서술은 신뢰하기 어렵다. 왜냐하면 여러 증인들의 말을 종합하면, 6월 말부터 7월 초순 사이 경찰에 의해 연행되거나 지서의 명령을 받고 출두한 해남군 북부지방의 보도연맹원들은 해남 경찰서, 해남식량영단 창고에 수용되어 있었으며, 7월 16일 트럭에 실려 화산면 해창항으로 가 이곳에서 승선하여 진도와 해남 사이에 있는 무인도인 진도군 의신면 구자도리 갈매기섬에서 사살되었기 때문이다.[41]

보도연맹원에 대한 학살은 이로써 끝난 것이 아니었다. 보도연맹원에 대한 추가 소집이 있었고, 또 좌익 활동가의 가족들도 연행되거나 소집되어 해남식량영단 창고나 공회당에 구금되었다. 그리고 그들 중 일부는 7월 22일 화산면 해창리로 끌려가 희생되었다. 이러한 사실은 23일 식량영단 창고에서 풀려나온 이들에 의해 확인되었고, 또 해창리에서 시신을 직접 본 가족들에 의해 확인되었다.[42]

그러면 두 차례에 걸친 학살에서 희생된 이들의 숫자는 얼마나 될까. 진화위에서 확인한 사람의 숫자는 모두 74명이다. 그러나 확인되지 않은 이들의 수가 더 많을 것으로 보인다. 진화위 보고서는 갈매기섬에서 희생된 이들의 수를 대체로 100여 명, 해창에서 희생된 이들의 수를 수십 명으로 파악하고 있다.[43] 그러나 지역 주민들은 보도연맹과 관련하여 학살된 이는 수백 명에 이를 것이라고 말하고 있다. 그 것은 해남 경찰서만이 아니라 각 면의 지서에서도 보도연맹원들을 소집하여 독자적으로 학살했기 때문이라는 것이다.[44] 따라서 현재로서는 보도연맹사건으로 희생된 이들의 숫자를 대략 파악하는 것도 어려운 상태이다.

가장 많은 희생자가 난 마을은 산이면 상공리로서, 앞서 본 오장록의 출신지였다. 이 마을은 동복 오씨 동족마을인데, 오장록 외에도 1930년대 적색농민조합운동에 참여한 오홍탁, 오임탁 등이 있었다. 이 마을에서는 보도연맹에 8명이 가입하였는데, 그들 모두가 경찰에 연행되어 산이지서를 거쳐 해남 경찰서에 구금되었으며, 결국 갈매기섬으로 끌려가 희생되었다. 갈매기섬의 희생자 가운데에는 오홍탁과 오임탁도 포함되어 있었다.[45]

나주부대의 마을 주민 학살

1950년 6월 25일 한국전쟁 발발 이후 북한의 인민군 6사단은 7월 13일 예산을 출발하여 장항-군산-이리-전주-광주-목포의 코스로 남하했다. 전남의 군인과 경찰은 이를 막지 못하였고, 인민군은 7월 23일 광주까지 점령하였다. 인민군이 광주를 점령하자 전남 서남부 경찰들은 경찰서별로 후퇴를 서둘렀지만 후퇴의 길은 순탄치 않았다. 화순, 영암, 광산, 나주, 무안, 강진 경찰은 전남 동부지역으로 후퇴하려 하였으나 쉽지 않았고, 이에 보성을 거쳐 장흥에 집결하였다. 전남 서남부 경찰은 장흥에서 지휘관 연석회의를 개최하여 장흥과 강진을 거점으로 하여 인민군을 저지한다는 방침을 세웠다. 그러나 인민군이

7월 25일 구례, 순천, 벌교를 점령하고, 26일에는 여수를 점령함으로써, 전남 서남부 경찰이 육로를 통해 부산으로 후퇴하는 것은 어렵게 되었다. 결국 장흥에 집결한 전남 서남부 경찰은 7월 27일 지휘관 연석회의를 통해 "현 위치에서 사수하다가 섬 지방으로 후퇴한다"는 결정을 내렸다. 인민군은 목포, 나주 방면, 그리고 보성 방면을 통해 장흥을 공격해왔다. 이에 경찰 지휘부는 강진과 장흥을 포기하고 완도로 들어가기로 결정하였다.[46]

그런데 이와 같은 경찰 병력의 후퇴과정에서 이른바 '나주부대 사건'이 발생했다. 나주의 경찰과 우익청년단은 7월 23일 오전 8시 김탁배 서장의 후퇴 명령으로 나주 경찰서에 집결하였다. 당일 오후 3시 약 200여 명이 쓰리쿼터 1대와 징발한 화물차 7대에 분승하여 후퇴길에 올랐는데, 이들은 이후 통칭 '나주부대'로 불리게 된다. 나주 경찰은 국방색 전투복과 전투모(작업모), 검은색 농구화를 착용하고 개인별로 38식, 99식, 칼빈, M1 등의 총을 휴대하고 나주읍-영암읍-강진읍-장흥읍-보성읍-장흥읍-강진읍-해남군 옥천면을 경유하여 25일 오전 해남읍에 들어갔다. 당시 인민군이 이미 장흥 쪽으로 들어왔기 때문에 반대 방향인 해남을 거쳐 완도로 들어가려 한 것이다.[47]

'나주부대'는 7월 25일 우슬재를 거쳐 해남읍에 들어갔다. 그런데 나주부대가 해남읍에 들어가기 전에 옥천면 영춘리에서 당시 나주 경찰서 사찰주임 제갈○○가 해남읍에 거주하는 ○○○로부터 해남읍의 상황에 대해 정보를 얻고 들어갔다고 한다. 제갈○○는 전에 해남 경찰서 사찰주임이었기 때문에 ○○○와 아는 사이였으며, ○○○는 해남 경찰이 이미 철수하였고, 경찰서는 김형태라는 인물이 장악하고 있다고 알려주었다고 한다.[48]

해남 경찰은 7월 23일 해남군수 등과 함께 송지면 어란 항구에서

배편으로 부산으로 갔기 때문에 해남읍은 치안 공백 상태였다. 나주부대는 4개 부대로 나뉘어 각기 다른 길로 해남읍에 들어가게 되었는데, 그 가운데 해리로 들어간 부대는 해리 주민 가운데 일부가 자신들을 인민군으로 오인하고 '인민공화국 만세'를 부르자 그들을 뒤쫓아 가서 사살했다. 이로 인해 모두 7명이 사살되었고, 2명이 부상을 입었다.[49] 나주부대는 해남읍 수성리에서도 역시 경찰을 인민군으로 오인하여 '인민공화국 만세'를 부른 주민 4명을 사살했으며, 구교리에서도 3명을 사살했다. 남동리 쪽으로 진입한 부대는 남동리에서 주민 6명을 집과 논, 길 등에서 사살하였다. 신안리로 진입한 부대는 신안리에서 1명을 사살하였다. 읍내리로 진입한 부대는 김형태와 그의 아내 등 모두 6명을 사살하였다. 해남읍 중앙리로 진입한 부대는 김재수의 집에 들어가 "우리가 누구냐"고 물어 "인민군이다"라고 대답하자, 집 앞 도로변으로 그와 그의 모친을 끌고 가 사살하였다.[50]

그 밖의 여러 곳에서 사살된 이들까지 포함하면, 해남읍에서 사살된 이들은 모두 40명에 이른다. 이들은 대부분 오전 10시부터 오후 2시 사이의 4시간 동안 자택 주변에서 사살되었으며, 모두 비무장의 주민으로서 나주부대를 우연히 마주쳐 인민군으로 오인하고 '인민군 만세' 혹은 '인민공화국 만세'를 불렀다가 나주부대에 의해 사살된 것으로 보인다.[51] 나주부대원 가운데 아직 살아 있는 이들의 증언에 의하면, 해남읍에서의 이와 같은 사건들은 김○○ 서장과 전 해남 경찰서 사찰주임을 지낸 제갈○○에 의해 주도되었다고 한다.[52]

이날 오후 2시 나주부대 일부는 차량 2대에 분승하여 마산면 상등리에 들어갔다. 이들은 차량에 기관총을 거치하고 있었고, 마을에 진입하면서 "인민군이 오니 마을회관 앞으로 빨간 완장을 두르고 환영 나오라"는 방송을 하였다. 이에 주민 수십 명은 마을 입구 제재소 앞에 모여 '인민군 만세'를 부르면서 환영하였다. 그런데 나주부대는 자신들이 경찰임을 밝혔고, 주민들은 당황하여 나주부대원들과 실랑이를 벌였다. 결국 나주부대원들은 기관총을 난사하여 상등리 주민 6명을 사망케 하였다. 나주부대원 20여 명은 이날 밤 좌익 세력을 색출한다면서 상등리에 주둔하였는데, 다음 날인 26일 전날에 있었던 사건에 항의하는 희생자의 가족들과 환영회에 참석한 주민 혹은 그의 가족 등 6명을 연행하여 병풍바위골로 끌고 가 살해하였다. 나주부대는 27일에도 주민 3명을 살해하였다. 이로써 나주부대는 3일간 상등리에서 모두 15명을 살해하였다. 이 가운데 14명은 총기로 사살되었고, 1명은 대검으로 살해되었다. 15명 가운데 여성 희생자는 4명인데, 1명은 아들의 죽음에 항의하다가 희생되었고, 3명은 피신한 남편을 대신하여 죽임을 당한 경우였다.[53] 나주부대원 가운데 생존자들의 증언에 의하면, 당시 상등리 사건은 나주 경찰서 유모某 경사의 주도로 이루어졌다고 한다.[54]

또 나주부대원 가운데 일부는 7월 25일 오후에 차량 한 대로 마산면 화내리에 들어갔다. 화내리에서도 누군가 인민군이 오니 환영해야 한다면서 마을 앞으로 모이라 하였다. 이에 화내리 주민 30~40명과 이웃한 맹진, 북창 등 6개 마을 주민들이 화내리 마을 입구에 모였다. 나주부대는 모여든 주민들 가운데 전 농민위원장 민병남과 그의 아들을 해남 경찰서로 연행하였는데, 결국 이들은 나주부대에 의해 사살되었다. 당시 나주부대는 민병남에 대한 정보를 갖고 이 마을에 들어간 것으로 보인다.[55]

나주부대 가운데 선발대는 7월 25일 오후 해남 현산면과 북평면을 거쳐 완도에 들어갔다. 이 과정에서 이 부대는 현산면 일평리에 들어가 자신들을 인민군으로 오인하여 '인민군 만세'를 부른 3명을 사살하였다. 또 완도로 건너가는 선창이 있던 북평면 남창리에서는 주민 20여 명이 인민군이 온 줄 알고 환영하기 위해 북평면 지서 앞에 모였다. 이를 본 나주부대원 가운데 북평면 남창리 출신 이○○은 이를 만류하고 부대 지휘자에게 간청하여 아무 희생 없이 주민들을 해산시켰다.[56]

나주부대가 해남군에서 살해한 민간인은 모두 55명에 달하였다.[57] 당시 이들은 경찰이 후퇴한 상황에서 인민군이 들어올 것으로 예상하고 있었기 때문에 나주부대를 인민군으로 오인하고 '인민군 만세'를 부르거나, 나주부대 스스로 자신들을 인민군이라 자처하고 인민군 환영대회에 나오라고 하여, 환영회에 나가서 인민군 만세를 불렀다가 나주부대에 의해 좌익으로 몰려 희생된 경우였다. 나주부대는 완도에 들어가서도 인민군처럼 행세하며 환영회를 열도록 한 뒤에 인민군 만세를 부른 주민들을 색출하여 처형하였다. 그리고 이러한 행태는 완도군의 여러 섬을 다니면서 반복되었다. 그 결과 완도군에서도 47명의 민간인이 나주부대에 의해 희생되었다.[58]

인민군·좌익의 우익 세력 학살

인민군이 해남읍에 들어온 것은 7월 28, 29일경이었다. 해남읍을 점령한 인민군은 북평면과 문내면으로 진출하여 완도와 진도의 경찰 병력과 대치하였으며, 8월 하순에 진도를 점령하고, 9월 중순에 완도를 점령하였다.[59]

인민군은 해남을 점령한 뒤, 군 인민위원회(위원장 윤○, 부위원장 문○○)와 내무서, 청년동맹, 부녀동맹 등을 조직하였다. 또 면 단위에서도 인민위원회를 구성하였으며, 이에는 기존의 지방 좌익과 국민보도연맹 희생자들이 적극 참여하였다. 인민위원회는 전쟁 전의 군청, 면사무소의 직원들을 소집하여 근무시켰고, 토지개혁을 시도하였다. 그러나 사실상 해남군을 지배한 것은 북에서 내려온 정치보위부와 조선노동당의 간부들이었다. 이들은 면별로 우익 인사를 검거하고, 경찰 가족, 공무원, 반공연맹 위원, 대한청년단 간부 등을 구금하였으며, 8~9월 인민군 점령기와 10월 초순 퇴각기에 이들을 대부분 학살하였다.[60] 그리고 퇴각 이후 빨치산 활동기인 10월 중순경에도 우익 인사에 대한 학살은 이어졌다.

우선 인민군 점령기에 일어난 사건들을 정리해보면 다음과 같다. 산이면 금호리 김성열(33세)은 전쟁 이전 금호리 대한청년단 단장으로 활동하였는데, 출두하라는 연락을 받고 분주소에 간 뒤 감금되어 8월 7일 산이면 대진리 진산등으로 끌려가 희생되었다. 계곡면 성진리 장래홍(48세)은 행정대서소 일을 했으며, 제헌의원 선거 때 독촉국민회 소속으로 출마한 민영동과 가까운 사이였다. 장래홍은 8월 20일 자택에서 연행되어 계곡면 성진리 당알골짜기에서 사살되었다. 이날 민영동과 다른 6명도 같은 자리에서 함께 희생되었다.[61]

송지면 어란리의 김규생(33세)은 내장마을 이장이었는데, 마을에서 비교적 부유한 편이었고, 우익 집안에 속했다. 그는 8월 22일 지방 좌익에 의해 연행되어 동현마을 안골짜기에서 희생되었다. 송지면 산정리의 박일규(43세)는 산정리 이장을 지낸 마을 유지였는데, 그도 역시 지방 좌익들에게 끌려가 분주소 창고에 감금된 후, 8월 24일 송지면 산지목에서 희생되었다.[62]

해남읍 남천리 민경재(27세)는 남천리 이장이었는데, 전쟁 발발 후 자신의 참외밭에 마산면 상등리 모씨가 숨어 있는 것을 발견했다.

그는 상등리에 인민군으로 위장한 나주부대원들이 들어오자 도망하여 온 것이었다. 민경재와 마을의 청년단장 최정옥(36세)은 그를 해남경찰서에 신고했으며, 결국 그는 희생되었다. 인민군이 들어온 이후 이 일은 문제가 되었고, 마산면 분주소에서 활동하던 지방 좌익들은 민경재, 최정옥, 김재표를 가해자로 지목하였다. 결국 민경재와 김재표는 연행되어 마산면 분주소에 감금되었다가, 8월 23일 마산면 산막리 공세포 바닷가에서 희생되었다.[63]

현산면 월송리의 김원배(29세)는 전쟁 이전 우익 청년단원과 소방대원 활동을 했는데, 그 이유로 지방 좌익에게 연행되어 8월 27일 닭골재에서 희생되었다. 같은 마을 최계봉(38세)도 며칠 뒤 같은 장소로 끌려가 희생되었다.[64]

다음으로 인민군 퇴각기에 일어난 사건들을 살펴보자. 계곡면 당산리 임연식(52세)은 마을 이장이었으며, 동생 임성식(31세)은 일제시기 면사무소에 다녔다. 이들은 자택에서 지방 좌익들에게 끌려가 계곡면 분주소에 갇혀 있다가 9월 29일 성진리 당알골짜기에서 희생되었다. 계곡면 여수리 임윤식(28세)은 대한청년단 여수리 단장으로 활동하였다. 그는 9월 초에 자택에서 끌려가 계곡면 분주소에 갇혀 있다가 9월 30일 성진리 월암고개에서 희생되었다. 당시 계곡면의 우익 인사들의 상당수가 월암고개에서 희생되었다고 한다.[65]

북평면 서홍암리 김양귀(당시 42세)는 농사를 짓고 살던 가난한 농민이었다. 그는 전쟁 이전에 지방 좌익들로부터 좌익 활동을 권유받고 있었는데, 이를 거절했다가 구타당하는 일이 잦았다고 한다. 그는 전쟁 발발 이후 지방 좌익들을 피해 마을 뒷산에 숨어 있다가 집에 잠깐 들렀는데, 이날 지방 좌익들에 의해 끌려가 평암리에 있는 '목넘길'에서 칼에 맞아 죽었다.[66]

화산면 가좌리 무학마을의 김수창(36세), 김수찬(34세) 형제와 이들의 친척 김영옥(33세)은 9월 28일 화산면 분주소로 끌려갔다가 해남내무서로 넘겨졌다. 그리고 10월 1일 이들은 해남 우슬재에서 희생되었다. 김수창, 김수찬 형제의 큰형 김수근은 당시 유명한 지역 유지였는데, 그로 인해 이들 형제가 희생된 것으로 보인다. 인민군 퇴각기에 해남내무서에 감금되어 있던 우익 인사들은 해남군 금강곡 골짜기에서도 많이 희생되었다. 예를 들어 해남읍 해리 이장 민운기는 내무서에 감금된 뒤, 9월 30일 금강곡 골짜기로 끌려가서 죽창으로 희생되었다.[67]

또 앞서 본 바 있는 장래홍의 처 박동임(44세)은 남편이 희생된 지 약 한 달 뒤인 10월 초에 계곡면 분주소에 감금되었다가 희생되었다. 당시 분주소 안에는 우익 인사 가족 20~30명이 갇혀 있었는데, 지방 좌익들이 후퇴하면서 이들을 사살하고 분주소에 불을 질렀다고 한다. 이때 박동임과 함께 어머니, 외삼촌, 이모부 등도 함께 희생되었다.[68]

송지면 산정리의 박삼규(34세)는 송지면의 대한청년단 부단장이었는데, 완도의 여러 섬으로 피난을 다니다가 인민군이 후퇴할 즈음에 산정리 마을로 돌아온 뒤 지방 좌익에게 연행되었다. 그는 분주소 창고에 갇혀 있다가 10월 4일 지방 좌익에 의해 산지목으로 끌려가 희생되었다. 또 송지면 강남리의 지역 유지 김웅제는 분주소에 여러 차례 끌려가 조사를 받고 풀려났는데, 10월 5일 자택에 있다가 끌려가 산지목에서 희생되었다. 송지면 어란리의 김평수와 그의 소실, 그리고 둘째 아들은 10월 5일 동현마을 안골짜기에서 희생되었다. 김평수와 그의 소실은 동현마을에서 옹기를 만들며 살았고, 둘째 아들은 농사를 지으면서 살았는데, 김평수의 첫째 아들 김규생이 이장으로 일했고, 우익 쪽 인사였기 때문에 대신 화를 당한 것으로 보인다.[69]

인민군 퇴각 이후에도 희생된 우익 인사들이 있었다. 특히 계곡면은 수복이 늦었기 때문에 그런 경우가 많았다. 계곡면 장소리의 김기진(44세)은 이장을 맡았던 인물인데, 10월 13일 당산리 지방 좌익에 끌려가 10월 13일 현 당산리 마을회관 정자나무 부근에서 칼에 찔려 희생되었다. 계곡면 당산리의 임병주(14세)는 동생 두 명과 함께 끌려가 동생들은 살아 돌아왔지만 임병주는 신기리 질재에서 희생되었다. 임병주는 그의 형 임병석이 우익 인사였기 때문에 대신 살해당한 것으로 보인다. 이른바 '대살'代殺이었다.[70]

송지면 신정리 유지 최형일(42세)은 10월 17일 우근리 소실 집에서 끌려가 마봉리 달마산 미황사 부근에서 희생됐다. 송지면 소죽리 주민 노병환, 최재만, 최규오, 최규용 등도 같은 날 지방 좌익에 의해 달마산으로 끌려가 희생됐다. 소죽리는 노씨와 최씨의 동족마을로 노병환과 최재만은 매제지간, 최규오와 최규용은 형제간이었다. 최재만은 소죽리 이장이었고, 노병환은 이장을 도와 마을 일을 했다고 한다.[71]

이상 인민군과 좌익 세력에 의한 우익 세력 학살 사례들을 살펴보았다. 이 시기에 희생된 우익 쪽 인물들이 얼마나 되는지 그 숫자는 정확히 알 수 없다. 1952년 공보처에서 만든 『6·25사변피살자명부』에 나타난 해남군에서의 희생자는 총 567명으로 나타난다. 이를 면별로 보면 송지면 147명, 계곡면 64명, 북평면 54명, 산이면 44명, 해남읍 39명, 화원면 33명, 옥천면 21명, 삼산면 10명, 마산·현산면은 각각 9명, 문내면은 7명, 기타 면이 기록되지 않은 경우나 다른 지역에서 희생된 경우가 86명 등이다. 그런데 이 가운데에는 좌익 쪽 희생자도 일부 들어 있는 것으로 보인다. 해남군에서 희생자가 가장 많았던 곳은 송지면과 계곡면이다. 계곡면은 지역 좌익들이 흑석산으로 들어가 이곳을 중심으로 늦게까지 활동했기 때문에 이와 같은 통계가 나온 것으로 보인다.[72] 하지만 우익 쪽의 희생자가 얼마나 되는지는 정확히 알 수 없다. 진화위에 진실 규명을 신청한 대상자(희생자)는 24명이었으며, 진화위에서 일단 확인한 희생자 가운데 진실 규명 신청이 안 된 이는 13명이었다고 한다.[73]

경찰·청년단의 부역혐의자 학살

9·28서울수복 이후 해남 경찰은 부산에서 여수를 거쳐 해남군 북평면 남창항에 10월 5일 도착한 후 6일 새벽에 해남읍을 수복하였다.[74] 해남 경찰은 이후 23일까지 관내 13개 읍면을 모두 수복하였다. 그러나 계곡면에서는 흑석산에 들어간 지방 좌익들이 자주 출몰하였고, 이에 해남 경찰은 진도와 완도 경찰의 지원을 받아 그해 겨울까지 소탕작전을 계속하게 된다.[75]

해남읍 수복 직후 경찰은 시국수습대책회의를 열어 노동당 입당자, 우익 인사 살해자, 지서 방화자는 용서하지 않는다는 부역자 처벌 기준을 마련하였다고 한다. 해남 경찰서장은 이와 같은 처벌 기준을 각 지서에 하달하였으며, 아울러 부역자를 검거하여 처형할 때에는 해남 경찰서장의 지시를 얻으라고 했다고 한다. 그러나 각 면에서는 경찰서장의 허가 없이 민간인 살상이 이어졌고, 이에 서장은 다시 서장의 승인 없이는 처형을 금지한다는 전통을 하달하였다고 한다. 경찰은 각 지서를 수복한 뒤에 인민군 점령기에 인민위원회 참여자, 우익 인사 살해자, 지서 방화자, 마을 구장, 국민보도연맹 가족 및 단순 가담자 등의 명단을 작성하였다.[76]

하지만 인민군 점령기에 적극적으로 협력했던 이들은 대부분 입산한 상황이었고, 남은 이들은 대부분 어쩔 수 없이 부역하거나 단순 가담한 이들이었음에도 불구하고, 경찰은 적극가담자와 단순가담자를 제대로 구분하지 않았다.[77] 각 면 지서의 경찰은 부역혐의자들을 체포하거나 자수하도록 하여, 지서와 농협창고에 수십 명씩 구금한 뒤 적법 절차 없이 처형하였는데, 이 과정에서 의경, 의용소방대, 구국연맹 등 우익단체도 개입하였다고 한다.[78] 각 지서의 무분별한 민간인 처형은 산이면에서 가장 심하였는데, 1951년 3월 14일 산이지서장 최기명은 관내 부역혐의자 20명을 아무 법적 절차 없이 무단 처형하였다고 한다.[79]

당시의 상황을 각 면별로 살펴보면 다음과 같다. 먼저 산이면의 경우, 그동안 좌익 활동이 드셌던 상공리에서 피해가 크게 났다. 상공리는 식민지시기에 전남운동협의회에 참여하는 등 사회주의 활동을 해오던 오홍탁과 오임탁의 출신지였으며, 또 해방 이후 해남 농민위원회를 지도해온 오장록의 출신 마을이었다. 그리고 앞서 본 것처럼 보도연맹사건으로 8명이 희생된 마을이기도 하였다. 이 때문에 이 마을은 좌익마을로 지목되고 있었다. 10월 20일 경찰은 대한청년단, 의용소방대와 함께 상공리에 들이닥쳤다. 경찰이 산이면 소재지인 초송리에서 상공리로 이어지는 도로를 따라 총을 쏘면서 들어오자, 마을 주민들은 무서워서 도망치기 시작했고, 특히 가까운 부동리로 피신을 했다. 경찰은 도망치는 주민들을 향해 총을 쏘아 여러 명이 사망했다. 그 가운데에는 부역자가 아닌 평범한 농민들도 있었다.[80]

산이면 경찰은 수복 이후 부역자 처벌을 위해 지서장, 면장, 대한청년단장 등이 참여한 시국수습대책위원회를 구성하여 한편으로 부역혐의자들의 자수를 권유하고, 다른 한편으로 부역혐의자들을 잡아들였다. 자수하거나 체포된 부역혐의자들은 초송리 지서 옆 창고에 구금되어 조사를 받고 일부는 풀려났지만, 대부분은 진산리 뻔지, 금송리 국도변 대나무 숲, 두목마을 뒷산 등지에서 살해되었다고 한다. 당시 창고에는 50명 정도가 구금되어 있었는데, 상공리의 오씨들이 가장 많았다. 당시 희생자로 확인되는 이들은 오○(37세, 머슴), 박동○(25세)와 그의 처, 오완○(17세), 김진○(21세, 목포상업학교 학생) 등이다. 그들 가운데에는 오홍탁과 오임탁이 세운 야학을 다닌 이들이 많았다.[81] 또 상공리와 붙어 있는 금호리의 김갑○(27세)는 머슴으로서 인민군 점령기 자위대장을 했다가 경찰에 체포되어 10월 24일 산이면 산두리 바닷가에서 살해되었다. 상공리 인근에 있는 금송리의 강재○(41세)은 1946년 11월 봉기에 참여했다가 목포형무소에서 1년간 복역하고 출옥했는데, 이후 보도연맹에 강제로 편입되었다. 그는 전쟁 발발 직후 보도연맹사건 때에는 피신했다가 인민군 점령기에 나타나 산이면 인민위원장을 맡아 활동했다. 그리고 경찰이 들어온 뒤 행방불명되었다.[82]

그런데 홍○표(훗날 제5대 국회의원 역임)가 이끄는 해남군 대한청년단은 수복 이후 각 면으로 돌아다니면서 부역혐의자들을 잡아 적법 절차 없이 살해했다고 한다. 산이면에서는 11월 14일 장태○, 김기○, 오정○, 오기○ 등 4명이 금송리 국도면 대나무 숲에서 대한청년단원들에게 살해되었다. 장태○(19세)은 목포상업학교 학생으로 전쟁 이후 고향에 와 있었다. 김기○(28세)은 1946년 11월 봉기에 참여한 뒤 체포되어 3년형을 선고받고 목포형무소에서 만기 출옥한 뒤 고향에 돌아와 농사를 짓고 살았다. 인민군 점령기에 면서기를 했다가 경찰에 체포되어 초송리 창고에 구금되었는데, 11월 14일 대한청년단원들에게 끌려가 금송리 국도변 대나무 숲에서 살해되었다고 한다. 오정○(35세)도 인민군 점령기에 면서기를 했다가 체포되어 역시 금송리 대나무 숲에서 대한청년단에게 살해되었다. 오기○은 교사 출신으로 인민군 점령기에 내무서에서 활동했다고 한다. 그는 수복 이후 체포되어 초송리 창고에 구금되었다가 대한청년단원들에게 끌려가 역시 금송리 대나무 숲에서 살해되었다.[83]

한편 이듬해 2월 마산지서장에서 산이지서장으로 새로 부임한 최기명은 자신의 아내가 좌익에게 희생당한 것에 대한 보복으로 산이면에서 일명 '주산동 뻔지 사건'을 일으켰다. 그는 전쟁 전에 면서기 일을 하다가 인민군 점령기에도 인민위원회의 강요에 의해 면서기 일을 계속한 장홍○, 김진○, 오경○ 등 3명이 수복 이후 조사를 받고 풀려났음에도 불구하고, 이들을 다시 연행하여 1951년 3월 대진리 주산동 뻔지에서 사살하였다. 이들 외에도 20명 가까운 이들이 인민위원회 활동에 협력했다는 이유로 연행되어 함께 사살되었다. 이 사건은 사회적으로 크게 문제가 되어 대통령에게까지 보고되었으며, 결국 최기명 지서장은 체포되어 징역 7년형을 선고받았다.[84]

송지면의 경우, 부역혐의자 400여 명이 다섯 곳의 창고에 구금되었다가 산정리 산진목, 어불도 앞바다, 치소리 쑥고개, 해원리 연골 골짜기 등에서 집단 살해되었다. 각 마을별 상황을 살펴보면, 산정리 석수마을, 송호리 갈두마을, 군곡리 방처마을, 미야리 강남마을, 대죽리, 소죽리 등에서 희생자가 많았다.

산정리 석수마을은 총 35가구에 13개 성씨가 모여 살던 각성마을인데, 인민군 점령기에 좌익 세력에 의해 희생된 이는 없었다. 그러나 수복 이후 서로를 밀고하여 15~22명이 경찰에 의해 체포되어 희생되었다고 한다. 인민군 점령기 이 마을에서는 고광○(44세)이 구장을 맡아 활동하면서 "가난한 사람과 여유 있는 사람들이 재산을 공동으로 나누어 쓰자"고 선동했고, 가난한 이들이 많았던 이 마을에서 많은 사람들이 이에 호응하였다고 한다. 수복 이후 고광○과 그의 처, 아들, 동생 두 명은 모두 체포되어 산정리 산진목과 해원리 연골에서 사살되었다. 같은 마을의 박성○(51세)와 그의 아들도 부역혐의로 체포되어 살해되었으며, 박병○(21세)과 그의 동생(17세, 목포상업학교 학생) 도 부역혐의로 체포되어 사살되거나 수장되었다.[85]

송호리 갈두마을에서는 6명이 경찰에 연행되어 산정리 창고에서 1주일 정도 구금되었다가 11월 12일 어란리 어불도 앞바다에서 수장되었다. 이 마을 사람들은 대체로 인민군 점령기에 소극적인 협조를 한 정도였는데, 완도 노화도 출신의 좌익 ○민재가 좌익에서 우익으로 전향한 갈두마을의 박○○를 찾아와 살해한 것에 대해, 그의 가족들이 수복 이후 이 마을의 6명을 부역혐의자로 지목하여 희생된 것으로 주민들은 말하고 있다.[86]

군곡리 방처마을은 당시 90가구가 살고 있었던 각성마을이었는데, 수복 이후 약 50명이 부역혐의로 산정리 창고에 구금되었고, 그 가운데 약 40명이 희생되었다고 한다. 한 마을에서 이와 같이 많은 희생자가 난 것에 대해 주민들은 "인민군 점령시 방처마을에서 좌익 세력들이 일제시기 부면장을 했던 김○○의 모친을 죽인 일이 있었는데, 이 일 때문에 희생이 많았던 것으로 생각한다"고 말하고 있다. 또 방처마을 출신들이 인민위원회와 분주소 등에서 두드러지게 활동한 것도 한 요인이 된 것으로 보인다. 즉 이 마을 출신 정○○가 서울에서 대학을 다니다가 고향에 내려와 인민군 점령기에 송지면 책임자로 활동했다고 한다. 이로 인해 정부○ 등 정씨 집안 사람 상당수가 그의 영향으로 함께 활동하였다고 한다. 그 결과 정씨가 사람들 여러 명이 부역혐의로 체포되어 11월 11일 치소리 쑥고개에서 살해되었다고 한다. 인민군 점령기 방처마을에서 구장을 한 한삼○도 경찰에 연행되

어 11월 12일 어란리 어불도 앞바다에서 수장되었다.[87]

미야리 강남마을에서는 수복 후 6명이 희생되었는데, 대부분 정씨들이었다. 그것은 이 마을 거주자인 정○(30세)의 외가가 완도였는데, 그 외가 사람들이 이 마을에 와서 살았고, 그들의 영향으로 인민군 점령기에 정씨들이 이에 협조하여 희생자가 많이 났다고 한다.[88]

마산면에서는 40~50명이 부역혐의자로 체포되어 면소재지인 화내리의 지서 유치장과 소방대 차고에 구금되었다가 일부는 풀려났지만 대부분은 희생되었다고 한다. 그들이 희생된 장소는 주로 두드럭재와 붉은데기였다. 화내리 두드럭재에서 11월 7일 희생된 이들은 인민군 점령기에 마산면 분주소에서 활동한 산막리의 이광○과 그의 처, 상등리 인민위원회에서 활동한 유○○와 그의 가족 등이었다.[89] 노화리 붉은데기에서는 11월 12일 37명, 16일 4명이 희생되었다. 12일의 사건은 '홍○표부대'로 일컬어지던 대한청년단이 주도한 것이었다. 홍○표는 그의 사촌누나의 아들 두 명이 산막리 이목동에서 인민군 점령기에 주민들과의 감정 대립으로 살해되자, 이에 대한 보복으로 마산면에 들어가 붉은데기 사건을 주도했다고 한다. 이 사건으로 산막리 이목동 원주 이씨들 다수가 희생되었다. 붉은데기에서는 산이면 진산리 사람들도 몇 명 희생되었는데, 마산면 대한청년단장을 했던 박○○가 인민군 점령기에 살해된 것과 관련된 이들이 체포되어 살해된 것이다. 당시 붉은데기에서 죽은 이들은 모두 칼로 살해되었다고 한다.[90]

계곡면은 해남군에서 가장 늦게 수복된 곳이었다. 다른 면은 대부분 10월 20일경 수복되었으나 계곡면은 인민군 낙오병과 해남·완도 지역에서 경찰을 피해 도망한 좌익 세력들이 계곡면 면소재지인 성진리의 흑석산을 중심으로 활동하면서 1950년 겨울까지 경찰과 대치하였기 때문이다. 그리고 수복 이후에도 좌익 세력들은 세 차례나 계곡 지서를 습격하기도 하였다.[91] 이와 같은 상황이 계속되자 경찰은 좌익 세력의 활동이 의심되는 마을에 들어가 불을 지르거나, 주민들의 좌익 세력과의 내통 여부를 조사한 뒤 이들을 사살하기도 하였다. 또 인민군 점령기에 부역한 이들은 월암고개와 무이리 오리골에서 대부분 살해되었다. 수복 이후 희생자가 많이 난 마을은 방춘리, 장소리 해주 마을, 성진리 등이었다.[92]

계곡면 방춘리는 순천 김씨 동족마을로서, 넓은 농토가 있어 이웃한 다른 마을보다 유족한 마을이었다. 방춘리 청년들 가운데에는 일제시기부터 일본 유학 등으로 사회주의 사상에 심취한 이들이 많았다. 그 가운데 대표적인 인물은 김정수와 김창수였다. 김정수와 김창수는 해방 직후 해남의 인민위원회 수립을 주도하였고, 앞서 본 것처럼 김정수는 인민위원장을 맡았다가 미군정에 의해 체포된 인물이었다. 김창수는 인민군 점령기에 인민위원회 부위원장을 맡았다고 한다. 방춘리는 한국전쟁 당시 100호 정도 되는 마을이었는데, 인민군 퇴각 시 지방 좌익들이 이 마을의 우익 쪽 인사들의 집에 불을 지르고 갔다. 이에 수복 이후 이 마을에 들어온 경찰들은 마을의 집 전체를 불태워버렸다.[93] 그리고 부역행위를 했던 이들을 잡아들여 그들을 부역혐의자로 처형했다. 그 결과 입산한 뒤 사망한 이까지 포함하면, 이 시기 방춘리 사람 20여 명이 희생되었다고 한다. 그 가운데 김○수(21세) 가족의 경우를 보면, 그의 둘째 형은 보도연맹사건으로 진도 갈매기섬에서 희생되었고, 큰형은 인민군 점령기에 계곡면 분주소장을 한 뒤 입산, 사망하였으며, 수복 이후 이들 형제의 부모, 할머니, 큰형의 처도 모두 경찰에 의해 희생되었다. 당시 김○수는 군에 입대해 있었기 때문에 희생을 면할 수 있었다.[94]

계곡면 장소리 해주마을은 10가구밖에 안 되는 작은 마을이었다. 수복 이후 해주마을 주민 10명이 12월 6일 성진리 월암고개에서 경찰에 의해 사살되었다. 작은 마을에서 이와 같이 희생자가 많이 난 것은 이유가 있었다. 희생자의 가족에 의하면, 일제시기 장소리 구장을 했던 신○○가 그의 아들과 함께 인민군 점령기에 해주마을의 처남 집으로 피신해 와 있었다. 그런데 신씨의 가족 중 누군가 피신처를 알려주어 내무서원들이 그를 잡으러 왔다. 그런데 신씨는 피하고 아들과 처남 부부만이 붙잡혔다. 이후 당산리 인민위원회 사람들이 장소리로 몰려와 신씨를 신고하지 않았다고 장소리 사람들을 신씨의 처남 조씨 집 앞에 모이게 한 후 주민들을 구타하고, 신씨의 아들과 처남 부부를 당산리 쪽으로 끌고 가다가 죽여 장소리 사람들에게 묻도록 했다. 장소리 사람들은 이를 다시 해주마을 사람들에게 시켜 해주마을 사람들이 3명의 시신을 매장했다. 그런데 수복이 되자 신씨가 나타나 "해주마을 사람들이 아들과 처남 내외를 죽였다"고 경찰에 신고하여 결국 매장에 참여한 해주마을 10명이 억울하게 희생되었다는 것이다.[95]

성진리는 계곡면 면사무소가 있는 곳인데, 인민군 점령기에 성진리 인민위원장을 방○○가 맡아 방씨들이 이에 협조함으로써 수복 이후에 방씨들이 다수 희생되었다. 그 밖에 인민군 점령기에 마을 어른들의 추천으로 리 인민위원장을 맡았던 가학리의 배○○, 마을에서 유일하게 신문을 볼 정도의 학식이 있다는 이유로 인민위원장으로 추대되었던 장소리의 이○○도 경찰에 연행되어 모두 사살되었다.[96]

다음으로 현산면의 경우, 1950년 11월 딱골재, 배암골, 두모리 바닷가, 일평교 위 산기슭 등지에서 주로 일평리, 구산리 주민들이 경찰에 희생되었고, 1951년 3월에는 주로 화산면 장고개와 딱골재에서 고현리, 공북리 주민들이 희생되었다.[97]

수복 이후 현산면 지서 옆 창고 두세 곳에는 잡혀온 이들이 꽉 차 있었으며, 그 가운데 200~300명 정도가 희생된 것으로 추정되고 있다. 구산리의 주민 16~18명(여성 2~3명 포함)은 부역혐의로 11월 3일 연행되었으며, 이틀 뒤인 5일 월송리 딱골재에서 살해되었다고 한다. 공북리와 고현리 주민 40~50명은 1951년 3월에 뒤늦게 연행되어 장고개에서 살해되었다고 한다.[98]

화산면의 경우, 부역혐의자들은 화산면 면사무소 소재지인 방축리 화산지서 또는 해창리 창고에 구금되어 있다가 주로 해창리 나붓재에서 희생되었다. 나붓재에서는 한 번에 10~15명씩 여러 차례에 걸쳐 희생이 있었고, 구시리 뒷산, 정머리 뒷산, 마명리 임천골 등지에서도 희생이 있었다.[99]

화산면 평호리 송평마을은 한국전쟁 당시 58가구였는데, 수복 이후 13명이 희생되었다. 이들은 경찰에 연행되어 해창리 창고에 20일 정도 구금되었다가 1950년 11월 6일경 해창리 나붓재에서 살해되었다. 평호리의 박○규(21세)는 목포상업학교를 졸업하고 서울대 법대를 다니다가 전쟁이 나자 고향에 내려왔는데, 인민군이 들어오자 평호리 인민위원장을 맡게 되었다. 그의 형과 동생도 인민군에 협조하였다. 이로 인해 수복 이후 이들은 마을 사람 10명과 함께 경찰에 연행되어 해창리 창고에 20일 정도 구금되었다가 11월 6일경 해창리 나붓재에서 살해되었다. 가족들의 말에 의하면, 박○규 등은 그들의 형이 전직 경찰이어서 인민군들에게 괴롭힘을 당하였고, 결국 부득이하게 그들 편을 들다가 희생되었다고 한다.[100]

그 밖에도 월호리에서는 마을 구장을 오랫동안 했다는 이유로 인민군 점령기에도 리 인민위원장을 맡았던 김○과 그의 동생, 역시 구장을 오래 맡았다는 이유로 인민군 점령기에 면 인민위원회에서 활동하였던 송산리의 최○○, 인민군 점령기에 지하에 호를 파고 숨어 있다가 살아남은 전 화산면장 이재식(49세) 등도 모두 경찰에 연행되어 살해되거나 고문 끝에 목숨을 잃었다.[101]

한편 해남읍의 경우에는 인민위원회와 관련하여 많은 이들이 희생되었다. 군청이나 면사무소에 근무했던 이들은 인민군 점령기에 "인민위원회에 들어오지 않으면 엄벌에 처하겠다"는 인민위원회의 엄포에 거의 전원이 소집되어 군청과 면사무소에서 근무하였다고 한다. 그런데 수복 이후 이들 중 상당수는 부역혐의자로 분류되어 희생된 것이다. 이로 인해 해남읍 주민들이 다수 희생되었고, 특히 구교리 주민들이 많이 희생되었다. 해남군 유족회는 "해남읍 주민 혹은 해남 경찰서로 연행되어 온 각 면의 주민들이 삼산면 신금리 방오리산 방공호, 마산면 상등리 골짜기 등에서 여러 차례에 걸쳐 대규모로 학살되었다"고 주장하고 있다. 신금리 방오리산 방공호 굴에서는 1950년 11월 10일과 11일 이틀에 걸쳐 80여 명이 희생된 것으로 보인다. 당시 남편의 시신을 수습하러 간 유족의 말에 의하면, 방공호 안에는 수십 구의 시신이 있었고, 남편은 온몸이 칼에 찔려 있었으며, 목이 잘려 나간 시신도 있었다고 말하고 있다.[102]

북평면의 경우, 수복 이후 부역혐의자 다수가 남창리 붉은 잔등, 월송리 좌일지서 뒷산 등지에서 희생되었는데, 내동리에서만 30~40명이 희생되었다고 한다. 북평면은 일제시기 전남운동협의회 사건의 주모자 김홍배(이진리), 오문현(오산리)의 출신지였다.

북평면은 해방 이후 조선공산당 전남 도당에서 활동하던 김홍배의 영향력으로 좌익 세력이 강하였고, 그 결과 1946년 11월 봉기 때 화산면과 함께 가장 격렬한 봉기가 일어나 남창지서와 좌일지서가 전소되었다. 이 봉기에 가담했던 이들은 인근 달마산에 입산했다가 경찰의 토벌작전 때 희생되거나, 살아남은 경우 보도연맹에 가입되어 한국전쟁 발발 직후 갈매기섬으로 끌려가 희생되었다. 예를 들어 내동리의 경우를 보면, 전쟁이 나자마자 이 마을의 두 사람이 경찰에 의해 갈매기섬으로 끌려가 희생되었다고 한다. 그리고 수복 이후에는 30~40명이 좌일지서 뒤 오십이재에서 희생되었다고 한다.[103]

한국전쟁기에 경찰에 의해 희생된 이들의 숫자는 정확히 알 수 없다. 해남군 유족회에서는 1,860명 정도가 희생되었다고 주장하고 있지만, 진화위에서 조사한 바에 의하면 이보다는 적은 것으로 여겨지고 있다. 당시 해남 경찰서에 근무한 이는 한국전쟁기에 좌우익 합쳐서 약 700여 명이 희생되었다고 말하고 있으나, 해남 경찰서로 보고되지 않은 경우가 많았기 때문에 이보다는 훨씬 많았던 것으로 여겨지고 있다.[104]

4. 맺음말

해방 직후 해남군에서도 다른 군과 마찬가지로 건국준비위원회와 인민위원회가 만들어졌다. 그리고 이는 식민지시기부터 사회주의운동을 해온 이들에 의해 주도되었다. 그러나 미군이 들어오면서 이들은 체포되거나 수배되었고, 미군정에 의해 우익 세력이 군청과 경찰서를 장악하였다. 이에 반발한 좌익 세력은 1946년 11월 대규모 군중봉기를 일으켰다. 해남군의 군중봉기는 같은 시기 전라남도에서 발생한 군중봉기 중 가장 격렬한 것이었다. 미군정과 경찰은 이 봉기에 참여한 이들을 체포하였으며, 도피하여 입산한 이들을 토벌하였다. 이후 보도연맹이 만들어졌을 때, 경찰은 11월 봉기 참여자들을 강제로 가입시켰으며, 그 수는 600여 명을 넘었다.

한국전쟁이 발발하자 경찰은 보도연맹원들을 소집하여 갈매기섬과 해창리로 끌고 가 사살하였다. 그 수는 정확히 알 수 없으나 150명 이상 되는 것으로 보인다. 해남 경찰서의 경찰들이 후퇴한 뒤 나주부대가 해남에 들어왔다. 나주부대는 인민군인 것처럼 행세하면서 몇몇 마을에 들어가, 인민군 만세를 부르는 주민들을 사살하였다. 이 일로 희생된 민간인은 55명에 달하였다. 나주부대가 완도로 들어간 뒤, 이번에는 인민군이 해남에 들어왔다. 인민군은 인민위원회와 각종 좌익 단체를 조직하였으며, 이들을 동원하여 경찰 가족과 우익 관계자들을 잡아들였다. 그리고 이들 가운데 일부를 살해하였다. 진화위에서 확인한 우익 관계자 희생자는 37명인데, 확인되지 않은 경우도 많을 것이다. 10월 초 인민군이 후퇴하면서 이에 협력한 이들도 함께 입산한 경우가 많았다. 경찰과 대한청년단은 마을에 남아 있던 부역혐의자와 그들의 가족을 대거 잡아들였고, 이들 가운데 상당수를 처형하였다. 해남군 유족회는 이 시기에 약 1,000명 이상 희생된 것으로 파악하고 있는 것 같다. 그런데 그 숫자 안에는 입산하여 행방불명된 이들도 포함되었을 가능성이 있다. 해남군 유족회는 한국전쟁을 전후하여 희생자가 전체적으로 1,800여 명이 된다고 보고 있고, 경찰 측은 한국전쟁기 좌우익 희생자를 합쳐서 700명 정도 된다고 보고 있다. 실제 숫자는 아마도 그 사이에 있을 것 같다.

해남군에서 이와 같이 많은 희생자가 난 이유로는 두 가지를 생각해볼 수 있다. 하나는 1930년대 전남운동협의회의 산하 농민조합 조직이 해남과 완도에서 시작되었다는 것, 그리고 그 연장선상에서 해방 이후 해남군의 좌익 세력이 비교적 강했고, 그 결과 1946년 11월 봉기에 많은 이들이 참여했다는 사실이다. 11월 봉기에 참여했던 많은 이들이 보도연맹에 강제 가입되었고, 이들 가운데 상당수가 전쟁 발발 직후 갈매기섬으로 끌려가 처형되었다. 이는 인민군 점령기에 보복 학살로 이어졌다. 또 하나는 인민군 점령기에 자발적 혹은 비자발적으로 인민군에 협력한 이들이 수복 이후에 경찰에 의해 부역자로 간주되었고, 이는 대대적인 부역혐의자 학살로 이어졌다는 것이다. 해남군의 경우 경찰은 부역자들을 재판에 넘기지 않고 대부분 즉결 처형한 것으로 보인다. 아마도 국군과 경찰의 수복 초기라는 혼란기였기 때문이 아닐까 생각된다. 결론적으로 해남군에서는 좌익과 인민군에 의한 희생자보다는 우익과 경찰에 의한 희생자가 훨씬 많았으며, 전체적인 희생자 수는 인근 완도나 강진보다 훨씬 많은 것으로 보인다.

이 글이 궁극적으로 목표로 하는 것은 해남군에서 왜 그와 같이 많은 민간인 희생이 발생했는가 하는 것과, 각 마을에서 벌어진 학살의 구체적 모습은 어떠했으며, 그 이유는 무엇이었는지를 살피는 것이었다. 그러나 이 연구가 1개 군 전체를 대상으로 한 연구이다보니, 각 마을별 상황을 자세히 조사하여 정리하지는 못했다. 이는 앞으로의 연구 과제로 남겨둔다.

다른 지역도 마찬가지이지만, 해남군의 경우 전쟁기에 억울한 죽음이 너무 많았다. 보도연맹사건, 나주부대 사건, 인민군에 의한 처형 사건, 부역자들에 대한 가혹한 처벌(처형) 등이 그러하였다. 하지만 이제는 많은 세월이 흘렀다. 유족들도 서로 화해하고 힘을 합하여, '잘못된 시대를 만나 희생된 이들'의 넋을 위로하기 위한 위령탑을 함께 세우기를 기대해본다.

미주

총론 마을에서 바라본 한국전쟁

1   진실·화해를 위한 과거사정리위원회, 2009, 『진실화해』 2009년 9-10월호, 16쪽 참조.
2   이들 사례 연구는 지역적으로 주로 한국전쟁기 인민군에 의해 점령되었던 호남과 충청 지역의 마을들을 대상으로 진행되었다. 반면, 영남지역에서의 사례 연구는 보도연맹사건이나 거창사건 등을 중심으로 진행되었다.
3   한국전쟁기 남한에서 벌어진 민간인 학살은 크게 1) 전쟁 초기 국군의 후퇴와 함께 있었던 국민보도연맹원 학살 사건과 형무소 수감자 학살 사건, 2) 미군의 참전 후 전선에서 있었던 미군의 민간인 학살 사건, 3) 인민군 점령 이후 있었던 보도연맹원 학살 사건과 인민재판 후 학살 사건, 4) 인천상륙작전으로 인민군이 후퇴하면서 있었던 우익 인사 학살 사건, 5) 9·28서울수복 후 부역자 및 좌익혐의자 학살 사건, 6) 전선의 교착 상태 이후 빨치산 소탕과 관련한 군 작전 시 벌어진 민간인 학살 사건 등이 있다. 김동춘은 이를 다시 작전으로서의 학살, 처형으로서의 학살, 보복으로서의 학살로 구분했다. 김동춘, 2000, 『전쟁과 사회』, 돌베개, 211~233쪽 참조.
4   브루스 커밍스는 『한국전쟁의 기원』 제1권에서 해방 이후 좌우 대립의 가장 중요한 근원은 지주-소작인 관계에 있다고 보았다. 물론 그도 지주-소작인 관계가 그대로 좌우 대립으로 이어졌다고 본 것은 아니지만, 근본적인 뿌리는 여기에 있다고 생각했다. 브루스 커밍스(김자동 역), 1986, 『한국전쟁의 기원』, 일월서각 참조.
5   이 책에서는 '동성마을' 혹은 '종족宗族마을'보다는 학계에서 일반적으로 더 많이 사용하고 있는 '동족마을'이라는 용어를 사용하고자 한다. 그것은 한 마을에 두 성씨 혹은 세 성씨가 공존하면서 서로 친족관계에 있는 마을도 있어 동성마을이라는 용어보다는 '동족마을'이라는 용어가 더 현실을

반영한다고 여겨지기 때문이다.
6   지승종, 2000, 「갑오개혁 이후 양반 신분의 동향」, 『근대사회변동과 양반』, 아세아문화사, 13~14쪽.
7   김필동, 2003, 「한말~일제하까지 촌락의 신분관계의 변화」, 『한국사회사연구』(화양 신용하 교수 정년기념논총 1), 나남출판, 160~163쪽.
8   정진상, 2000, 「해방 직후 사회신분제 유제의 해체」, 『근대사회변동과 양반』, 아세아문화사, 197쪽.
9   『중외일보』, 1928년 2월 2일, 「상민을 상대로 양반이 자위단 조직」
10 정근식, 2002, 「한국전쟁 경험과 공동체적 기억」, 『지방사와 지방문화』 제5권 2호, 186쪽.
11 윤형숙, 2003, 「전쟁과 농촌사회구조의 변화」, 『전쟁과 사람들』, 한울아카데미, 89쪽.
12 목포대학교 역사문화학부, 2003, 『한국전쟁기 전남지방 민간인 희생에 관한 재조명』, 100쪽.
13 박찬승, 2007, 「한국전쟁기 합덕면 마을 주민 간의 갈등」, 『사회와 역사』 74집, 161~164쪽.
14 머슴에 대해서는, 김필동 앞의 글과 정진상, 2000, 「해방 직후 사회신분제 유제의 해체」, 『근대사회변동과 양반』, 아세아문화사, 195~196쪽 참조.
15 국사편찬위원회, 1994, 『북한관계사료집』 19, 272쪽.
16 박찬승, 앞의 글, 162쪽.
17 최정기, 2008, 「한국전쟁 전후 연파리의 사회적 갈등과 제노사이드-지리산 아래 면소재지에서의 폭력 사례를 중심으로」, 『전쟁과 재현』, 한울아카데미, 98~99쪽.
18 윤형숙, 앞의 글, 88쪽.
19 윤형숙, 앞의 글, 96쪽.
20 이 책의 2장 참조.
21 이 책의 4장 참조.
22 이 책의 5장 참조.
23 물론 앞서 살핀 신분이나 계급도 나름대로 중요한 기준이었다고 할 수 있겠지만, 친족관계가 가장 중요한 기준이 아니었을까 여겨진다.
24 '집안' 혹은 '당내'는 대개 8촌 이내의 친척을 말하고, '일가'는 그보다 범

위가 넓은 계파의 '문중', 더 넓게는 '종중'까지도 가리키는 말이라고 여겨진다.
25 이 책의 4장 참조.
26 H마을 사람들이 X마을의 토지를 소작하는 경우는 많았으나, X마을 사람들이 H마을의 토지를 경작하는 경우는 전혀 없었다(농지개혁 시 합덕면 분배농지부 참조).
27 윤정란, 2005, 「한국전쟁기 기독교인 학살의 원인과 성격」 『전쟁과 기억』, 한울아카데미, 106~109쪽.
28 목포대 역사문화학부, 앞의 책 참조.
29 정근식, 앞의 글, 166쪽.
30 염미경, 2003, 「전쟁과 지역권력구조의 변화」 『전쟁과 사람들』, 한울아카데미.
31 이 책의 1장 참조.
32 이 책의 2장 참조.
33 이 책의 5장 참조.
34 이용기, 2001, 「마을에서의 한국전쟁 경험과 그 기억」 『역사문제연구』 제6호, 52쪽.
35 오성철, 2000, 『식민지 초등교육의 형성』, 교육과학사, 133쪽. 1930년대 초반까지 남성의 보통학교 취학률도 30%를 넘지 못했다. 남성 취학률이 50%를 넘어선 것은 1939년의 일이었다.
36 이용기, 앞의 글, 25쪽.
37 이 책의 4장 참조.
38 김영희, 2003, 『일제강점기 농촌통제정책 연구』, 경인문화사, 533쪽.
39 이용기, 앞의 글, 33쪽.
40 김수현, 2006, 「한국전쟁기 북한의 점령지 지배정책-부여지역 사례를 중심으로」, 한양대학교 사학과 석사논문.
41 김동춘, 앞의 책, 259쪽.
42 인민군은 점령지역에서 이른바 '정치범'들을 체포했는데, 정치범은 참여기관별(남한 정부, 경찰, 헌병, 국방군)과 참여행위별(밀정, 테러, 정당, 사회단체, 간첩, 선전, 반동결사)로 나뉘었다. 부여군의 경우, 정치범은 총 117명이었으며, 그 가운데에는 '반동사회단체'에 참여한 비율이 가장 높았다

(54명). 다음이 경찰, 밀정, 국방군, 테러, 선전의 순이었다. 이 가운데 5명은 즉결처분하고, 나머지는 도로 이송했다고 한다. 또 '악질민족반역자'에 대한 처벌은 현지공판, 즉 인민재판을 통해 처결하도록 했다고 한다. 김수현, 앞의 글, 34~36쪽 참조.
43 이 책의 1장 참조.
44 정근식, 앞의 글 참조.
45 이 책의 2장 참조.
46 같은 글, 169쪽.
47 이 책의 4장 참조.
48 한산면의 한 마을 촌로의 증언(2006년 8월).
49 이 책의 3장 참조.
50 많은 증언자들이 한국전쟁은 '톱질전쟁'이었다고 말한다.
51 이용기, 앞의 글, 51쪽.

1 친족 간 학살의 비극, 진도 동족마을 X리

1 인터뷰는 1998년 3월부터 2000년 9월까지 주민 10여 명을 대상으로 이루어졌다. 인터뷰에 응해주신 분들의 성명은 여러 사정상 밝히지 않는다.
2 고석규, 2000, 「조선시기 진도 동족마을의 형성과 전개-군내면 X리 현풍 곽씨 마을을 중심으로」 『지방사와 지방문화』 3권 2호 참조.
3 『조선일보』, 1925년 11월 22일, 「珍島鄕校 掌財 공금횡령혐의로 피소」
4 『진도군지』(1975), 829, 833쪽. 오산리 출신으로 면장을 지낸 조병찬은 X리 곽재술의 장인이었다.
5 X리 주민의 증언에 의함. 1940년경 X리 토지대장에 垈地로 기록된 땅은 모두 121필지였다.
6 『매일신보』, 1928년 6월 29일, 「진도행(2)」
7 『진도군지』, 799쪽.
8 『전남사정지』 하, 962~964쪽; 『진도군지』, 825쪽.
9 『진도군지』, 753쪽.
10 곽재필가는 218, 219번지, 곽일배(가명)가는 215번지로서 곽재필가의 문

앞을 지나야 곽일배가로 들어갈 수 있게 되어 있었다.
11 이들의 가옥들은 역시 마을 중심부에 있었으며, 중파는 곽재필가를 중심으로 이를 둘러싸고 있는 모습이었고, 계파의 가옥은 곽일배가를 중심으로 이를 둘러싸고 있는 모습을 보였다. 이 마을의 구조에 대해서는, 전봉희, 2000, 「진도 X리의 정주형태에 대한 조사 연구」 『지방사와 지방문화』 3권 2호 참조.
12 현재 X리 마을회관에는 『學契序』라는 책이 전해져 내려오고 있다. 이 책은 신축년(1841년) 학계를 만들 당시 그 취지를 기록한 것이다. 그 맨 뒷장에는 公員 郭啓宅·曺夏元·郭命宗, 執綱 郭彌渭, 洞長 朴承德 등의 이름이 쓰여 있다. 이들 가운데 곽명종과 곽필위는 족보상에서 정조대에 출생한 인물로 확인되고 있다.
13 일제강점기 X리에는 조선시대 노비였다가 해방된 5명이 살고 있었다. 이들은 노비에서 해방된 뒤에는 마을의 심부름꾼(이른바 '마을머슴') 노릇을 했다고 한다. 그들은 뒤에 서당 청운재를 위해 자신들이 갖고 있던 작은 땅뙈기들을 내놓아, 이후 서당에서 제를 올릴 때 이들을 위해 따로 제사를 지낸다고 한다.
14 이하 이 사건에 대한 서술은 주로 진도적색농민조합 및 관련 사건 판결문(김경일 편, 1993, 『한국민족해방운동사 자료집』 7, 영진문화사)에 실린 자료를 참고했으며, 따로 주를 달지 않는다.
15 『昌寧曺氏正言公派世譜』, 370쪽.
16 곽병휘(1904년생)는 곽재필(1911년생)의 숙부가 되는 인물로 진도공립학교 부설 육영학교 4년을 마치고 진도청년동맹 재정부장을 맡았다.
17 이들 잡지에 대해서는 박찬승, 2009, 『언론운동』(한국독립운동의 역사 33), 한국독립운동사편찬위원회, 247~258쪽을 참조.
18 자료에는 허영석이라고 쓰여 있으나 강영석의 오기인 것으로 보인다. 강영석은 제3·4차 조선공산당 전남 고려공청 광주책임을 맡았다가 징역 2년 6개월을 선고받았다. 그는 광주 지방 청년운동의 대표적 인물로서, 광주학생운동의 모태인 성진회의 결성을 지도했다.
19 여기서 부농·중농·빈농은 판결문에서 상류, 중류, 하류의 농가라고 지칭한 것과, 진도군 토지대장에서 각각의 토지 소유가 6,000평 이상, 3,000~6,000평, 3,000평 이하에 해당하는 경우를 참고하여 구분한 것이다.

20 조규선은 목포에 나가 선배 朴鎔雲 등의 의견을 들은 결과, 곽재술의 견해가 옳다고 확신하게 되었다고 한다(판결문).
21 이상 이종범, 1986, 「1920·30년대 진도지방의 농촌사정과 농민조합운동」 『역사학보』 109, 82~83쪽 참조.
22 지수걸, 1993, 『일제하 농민조합운동 연구-1930년대 혁명적 농민조합운동』, 역사비평사, 235쪽 참조.
23 정평농조의 경우 조직부·조사부·선전부·교양부·쟁의부·부인부 등의 부서를 갖추고 있었다. 이준식, 1993, 『농촌사회변동과 농민운동-일제침략기 함경남도의 경우』, 민영사, 297쪽 참조.
24 지수걸, 앞의 책, 231쪽.
25 곽병관은 1918년생으로 1934년에는 만 16세의 소년이었다. 따라서 그가 서당 교사였는지는 확실치 않다. 당시 서당에 다녔던 이들에 따르면 곽병관은 서당 교사는 아니었다고 한다.
26 앞서 본 것처럼 곽병환은 곽병문의 동생이며, 곽재중의 아버지로서 이 마을의 가장 큰 부자 중 하나였다.
27 이에 대해서는 안종철, 1991, 『광주·전남지방현대사연구-건준 및 인민위원회를 중심으로』, 한울아카데미, 116~118쪽 참조.
28 영광 지방 3·1운동 관련 판결문(광주지법, 대구복심법원), 국가기록원 소장.
29 『진도군지』, 848쪽.
30 안종철, 앞의 책, 154쪽.
31 그란트 미드(안종철 역), 1993, 『주한미군정 연구』, 공동체, 232쪽.
32 김남식 엮음, 1988, 『남로당 연구』, 돌베개, 139쪽.
33 같은 책, 144쪽.
34 G-2 Periodic Report, HQ 6th INF DIV, Chonju, Korea(주한 미 제6사단 정보참모부 일일보고서), 『지방미군정자료집』 2권, 85쪽, 경남대 극동문제연구소.
35 『진도군지』(1975), 219쪽.
36 전남지방의 11월 봉기에 대해서는 박찬승, 1998, 「1946년 전남지방 11월 봉기의 전개과정」 『아시아문화연구』 2집, 목포대학교 아시아문화연구소 참조.

37 『진도군지』, 219, 647쪽.
38 『진도군지』, 644쪽.
39 『진도군지』, 649쪽.
40 1920년대 진도청년운동에 참여한 박두재와는 동명이인이다.
41 『진도군지』, 725쪽.
42 해방 이후 곽일배(가명)는 같은 마을 좌익들에 의해 지서에 끌려간 일이 있었는데, 이때 밥도 제대로 주지 않는 등 냉대를 했다고 한다. 지서에서 풀려 나온 그는 곧바로 경찰에 투신했다고 한다(주 43의 책, 510쪽). 그가 어떤 일로 좌익들에 의해 지서에 끌려갔는지는 불명확하다.
43 진실·화해를 위한 과거사정리위원회, 2010, 『2009년 하반기 조사보고서』 3, 486, 511, 518쪽 참조.
44 같은 책, 509~510쪽.
45 『진도군지』, 222~231쪽.
46 진실·화해를 위한 과거사정리위원회, 2010, 『2009년 하반기 조사보고서』 4, 302쪽 참조.
47 하지만 족보에 이들의 이름이나 사망 날짜는 거의 기록되어 있지 않아 정확히는 알 수 없다.
48 하지만 증언에 따르면 이 기록도 정확한 것은 아니었다. 한국전쟁기에 사망한 것으로 되어 있는 이들 가운데 일부는 전쟁 전, 혹은 전쟁이 끝난 뒤에 병사한 이들이었다.
49 진실·화해를 위한 과거사정리위원회, 2010, 『2009년 하반기 조사보고서』 3, 508~510쪽 참조.
50 『포산곽씨세보』 참조. 이하 족보의 기록에 대해서는 일일이 주를 달지 않는다.
51 진실·화해를 위한 과거사정리위원회, 2010, 『2009년 하반기 조사보고서』 3, 508~510쪽 참조.
52 같은 책, 511쪽.
53 같은 책, 513~514쪽.
54 같은 책, 512~513쪽.
55 같은 책, 484쪽.
56 곽충노는 이후 진도 교육감을 지냈다. 현재 Y리에는 한국전쟁기 Y리에서

희생된 이들을 추모하는 비가 세워져 있으며, 비문은 곽충노가 작성했다.
57 진실·화해를 위한 과거사정리위원회의 보고서를 보면, 희생자 가운데 많은 이가 족보 기록에는 누락되어 있음을 확인할 수 있다.
58 김동춘은 한국전쟁기의 학살을 '작전으로서의 학살', '처형으로서의 학살', '보복으로서의 학살' 등 세 가지로 구분했다(김동춘, 2000, 『전쟁과 사회』, 돌베개, 211~241쪽).
59 김동춘, 위의 책, 274쪽.
60 식민지시기 말에 약 1년간 군내면 면장을 지낸 곽○○는 인민군 진주 시에 다른 면장을 지낸 이들과는 달리 처형되지 않았다. 반면에 그는 경찰이 진주한 후 아들과 함께 희생되었다. 그가 인민군 진주 시 살아남은 것, 그리고 경찰 진주 시 희생된 것은 그가 중파 준태의 후손으로서, 그 중심인물인 곽재필의 숙부라는 사실 때문이었을 것이다.
61 이 같은 지파, 즉 소문중의 부각은 1980년대에 들어 상대적으로 사람 수가 많은 중파 후태·지태·준태의 후손들을 각각 따로 모시는 제각(龍雲祠·賢廟祠·鴛鴦祠)이 세워지는 것으로 나타났다. 반면에 계파는 상대적으로 그 수가 적었기 때문에 1980년대 기존의 사모사思慕祠 외에 경모사敬慕祠를 따로 지어 30대 이하의 후손들을 모시는 식으로 제각이 분설되는 데 그쳤다.
62 식민지시기 농민조합운동에 참여했던 곽○○는 한국전쟁 전에 가족들을 데리고 진도를 떠났다가 한국전쟁기에 진도로 돌아왔고, 인민군이 후퇴하자 입산했다가 군경에 체포되어 수형 생활을 했으며, 출감 후 고향에 돌아오지 못하고 서울에서 살다가 세상을 떠났다고 한다. 그는 죽어서야 비로소 고향에 돌아올 수 있었다. 그것도 그의 선조가 X리의 서당 청운재의 훈장이었다는 점이 크게 작용했기 때문이라고 한다. 또 다른 인물은 입산했다가 체포되어 수형 생활을 한 뒤 출감했으나 역시 고향 X리로 돌아오지 못하고 인근 마을에서 살다가 세상을 떠났다고 한다.
63 『진도군지』, 829, 833쪽.
64 『진도군지』, 727~729쪽.
65 『진도군지』, 727쪽.

2 '영암의 모스크바', 한 양반마을의 시련

1 역사학계의 대표적인 연구서로는 이해준, 1988,「조선후기 영암지방 동계의 성립 배경과 성격」『전남사학』2, 전남사학회; 최재율, 1991,「구림향약의 형성과 현존형태」『한일농어촌의 사회학적 이해』, 유풍출판사; 김정호, 1992,『왕인과 도선의 마을 구림』, 향토문화진흥원 등이 있다.
2 정근식 외, 2003,『구림연구-마을공동체의 구조와 변동』, 경인문화사.
3 이해준, 앞의 글; 김경옥, 1991,「조선 후기 영암사족과 서원-전주최씨가문의 성장과 녹동서원의 건립사례」『호남문화연구』20; 박이준, 2001,「1930년대 영암지방 적색농민조합 운동의 성격」『한국근현대사연구』18.
4 김경옥, 앞의 글, 21~24쪽.
5 이해준, 앞의 글.
6 신희범 구술(2003년 6월 26일, 운암리).
7 대한독립항일투쟁총사편찬위원회, 1989,『大韓獨立抗日鬪爭總史』상권, 383~386쪽.
8 영암의 3·1운동에 대해서는 독립운동사편찬위원회, 1969,『독립운동사』3권, 605~607쪽 참조.
9 『동아일보』, 1931년 10월 3일,「朗南學院 면목을 일신」
10 『동아일보』, 1925년 10월 1일,「영암청년총회, 6개항 결의」
11 『동아일보』, 1925년 11월 4일,「영암청년집행위원회」; 1925년 11월 15일,「영암청년례회」
12 『동아일보』, 1931년 9월 22일,「무산아동기관인 朗南學院 歌劇, 학원유지비를 거출코저」. 곽명수는 미암면 두억리 출신이며, 김판권은 영보 출신이다. 이들은 모두 1933년의 영보농민조합시위사건에 관련된 자들이다.
13 『동아일보』, 1931년 10월 3일,「朗南學院 면목을 일신」
14 『동아일보』, 1925년 11월 3일,「영암노동위원회」
15 『동아일보』, 1926년 5월 3일,「勞動會員 盟罷. 령암로동회원 100여 명이 임금 불평으로 동맹파업」
16 『동아일보』, 1926년 6월 7일,「園遊會에서 중요사항 토의, 영암노동회서」
17 『조선일보』, 1927년 8월 24일,「영암에서 신간지회 설립, 8월 20일에」
18 『동아일보』, 1929년 1월 28일,「신간 영암지회장 한동석 씨 무죄, 1심에 8개

월 바든 사건. 검사공소를 고등법원 각하」. 기사 제목에는 회장으로 나오지만, 기사 본문에는 부회장으로 나온다. 이 글에서는 본문을 따르기로 한다.

19 『동아일보』, 1931년 10월 25일, 「전남 영암에 農組 창립 준비」; 1931년 10월 27일, 「영암 농조 창립 준비위원회」
20 『동아일보』, 1931년 11월 10일, 「農組 창립 금지, 영암 경찰이」
21 『동아일보』, 1931년 11월 15일, 「崔判玉 被檢」
22 『동아일보』, 1933년 7월 7일, 「영암농민데모 예심종결서」 (2).
23 김준엽·김창순, 『한국공산주의운동사』 2, 청계연구소, 1986, 31~32쪽.
24 4차 조선공산당 사건에 대해서는 『동아일보』, 1930년 12월 2일, 「제4차 공산당 주체 금 1일 공판 개정, 이봉길, 최판옥 발병 결석, 출정 피고 44명」; 1933년 7월 7일, 「영암농민데모 예심종결서」 (2) 참조. 崔判玉은 1931년 7월 20일 『동아일보』 영암지국장으로 임명되었다(『동아일보』, 1931년 7월 23일). 같은 날짜로 『동아일보』 영암지국 기자로서 郭明秀, 金俊晟, 崔圭昌, 崔秉壽, 河憲燮, 河憲贊 등이 임용되었다. 이 가운데 곽명수, 최규창, 최병수 등은 1932년 영보농민조합만세시위사건과 관련하여 구속된다.
25 『조선일보』, 1930년 2월 25일, 「종로서 취조 중의 학생사건 또 송국」; 『동아일보』, 1930년 2월 28일, 「학생격문사건 관계 11명 再昨 送局, 보안법과 출판법위반으로, 곽명수만 신체 구속」
26 「판결문」은 정부기록보존소에 보존 중인 광주지방법원 목포지청의 판결문이며, 「예심종결서」는 『동아일보』 1933년 7월 6일 기사부터 6회에 걸쳐 연재된 「영암농민데모 예심종결서」이다.
27 『동아일보』, 1933년 7월 10일, 「영암농민데모 예심종결서」 (5)
28 『동아일보』, 1932년 6월 14일, 「수백 농민 산유회 끝에 신소작인을 대거 습격, 영암 장암리 농민데모사건」
29 『思想月報』 4권 1호, 1934년 4월 15일, 13~23쪽.
30 『동아일보』, 1932년 6월 14일, 「수백 농민 산유회 끝에 신소작인을 대거 습격, 영암 장암리 농민데모사건」; 1932년 6월 17일, 「영암농민데모사건, 50여 명을 검거, 사건의 주모자 최판옥도 피착, 30명은 취조 후 석방」
31 『동아일보』, 1932년 6월 13일, 「영암 유혁 피검」. 여기서 유혁은 유용의의 다른 이름.
32 『동아일보』, 1933년 6월 24일, 「영암농민데모사건, 67명 공판회부, 예심취

조 1년 만에 종결, 피고 중 6명만 면소」
33 위와 같음.
34 대구복심법원 판결문.
35 『동아일보』, 1933년 9월 17일, 「방향전환자를 분리하라, 개정 벽두에 피고 요구. 영암농민데모사건 공판경과, 출정한 피고는 77명」
36 『동아일보』, 1933년 9월 19일, 「방향전환 비판을 요구, 공판정은 일시 혼란」
37 『동아일보』, 1933년 9월 15일, 「영암농민데모공판, 67명 유죄논고, 대개는 벌금 50원 이하 구형, 29명에겐 체형」
38 『동아일보』, 1933년 10월 1일, 「영암농민데모사건, 언도 끝나자 피고 소동. 방향전환한 최판옥을 구타 등. 판결은 최고 5년역」; 『조선중앙일보』, 1933년 10월 1일, 「영암데모사건, 최고 5년역 언도」
39 목포형무소에서 수감 중이던 곽명수와 최규창은, 목포형무소 탈옥 사건 당시 사망한 것으로 알려졌다.
40 당시 국민총력조선연맹은 各道聯盟-府郡島聯盟-邑面聯盟-町洞里部落聯盟-愛國班으로 계서화되어 있었다(김영희, 2003, 『일제시대 농촌통제정책 연구』, 경인문화사, 266~267쪽).
41 최낙정 구술(2003년 8월 9일); 박찬승, 2024, 『조선총독부의 지방제도 개편』, 동북아역사재단, 3장과 8장 참조.
42 안종철, 1991, 『광주·전남지방 현대사연구-건준 및 인민위원회를 중심으로』, 한울, 109~110쪽.
43 같은 책, 149~150쪽.
44 전남일보 광주전남현대사 기획위원회, 1991, 『광주전남현대사』, 실천문학사, 132쪽.
45 박찬승, 1999, 「1946년 전남지방 11월 봉기의 전개 과정」 『아시아문화연구』 2, 목포대 아시아문화연구소.
46 『광주일보』, 1991년 10월 12일, 「현대사현장」 47.
47 정근식, 2003, 「한국전쟁 경험과 공동체적 기억」 『구림연구』, 경인문화사, 228쪽.
48 신희범 구술(2003년 8월 10일).
49 위와 같음.
50 신△△은 일제강점기 동경고상을 졸업한 수재로서, 해방 후 영보학교에서

잠시 초등학교 교사 생활을 했다고 한다.
51 『영암군지』, 356~357쪽.
52 같은 책, 359쪽.
53 이는 구림의 회사정이 민촌 주민들에 의해 불태워진 것과 대비된다(정근식, 앞의 글, 238쪽).
54 『영암군지』, 358쪽.
55 『全州崔氏烟村公派世譜』3권, 750쪽.
56 공보처 통계국, 1952, 『6·25사변 피살자 명부』 1 참조(월간조선사, 『6·25 피살자 59,994명』 1, 2003, 575쪽).
57 『영암군지』, 359쪽.
58 이 자료에 의하면, 전남 전체에서 희생된 민간인은 4만 3,511명이며, 이 가운데 영광이 2만 1,225명으로 가장 많고, 그다음이 영암으로 7,175명, 장성이 4,306명, 나주가 3,596명, 보성이 2,193명 순으로 되어 있다. 전국적으로는 5만 9,964명인데, 이 가운데 전남이 4만 3,511명으로 72.6%를 차지했다.
59 금정면에서의 민간인 희생에 대해서는 『전남일보』 취재반에서 취재하여 『전남일보』에 실은 기사를 모아 만든 『광주전남현대사』 2권(1991, 실천문학사), 250~266쪽에 자세하게 기록되어 있다. 필자도 2003년 11월 금정면 아천리와 연보리에서 김정두(1930년생)와 김남례(1938년생)로부터 연보리와 냉천리에서의 민간인 학살에 대해 자세히 들을 수 있었다. 냉천리에서의 학살은 음력 11월 10일 발생했으며, 132명이 사망했다고 한다.
60 정근식, 앞의 글, 245~248쪽.
61 같은 글, 236~243쪽.
62 윤택림의 연구에 따르면 '예산의 모스크바'로 불린 한 마을(가칭 시양리 감골)에서는 자족지란이 일어나 서로 죽고 죽이는 사태가 벌어졌다(윤택림, 2003, 『인류학자의 과거여행-한 빨갱이 마을의 역사를 찾아서』, 역사비평사). 또 이 책의 2장에서 언급한 진도 X리의 경우에도 문중 내부의 좌우 갈등으로 무려 160명이 넘는 희생자가 발생했다.
63 『영암군지』, 402쪽.
64 『영암군지』, 429, 431쪽.

3 양반마을과 평민마을의 충돌, 부여군의 두 동족마을

1 윤형숙은 함평의 한 동족마을 사례 연구에서 한국전쟁기에는 지주와 소작인의 차이나 좌우익의 차이보다, 같은 친족이라는 '일가주의'가 더 강력히 작용했다고 지적했다. 윤형숙, 2003,「전쟁과 농촌사회의 변화」『전쟁과 사람들-아래로부터의 한국전쟁 연구』, 한울, 109쪽.
2 젠쇼 에이스케, 1935,『朝鮮の聚落』후편, 466쪽.
3 『晉州姜氏通溪公派中正公家譜』(1980년 간행)에 의하면, 강치손은 嘉義大夫 知中樞院事로 되어 있고, 그의 아들 강위는 將仕郎, 손자 강맹종은 贈通政大夫 禮曹參議로 되어 있다.
4 일제강점기 강상구(1917년생)의 경우가 그러했다(강상구 구술, 2005년 5월 5일).
5 이에 대해서는 장세옥, 2002,「일제하 부여지역 동족마을의 농민운동 연구」『호서사학』33 참조.
6 姜錫箕 墓碣文; 大倧敎總本司, 1971,『大倧敎重光六十年史』, 811~812쪽.
7 姜鎭求 履歷書.
8 大倧敎總本司, 1971,『大倧敎重光六十年史』, 476~477쪽. 강석기와 강철구는 대한민국 정부에 의해 독립유공자로 선정되어 각각 애족장(1990)과 독립장(1963)을 수여받았다.
9 『조선일보』, 1930년 2월 4일; 장세옥, 앞의 글, 78쪽.
10 『동아일보』, 1932년 6월 3일; 장세옥, 앞의 글, 79쪽.
11 장세옥, 앞의 글, 80쪽.
12 장세옥, 앞의 글, 80~81쪽.
13 장세옥, 앞의 글, 85~86쪽.
14 장세옥, 앞의 글, 86쪽 및 판결문.
15 장세옥, 앞의 글, 82쪽 및 판결문.
16 A마을은 근대 이후 많은 교육자를 배출했다. 약 50명 정도의 교사를 배출했다고 하며, 충남 각지에서 후진을 양성하고 있다고 마을 주민들은 자랑한다. 한국전쟁 이후 여러 제약으로 인해 공무원보다는 교육계 쪽으로 많이 진출한 것으로 보인다.
17 『사마방목』참조.

18 19세기 헌종대에 풍양 조씨 세도를 확립한 趙萬永, 趙寅永 형제는 춘천으로 간 趙安平의 아들 趙溫之의 자손들이다.
19 조중구(1932년생) 구술(2005년 5월 5일).
20 C마을도 풍양 조씨들이 다수를 차지하고 있고, 마을 규모도 20여 호밖에 되지 않아 사실상 B마을의 생활권 안에 들어 있다고 할 수 있다.
21 조세훈은 중종반정의 3등 공신으로 책정되었다(『중종실록』, 중종 1년 8월 9일).
22 조태징에 관해서는 『숙종보궐정오실록』(숙종 42년 9월 16일)에 다음과 같은 기록이 남아 있다. "조태징은 (과격한 儒疏의 일로-인용자) 朝官이라 하여 禁府로 옮겨서 決杖했는데, 돌아가 분이 나서 드디어 卒했다. 조태징은 尹拯의 門人으로 학문을 좋아하고 지극한 행실과 특이한 절조가 있어 남보다 뛰어난 자로서, 一世의 맑은 선비였다. 일찍이 果川縣監이 되어 몸소 이끌어 백성을 교화하고 가난한 생활을 스스로 지켰으므로 온 境內에서 칭송했고, 晩年에는 문을 닫고 나오지 않았는데, 사는 집이 바람과 해를 가리지 못하여도 조금도 개의하지 않았다."
23 「興學堂 重建記」 『誠菴先生文集』 7권.
24 B마을의 풍양 조씨들은 근대 이후 향학열이 높아 공무원, 교사 등을 한 이가 많았고, 현재도 이 마을 출신으로 서울에서 근무하는 공무원이 7~8명쯤 되고, 부여와 논산에서 근무하는 교사는 15명 내외가 된다고 한다. 풍양 조씨들은 이처럼 이 지역에서 인물을 많이 배출한 것을 자랑으로 여기고 있다.
25 『嘉林報草』(규장각 소장), 59~61쪽.
26 『조선중앙일보』, 1934년 4월 20일; 『중외일보』, 1927년 7월 22일, 1928년 2월 24일.
27 『誠菴先生文集』 9~10권.
28 중앙일보 현대사연구소, 『미군CIC정보보고서』 1, 596쪽.
29 장세옥, 앞의 글, 82쪽.
30 『미군CIC정보보고서』 1, 596쪽.
31 같은 책, 595쪽; 『대한민국인사록』, 48쪽.
32 A마을 사람들은 초촌면 E마을과 A마을이 '부여군의 모스크바'로 불리었다고 말한다. E마을은 전주 이씨 동족마을이었다.

33 E마을 사람들에 의하면 인공 치하에서 E마을도 좌익마을이 되었는데, 여기에는 김윤회의 영향이 컸다고 한다.
34 장세옥, 앞의 글, 99쪽.
35 공보처 통계국, 1952, 『6·25사변 피살자 명부』「부여군」 참조.
36 진실·화해를 위한 과거사정리위원회, 2009, 『2009년 상반기 조사보고서』 3권, 294쪽; 『오마이뉴스』, 2019년 6월 14일, 「부여 백마강에서 떠내려간 22구의 시신을 아시나요」
37 국사편찬위원회, 1994, 『북한관계사료집』 19, 281쪽.
38 같은 책, 224쪽.
39 같은 책, 166쪽.
40 같은 책, 351쪽.
41 박명림, 2002, 『한국 1950, 전쟁과 평화』, 나남, 352~353쪽.
42 서용선·양영조·신영진, 1995, 『한국전쟁 연구-점령정책, 노무운용, 동원』, 국방군사연구소, 31쪽.
43 국사편찬위원회, 1994, 『북한관계사료집』 19, 352, 363~364쪽.
44 같은 책, 272쪽.
45 최근의 연구들은 남한의 농지개혁과 인공 치하의 토지개혁이 별다른 차이가 없었다는 점들을 강조하고 있다(박명림, 앞의 책, 281쪽). 하지만 고농, 즉 머슴들에게도 땅을 준다는 조치는 적어도 그들에게는 큰 의미를 갖는 것이었다. 또 박명림은 보은군의 경우, 3분의 2에 달하는 많은 농민들이 농지개혁으로 분배받은 토지의 가격을 이미 정부에 지불한 것으로 보인다고 했는데(같은 책, 279쪽), 이는 농지개혁으로 분배받은 토지의 가격이 아니라 지주로부터 매입한 토지의 값을 완불, 혹은 반불한 것으로 보인다.
46 강상구(1917년생) 구술(2005년 6월 18일).
47 조남찬은 B마을에서 강경으로 다니는 나루터에서 수운업을 하던 선주였다고 한다. B마을과 A마을 사람들은 장에 갈 때 강경장 쪽으로 다니는 경우가 많았고, 강동구는 이 배를 타고 다니면서 조남찬과 가까워졌다고 한다.
48 강동구(1926년생) 구술(2005년 5월 4일).

4 땅과 종교를 둘러싼 충돌, 당진군 합덕면 사람들

1 윤정란, 2005, 「한국전쟁기 기독교인 학살의 원인과 성격」 『전쟁과 기억』, 한울아카데미.
2 정성운(합덕면 운산리) 구술(2007년 1월 9일). 상몽리 구역은 합덕방죽의 물을 쓰기가 쉬운 곳으로서 합덕리, 대합덕리, 신석리, 옥금리를 가리켰다고 한다.
3 『동아일보』, 1928년 10월 7일, 「구만포에 축보차 수리계를 창립」
4 「삼천리기밀실」 『삼천리』 7권 11호(1935년 12월) 참조.
5 홍성찬, 2002, 「한말, 일제하의 서울 종로상인 연구-포목상 김태희가의 "수남상회" 운영을 중심으로」 『동방학지』 116집 참조.
6 강진화 편, 1956, 『대한민국건국십년지』, 건국십년지간행회, 1,061쪽 참조.
7 김상태, 2001, 『윤치호일기-한 지식인의 내면 세계를 통해 본 식민지시기』, 역사비평사, 635쪽.
8 조선신문사 편, 1935, 『조선인사흥신록』, 조선인사흥신록편찬부, 301쪽; 강진화 편, 1949, 『대한민국인사록』, 내외홍보사, 163쪽 참조.
9 이상 박씨 가문의 족보 참조.
10 『동아일보』, 1933년 5월 4일, 「사음만 이동시켜, 합덕 신흥리 쟁의 해결 주목」. 신흥리에서는 예산 거주 일본인 지주 兼平憲一의 사음권을 둘러싸고 구사음 강석배와 신사음 김석배 간에 칼부림이 일어나기도 했다.
11 『동아일보』, 1934년 11월 6일, 「출포비 환부 불응으로 사음 걸어 군경에 탄원」. 대합덕리의 심언상은 서울 사는 부재지주 김세진, 김웅진 두 사람의 마름으로서, 소작료 출포비를 거두어 쓰고 나중에 잔액을 환부하기로 하고 돌려주지 않아 말썽이 빚어졌다.
12 『동아일보』, 1925년 2월 4일, 「충남청년대회, 신합청년회 계획으로」
13 『동아일보』, 1924년 3월 28일, 「당진소작조합」
14 『동아일보』, 1923년 12월 9일, 「합덕리소작회, 지주-작인 합동으로」; 1923년 9월 18일, 「당진 수해 구제」
15 『동아일보』, 1923년 8월 20일, 「당진 지방 수해」
16 『동아일보』, 1928년 7월 18일, 「한해를 방어코자 수리계 창립준비」; 1928년 8월 30일, 「이재민 구제코저 보 수축을 교섭, 재경지주의 양해를 얻고

져」; 1928년 10월 7일, 「구만보에 축보차 수리계를 창립」; 1928년 12월 8일, 「덕천보 수축공사, 가공사만 겨우 준공」

17 『동아일보』, 1924년 10월 3일, 「당진 농민의 窮境, 악랄한 착취배의 발호, 수천여 호가 연명할 길이 없다」

18 위와 같음.

19 『동아일보』, 1925년 3월 22일, 「作權 박탈 350, 경찰권의 소작조합 압박에 득세, 惡地主 奸舍音의 도약하는 독수」

20 『동아일보』, 1926년 2월 4일, 「불안중 합덕 소작, 소작료 인상과 소작권 이동으로」

21 『동아일보』, 1925년 3월 9일, 「박준기 씨 서거, 만원을 공익에」

22 『동아일보』, 1928년 3월 27일, 「영신학원에 목공과 신설」

23 『조선일보』, 1933년 1월 20일, 「당진군의 이상촌, 합덕 박씨의 자선사업」

24 『조선일보』, 1935년 3월 21일, 「합덕의 자선가, 박병렬 씨 송덕비」; 1935년 5월 23일, 「자선가 박병렬 씨 기념비 제막식」

25 박종성(박원신의 자) 구술(2006년 5월 27일).

26 구합덕본당100년사자료집편찬위원회, 1990, 『구합덕본당100년사자료집』(천주교 구합덕교회) 495쪽에 의하면 C리에서 자위대 조직에 소극적이자 면 내무서 분소에서 주의를 주었고, 이에 C리 주민 가운데 천주교인 한 사람이 백문필 신부의 지시로 위장하여 자위대를 조직하고 대장을 맡았다고 한다.

27 서용선·양영조·신영진, 1995, 『한국전쟁 연구-점령정책·노무운용·동원』, 국방군사연구소, 20~28쪽.

28 『조선일보』, 1932년 1월 30일, 「唐津서 2명 護送, 그중 1명은 재건공산당관계자, 鐘路署事件 益擴大」

29 『동아일보』, 1931년 8월 24일, 「合德支局; 印珏洙 任支局長 支局長 鄭亨澤 解任朴昌信 任記者」

30 건국청년운동협의회, 1989, 『대한민국건국청년운동사』, 건국청년운동협의회총본부, 1587~1588쪽.

31 『동아일보』, 1947년 5월 21일;『독립신문』, 1948년 12월 18일 등.

32 정성운(정형택의 조카) 구술(2004년 9월 2일).

33 정성운 구술(2006년 11월 19일).

34 『동방신문』, 1949년 9월 7일.
35 정동철(정형택의 5남) 구술(2006년 5월 26일). 한사라는 피신하여 목숨을 건졌다고 한다.
36 이날 박우만 한 사람만이 살아 나왔다고 한다.
37 정동주는 일본 주오대학에서 법학을 전공한 이였다(정동철 구술, 2006년 5월 26일).
38 2025년 봄 이 봉분에 대한 유해발굴 작업이 진행되었는데, 5월 9일 현재 90여 구의 시신이 수습되었고, 발굴이 계속 진행 중이라고 보도되었다. 『오마이뉴스』, 2025년 5월 9일, 「좁은 구덩이에 유해 가득… 눈뜨고 보기 어려운 현장」
39 정성운 구술(2006년 11월 19일).
40 정병준, 2003, 「한국농지개혁의 재검토-완료시점·추진동력·성격」 『역사비평』 2003년 겨울호, 128~130쪽.
41 서용선·양영조·신영진, 앞의 책, 31~32쪽.
42 그는 9·28서울수복 이후 대둔산에 들어가 빨치산 대장이 되었다가 체포되어 복역한 뒤 출소했다고 한다.
43 박종구(박원신의 아들) 구술(2006년 5월 27일).
44 유재하 구술(2006년 2월 22일).
45 구합덕본당100년사자료집편찬위원회, 앞의 책, 53~54쪽.
46 윤선자, 2003, 『일제하 '경성구 천주교회 유지재단'의 토지 현황』, 천주교 서울대교구, 10쪽 참조.
47 김현숙, 2008, 「식민지시대 합덕리의 토지소유관계와 구합덕본당의 농업경영」 『역사와 현실』 67집, 295쪽.
48 윤선자, 앞의 책 참조.
49 구합덕본당100년사자료집편찬위원회, 앞의 책, 529쪽.
50 합덕성당의 농업 경영에 대해서는 앞의 김현숙의 글 참조.
51 구합덕본당100년사자료집편찬위원회, 앞의 책, 608~649쪽.
52 김현숙, 앞의 글, 305~306쪽.
53 다른 기록에 의하면 16명이 희생되었다고도 한다(같은 책, 516쪽).
54 정성운 구술(2006년 11월 19일). 한편 『구합덕본당100년사자료집』 499~501쪽에는 이틀 밤에 걸쳐 180명이 처형되었다고 나와 있다.

55 이는 전쟁 이후 농지개혁 과정에서 작성된 『분배농지부』에서 확인한 것이다.
56 1983년 천주교에서 발행하는 한 잡지에는 다음과 같은 글이 실려 있다. "투철한 가톨릭 정신과 공산주의자가 서로 맞붙어 싸우던 동란의 와중에서 이곳 신자들 상당수가 도륙되고 마을끼리 피의 투쟁을 벌여야 했던 깊디깊은 상처는 이제는 세월 속에 숨어들었다. '모스크바'라고 불리던 마을에 지금은 제일 큰 X마을 공소가 들어섰다. 하지만 민족의 아픔을 근본에서부터 치유하지 못했던 신앙의 힘이 아쉽다."(『경향잡지』 75권 1383호, 1983년 6월 1일)
57 송석원은 화신상회의 주인이었으며, 우익 활동은 없었다고 한다. 아마도 부르주아라 하여 처형한 것으로 보인다. 박한규는 한학을 한 지식인이었는데, 한민당과 관계가 있는 인물이라 하여 처형된 것으로 보인다.
58 2006년 현재 남씨들은 5~6호, 오씨들도 7호, 선산 김씨들은 약 10호 정도밖에 남아 있지 않다.

5 두 명문 양반가의 충돌, 금산군 부리면의 비극

1 부리농업협동조합, 1994, 『부리향토사』 상, 나들, 70쪽.
2 부리농업협동조합, 1994, 『부리향토사』 하, 나들, 414~417쪽; 길형근(1935년생) 구술(2007년 2월 15일).
3 같은 책, 420~421쪽.
4 양현구(1940년생) 구술(2007년 2월 17일).
5 부리농업협동조합, 앞의 책, 422, 425쪽.
6 같은 책, 429, 932쪽.
7 송경섭(1931년생, 양곡 3리 경당마을 거주) 구술(2008년 2월 22일).
8 『동아일보』, 1920년 7월 24일, 「금산청년회 창립」, 「금산청년회 조직」. 정해인은 당시 일본에서 호세이대학 법과에 재학 중이었던 것으로 보인다. 그는 1922년 7월 본과를 마치고 귀국했다. 그는 금산면 중도리 출신이었다(『동아일보』, 1922년 7월 26일, 「鄭朴兩氏 환영회」).
9 『동아일보』, 1922년 3월 1일, 「금산노동친목회임시총회」

10 『동아일보』, 1928년 2월 10일, 「금산청년동맹」

11 『동아일보』, 1920년 10월 1일, 「금산노동친목회 야학개시」

12 『동아일보』, 1922년 3월 1일, 「금산노동친목회임시총회」; 1922년 5월 1일, 「금산노동친목회총회」

13 『동아일보』, 1928년 6월 8일, 「금산청맹 사건 공판에 부치어」

14 『동아일보』, 1928년 4월 20일, 「금산청맹대회」

15 고려대학교 아세아문제연구소, 1980, 『한국공산주의운동사』 Ⅱ (자료편), 589쪽.

16 같은 책, 696, 707~708쪽.

17 같은 책, 713쪽.

18 같은 책, 589쪽.

19 강만길·성대경 편, 1996, 『한국사회주의운동인명사전』, 창작과비평사, 39쪽.

20 『해평길씨족보』 4권, 684~685쪽.

21 『사상휘보』 2호, 1935년 2월, 10쪽.

22 『조선중앙일보』, 1934년 6월 7일, 「전북조공재건 사건」

23 『동아일보』, 1934년 12월 25일, 「전북조공재건 사건 13명에 판결 언도」

24 『미군정기군정단·군정중대문서』(국사편찬위원회 소장), 「28th Military Government Headquarters and Headquarters Company, 'Chonju' Cholla Pukto Province, 13 November 1945」

25 김남식, 1988, 『남로당 연구』 Ⅲ (자료편), 돌베개, 139쪽.

26 같은 책, 235쪽.

27 『부리향토사』 상, 199쪽.

28 정해준은 1928년 당시 금산청년동맹에 참여한 일이 있었다.

29 『부리향토사』 상, 200~201쪽.

30 송경섭 구술(2007년 2월 15일).

31 『남원양씨문양공파세보』(1999년) 참조.

32 『민주조선』, 1950년 8월 21일; 신경득, 2005, 『조선 종군실화로 본 민간인 학살』, 살림터, 168쪽 참조.

33 『해평길씨족보』 권4, 712쪽.

34 금산군지편찬위원회, 1987, 『금산군지』, 228쪽.

35 박병동, 2003, 『금산의 6·25』, 금산문화원, 85쪽.
36 『해평길씨족보』 권4, 684~685쪽.
37 길세기(1925년생) 구술(2008년 2월 22일).
38 1952년 공보처에서 작성한 『6·25사변 피살자 명부』에는 길웅대, 길병주, 길병권 위 세 명이 9월 24일 금산경찰서에서 피살되었다고 기록되어 있다.
39 향토방위대에 참여한 송경섭 구술(2007년 2월 15일).
40 박의영 구술(2007년 2월 14일).
41 그의 가족들은 신정우, 길경희, 길영희, 길순자, 길병덕 등이었다(송경섭 구술, 2007년 2월 15일).
42 길성순의 손자 길호일에 의하면, 길호일의 작은집에서도 숙부를 제외하고 숙모 등 9명이 피살되었다고 한다(길호일 구술, 2008년 2월 22일).
43 11·2사건에 대해서는 송경섭 구술(2007년 2월 15일)과 박병동, 앞의 책, 159~162쪽 참조. 공보처에서 작성한 『6·25사변 피살자 명부』에는 11월 2일 피살된 사람들의 이름이 한 사람도 올라와 있지 않다.
44 『6·25사변 피납치자 명부』 2, 월간조선사, 348쪽.
45 길호일(길성순의 손자) 구술(2008년 2월 22일).
46 박병동, 앞의 책.
47 진실·화해를 위한 과거사정리위원회, 2010, 『2010년 상반기 조사보고서』 3권, 752~754쪽.
48 일제강점기(1930년경) 금산군 금산면에는 일본인 지주 3명이 거주하고 있었다. 당시 阪本宗十郎은 441정보, 寺井政次郎은 297정보, 伍十嵐市十郎은 170정보를 각각 소유했다. 한국농촌경제연구원, 1985, 『농지개혁시 피분배지주 및 일제하 대지주 명부』, 256쪽.
49 양희정 구술(2008년 3월 17일). 평촌리에는 아직도 대동회大洞會가 있다. 관계자들의 말에 의하면 평촌리의 대동회는 수백 년의 역사를 갖고 있으며, 대동회라 불린 까닭은 평촌리의 두 마을에 각각 소동회小洞會가 있고, 두 마을을 합쳐서 하나의 대동회를 만들었기 때문이라 한다. 대동회와 소동회는 각각 약간의 땅(전답)을 재산으로 갖고 있으며, 이를 소작 주어 도조를 받는다고 한다.
50 백기영(『부리면향토사』 집필자) 구술(2008년 2월 22일).

6 분단과 전쟁, 그리고 완도군 소안면 사람들

1   완도군은 1914년 행정구역 개편 이래 8면이었으나, 1943년 완도면이 완도읍으로 승격하고, 1949년 고금면 조약도가 분리되어 약산면이 됨으로써 1읍 8면이 되었다.
2   진실·화해를 위한 과거사정리위원회(이하 '진화위'), 2007,『2007년 하반기 조사보고서』(나주경찰부대사건). 진화위, 2009(1),『2009년 상반기 조사보고서』3권(완도군 민간인희생사건). 진화위, 2009(2),『2009년 하반기 조사보고서』3권(완도지역적대세력에 의한 희생사건). 진화위, 2009(3),『2009년 하반기 조사보고서』4권(전남서남부지역 민간인희생사건).
3   소안도의 항일민족운동에 대해서는 박찬승, 2025,『일제하 도서지역의 민족운동과 사회운동』, 경인문화사의 제1장「일제하 소안도의 민족운동과 사회운동」을 참고할 것.
4   박찬승, 2025, 위의 책, 90쪽과 95쪽.
5   같은 책, 75쪽.
6   안종철, 1991,『광주·전남지방현대사연구-건준 및 인민위원회를 중심으로』, 한울아카데미, 157~159쪽.
7   완도군지편찬위원회, 1977,『완도군지』, 완도군, 273쪽.
8   미군정기군정단·군정중대문서. 제45군정중대 부대 역사(1945년) (Unit History for 1945); 제45군정중대 주간 군사점령 활동보고서 (해남, 강진, 완도, 진도군 지역보고서) (1945. 12. 22)
9   완도군지편찬위원회, 1992,『완도군지』, 완도군, 359쪽.
10 진화위, 2009(1), 앞의 책, 561쪽.
11 위와 같음.
12 진화위, 2009(1), 앞의 책, 576쪽.
13 『동아일보』, 1947년 5월 4일,「메이데이의 불상사」
14 진화위, 2009(1), 앞의 책, 570쪽.
15 같은 책, 585쪽.
16 김장균은 중학을 다니다가 일본군으로 동원되었는데, 탈출하여 토교대土橋隊에서 훈련을 받고 광복군 제1지대에 참여하였다(한시준, 1993,『한국광복군연구』, 일조각, 189쪽과 228쪽).

17 좌파의 청년단체로서, 원래는 민주청년동맹이었으나 1947년 5월 민주애국청년동맹으로 개칭하였다.
18 진화위, 2009(1), 앞의 책, 617쪽.
19 같은 책, 570쪽.
20 같은 책, 608쪽.
21 같은 책, 567쪽.
22 진화위, 2009(3), 앞의 책, 436~445쪽.
23 진화위, 2007, 앞의 책, 204쪽.
24 진화위, 2009(1), 562~563쪽.
25 같은 책, 178~194쪽.
26 같은 책, 194~196쪽.
27 진화위, 2009(1), 앞의 책, 572~573쪽.
28 진화위, 2007, 앞의 책, 196~203쪽.
29 진화위, 2009(1), 앞의 책, 631~632쪽; 진화위, 2007, 앞의 책, 204~205쪽.
30 완도군지편찬위원회, 1977, 앞의 책, 275쪽.
31 진화위, 2009(1), 앞의 책, 580~634쪽.
32 완도군지편찬위원회, 1977, 앞의 책, 276~277쪽.
33 진화위, 2009(3), 앞의 책, 237쪽.
34 같은 책, 247~267쪽.
35 같은 책, 244~245쪽.
36 같은 책, 313쪽.
37 완도군지편찬위원회, 1977, 앞의 책, 278쪽.
38 진화위, 2009(1), 앞의 책, 566쪽.
39 경기도 경찰국에서는 부역자들을 A·B·C급으로 나누어, A급은 즉결처분하고, B급은 조사해 재판에 넘기고, C급은 조사한 뒤 방면하라고 지시했다고 한다(진화위, 2009(1), 앞의 책, 697쪽). 전라남도 경찰국에서도 같은 지시를 내렸을 것으로 추정된다.
40 진화위, 2009(1), 앞의 책, 590~616쪽.
41 김진흠(1938년생), 김진종(1933년생), 김옥모(1935년생) 인터뷰(2012. 7. 29)
42 백병선(87세) 인터뷰(2014. 7. 17)

43 소안도민들은 이미 1896년부터 연령군방에 내는 소작료 납부를 거부하고 있었다. 탁지부, 『公文編案』 31책, 1896. 7. 17.
44 소안학교에 대해서는 박찬승, 2025, 앞의 책, 56~70쪽을 참조할 것.
45 위와 같음.
46 김옥모(1936년생) 인터뷰(2014. 7. 18)
47 『동아일보』 1948년 8월 10일, 18일.
48 진화위, 2009(1), 앞의 책, 619쪽.
49 김진종(1934년생) 인터뷰(2014. 7. 19)
50 진화위, 2009(1), 앞의 책, 617~621쪽.
51 김정령(1940년생) 인터뷰(2015. 7. 29)
52 최종주(1946년생) 인터뷰(2015. 7. 29)
53 김진백(1934년생) 인터뷰(2014. 7. 19)
54 정병호(1937년생) 인터뷰(2015. 7. 20)
55 진화위, 2009(1), 앞의 책, 627쪽.
56 한국전쟁 전후 완도군 민간인 희생 진상규명위원회 작성 희생자 자료 참고.
57 김동심(1937년생) 인터뷰(2015. 7. 28)
58 진화위, 2009(1), 앞의 책, 625쪽.
59 김옥모(1936년생) 인터뷰(2015. 7. 28)
60 김동연(1932년생) 인터뷰(2012. 7. 29)
61 김홍옥(1931년생) 인터뷰(2012. 7. 29)
62 김동련(1940년생) 인터뷰(2014. 7. 18)
63 김홍옥(1931년생) 인터뷰(2012. 7. 29)
64 위와 같음.
65 진화위, 2009(2), 앞의 책, 286쪽.
66 김동춘은 한국전쟁기의 학살을 '작전으로서의 학살' '처형으로서의 학살' '보복으로서의 학살' 등 세 종류로 구분하였다(김동춘, 2000, 『전쟁과 사회』, 돌베개, 211~241쪽).
67 진화위, 2009(2), 앞의 책, 287쪽.
68 김동련(1940년생) 인터뷰(2014. 7. 18)
69 김홍옥(1931년생) 인터뷰(2014. 7. 18)
70 진화위 2009(1), 앞의 책, 623쪽.

71 김동련(1940년생), 김홍옥(1931년생), 김준남(1932년생) 인터뷰(2014. 7. 18)
72 한국전쟁기 한 마을 집안 간의 갈등으로 인한 보복 학살의 사례는 여러 사례연구에서 확인된다. 윤택림, 2003, 『인류학자의 과거여행-한 빨갱이 마을을 찾아서』, 역사비평사; 정근식 외, 2003, 『구림연구-마을공동체의 구조와 변동』, 경인문화사.

7 한국전쟁 전후 해남군에서의 민간인 학살

1 목포대학교 역사문화학부 역사학전공, 2003, 『한국전쟁기 전남지방 민간인 희생에 관한 재조명』(학술심포지움 발표요지). 박문규, 2004, 『침묵의 전설-진도갈매기섬 집단처형 증언록』, 금호문화.
2 박영자, 2005, 『이데올로기에 갇힌 해남의 근현대사』, 해남신문사.
3 진실·화해를 위한 과거사정리위원회(진화위), 2008, 『2008년 상반기 조사보고서』 2권; 진화위, 2009, 『2009년 상반기 조사보고서』 2권; 진화위, 2010, 『2009년 하반기 조사보고서』 4권.
4 한국농촌경제연구원, 1985, 『농지개혁시 피분배지주 및 일제하 대지주 명부』, 197쪽.
5 같은 책, 205쪽.
6 染川覺太郎, 1930, 『全羅南道事情誌』, 전라남도사정지간행회, 677쪽.
7 박정석, 2003, 「전쟁과 '빨갱이'에 대한 집합기억」, 『전쟁과 사람들-아래로부터의 한국전쟁 연구』, 한울아카데미, 53쪽.
8 『시대일보』, 1924년 10월 9일, 「해남노농회 창립」; 10월 10일, 「서홍노농회」, 「영평노농회」; 10월 12일, 「3處 勞農 創立」
9 『동아일보』, 1927년 2월 23일, 「이진노동자동맹 창립총회」
10 강만길·성대경 엮음, 1996, 『한국사회주의 인명사전』, 창작과비평사, 152쪽.
11 같은 책, 283쪽.
12 「전남운동협의회 사건 관련 판결문」, 『역사와 현장』 1, 1990, 295~296쪽.
13 『조선일보』, 1936년 10월 1일, 「검거이래 2년반, 출정피고 47명, 전남협의회 사건 공판 개정」

14 전남일보 광주전남현대사 기획위원회, 1991, 『광주전남현대사』 1, 실천문학사, 116쪽; 해남군, 1995, 『해남군사』, 542~543쪽.
15 『조선중앙일보』, 1934년 11월 17일, 「김정수 외 5명, 금명간 송국, 목포비밀결사사건」; 『매일신보』, 1936년 1월 30일, 「목포공산동맹 조점환은 전향 진술」. 박영자, 앞의 책, 259쪽.
16 전남일보 광주전남현대사 기획위원회, 앞의 책, 117쪽.
17 박영자, 앞의 책, 253~256쪽.
18 전남일보 광주전남현대사 기획위원회, 앞의 책, 118쪽.
19 박찬승, 2023, 『혼돈의 지역사회-식민·분단·전쟁기 전남 지역의 사회사』 (하), 한양대학교 출판부, 349쪽.
20 같은 책, 120쪽.
21 국회사무처기록편찬국자료편찬과, 1993, 『역대국회의원총람』, 국회사무처, 129, 161, 252쪽.
22 같은 책, 67쪽.
23 해남군, 앞의 책, 543쪽.
24 이 부분은 졸고, 1988, 「1946년 전남지방 11월 봉기의 전개과정」, 『아시아문화연구』 2집, 목포대 아시아문화연구소의 논문 가운데 해남 봉기 부분을 수정 보완한 것이다.
25 해남군, 앞의 책, 548~549쪽. 이 책에는 김정수의 이름도 보이지만, 당시 김정수는 구속되어 있었던 것으로 보인다.
26 경남대 극동문제연구소, 1993, 『지방미군정자료집』 2, 1946년 11월 10일, 818쪽.
27 "Cholla-South Communist Uprising of November"(이 문서는 현재 미국 워싱턴D.C. 소재 국립문서보관소에 보존되어 있다. 이하 이 글에서는 "Uprising"으로 약칭한다), 해남, 1946년 11월 11일.
28 "Uprising", 1946년 11월 12일, 13일.
29 『동아일보』, 1946년 11월 15일, 「확대된 전남소요, 2부 13개군에 파급」
30 김민호 구술(1991년 8월 3일, 해남읍)
31 Bruce Cummings, 1981, *The Origin of the Korean War*, Vol. 1, Princeton University Press, p.367
32 경남대 극동문제연구소, 1993, 『지방미군정자료집』 2, 1946년 3월 5일, 127쪽.

33 같은 책, 1946년 4월 24일, 246쪽.
34 그란트 미드(안종철 역), 1993, 『주한미군정연구』, 공동체, 136쪽.
35 "Uprising", 해남, 1946년 11월 5일~12일.
36 해남군, 앞의 책, 551쪽.
37 같은 책, 553쪽.
38 『호남신문』, 1949년 2월 15일, 2월 16일.
39 진화위, 2008, 『2008년 상반기 조사보고서』 2권, 498~499쪽.
40 해남군, 앞의 책, 553~554쪽.
41 진화위, 2010, 『2009년 하반기 조사보고서』 4권, 383쪽. 이들이 갈매기섬에서 희생된 사실은 갈매기섬에서 살아 돌아온 4명에 의해 사람들에게 알려졌다. 일부 가족들은 소식을 듣고 갈매기섬으로 가서 시신을 수습하여 돌아오기도 했다. 또 일부 가족들은 갈매기섬으로 가다가 경찰의 총격을 받고 사망하기도 했다(같은 책, 384쪽). 갈매기섬에서의 학살에 대해서는 박문규, 앞의 책에 자세히 기록되어 있다.
42 진화위, 2010, 『2009년 하반기 조사보고서』 4권, 384쪽.
43 같은 책, 392쪽.
44 박문규, 앞의 책, 191쪽.
45 진화위, 2010, 앞의 책, 371~372쪽.
46 진화위, 2009, 『2009년 상반기 조사보고서』 3권, 562~563쪽. 김석학·임종명, 1975, 『광복30년』 3, 전남일보사.
47 진화위, 2007, 『2007년 하반기 조사보고서』, 177쪽.
48 같은 책, 178쪽에 실린 ○○○의 진술(2007. 6. 20) 참조.
49 같은 책, 180쪽.
50 같은 책, 182~184쪽.
51 같은 책, 186쪽.
52 같은 책, 193쪽.
53 같은 책, 188~189쪽.
54 같은 책, 194쪽.
55 같은 책, 189~190쪽.
56 같은 책, 191쪽.
57 같은 책, 231쪽.

58 위와 같음.
59 진화위, 2008, 『2008년 상반기 조사보고서』 2권, 492쪽.
60 해남군, 1995, 『해남군사』, 556쪽.
61 진화위, 2009, 『2009년 상반기 조사보고서』 2권, 545쪽.
62 같은 책, 547쪽.
63 같은 책, 546~547쪽.
64 같은 책, 547쪽.
65 같은 책, 549쪽.
66 같은 책, 549쪽.
67 같은 책, 550쪽.
68 같은 책, 550~551쪽.
69 같은 책, 551~552쪽.
70 같은 책, 552쪽.
71 같은 책, 553쪽.
72 같은 책, 541~542쪽.
73 같은 책, 542쪽.
74 해남군, 앞의 책, 557쪽.
75 진화위, 2008, 『2008년 상반기 조사보고서』 2권, 493쪽.
76 당시 이 회의에 해남 경찰서장을 대리해 참석한 이○○ 증언(진화위, 위의 책, 493쪽 참조)
77 해남군, 앞의 책, 557쪽.
78 진화위, 2008, 『2008년 상반기 조사보고서』 2권, 494쪽.
79 이○○, 김○○ 증언(진화위, 위의 책, 494쪽). 최기명은 이 일로 체포되어 '私刑금지법' 위반으로 징역 7년을 선고받았다고 한다. 뒤에 상술함.
80 진화위, 2008, 『2008년 상반기 조사보고서』 2권, 502~504쪽.
81 같은 책, 506~507쪽.
82 같은 책, 509~510쪽.
83 같은 책, 508~509쪽.
84 같은 책, 511쪽.
85 같은 책, 514~516쪽.
86 갈두마을의 박관봉 구술(당시 24세). 같은 책, 517쪽 참조.

87 같은 책, 518~521쪽.
88 같은 책, 522쪽.
89 같은 책, 525~534쪽.
90 같은 책, 525~526쪽.
91 해남군, 1995, 『해남군사』, 558쪽.
92 진화위, 2008, 『2008년 상반기 조사보고서』 2권, 528쪽.
93 박정석, 앞의 글, 57쪽.
94 진화위, 2008, 『2008년 상반기 조사보고서』 2권, 528~529쪽.
95 김장준(당시 15세, 희생자의 가족) 구술. 같은 책, 531쪽 참조.
96 같은 책, 532~533쪽.
97 같은 책, 534쪽.
98 같은 책, 534~538쪽.
99 같은 책, 539쪽.
100 같은 책, 539~540쪽.
101 같은 책, 540~541쪽.
102 같은 책, 543쪽.
103 같은 책, 545~546쪽.
104 같은 책, 562~563쪽.

참고문헌

1. 자료

1) 족보
『현풍곽씨참봉공파세보』玄風郭氏參奉公派世譜.
『창녕조씨정언공파세보』昌寧曺氏正言公派世譜.
『해평길씨족보』海平吉氏族譜.
『진주강씨통계공파중정공가보』晉州姜氏通溪公派中正公家譜(1980).
『남원양씨문양공파세보』南原梁氏文襄公派世譜(1999).

2) 일제강점기 자료
『사상월보』, 『사상휘보』, 『동아일보』, 『조선일보』, 『시대일보』, 『조선중앙일보』, 『대한매일신보』
越智唯七 編, 1917, 『新舊對照 朝鮮全道府郡面里洞名稱一覽』, 中央市場.
조선총독부 편, 1934, 『朝鮮の姓』.
조선신문사 편, 1935, 『조선인사흥신록』, 조선인사흥신록편찬부.
善生永助, 1935, 『朝鮮の聚落』 후편, 조선총독부.
김경일 편, 1993, 『한국민족해방운동사자료집』 7집, 영진문화사.

3) 해방 이후 자료
『합덕면 분배농지대장』(국가기록원 소장).
공보처 통계국, 1952, 『6·25사변 피살자 명부』 1·2.
공보처 통계국, 1952, 『6·25사변 피납치자 명부』 1·2.
강진화편, 1956, 『대한민국건국십년지』, 건국십년지간행회.
대종교총본사, 1971, 『대종교중광육십년사』.
진도군지편찬위원회, 1975, 『진도군지』, 진도군.

고려대학교 아세아문제연구소 편, 1980,『한국공산주의운동사』(자료편 Ⅱ), 아세아문제연구소.
한국농촌경제연구원 편, 1985,『농지개혁시피분배지주 및 일제하 지주 명부』, 한국농촌경제연구원.
금산군지편찬위원회, 1987,『금산군지』, 금산군.
경남대 극동문제연구소 편, 1989,『지방미군정자료집』제2권, 경인문화사.
구합덕본당100년사자료집편찬위원회, 1990,『구합덕본당100년사자료집』, 천주교 구합덕교회.
부리농업협동조합, 1994,『부리향토사』상, 나들.
국사편찬위원회 편, 1994,『북한관계사료집』19, 국사편찬위원회.
해남군, 1995,『해남군사』, 해남군.
중앙일보 현대사연구소 편, 1996,『미군CIC정보보고서』1, 중앙일보 현대사연구소.
강만길·성대경 엮음, 1996,『한국사회주의운동인명사전』, 창작과비평사.
영암군지편찬위원회, 1998,『영암군지』, 영암군.
국사편찬위원회 편, 2000·2001,『미군정기군정단·군정중대문서』1~5, 국사편찬위원회.
박병동, 2003,『금산의 6·25』, 금산문화원.
진실·화해를 위한 과거사정리위원회, 2007,『2007년 하반기 조사보고서』(나주경찰부대사건).
진실·화해를 위한 과거사정리위원회, 2009(1),『2009년 상반기 조사보고서』3권 (완도군 민간인희생사건).
진실·화해를 위한 과거사정리위원회, 2009(2),『2009년 하반기 조사보고서』3권 (완도지역적대세력에 의한 희생사건).
진실·화해를 위한 과거사정리위원회, 2009(3),『2009년 하반기 조사보고서』4권 (전남서남부지역 민간인희생사건).

2. 저서 및 논문 (연도순)

1) 저서
독립운동사편찬위원회, 1969, 『독립운동사』 3권 (3·1운동편), 원호처.
김석학·임종명, 1975, 『광복30년』 3, 전남일보사.
완도군지편찬위원회, 1977, 『완도군지』.
김준엽·김창순, 1986, 『한국공산주의운동사』 2, 청계연구소.
김남식 엮음, 1988, 『남로당연구』, 돌베개.
대한독립항일투쟁총사편찬위원회, 1989, 『대한독립항일투쟁총사』 상권, 육지사.
안종철, 1991, 『광주·전남지방현대사연구 ― 건준 및 인민위원회를 중심으로』, 한울아카데미.
전남일보 광주전남현대사 기획위원회, 1991, 『광주전남현대사』, 실천문학사.
김정호, 1992, 『왕인과 도선의 마을 구림』, 사단법인 향토문화진흥원.
완도군지편찬위원회, 1992, 『완도군지』.
지수걸, 1993, 『일제하 농민조합운동 연구 ― 1930년대 혁명적 농민조합운동』, 역사비평사.
그란트 미드(안종철 역), 1993, 『주한미군정 연구』, 공동체.
이준식, 1993, 『농촌사회변동과 농민운동 ― 일제침략기 함경남도의 경우』, 민영사.
한시준, 1993, 『한국광복군연구』, 일조각.
서용선·양영조·신영진, 1995, 『한국전쟁연구 ― 점령정책, 노무운용, 동원』, 국방군사연구소.
도진순, 1997, 『한국민족주의와 남북관계』, 서울대학교 출판부.
김동춘, 2000, 『전쟁과 사회』, 돌베개.
김상태, 2001, 『윤치호일기 ― 한 지식인의 내면 세계를 통해 본 식민지시기』, 역사비평사.
김영택, 2001, 『함평양민학살사건』, 역사연구원.
박명림, 2002, 『한국 1950, 전쟁과 평화』, 나남출판.
김영희, 2003, 『일제시대 농촌통제정책 연구』, 경인문화사.
목포대학교 역사문화학부 역사학전공, 2003 『한국전쟁기 전남지방 민간인 희생에 관한 재조명』(학술심포지움 발표 요지).

윤선자, 2003, 『일제하 '경성구 천주교회 유지재단'의 토지 현황』, 천주교 서울 대교구.
윤택림, 2003, 『인류학자의 과거여행 — 한 빨갱이 마을을 찾아서』, 역사비평사.
정근식 외, 2003, 『구림연구 — 마을공동체의 구조와 변동』, 경인문화사.
신경득, 2005, 『조선 종군실화로 본 민간인학살』, 살림터.
정병준, 2006, 『한국전쟁 — 38선 충돌과 전쟁의 형성』, 돌베개.
최호림, 2008, 「한 마을에서의 전쟁폭력의 경험과 기억」, 『전쟁과 재현』, 한울아카데미.
박찬승, 2009, 『언론운동』(한국독립운동의 역사 33), 한국독립운동사편찬위원회.
기광서 외, 2014, 『한국전쟁기 남·북한의 점령정책과 전쟁의 유산』, 선인.
박찬승, 2023, 『혼돈의 지역사회 — 식민·분단·전쟁기 전남 지역의 사회사』, 한양대학교 출판부.
박찬승, 2024, 『조선총독부의 지방제도 개편』, 동북아역사재단.
박찬승, 2025, 『일제하 도서지역의 민족운동과 사회운동』, 경인문화사.

2) 논문

이종범, 1986, 「1920·30년대 진도지방의 농촌사정과 농민조합운동」 『역사학보』 109.
이해준, 1988, 「조선후기 영암지방 동계의 성립배경과 성격」 『전남사학』 2, 전남사학회.
김경옥, 1991, 「조선후기 영암사족과 서원 — 전주최씨가문의 성장과 녹동서원의 건립사례」 『호남문화연구』 20.
최재율, 1991, 「구림향약의 형성과 현존형태」 『한일농어촌의 사회학적 이해』, 유풍출판사.
박찬승, 1993, 「일제하 소안도의 항일민족운동」 『도서문화』 11, 목포대 도서문화연구소.
박찬승, 1999, 「1946년 전남지방 11월 봉기의 전개과정」 『아시아문화연구』 2, 목포대학교 아시아문화연구소.
고석규, 2000, 「조선시기 진도 동족마을의 형성과 전개 — 군내면 X리 현풍 곽씨 마을을 중심으로」 『지방사와 지방문화』 3권 2호, 역사문화학회.
박찬승, 2000, 「한국전쟁과 진도 동족마을 X리의 비극」 『역사와 현실』 38호, 한국역사연구회.

전봉희, 2000, 「진도 X리의 정주형태에 대한 조사 연구」 『지방사와 지방문화』 3권 2호.

박찬승, 2001, 「일제하 완도(체도)의 항일민족운동」 『지방사와 지방문화』 4권 1호, 역사문화학회.

박이준, 2001, 「1930년대 영암지방 적색농민조합 운동의 성격」 『한국근현대사 연구』 18, 한국근현대사학회.

염미경, 2001, 「양반가문의 한국전쟁 경험」 『호남문화연구』 29, 전남대 호남문화연구소.

이용기, 2001, 「마을에서의 한국전쟁 경험과 기억」 『역사문제연구』 6호, 역사문제연구소.

장세옥, 2002, 「일제하 부여지역 동족마을의 농민운동 연구」 『호서사학』 33, 호서사학회.

정근식, 2002, 「한국전쟁 경험과 공동체적 기억」 『지방사와 지방문화』 5권 2호.

홍성찬, 2002, 「한말, 일제하의 서울 종로상인 연구―포목상 김태희가의 '수남상회' 운영을 중심으로」 『동방학지』 116집, 연세대학교 국학연구원.

박정석, 2003, 「전쟁과 '빨갱이'에 대한 집합기억」 『전쟁과 사람들』, 한울아카데미.

박찬승, 2003, 「20세기 전반 동성마을 영보의 정치사회적 동향」 『지방사와 지방문화』 6권 2호.

염미경, 2003, 「전쟁과 지역권력구조의 변화」 『전쟁과 사람들』, 한울아카데미.

윤형숙, 2003, 「전쟁과 농촌사회구조의 변화」 『전쟁과 사람들』, 한울아카데미.

정근식, 2003, 「한국전쟁 경험과 공동체적 기억」 『구림연구』, 경인문화사.

정병준, 2003, 「한국농지개혁의 재검토―완료시점·추진동력·성격」 『역사비평』 2003년 겨울호.

정근식, 2004, 「지역정체성, 신분투쟁, 그리고 전쟁기억」 『지방사와 지방문화』 7권 1호.

김경학, 2005, 「한국전쟁 당시의 집단학살 및 좌우익에 대한 기억들」 『전쟁과 기억』, 한울아카데미.

박정석, 2005, 「전쟁과 폭력에 대한 마을사람들의 기억」 『전쟁과 기억』, 한울아카데미.

박정석, 2005, 「전쟁의 공간에서 '주변인'으로서의 전쟁체험」 『전쟁과 기억』, 한울아카데미.

염미경, 2005, 「여성의 전쟁기억과 생활세계」 『전쟁과 기억』, 한울아카데미.

윤정란, 2005, 「한국전쟁기 기독교인 학살의 원인과 성격」 『전쟁과 기억』, 한울아카데미.

박찬승, 2006, 「종족마을 간의 신분갈등과 한국전쟁: 부여군 두 마을의 사례」 『사회와 역사』 69집, 한국사회사학회.

김수현, 2006, 「한국전쟁기 북한의 점령지 지배정책―부여지역 사례를 중심으로」, 한양대 석사논문.

박찬승, 2007, 「한국전쟁기 합덕면 마을 주민 간의 갈등」 『사회와 역사』 74집.

김현숙, 2008, 「식민지시대 합덕리의 토지소유관계와 구합덕본당의 농업경영」 『역사와 현실』 67집.

박찬승, 2008, 「한국전쟁기 동족마을 주민들의 좌우분화―금산군 부리면의 사례」 『지방사와 지방문화』 11권 1호.

양라윤, 2008, 「한국전쟁기 함평지역에서의 학살사건」 『전쟁과 재현』, 한울아카데미.

최정기, 2008, 「한국전쟁 전후 연파리의 사회적 갈등과 제노사이드―지리산 아래 면 소재지에서의 폭력 사례를 중심으로」 『전쟁과 재현』, 한울아카데미.

최호림, 2008, 「한 마을에서의 전쟁폭력의 경험과 기억」 『전쟁과 재현』, 한울아카데미.

박찬승, 2012, 「한국전쟁 전후 해남군에서의 민간인 학살」 『구술사연구』 3권 1호, 한국구술사학회.

박찬승, 2018, 「분단, 전쟁, 그리고 완도군 소안면 사람들」 『트랜스내셔널 지구공동체를 향하여』, 한양대학교 출판부.

찾아보기

인명

ㄱ

강계용 180
강동구 194, 209, 368
강맹종 179, 366
강병국 185, 187, 198
강병욱 185, 198
강병일 196
강병환 185, 198
강석기 181~183, 186, 187, 366
강성구 184~186, 197
강성모 185, 187, 198
강신발 181, 186
강신요 186
강영석 84, 85, 358
강용구 183, 184
강위 179, 366
강윤모 199
강이식 180
강일구 185, 187, 198
강주구 185, 187, 198
강진구 182, 186, 187, 195, 196, 199, 203, 216
강진모 199

강철구 183, 366
강치손 179, 180, 366
강희중 180
고광희 153, 154
곽국환 69, 70, 120
곽기환 69, 70, 119
곽남극 69~71, 109, 113
곽두인 69~71, 98, 102, 103, 109, 110, 124, 125
곽명수 142, 144~149, 153~158, 172, 362~364
곽병관 78~80, 84~86, 96, 97, 99, 118, 124, 125, 359
곽병무 69~71, 78, 80
곽병운 97
곽병준 69~71, 78, 79, 81, 111
곽병찬 78, 80
곽병환 78, 79, 85, 97, 111, 359
곽병휘 78, 79, 83, 84, 86, 111, 118, 124, 358
곽성두 69~71, 109
곽성조 109
곽순기 78, 80
곽순배 69, 70, 120
곽우준 109
곽우춘 69~71, 101~103, 110, 126
곽윤표 81

곽의효 81
곽익배 81, 109, 118
곽재근 97
곽재림 97
곽재술 44, 79, 80, 85~88, 92~100, 103, 104, 109, 111, 113~115, 117, 118, 121, 123~125, 357, 359
곽재의 85, 86, 111
곽재중 78, 79, 85, 86, 111, 113, 118, 359
곽재필 44, 70, 77~80, 82~88, 92, 93, 95, 98~100, 103, 104, 111, 113~115, 117, 118, 121, 123~125, 357, 358, 361
곽재헌 85, 86, 118
곽재화 78, 80, 118
곽재환 85, 86
곽정배 96, 97
곽종무 69, 70, 120
곽종언 85, 86, 97
곽준영 78, 80, 103, 104, 107~109
곽진권 69, 70, 81, 109
곽진언 69, 120
곽창로 70
곽채문 98, 101~103
곽충노 102, 110, 126, 360, 361
곽치덕 78, 80, 86
곽치문 79
곽태호 77~79, 85, 111
권요왕 248
길경섭 268~270, 273~275, 283, 286
길귀동 265, 267

길귀섭 269, 270, 274, 286
길기우 273
길병권 274, 275, 374
길병주 274, 275, 374
길상목 265, 266, 268, 270~275, 282, 283, 286
길성순 265, 274, 278, 279, 374
길웅대 265, 266, 271, 274, 275, 374
길재 262, 269, 270, 271, 273~275, 283, 285, 286
김경천 304, 306
김규생 337, 339
김규순 226, 228
김규용 227, 228
김규현 227, 228
김남중 248
김동렬 143
김동진 184
김동호 141
김동환 248
김만수 142
김명희 228, 306
김민규 143
김민영 290
김백일 268
김병회 103
김복만 81
김봉훈 69, 102
김사홍 303~305, 307
김상문 152
김상실 143
김상용 142
김상욱 160

김상학 143
김석준 142, 153~156
김성곤 304, 305
김성열 337
김연우 330
김연태 325
김영식 268
김요환 101~103
김용관 314
김용운 153, 154, 156
김용진 248
김용호 290
김원 142, 338
김윤희 196, 197, 201, 368
김인재 325
김일영 304
김일현 69, 102
김장균 293, 305, 306, 375
김장렬 290, 291
김재덕 196
김재철 322
김정수 324, 325, 347, 379
김종만 196
김종석 241
김주식 324
김준성 142
김준오 141
김준호 330
김중현 99, 100
김진동 306
김진현 305, 306
김창수 239, 268, 269, 324, 347
김창우 69, 70

김철구 314
김철수 196
김철주 269
김치주 101
김태규 69, 70
김태완 278
김태희 228, 369, 387
김판곤 142
김판권 142, 144~157, 163, 172, 173, 362
김향남 291, 295
김현규 140
김현근 267
김현재 142
김홍배 322, 323, 325, 350

ㄴ·ㄷ

나봉균 291
나철 182
남궁현 196
노명우 185
다블뤼 주교 245

ㅁ

문규란 139
문사명 153, 154
문사원 153
문성선 153, 154
문승수 295

찾아보기 391

문영복 153, 154
문영신 154
문영인 153, 154
문윤백 139
문윤식 153, 154
문준렬 154
문학연 159
뮈텔 주교 246
민경재 337, 338
민병남 335
민영동 337
민운기 339

ㅂ

박기상 153, 154
박길배 69
박남규 183
박동인 82~84, 86
박두재 82, 83
박병록 227, 230
박병성 227, 229, 230
박병완 101~103
박석만 325, 329
박성래 227, 229, 230
박수봉 150, 153, 154, 156
박영기 248
박영래 153, 154
박우신 227, 236, 244
박우희 196
박운택 200
박원신 227~229, 236, 244

박원준 272
박유성 150, 153~156
박윤규 69, 99, 100
박인선 290
박일규 337
박정순 271
박종관 69, 70, 101, 102
박종식 82, 99, 100
박종춘 88, 92, 93, 95, 124
박종협 82~84, 86, 88, 92, 94, 95, 98, 124, 125
박주완 184
박준건 230
박준기 229, 230, 235, 236
박찬걸 153, 154, 156
박찬석 271
박찬성 268
박창규 183
박천수 273
박치상 153, 154
박태순 271
박판실 142
박판종 142
박평남 139, 140
박한규 238, 240, 253
박한용 152
박희수 69, 101~103
배기영 231
백문필 248

ㅅ

사카이 도시히코 145
서연수 271
서정환 239
서진 184, 185
설재의 69, 102
성낙훈 231
성주남 324
소진춘 69, 74
손길조 143
손병익 74
손재형 74
송경섭 14, 271, 272, 276, 278
송내호 290, 306
송봉해 326
송상원 248, 250
송완성 196
송의순 196
송지원 240, 241
신경호 248
신광현 153, 154
신광희 291, 305, 307
신도일 143
신동기 326
신만희 322
신민섭 143
신병익 136
신병진 150, 152
신영규 153, 154
신영수 136
신영식 248
신예교 139

신용덕 154
신용원 153
신용점 150, 153, 154, 156
신용주 150, 153, 154, 156
신우평 136
신원범 153, 154
신일선 153, 154, 156
신재철 138, 139
신정범 153, 154
신종봉 137, 139, 141
신종익 140
신종현 153, 154
신준성 139, 141
신준희 322
신학균 142
신희범 139, 172
심남일 140
심종관 231

ㅇ

안순 325
양경규 278
양길수 265, 277, 278
양병규 265, 266, 271, 275, 279, 286, 287
양상석 265, 267
양성안 69, 101, 119
양은규 265, 266, 271, 275, 277, 283, 286
양중엽 267, 277, 278
오기선 248

오기영 185
오메르트 신부 245
오문현 323, 350
오스키 사카에 145
오임탁 332, 342, 343
오장록 324~326, 329, 332, 342
오홍탁 332, 342, 343
우라토미 미츠사부로 75
우치다니 만페이 75
위경량 290, 291, 299, 305
위앵 신부 245
유기섭 184, 185
유기연 139
유상걸 144
유용의(유혁) 143, 147, 149, 153~158, 172
유인춘 153, 154
유인평 137
유흥렬 231
윤가현 42, 43, 323
윤계옥 271
윤복수 248, 250
윤순달 42, 43
윤인석 324
윤정대 196
윤정란 40, 42
윤한선 226, 227, 229
윤형숙 14, 38
이규설 293
이기동 324, 325
이기범 153
이기용 303
이기홍 323

이길성 99
이남규 40
이마르타 248
이만기 196
이명범 153, 154
이범승 226~228
이병영 99
이성학 324
이순명 143
이승창 84
이연순 325
이완용 270
이용구 231
이용기 61
이우식 196
이원우 141
이일선 153, 154
이재석 82~84, 86
이준희 197, 201
이창희 142, 159
이철호 100
이판옥 268
이호철 185, 195, 197
이화천 268, 270
임건호 324, 326
임연식 338
임재옥 82
임호상 226~228

ㅈ

장래홍 337, 339

장춘배 329
정남국 290
정동주 239, 241
정명섭 325
정승한 99~101
정창남 290
정태순 196
정학원 231
정해인 267
정해준 268, 271
정형택 231, 237~241, 253
제민호 102, 103
젠쇼 에이스케 178, 181
조규린 93~95
조규선 81~88, 91~96, 98, 99, 103, 124, 125
조규영 87
조규홍 248
조극환 158~160, 173
조기수 270
조남석 204
조남수 215
조남시 190, 191, 198, 202, 207
조남준 190, 204
조남찬 209
조덕환 159, 160
조동갑 198, 199, 201~203, 216, 217
조동선 325
조만암 143
조문환 142
조병두 69
조병량 196
조병문 103
조병수 73, 74, 101~103, 126
조병은 141
조병찬 69, 70
조병채 69
조병하 93~95
조사원 141, 143, 160
조성열 209
조성환 100
조소앙 239
조순구 190
조영구 196
조이환 231
조종구 212
조준하 190, 193, 198
조준호 227~229
조치환 143
조태징 189, 190
조혁구 198

ㅊ

천억봉 160
천진문 324, 325
천진옥 324
최경심 140
최경호 153, 154
최규관 153, 154, 156
최규동 153~155, 159, 172
최규선 148, 152~155
최규원 153~155
최규창 147, 148, 153~155, 163
최규철 153, 155, 156

최규태 153, 154
최기동 143
최기명 342
최기성 139
최덕지 134, 136
최동림 149, 153~156, 172
최동환 148, 149, 153~156
최만년 153~155
최명렬 153~155
최병권 153, 154
최병도 139
최병돈 153~155
최병수 148, 149, 153~156, 172
최병식 290
최병옥 153, 155
최병호 153~155
최사열 153~155
최사진 152~155
최상호 147, 149, 150, 153~156, 159, 163
최석호 148, 149, 153~156, 167, 172
최성술 153~155
최양렬 161, 167
최양홍 152~155
최영철 140, 196
최윤식 153, 154
최익현 131, 139, 141
최장홍 140
최재봉 181, 185~187, 196~198, 216
최전홍 137
최중규 330
최중렬 153~155
최춘렬 153~155

최판열 152, 153
최판옥 142~145, 147, 149~157, 163, 172, 173
최학선 152~154
최헌 143
최형천 291
최희중 141

ㅋ·ㅍ

퀴를리에 신부 245, 246
페렝(백문필) 신부 248, 250

ㅎ

하도신 153, 154
하석철 69, 102
하신철 160
하영선 139
하의철 144
하치도 81
하헌섭 142
하헌정 153, 154
하헌찬 142, 160
하헌훈 147
한낙현 69, 102
한동석 141~144
한상길 141
한상엄 144, 153, 154, 156
한승리 74
한종식 269

허담 101
허백련 99
허식 196
허찬 69, 70
허찬오 74
허행보 99
허혁 99
허훈 103
허휘 103
현충득 196
황동윤 323
황상남 294

단체·주요 사건·도서명

ㄱ

『가림보초』 191
「가림향약」 193
강호동지회 210, 213, 217
건국준비위원회(건준) 35, 63, 64, 98~
    100, 103, 131, 158, 159, 173, 187,
    195, 196, 216, 270, 286, 290, 291,
    324, 351
경성콤 그룹 43
광일의숙 186
국민총력조선연맹 49
권영태 그룹 43
금강문인회 185
금산청년동맹 268~271
금산청년회 268

ㄴ

남한대토벌작전 140
낭남학원 141~143
노노동 학살 167
노농대성회 290, 291
『노동독본』 96
농민위원회 50, 324~326, 328, 342

ㄷ

당진소작조합 231, 232, 234, 248
대동청년단 103, 239
대목동파 262, 263, 272, 274
『대중의 벗』 83
대한독립촉성회 271
대한청년단 103, 104, 107, 108, 110,
    114, 162, 170, 198, 202, 238~240,
    248, 251, 255, 265, 271, 272, 276,
    286, 300, 302, 337~339, 342~344,
    346, 352
독립촉성부여청년회 196
독청대(독립촉성청년회) 313, 314
동아통항조합 84
동양척식주식회사 75, 321

ㅁ

매월교회 41
『맬더스자본론』 87
목포공산주의자동맹 324
무궁청년단 160
문화단체총동맹 237
민족청년단 196, 239
민주청년동맹 237, 305, 325, 326, 328

ㅂ

반동 3인 사건 162
배달청년회 290, 291

부락연맹 49, 158
부여공산주의자협의회 186, 187, 195,
    196
『비판』 84

ㅅ

『사마방목』 191
살자회 290
삼균주의청년동맹 239, 240
삼익계 68
삼호교회 41
상월교회 41
생산유격대 40, 50
서북청년단 239
서울청년회 268, 290
서호교회 41
석문보통학교 삐라 사건 238
송석정 사건 161
수남상회 228
수의위친계 290
신간회 영암지회 143, 144
『신계단』 83, 84
신합청년회 231, 232
11·2사건 274, 279~282, 286, 287

ㅇ

『아등我等의 과학』 83
애국반 49
야월교회 40

여성동맹 43, 161, 237, 273, 299
연혈청년단 239, 240, 253
열락재 138, 139
염산교회 40
영보농민시위사건 131, 138, 145, 147, 151, 153, 154, 156, 159, 162, 173
영보동계 136
영신학원 236
영암갑자계 142
영암공산주의자협의회 138, 145, 152~156, 173
영암노동회 143
영암농민데모사건 145, 152
영암사포계 142
영암읍교회 41
영암 인민위원회 160, 173
영암청년동맹 142
영암청년회 141~143, 150
『오늘의 세상』 84, 85, 87, 96
완도건국청년회 290
완도군 건국준비위원회 290
욥박골 240, 248, 272
유달부대 164~166
『유물사관』 87
육백고지 전투 279
이진노동자동맹 322
인민공화국(서울) 100, 291
인민위원회(인민위) 26, 35, 39, 43, 44, 50, 63, 64, 100, 101, 103~105, 121, 125, 131, 159, 160, 173, 174, 187, 195~198, 216, 237, 242, 243, 248, 255, 270, 272~274, 280, 281, 286, 291, 299, 308, 317, 324, 325, 328, 329, 336, 337, 341, 344~352
임오교변 184

ㅈ

자각회 82~87, 95, 96, 111, 124
자위대 40, 50, 200, 237, 255, 280, 299
장정야학 186
재건공산당사건 238
전남운동협의회 43, 94, 173, 292, 294, 323, 342, 350, 352
전북공산주의자협의회 44, 269, 270, 274
전북조선공산당 사건 45
전북조선공산당재건 사건 269~271
정치보위부 50, 197, 200, 201, 237, 299, 337
정평농조재건위원회 91, 95
『제천혈고사』 182
조선흥업주식회사 73, 75, 196, 321
『종리문답』 182
직업동맹 237
진도농민조합 88
진도적색농민조합 87, 88, 91, 124
진실·화해를 위한 과거사정리위원회 (진화위) 4, 5, 11, 22, 62, 64, 288, 289, 295, 300, 316, 320, 331, 341, 351, 352

ㅊ·ㅍ

『천산도설』 182
천영학교 182, 183, 186
천해교회 41
청운재 81, 123
칠모회 185~187, 197, 201
『프로과학』 83

ㅎ

한국민주당 진도지구당 103
합덕감리교회 240
합덕리소작회 232
합덕방죽 222, 223
합덕본당 246, 247
합덕천주교회 38
해남 인민위원회 324, 325
혁명적 농민조합 35
화성당 184~186, 197
화요회 290
흑도회 145, 146